utb 4121

utb.

W0241471

Eine Arbeitsgemeinschaft der Verlage

W. Bertelsmann Verlag · Bielefeld
Böhlau Verlag · Wien · Köln · Weimar
Verlag Barbara Budrich · Opladen · Toronto
facultas · Wien
Wilhelm Fink · Paderborn
A. Francke Verlag · Tübingen
Haupt Verlag · Bern
Verlag Julius Klinkhardt · Bad Heilbrunn
Mohr Siebeck · Tübingen
Ernst Reinhardt Verlag · München
Ferdinand Schöningh · Paderborn
Eugen Ulmer Verlag · Stuttgart
UVK Verlagsgesellschaft · Konstanz, mit UVK/Lucius · München
Vandenhoeck & Ruprecht · Göttingen
Waxmann · Münster · New York

Dietmar Hübner

Einführung in die philosophische Ethik

2., durchgesehene und korrigierte Auflage

Vandenhoeck & Ruprecht

Dr. Dietmar Hübner ist Professor für »Praktische Philosophie, insbesondere Ethik der Wissenschaften« an der Leibniz Universität Hannover.

Mit 27 Tabellen

Lösungsvorschläge zu den Fragen und Aufgaben unter
www.utb-shop.de / 9783825249915

Online-Angebote oder elektronische Ausgaben sind erhältlich unter **www.utb-shop.de**

Bibliografische Information der Deutschen Nationalbibliothek
Die Deutsche Nationalbibliothek verzeichnet diese Publikation in der Deutschen Nationalbibliografie; detaillierte bibliografische Daten sind im Internet über http://dnb.d-nb.de abrufbar.

Umschlaggestaltung mit einem Motiv von Karl Blossfeldt
Satz: Ruhrstadt Medien AG, Castrop-Rauxel
Druck und Bindung: CPI books GmbH, Ulm

UTB-Band-Nr. 4121
ISBN 978-3-8252-4991-5

Inhalt

Vorwort ... 7

1. Ethik und Moral – Begriffsklärungen ... 11

1.1 Etymologische Herkunft von ›Ethik‹ und ›Moral‹ ... 11
1.2 Moderne Bedeutung von ›Moral‹ ... 13
1.3 Moderne Bedeutung von ›Ethik‹ ... 17
1.4 Einteilung der Ethik ... 21

2. Deskriptive Ethik – Ansätze aus Philosophie, Psychologie und Soziologie ... 24

2.1 Smith: Vom ›aufmerksamen Zuschauer‹ zum ›unparteiischen Zuschauer‹ ... 24
2.2 Kohlberg: Die sechs Stufen der Moralentwicklung ... 26
2.3 Luhmann: Moral und funktionale Differenzierung ... 30
2.4 Zum Zusammenhang von deskriptiver und normativer Ethik ... 35

3. Metaethik – Das Sein, das Erkennen und die Sprache der Moral ... 37

3.1 Sein-Sollen-Fehlschluss und naturalistischer Fehlschluss ... 40
3.2 Kognitivismus und Nonkognitivismus ... 51
3.3 Generalismus und Partikularismus ... 68
3.4 Rationalismus und Sensualismus ... 78
3.5 Tugendethik, Deontologie und Teleologie ... 88

4. Tugendethik – Die vollkommene Seele ... 99

4.1 Tugenden, Handlungen und Erfolge ... 99
4.2 Platon: Seelenharmonie und Kardinaltugenden ... 101
4.3 Aristoteles: Höchstes Gut und rechte Mitte ... 111
4.4 Thomas von Aquin: Antike Tugenden und christliche Tugenden ... 138
4.5 Rückkehr des Aristotelismus ... 146

5. Deontologie – Das richtige Handeln ... 151

5.1 Die Universalisierbarkeit von Handlungen ... 152
5.2 Kant 1: Guter Wille und moralische Maximen ... 159
5.3 Kant 2: Die Gesetzesformel des kategorischen Imperativs ... 172
5.4 Kant 3: Die Zweckformel des kategorischen Imperativs ... 196
5.5 Neuansätze des Kantianismus ... 205

6. Teleologie – Die erstrebenswerte Welt ... 211

6.1 Varianten und Probleme des Utilitarismus ... 212
6.2 Bentham: Gegen Asketizismus und Willkür ... 237
6.3 Mill: Der Beweis des Utilitarismus ... 241
6.4 Sidgwick: Intertemporale Summation und interpersonelle Summation ... 252
6.5 Perspektiven des Utilitarismus ... 258

Literatur ... 274

Personenregister ... 277

Sachregister ... 279

Vorwort

Diese Einführung ist für Studierende, Schüler und weitere Interessierte geschrieben, die sich im Rahmen von Modulen, Kursen oder auch im Selbststudium mit ›Moralphilosophie‹, ›philosophischer Ethik‹ bzw. ›praktischer Philosophie‹ befassen wollen. Das Buch vermittelt die begrifflichen Grundlagen der genannten Gebiete, erläutert die argumentativen Zusammenhänge maßgeblicher Positionen und vertieft sie durch die ausführliche Darstellung zentraler Autoren und ihrer einschlägigen Werke.

Der Text ist aus langjähriger Lehrerfahrung mit entsprechenden Einführungsvorlesungen entstanden, die ich speziell für Anfänger der Philosophie, aber auch für Studierende anderer Fächer seit dem Sommersemester 2008 an den Universitäten Bonn und Hannover gehalten habe. Die Rückmeldungen von Teilnehmern und Tutoren haben die Konzeption immer weiter reifen lassen, so dass ich beiden Gruppen zu großem Dank verpflichtet bin für die Anregungen, die ich von ihnen über die Jahre hinweg empfangen habe. Inzwischen sind Entwurf und Ausführung des Textes so weit gefestigt, dass der Moment gekommen scheint, ihn in der vorliegenden Fassung einer breiteren Öffentlichkeit zugänglich zu machen. Abweichungen zwischen Vortragsmanuskript und Buchversion sind vor allem den unterschiedlichen didaktischen Anforderungen geschuldet, denen sich eine zumeist zweistündige, mündliche Semesterveranstaltung sowie eine möglichst konzise, schriftliche Grundlagendarstellung jeweils zu stellen haben.

Gemeinsam ist beiden Formen der Ansatz, zunächst ein systematisches Gerüst an Zentralbegriffen und Theorietypen zu erarbeiten und von dort aus historische Vertiefungen anhand einzelner Philosophen und ihrer jeweiligen Texte vorzunehmen. Auf diese Weise kann dem doppelten Anspruch eines modernen Studiums, aber auch dem verständlichen Wunsch vieler Leser entsprochen werden, einerseits eine klare Orientierung über den konzeptuellen Gesamtzusammenhang der Ethik und ihrer unterschiedlichen Positionen, andererseits solide Einblicke in die wesentlichen Ausgestaltungen dieser Standpunkte in ihren wichtigsten Entwürfen zu erhalten. Systematische Strukturierungen und historische Ausführungen sind in der Philosophie im Allgemeinen und in der Ethik im Besonderen keine einander ausschließenden Alternativen. Vielmehr bilden sie wechselseitig unentbehrliche Ergänzungen, die erst gemeinsam philosophisches Wissen, auch auf elementarer Ebene, entstehen lassen können. Entsprechend werden in dieser Einführung grundlegende Klassifikationsschemata, wesentliche Moralbegriffe und unterschiedliche Ethiktypen zunächst in allgemeiner Hinsicht erläutert, um dann in den

Werken von Aristoteles, Kant oder Mill eingehend nachgezeichnet und mit Gespür für ihre besonderen Erscheinungsweisen erschlossen zu werden.

Im Einzelnen stellt sich der Aufbau dieses Buches wie folgt dar: Kapitel 1 befasst sich mit den *modernen Begriffsbedeutungen* von ›Moral‹ und ›Ethik‹ und erläutert insbesondere die drei Hauptebenen der Ethik, nämlich deskriptive Ethik, normative Ethik und Metaethik. Kapitel 2 stellt beispielhaft drei Konzeptionen *deskriptiver Ethik* vor, die innerhalb der Philosophie, aber auch in Psychologie und Soziologie von großer Bedeutung sind. Kapitel 3 diskutiert wesentliche Eckpunkte der *Metaethik*, darunter die fundamentale Einteilung normativer Ethiken in Tugendethiken, Deontologien und Teleologien.

Letztere Einteilung ist für den weiteren Aufbau des Buches maßgeblich: Kapitel 4, 5 und 6 widmen sich jeweils einem dieser drei Ethiktypen und verdeutlichen ihn mit starkem Fokus auf seine wichtigsten historischen Vertreter. Insbesondere die *Tugendethiken* von Platon, Aristoteles und Thomas von Aquin, der *deontologische Ansatz* von Kant sowie die *teleologischen Entwürfe* von Bentham, Mill und Sidgwick werden dabei eingehend in ihren zentralen Theoriebestandteilen und ihren wesentlichen Argumenten dargestellt. Zeitgenössische Versionen der genannten Ethiktypen werden jeweils zum Ende des Kapitels skizziert. Schließlich finden sich Fragen und Aufgaben, die zur Rekapitulation und Anwendung des Stoffes dienen und deren Lösungen auf der Internetseite von UTB eingesehen werden können (www.utb-shop.de/9783825249915).

Zwei weitere Einheiten der Vorlesung, nämlich zur Unterscheidung von *Zwecken, Mitteln und Nebeneffekten* sowie zu *Kategorien und Abwägungsregeln der Rechtsphilosophie*, sind nicht in diese Buchversion mit aufgenommen worden. Grund hierfür sind zum einen der begrenzte Umfang, auf den hin ein Lehrbuch vernünftigerweise zu konzipieren ist, zum anderen der inhaltliche Umstand, dass die genannten Themenbereiche eher spezieller Natur sind und daher innerhalb einer allgemeinen Einführung als entbehrlich gelten dürfen. Statt also an anderen Stellen knapper zu werden und hierdurch die dort gewünschte Vertiefung zu gefährden, schien es angebracht, auf diese beiden Einheiten vollständig zu verzichten. Wer dennoch in sie Einblick nehmen will, findet sie an anderer Stelle veröffentlicht, nämlich in dem Lehrbuch *Forschungsethik: Eine Einführung* von Michael Fuchs et al. (Metzler 2010), zu dem ich zwei entsprechende Theoriekapitel beigesteuert habe (»Aspekte von Handlungen«, S. 22–31, sowie »Stufen der Verbindlichkeit«, S. 32–39).

Mein Dank geht zunächst an die Institution, die es mir ermöglicht hat, dieses Buch zu verfassen, nämlich an die Leibniz Universität Hannover, an der ich seit 2010 tätig sein darf, und speziell an das dortige Institut für Philosophie, das ein überaus anregendes Umfeld für philosophisches Arbeiten bildet. Zahllose wertvolle Gespräche, die den Text erheblich an Prägnanz und Konsistenz bereichert haben, durfte ich zudem am von Dieter Sturma geleiteten Institut für Wissenschaft und Ethik (IWE) in Bonn führen, namentlich mit Bert Heinrichs und Sebastian Knell. Schließlich bedanke ich mich bei den Mitarbeiterinnen und Mitarbeitern des Verlags Vandenhoeck & Ruprecht für die umsichtige Realisierung des vorliegenden Bandes. Dies gilt insbesondere für Frau Dr. Ulrike Gießmann-Bindewald, die das Projekt von Beginn mit größter Hilfsbereitschaft und höchster Professionalität begleitet hat.

Hannover, im Januar 2014 D.H.

1. Ethik und Moral – Begriffsklärungen

Dieses erste Kapitel befasst sich mit den Bedeutungen der Begriffe ›Ethik‹ und ›Moral‹. Es klärt den etymologischen Hintergrund beider Wörter (Abschnitt 1.1) sowie ihre Verwendung im modernen Sprachgebrauch (Abschnitte 1.2 und 1.3). Von dort aus entwickelt es eine erste wichtige Einteilung der Ethik, nämlich die Unterscheidung von ›deskriptiver Ethik‹, ›normativer Ethik‹ und ›Metaethik‹ (Abschnitt 1.4). Deren Inhalte werden in den nachfolgenden Kapiteln eingehend erläutert.

1.1 Etymologische Herkunft von ›Ethik‹ und ›Moral‹

Wenn man sich über die Bedeutung der beiden Begriffe ›Ethik‹ und ›Moral‹ Aufschluss verschaffen will, ist es naheliegend, zunächst einen Blick auf ihre etymologische Herkunft zu werfen. Beide Wörter stammen nicht aus dem Deutschen, sondern sind aus fremden Sprachen importiert worden, nämlich aus dem Griechischen bzw. aus dem Lateinischen.

(1) Das deutsche Wort ›Ethik‹ leitet sich vom altgriechischen *ēthos* her (ἦθος, mit lang gesprochenem η = *ēta*). Ursprünglich bezeichnet *ēthos* so viel wie ›Wohnung‹, ›Wohnort‹, ›gewohnter Sitz‹, ›gewöhnlicher Aufenthalt‹. Darüber hinaus hat es zwei abstraktere Verwendungsweisen entwickelt, die insbesondere für philosophische Zusammenhänge maßgeblich sind: Zum einen bedeutet es ›Sitte‹, ›Gewohnheit‹, ›Brauch‹, also bestimmte kollektive Gepflogenheiten und Verhaltensweisen, die in einem Gemeinwesen etabliert sind. Zum anderen meint es ›Charakter‹, ›Denkweise‹, ›Sinnesart‹, d.h. gewisse individuelle Haltungen und Einstellungen, die man bei Einzelpersonen antrifft. Dabei ist in beiden Fällen keinerlei Wertung vorausgesetzt: Das *ēthos* einer Gruppe oder eines Menschen kann sowohl gut wie schlecht geartet sein oder auch als völlig wertneutral betrachtet werden.

Das Altgriechische kennt zudem das zugehörige Adjektiv *ēthikos* (ἠθικός). Auch dieses Adjektiv kann zunächst wertfrei verwendet werden und bedeutet dann ›die Sitten betreffend‹ oder ›den Charakter betreffend‹: Ein Problem oder eine Diskussion lässt sich in diesem Sinne als *ēthikos* bezeichnen, so wie man auch im Deutschen von einer ›ethischen Frage‹ oder einer ›ethischen Debatte‹ spricht. Überdies kann das Adjektiv aber auch eine positive Wertung zum Ausdruck bringen, im Sinne von ›gesittet‹ oder ›gut‹: Ein Verhalten oder eine Person als *ēthikos* zu bezeichnen, impliziert eine positive Beurteilung.

(2) Das deutsche Wort ›Moral‹ stammt vom lateinischen *mos* ab. Dabei stellt *mos* im Wesentlichen das lateinische Pendant zum griechischen *ēthos* dar: Nicht zuletzt übersetzen antike Autoren, die zwischen griechischer und lateinischer Kultur und Philosophie vermitteln, *ēthos* zumeist mit *mos*. Auch *mos* hat entsprechend zum einen eine kollektive Bedeutungsebene, auf der es ›Sitte‹, ›Gewohnheit‹, ›Brauch‹, oder auch ›Einrichtung‹, ›Verfahren‹, ›Mode‹ heißt. Zum anderen kennt es eine individuelle Verwendungsweise, in der es ›Charakter‹, ›Denkart‹, ›Gesinnung‹, oder auch ›Wesen‹, ›Wille‹, ›Eigenwille‹ bedeutet. Dabei gehen beide Ebenen, kollektive wie individuelle, wiederum mit keiner Wertung einher: Die *mos* eines Volkes oder einer Person kann richtig oder falsch beschaffen sein oder auch als gänzlich wertneutral eingeschätzt werden.

Auch im Lateinischen existiert ein korrespondierendes Adjektiv, nämlich *moralis*. Und einmal mehr hat dieses Adjektiv einerseits einen wertfreien Gebrauch, als ›die Sitten betreffend‹ oder ›den Charakter betreffend‹: Ein Problem oder eine Frage lässt sich mit Blick auf seine Natur bzw. ihren Gegenstand als *moralis* bezeichnen. Andererseits kann dieses Adjektiv auch mit einer positiven Wertung einhergehen, also ›sittlich‹ oder ›gut‹ heißen: Ein Verhalten oder eine Person als *moralis* zu bezeichnen, geht mit einem Lob einher, so wie auch im Deutschen die Wendungen ›moralische Handlung‹ oder ›moralischer Mensch‹ eine entsprechende Billigung zum Ausdruck bringen.

(3) Der Vollständigkeit halber sei angemerkt, dass im Altgriechischen noch ein verwandtes Wort auftaucht, nämlich *ethos* (ἔθος, mit kurz gesprochenem ε = *epsilon*). Die Bedeutung liegt sehr nah bei *ēthos*, indem *ethos* einmal mehr sowohl kollektive Sitten und Gebräuche als auch individuelle Gewohnheiten und Lebensweisen bezeichnet. Der Inhalt von *ethos* ist allerdings etwas enger, insofern es eher eine äußerliche Befolgung als eine tiefere Identifikation mit den gegebenen Sitten, eher eine angenommene Gewohnheit als eine bewusste Entwicklung des eigenen Charakters andeutet. Entsprechend wird, wenn es in klassischen Texten um moralische Fragen geht, zumeist das Wort *ēthos* mitsamt den abgeleiteten Gestalten verwendet (beispielsweise benutzt Aristoteles für die sittlichen Tugenden die griechische Bezeichnung *aretai ēthikai* [Aristoteles, *NE*, I.13, 1103a]).

In gewissem Umfang ist das altgriechische *ēthos* auch unmittelbar als Fremdwort in die lateinische Sprache eingeflossen. So kennt das Lateinische beispielsweise das Wort *ethologus*. Hierbei handelt es sich um ein lateinisches Fremdwort altgriechischen Ursprungs, das so viel wie ›Charakterdarsteller‹ oder auch ›Possenreißer‹ bedeutet. Grundsätzlich wird aber, wenn im philosophischen Latein ethische Diskussionen geführt werden, das Wort *mos* mit seinen verwandten Formen gebraucht (bei Thomas von Aquin etwa heißen die sittlichen Tugenden *virtutes morales* [Thomas von Aquin, *ST*, I–II, Quaestio 58]).

Trotz leichter Nuancen im Bedeutungsspektrum sind somit das altgriechische *ēthos* und das lateinische *mos*, ebenso wie die zugehörigen Adjektive *ēthikos* und *moralis*, im Wesentlichen synonym. Im modernen deutschen Sprachgebrauch liegen die hiervon abgeleiteten Wörter ›Moral‹ bzw. ›Ethik‹ jedoch auf grundsätzlich verschiedenen Ebenen.

1.2 Moderne Bedeutung von ›Moral‹

Sucht man nach einer kurzen und prägnanten Begriffsbestimmung von ›Moral‹, so ist die folgende Definition passend und aufschlussreich:

Definition ›Moral‹

Unter einer Moral versteht man ein *Normensystem*, dessen Gegenstand *menschliches Verhalten* ist und das einen Anspruch auf *unbedingte Gültigkeit* erhebt.

Eine ›Moral‹ ist also eine Sammlung von Maßstäben, Werten, Urteilen, die sich auf menschliche Haltungen, Aktionen, Verrichtungen beziehen und hierin eine strikte, bedingungslose, unbeschränkte Verbindlichkeit geltend machen. Eine Moral kann gruppenbezogene oder personspezifische Wertüberzeugungen für die private Lebensführung enthalten, aber auch gesellschaftsweite oder menschheitsumspannende Normvorschriften für das öffentliche Zusammenleben, sie kann als Basis für persönliche Billigung bzw. Missbilligung dienen, aber auch als Grundlage für gesetzliche Belohnung oder Bestrafung. Diese Worterklärung ist sicherlich nicht erschöpfend, aber sie gibt die wesentlichen Aspekte dessen wieder, was man heutzutage unter ›Moral‹ versteht. Insbesondere lassen sich an ihre drei Hauptkomponenten wichtige Erläuterungen zum Moralbegriff knüpfen.

(1) Offensichtlich gibt es *eine Mehrzahl solcher Normensysteme*, die menschliches Verhalten betreffen und dabei mit unbedingtem Anspruch auftreten. Entsprechend kann ›Moral‹ ohne Weiteres im Plural stehen: Es gibt verschiedene ›Moralen‹, beispielsweise in unterschiedlichen religiösen Texten (hinduistischen Werken, buddhistischen Schriften, den Zehn Geboten, der Bergpredigt, dem Koran etc.) oder in abweichenden kulturellen Formationen (die stoische Moral der Antike, die höfische Moral des Mittelalters, die humanistische Moral der Renaissance u.a.). Verschiedene ›Moralen‹ sind auch in unterschiedlichen politischen Strömungen wirksam (Liberalismus, Marxismus, Menschenrechtsdenken etc.) oder werden für bestimmte abgegrenzte Personengruppen formuliert (Ärzte, Wissenschaftler, Journalisten, Eltern, Lehrer u.a.). Sogar einzelne Menschen entwerfen mitunter besondere ›Moralen‹: Propheten, Künstler, Schriftsteller, Nonkonformisten und Revolutionäre haben dies immer wieder getan, und möglicherweise ist jeder moderne Mensch in pluralistischen Gesellschaften ein Stück weit aufgefordert, seine je eigene ›Moral‹ zu wählen und zu entwickeln.

Diese Pluralität der Moralen impliziert nicht unbedingt Streit: Manchmal werden ähnliche Grundüberzeugungen nur abweichend akzentuiert, ohne dass ernstere inhaltliche Differenzen vorlägen. Manchmal decken verschiedene Moralen allein unterschiedliche Handlungsbereiche ab, so dass ihre abweichenden Vorgaben einander nicht unmittelbar berühren (Differenzen in den Moralen für Ärzte, Journalisten oder Lehrer müssen nicht problematisch sein, solange niemand mehreren dieser Gruppen gleichzeitig angehört). Zuweilen aber kommt es zu Konflikten: Mitunter formulieren Moralen gegensätzliche Vorstellungen davon, was richtiges Verhalten ist. Und dabei betreffen ihre widerstreitenden Unbedingtheitsansprüche ein und denselben Handlungssektor, ohne sich auf verschiedene Personengruppen aufteilen zu lassen (es gibt widersprüchliche Einschätzungen dahingehend, was angemessenes Verhalten von Ärzten, von Journalisten oder von Lehrern wäre).

Bei alledem setzt der Begriff ›Moral‹ wiederum keine Wertung voraus: Bezeichnet man ein Normensystem im Sinne der obigen Definition als ›Moral‹, so heißt dies keineswegs, dass man selbst dieses System gutheißt. Man behauptet lediglich, dass dieses System seinerseits bestimmte Vorgaben für menschliches Verhalten formuliert und dabei unbedingte Gültigkeit für die entsprechenden Personen beansprucht. Es ist daher ohne Weiteres korrekt, etwa von einer ›Moral der Mafia‹ zu sprechen: Ganz sicher hat man es hier mit einem Verhaltenskodex zu tun, der Menschen mit einem Unbedingtheitsanspruch konfrontiert. Ganz sicher wird man aber davon ausgehen dürfen, dass dieser Kodex seinem Inhalt nach höchst verwerflich ist.

Auch das Adjektiv ›moralisch‹ kennt zunächst eine *wertfreie Verwendung:* In dieser besagt es ›aus den Vorgaben der Moral der *betrachteten Person* entspringend‹. So redet man etwa von moralischen Urteilen, Gründen, Überzeugungen, Bedenken etc., die eine Person hegen mag. Der Gegensatz hierzu wird durch das Adjektiv ›nichtmoralisch‹ zum Ausdruck gebracht: Dies kennzeichnet Stellungnahmen, Bevorzugungen oder Meinungen, die eben nicht moralischer, sondern etwa geschmacklicher oder künstlerischer Natur sind. In diesem Sinne kann man beispielsweise sagen: ›Dass Peter Pazifisten ablehnt, ist eine moralische Einstellung. Dass Peter Impressionisten ablehnt, ist eine nichtmoralische Einstellung.‹

Häufiger beim Adjektiv ›moralisch‹ ist allerdings die *wertende Verwendung:* Meistens wird es gebraucht im Sinne von ›aus Sicht der Moral der *sprechenden Person* richtig‹. Als moralisch bezeichnet man somit gemeinhin Verhaltensweisen, Charaktere, Entscheidungen, Zustände etc., die einem Normensystem korrespondieren, welches man selbst befürwortet, und die man entsprechend billigt, indem man sie mit diesem Wort belegt. Den Gegensatz hierzu bildet das Adjektiv ›unmoralisch‹: Es benennt Motive, Handlungen oder Folgen, die man als sittlich böse, verboten bzw. schlecht kennzeichnen will. In diesem Sinne könnte man etwa sagen: ›Dass Peter Pazifisten ablehnt, ist ein unmoralischer Standpunkt. Ein moralischer Standpunkt würde nahelegen, eine andere Haltung gegenüber Pazifisten einzunehmen.‹

Es ist somit durchaus sinnvoll zu sagen: ›Die Moral der Mafia ist höchst unmoralisch.‹ Denn mit ›Moral‹ bezeichnet man allein die Tatsache, dass bestimmte Menschen einem gewissen Normensystem folgen, während man erst durch ›unmoralisch‹ die Beurteilung hinzufügt, was man selbst von diesem Normensystem hält. Es ist sogar möglich zu sagen: ›Peters moralische Ansichten sind sehr unmoralische Ansichten.‹ Hier wird ›moralisch‹ wertfrei verwendet, um Peters Überzeugungen ihrer Art nach zu kennzeichnen, ›unmoralisch‹ hingegen wertend, um Peters Überzeugungen in ihrem Gehalt zu kritisieren.

(2) Moralen regeln *menschliches Verhalten*, und zwar in einem weiten Sinne, in all seinen Komponenten. Sie können spezielle Motivationen oder allgemeine Charaktere bewerten. Sie können einzelne Akte oder wiederholte Vollzüge erfassen. Sie können direkte Konsequenzen oder entferntere Wirkungen beurteilen.

Oftmals befassen sich Moralen mit äußerem Verhalten, von dem andere Personen betroffen sind als der Handelnde selbst. Dabei kann diese Betroffenheit sehr konkreter Art sein, als physische oder psychische Beförderung oder Beeinträchtigung. Sie kann aber auch eher abstrakter Natur sein, als expressive oder kommunikative Anerkennung oder Ausnutzung. Einige Moralen wählen indessen einen noch weiteren Objektbereich. Manche machen nicht nur äußeres Verhalten, sondern etwa auch bloße Gedanken oder Gefühle zu ihrem Gegenstand. Beispielsweise lehnen sie Hass oder Missgunst ab, auch wenn diese sich überhaupt nicht in greifbaren Aktionen niederschlagen. Andere Moralen kennen nicht allein Pflichten gegen andere, sondern auch Pflichten gegen sich selbst. Sie schreiben etwa die Steigerung des eigenen Wohls oder die Entwicklung eigener Talente vor, auch ohne dass sich hieraus Effekte für andere ergeben müssten.

Was Moralen definitiv nicht erfassen, sind Naturereignisse: Ein Vulkanausbruch oder eine Sturmflut mögen schlimm und bedauerlich sein. Aber sie sind nicht böse oder verwerflich. Böse oder verwerflich können sich erst Menschen in solchen Situationen verhalten, etwa wenn sie einander nicht warnen oder sich nicht gegenseitig helfen.

Ebenso fällt das Verhalten von Tieren nicht in den Bereich von Moralen: Selbst wenn Tiere teilweise beachtliche Problemlösungsfähigkeiten oder beeindruckendes Sozialverhalten aufweisen, kann man ihnen nicht sinnvoll Vorwürfe machen oder sie zur Rechenschaft ziehen. Sie werden gelegentlich erzogen, und dies zuweilen aus moralischen Gründen, etwa um Schädigungen von Menschen zu verhindern. Aber sie werden nicht belangt, im Namen der Moral, als könnte man sie ihrerseits unter moralischen Anspruch stellen.

Menschliches Verhalten *gegenüber* der Natur oder *gegenüber* Tieren kann freilich sehr wohl Gegenstand der Moral sein: Der Mensch mag der einzige Moraladressat, das einzige Moralsubjekt sein, aber er ist nicht unbedingt der einzige Moralgegenstand, das einzige Moralobjekt. Wahrscheinlich wird man dem Menschen, als einem vernünftigen und insbesondere moralfähigen Wesen, seinerseits besondere moralische Rechte einräumen. Aber andere Entitäten, als wohlgeordnete, lebendige oder empfindungsfähige Wesenheiten, könnten ebenfalls eine geeignete moralische Berücksichtigung erfordern.

Hinzu kommt, dass dieser besondere Status des Menschen nicht *notwendig*, sondern allein *kontingent* ist: Jedes Wesen, das moralische Forderungen als solche verstehen und ihnen in autonomer Selbstbestimmung folgen kann, ist ein moralisches Subjekt. Nach derzeitigem Kenntnisstand trifft dies von allen bekannten Entitäten allein auf Menschen zu. Aber wenn sich herausstellen sollte, dass andere Wesen die entsprechenden Fähigkeiten ebenfalls aufweisen, wären sie ebenso dem Kreis der Moralsubjekte zuzurechnen, mit allen Rechten und Pflichten, die dies mit sich bringen mag.

(3) Der Anspruch auf *unbedingte Gültigkeit*, mit dem Moralen einhergehen, besagt im Wesentlichen, dass sie sich in ihren Forderungen nicht von momentanen Zielsetzungen der betrachteten Person abhängig machen: Moralische Forderungen richten sich nicht danach, was man gegenwärtig wünscht, anstrebt, sich vornimmt oder angenehm findet. Moralische Forderungen treten der betrachteten Person mit dem Gestus des Unabweislichen entgegen: Man kann ihnen nicht entgehen, indem man erklärt, gewisse Pläne zur Zeit nicht verfolgen zu wollen.

Zwar kann es sein, dass eine Moral nur in einem bestimmten Lebensbereich relevant wird: Fürsorgepflichten für die eigenen Kinder etwa sind offenbar nur dann einschlägig, wenn man tatsächlich Vater oder Mutter ist (es gibt auch Hilfspflichten gegenüber fremden Kindern, doch sind diese von ganz anderer Art und haben ganz andere Inhalte). Aber sobald man einen solchen Lebensbereich einmal betreten hat, kann man die entsprechenden moralischen Forderungen nicht mehr abschütteln: Wenn man Vater bzw. Mutter ist, hat man bestimmte Verpflichtungen, denen man sich nicht ohne Weiteres entziehen kann (man kann sie bei völliger Überlastung abtreten, doch ist man dann zumindest zu gewissen Schritten verpflichtet, etwa eine ordentliche Adoption einzuleiten).

Dieser Unbedingtheitscharakter der Moral liegt insbesondere Kants berühmter Feststellung zugrunde, dass sich Moral nicht in hypothetischen Imperativen zum Ausdruck bringt, sondern in kategorischen Imperativen. *Hypothetische Imperative* sind solche, die abhängig von den Zielsetzungen des Handelnden sind. Sie haben die Form: ›Wenn du X willst, musst du Y tun‹ – wenn nicht, dann nicht. *Kategorische Imperative* hingegen zeichnen sich dadurch aus, dass sie unabhängig von den Zielsetzungen des Handelnden gelten. Sie haben die Gestalt: ›Du sollst Y tun‹ – ohne Wenn und Aber. Genau hierin tut sich der apodiktische Forderungscharakter von Moralen kund [Kant, *GMS*, AA 414–417].

Dieser Unterschied zwischen hypothetischen und kategorischen Imperativen muss nicht unmittelbar *sprachlich erkennbar* sein: Die Aufforderung ›Steigere deinen Umsatz!‹ ist sicherlich hypothetischer Art, obwohl die Bedingung nicht explizit genannt wird. Offenbar ist sie nur dann gültig, wenn man seine geschäftliche Situation verbessern will. Auch der Ratschlag ›Verdirb es dir nicht mit deinen Freunden!‹ dürfte hypothetisch intendiert sein. Ersichtlich setzt er voraus, dass der Angesprochene kein unglücklicher Einzelgänger werden will. Hingegen ist die Aufforderung ›Wenn du Familie hast, sorge für sie!‹ gewiss kategorischer Natur, obgleich hier eine Bedingung auftaucht. Denn diese benennt keinen Vorsatz, den man auch ablegen könnte, sondern eine Situation, in der man sich befindet und in der die fragliche Norm unbedingt gilt. Ebenso ist das Gebot ›Wenn du dich nicht versündigen willst, töte keinen Unschuldigen!‹ kategorisch gemeint. Denn auch hier bezeichnet der Wenn-Satz kein beliebiges Bestreben, von dem man sich ebenso gut frei machen könnte, sondern betont lediglich noch einmal, dass es um eine höchst moralische Frage geht.

Zudem können hypothetische und kategorische Normen vielfältig *miteinander verkettet* sein: ›Steigere deinen Umsatz!‹ ist, wie gesehen, zunächst ein hypothetischer Imperativ. Er ist nur gültig, sofern man seine Geschäfte verbessern will. Eben dies kann sich freilich als notwendiges Mittel erweisen, um seine Familie zu ernähren, gemäß der Vorschrift ›Wenn du Familie hast, sorge für sie!‹. Aufgrund dieser pragmatischen Verknüpfung könnte hinter der empfohlenen Umsatzsteigerung letztlich doch ein kategorischer Imperativ stehen.

Bei alledem geht es zunächst allein darum, dass Moralen solche Unbedingtheitsansprüche tatsächlich erheben. Es ist noch nicht die Rede davon, ob sie dies auch berechtigt tun. Dass ein Sprecher ein Verhalten als moralisch oder unmoralisch bezeichnet, lässt offen, ob er damit recht hat oder nicht. Es ist diese Frage, mit der sich nicht zuletzt die Ethik befasst, zumindest in einigen ihrer Bereiche.

1.3 Moderne Bedeutung von ›Ethik‹

Auf der Grundlage des obigen Verständnisses von Moral lässt sich ›Ethik‹ nun sehr einfach definieren, zumindest mit Blick auf den deutschen Sprachgebrauch:

Definition ›Ethik‹

Ethik ist die *Wissenschaft von der Moral*, d.h. diejenige Fachdisziplin, die sich damit befasst, welche Moralen es gibt, welche Begründungen sich für sie angeben lassen und welcher Logik ihre Begriffe, Aussagen und Argumentationen folgen.

Ethik ist eine akademische Fachrichtung, die nicht zuletzt in der Philosophie beheimatet ist. ›Philosophische Ethik‹ und ›Moralphilosophie‹ sind daher äquivalente Begriffe. Ethik wird allerdings auch in anderen Fachbereichen betrieben, etwa als Moralpsychologie oder als Moralsoziologie. Auch in der Theologie ist sie zu finden, wobei sich ›Moraltheologie‹ genauer mit der Moralität des individuellen Handelns, ›Sozialethik‹ hingegen mit der Moralität kollektiver Institutionen befasst.

(1) Vor dem Hintergrund dieser Definition ist eine *Pluralverwendung* von ›Ethik‹, anders als von ›Moral‹, auf den ersten Blick nicht naheliegend: Als Benennung eines Wissenschaftsgebiets scheint Ethik nicht gut in der Mehrzahl stehen zu können, ebenso wenig wie etwa ›Physik‹ oder ›Biologie‹.

Wenn man allerdings an die unterschiedlichen Fachbereiche denkt, in denen Ethik betrieben wird, und an die abweichenden Wissenschaftstraditionen, die hierbei zur Geltung kommen, kann eine solche Pluralverwendung durchaus sinnvoll werden: Philosophische Ethik, psychologische Ethik, soziologische Ethik oder theologische Ethik sind in gewissem Sinne verschiedene ›Ethiken‹. Analoges gilt für Physik oder Biologie: Antike Physik oder Biologie waren in ihren Ansätzen und Methoden ganz anders geartet als die modernen Versionen dieser Wissenschaften, so dass sich auch hier von unterschiedlichen ›Physiken‹ bzw. ›Biologien‹ sprechen lässt.

Zudem kann jede umrissene Strömung, jede konkrete Ausarbeitung innerhalb der Ethik als eine bestimmte Ethik gelten, so dass der Plural auch von hier aus anwendbar wird: Aristoteles' Ethik, Kants Ethik oder Mills Ethik, ebenso wie die größeren Formationen Tugendethik, deontologische Ethik oder teleologische Ethik, lassen sich allesamt sinnvoll als verschiedenen ›Ethiken‹ bezeichnen. Entsprechendes gilt in Physik oder Biologie: Newtons Physik und Einsteins Physik sind unterschiedliche ›Physiken‹, taxonomische Biologie und synthetische Biologie sind unterschiedliche ›Biologien‹.

(2) Der *Adjektivgebrauch*, d.h. die Verwendung des Wortes ›ethisch‹, ist durch die obige Definition stark eingegrenzt. Insbesondere zeigt sich, dass die häufig zu hörenden Wendungen ›ethisches Verhalten‹ bzw. ›unethisches Verhalten‹ unpassend sind.

Das Wort ›ethisch‹ kann zunächst heißen ›in den *Gegenstandsbereich* der Ethik fallend‹. In diesem Sinne gibt es z.B. ethische Phänomene, ethische Probleme, ethische Fragen etc. Der Gegensatz hierzu wäre mit dem Wort ›nichtethisch‹ zu bezeichnen. Dabei ginge es um Themenkomplexe, mit denen die Ethik eben nicht befasst ist und denen sich stattdessen andere Wissenschaften zuwenden. Beispielsweise wäre es sinnvoll zu sagen: ›Ob moralische Urteile sich primär auf Charaktereigenschaften beziehen, ist eine ethische Frage. Ob schwere Körper immer der Gravitationsgleichung gehorchen, ist eine nichtethische Frage (nämlich eine physikalische).‹

Das Wort ›ethisch‹ kann auch bedeuten ›dem *Wissensgebiet* Ethik zugehörig‹. Entsprechend ist die Rede z.B. von ethischen Theorien, ethischen Methoden, ethischen Begriffen etc. Den Gegensatz würde man wieder durch das Wort ›nichtethisch‹ ausdrücken. Hierbei handelte es sich um Kenntnisformen, die nicht der Ethik zugehören, sondern anderen Fachdisziplinen. So könnte man etwa sagen: ›Tugendethik ist eine ethische Theorie. Evolutionstheorie ist eine nichtethische Theorie (nämlich eine biologische).‹

Wichtig ist, dass ›ethisch‹ in beiden Fällen wertfrei verwendet wird: Es geht um die Zugehörigkeit zu einem Themenkreis, um die Einordnung in ein Kenntnisfeld (analog zu den Wörtern ›physikalisch‹ oder ›biologisch‹). Diese Wertfreiheit schlägt sich darin nieder, dass der Gegensatz jeweils durch das Wort ›nichtethisch‹ statt durch das Wort ›unethisch‹ ausgedrückt wird: Für das Wort ›unethisch‹, anders als für das Wort ›unmoralisch‹, gibt es überhaupt keine verständliche Anwendung (ebenso wenig wie für die Wörter ›unphysikalisch‹ oder ›unbiologisch‹).

Entsprechend ist ›ethisches Verhalten‹ im Deutschen kein guter Wortgebrauch: Gemeint ist offenbar ein Verhalten, welches einem Normensystem entspricht, das der Sprechende selbst befürwortet. Dafür ist der korrekte Ausdruck aber ›moralisches Verhalten‹. Aus dem gleichen Grund ist ›unethisches Verhalten‹ kein guter Wortgebrauch: Gemeint ist ersichtlich ein Verhalten, welches das Normensystem verletzt, von dem der Sprecher ausgeht. Hierfür ist die richtige Bezeichnung jedoch ›unmoralisches Verhalten‹.

Moral ist ein Normensystem, Ethik ist dessen Reflexion. Moral ist der Gegenstand, Ethik ist die Wissenschaft. ›Moralisch‹ bezieht sich auf die Normebene (der betrachteten Person oder der sprechenden Person), ›ethisch‹ kennzeichnet die Reflexionsebene (ihre Objekte oder ihre Konzepte). ›Moralisch‹ heißt so viel wie ›sittlich‹ (aus jemandes Normen entspringend oder mit den eigenen Normen übereinstimmend), ›ethisch‹ heißt so viel wie ›sittenwissenschaftlich‹ (in jener Reflexion thematisch oder zu jener Reflexion gehörig). Moralische Ansichten sind ethische Themen. Moralische Auffassungen werden mit ethischen Instrumentarien bearbeitet. Damit lassen sich beide Adjektive zwar mitunter auf dieselben Substantive anwenden. Es verbleibt jedoch stets eine Differenz in der Bedeutung, die unterschiedlich ausgeprägt sein kann.

Eine sehr große Differenz findet sich im folgenden Fall: Es ist ein *ethisches Problem*, ob Tötung unter allen Umständen verboten ist. Entsprechend werden ethische (d.h. sittenwissenschaftliche) Ansätze herangezogen und ethische (d.h. sittenwissenschaftliche) Klassifikationen entwickelt, um diese Frage zu erörtern. Jemand hat ein *moralisches Problem*, wenn er einen Menschen umgebracht hat. Er wird möglicherweise subjektiv von moralischen (d.h. sittlichen) Schuldgefühlen geplagt, er hat womöglich objektiv eine unmoralische (d.h. unsittliche) Handlung begangen.

Dieser große Unterschied zwischen ›ethisch‹ und ›moralisch‹, trotz ihrer gemeinsamen Anwendung auf dasselbe Substantiv ›Problem‹, ist parallel zu den Unterschieden zwischen ›psychologisch‹ und ›psychisch‹ oder zwischen ›soziologisch‹ und ›sozial‹: Es ist ein *psychologisches Problem*, ob Prüfungsangst mit dem Geschlecht korreliert, es ist ein *soziologisches Problem*, inwieweit Außenseiterstatus mit der Hautfarbe zusammenhängt. Entsprechend werden psychologische (d.h. ›seelenwissenschaftliche‹) Projekte betrieben und soziologische (d.h. ›gemeinschaftswissenschaftliche‹) Modelle erarbeitet, um diese Fragen zu klären. Hingegen hat jemand ein *psychisches Problem*, wenn er unter Prüfungsangst leidet, und jemand hat ein *soziales Problem*, wenn er einen Außenseiterstatus innehat. Er erfährt subjektives Leid, er weist eine objektive Beeinträchtigung auf, in psychischer (d.h. seelischer) bzw. in sozialer (d.h. gemeinschaftlicher) Hinsicht.

Eine eher geringere Differenz bildet sich in der folgenden Konstellation ab: ›Peter hatte *moralische Gründe*, auf ein Eingreifen zu verzichten.‹ Dieser Satz besagt, dass aus der Sicht von Peters Moral, und womöglich auch aus Sicht der Moral des Sprechers, einiges dafür sprach, nicht einzugreifen. Das ist vergleichsweise nah am Sinngehalt jener Aussage: ›Peter hatte *ethische Gründe*, auf ein Eingreifen zu verzichten.‹ Mit diesem Satz wird behauptet, dass die ethischen Aspekte der gegebenen Situation, und zudem vermutlich theoretische Überlegungen ethischer Art, dafür sprachen, nicht einzugreifen.

Diese gelegentliche Nähe von ›ethisch‹ und ›moralisch‹, etwa in ihrer Anwendung auf das Substantiv ›Gründe‹, wurzelt darin, dass Ethiken zuweilen bestimmte Moralen unterstützen oder sogar hervorbringen: Ethische Argumente können einzelne moralische Einstellungen bekräftigen, ethische Theorien können ganze moralische Systeme generieren. Wenn daher etwas ›ethisch gerechtfertigt‹ genannt wird, so wird es sicherlich auch als ›moralisch richtig‹ angesehen. Eine leichte Bedeutungsnuance bleibt aber selbst in diesem Fall bestehen: Während Moral das bloße Vorliegen bestimmter Überzeugungen bezeichnet, meint Ethik die wissenschaftliche Fundierung dieser Überzeugungen. In diesem Sinne geht ›ethisch gerechtfertigt‹ mit einem höheren Anspruch auf kritische Prüfung einher als ›moralisch richtig‹.

(3) Die bisherigen Begriffsbestimmungen geben die *vorrangigen* Verwendungsweisen von ›Moral‹ und ›Ethik‹ im *deutschen* Sprachgebrauch wieder. Vorsicht ist angezeigt bei verwandten Wörtern, die sich in anderen Sprachen finden, oder auch angesichts von besonderen Bedeutungstraditionen, die sich im Deutschen herausgebildet haben.

Im Englischen etwa benennt *ethics* zum einen die akademische Disziplin (wie ›Ethik‹ im Deutschen). Zum anderen aber kann *ethics* auch ein bestimmtes Normensystem bezeichnen, weitgehend synonym zu den englischen Alternativen *morality* oder *morals* (bzw. zum deutschen ›Moral‹). Das Adjektiv *ethical* zeigt entsprechend manchmal die Ebene der wissenschaftlichen Reflexion, manchmal aber auch die Ebene der unmittelbaren Stellungnahme an (im letzteren Fall gleichbedeutend zum Adjektiv *moral*). Folglich ist es im Englischen durchaus korrekt, von *ethical behaviour* oder *unethical behaviour* zu sprechen (was wesentlich sinngleich zu *moral behaviour* bzw. *immoral behaviour* ist).

In das Deutsche und in andere Sprachen ist zudem das griechische *ēthos* bzw. *ethos* auch unmittelbar eingewandert, eben in Gestalt des Wortes ›Ethos‹. Darunter versteht man in der Regel eine spezielle Art von Moral, deren Gehalte und Vorschriften besonders prägend für die Identitätsbildung und das Selbstverständnis sind. Ein ›Ethos‹ ist eine oftmals über lange Zeiträume gewachsene und tradierte Moral, die ihre Geltung auf bestimmte Personen oder festumrissene Gruppen erstreckt und deren Lebensformen und Tätigkeiten wesentlich gestaltet oder überhaupt erst definiert. In diesem Sinne spricht man etwa von einem ›Standesethos‹ oder einem ›Berufsethos‹, vom ›Ethos eines Arztes‹ oder vom ›Ethos der Wissenschaft‹.

In der Tradition der Diskursethik, wie sie von Karl-Otto Apel und Jürgen Habermas begründet wurde, findet sich eine spezielle Verwendungsweise namentlich der Adjektive ›ethisch‹ und ›moralisch‹, die gelegentlich für Verwirrung sorgt. Insbesondere hat es auf den ersten Blick den Anschein, als hätten die beiden Begriffe in dieser Tradition gegenüber dem oben erläuterten Wortgebrauch eine geradewegs vertauschte Bedeutung. So spricht Habermas zum einen von ›ethischen Überzeugungen‹ im Sinne von Einstellungen bezüglich eines guten Lebens. Dies sind private, existenziell bedeutsame Werthaltungen, die der gelungenen Orientierung des eigenen Daseins dienen. Er spricht zum anderen von ›moralischen Normen‹ im Sinne von Regelungen für eine gerechte Gemeinschaft. Dies sind öffentliche, universell verbindliche Ordnungsformen, welche den unparteilichen Ausgleich von widerstreitenden Interessen anzielen [Habermas 1991, 36–40, 100–118].

In der hier verwendeten Terminologie bilden Habermas' ›ethische Überzeugungen‹ also einen Teilbereich der moralischen Stellungnahmen, nämlich jenen Ausschnitt, der sich mit der Entscheidung für die persönliche Lebensführung befasst. Demgegenüber machen Habermas' ›moralische Normen‹ einen anderen Sektor der moralischen Festlegungen in obiger Wortbedeutung aus, nämlich jene Normbereiche, die sich mit der Regulierung des gesellschaftlichen Zusammenlebens beschäftigen. In einem gewissen Sinne steht damit bei Habermas ›Moral‹ höher als ›Ethik‹: Das ›Moralische‹ kennzeichnet die vorrangigen, universellen und unparteilichen Normen der gerechten Interessenabwägung, das ›Ethische‹ die nachrangigen, individuellen oder kollektiven Entwürfe einer guten Lebensführung. Im üblichen Wortgebrauch ist das Stufungsverhältnis umgekehrt, allerdings nicht in einem inhaltlichen, sondern in einem systematischen Sinne: Dort ist Ethik die übergeordnete, wissenschaftliche Reflexionsebene, Moral die untergeordnete, vorwissenschaftliche Gegenstandsebene.

Die Habermas'sche Wortverwendung scheint sich dadurch zu erklären, dass sein Adjektiv ›ethisch‹ eher von ›Ethos‹ als von ›Ethik‹ abgeleitet sein könnte: Immerhin bezeichnet ein ›Ethos‹ im üblichen Verständnis gerade eine solche Moral, die wesentlich für die individuelle oder kollektive Lebensgestaltung und Identitätsbildung ist (also genau die ›ethischen‹ Werteinstellungen in Habermas' Wortsinn). Den Begriff ›Ethik‹ benutzt demgegenüber auch Habermas mitunter in herkömmlicher Weise für jene philosophische Disziplin, die sich allgemein mit der Beschaffenheit und Gültigkeit von Wertungen befasst (also sowohl von ›ethischen‹ Überzeugungen als auch von ›moralischen‹ Normen in seinem Wortsinn).

Dennoch bleibt das Verhältnis zwischen dem Habermas'schen Vokabular und der üblichen Terminologie spannungsreich: Habermas verwendet den Terminus ›Ethik‹ zuweilen auch, um speziell den Bereich seiner ›ethischen Überzeugungen‹ zu benennen (statt dass er hier bevorzugt von ›Ethos‹ sprechen würde). Entsprechend hält er die Bezeichnung seiner eigenen Theorie als ›Diskursethik‹ für streng genommen unpassend, eben weil ›ethische Diskurse‹ allein die gute Lebensführung betreffen, und würde die Wendung ›Diskurstheorie der Moral‹ grundsätzlich vorziehen, weil erst ›moralische Diskurse‹ sich mit verbindlichen Handlungsnormen befassen (und dieses Thema ihn vorrangig interessiert) [Habermas 1991, 7].

1.4 Einteilung der Ethik

Ethik, definiert als Wissenschaft von der Moral, kann im Wesentlichen drei verschiedene Zugänge zu ihrem Gegenstand wählen. Entsprechend lässt sich Ethik in drei Ebenen einteilen, denen sich dieses Buch im weiteren Verlauf in unterschiedlicher Ausführlichkeit widmet.

Die *deskriptive Ethik* befasst sich mit der Frage, welche Moralen es überhaupt gibt: Sie klärt, welchen Moralen sich Individuen, etwa im Laufe ihrer Entwicklung oder je nach ihrer Herkunft und Erziehung, bevorzugt zuwenden. Sie untersucht, welche moralischen Auffassungen in bestimmten Gesellschaften, etwa in verschiedenen Kulturkreisen oder in sozialen Kleingruppen, vertreten werden. Somit wählt sie, wie der Name bereits sagt, eine *beschreibende Perspektive.* Sofern sie einen hinreichenden Anteil an Beobachtungen oder Experimenten enthält, wird sie auch als ›empirische Ethik‹ bezeichnet. Das folgende Kapitel 2 dieses Buchs stellt beispielhaft einige wichtige Ansätze der deskriptiven Ethik vor.

In der *normativen Ethik* geht es um die Frage, wie sich Moralen begründen lassen: Sie bemüht sich, grundlegende Argumente für oder gegen moralische Regeln und Positionen zu formulieren. Sie versucht, bestehende Moralen zu verteidigen oder zu widerlegen, vorgeschlagene Moralen zu prüfen und die richtige Moral auszuwählen oder sogar ein eigenständiges Moralsystem zu entwerfen. Entsprechend ist sie durch eine *legitimatorische Perspektive* gegenüber der Moral gekennzeichnet. In überwiegendem Umfang ist es diese normative Ethik, die in der Philosophie unter dem Titel ›Ethik‹ betrieben wird, etwa in den klassischen ethischen Werken von Platon, Aristoteles, Thomas von Aquin, Kant, Bentham, Mill oder Sidgwick. Entsprechend steht sie auch in weiten Teilen dieses Buches, nämlich in den Kapiteln 4 bis 6, im Vordergrund, wenn es um die Ansätze von Tugendethik, Deontologie und Teleologie geht.

Die *Metaethik* schließlich beschäftigt sich mit dem Problem, welchen grundsätzlichen Status moralische Begriffe, Aussagen oder Argumentationen haben: Was ist die Bedeutung des moralischen Begriffs ›gut‹? Lässt er sich über andere Begriffe definieren, oder ist er ein undefinierbarer Grundbegriff? Welche Art von Einsicht vermitteln moralische Aussagen? Können sie einen objektiven Wahrheitsanspruch erheben, oder vermitteln sie nur subjektive Geschmacksurteile? Worauf beziehen sich moralische Argumentationen? Stützen sie sich auf allgemeine Prinzipien, oder gründen sie in konkreten Einzelfallurteilen? Bei all diesen Fragen geht es nicht darum, bestimmte moralische Wertungen zu rechtfertigen oder anzugreifen, sondern allein darum, in sehr *grundsätzlicher Perspektive* herauszufinden, welche Sprachgestalten, Kenntnisweisen und Objekttypen im moralischen Denken präsent sind. Nicht zuletzt steht hierbei auf dem Spiel, ob ›normative Ethik‹ überhaupt ein sinnvolles Geschäft ist. Falls sich nämlich herausstellen sollte, dass moralische Aussagen ohnehin keinen Wahrheitsanspruch geltend machen können, bräuchte man sich auch nicht damit abzugeben, nach der richtigen Moral zu suchen. Eine solche richtige Moral gäbe es dann gar nicht, und die vielfältigen faktischen Moralen, welche die ›deskriptive Ethik‹ auflistet, wären nichts als letztlich beliebige Setzungen ohne höheren verbindlichen Gehalt. Diesem und anderen metaethischen Problemen widmet sich Kapitel 3 dieses Buches.

Drei Ebenen der Ethik

- Welche Moralen gibt es? → *deskriptive Ethik*
- Wie lassen sich Moralen begründen? → *normative Ethik*
- Welchen grundsätzlichen Status haben moralische Begriffe, Aussagen, Argumentationen? → *Metaethik*

Fragen und Aufgaben

1. Betrachten Sie den Satz ›Wenn du einen guten Freund hast, solltest du ihm stets die Wahrheit sagen‹. In welchem Sinne ließe sich dieser Satz als moralische Regel interpretieren, in welchem als nichtmoralische?
2. Denken Sie sich Fälle aus, in denen man von einem schweren moralischen Problem, aber nicht von einem schwierigen ethischen Problem sprechen könnte. Finden Sie umgekehrt Beispiele, in denen interessante ethische Probleme, aber keine relevanten moralischen Probleme sichtbar werden.
3. Ein Forscherteam will das Sozialverhalten innerhalb einer religiösen Randgruppe untersuchen und dabei alle drei Ebenen der Ethik berücksichtigen. Wie könnten konkrete Forschungsfragen aussehen, die der deskriptiven Ethik, der normativen Ethik oder aber der Metaethik zugehören?

→ damit auch absolute

2. Deskriptive Ethik – Ansätze aus Philosophie, Psychologie und Soziologie

Die folgenden Abschnitte geben einen Einblick in das Gebiet der deskriptiven Ethik. Sie erheben keinen Anspruch auf Vollständigkeit, sondern wollen lediglich anhand einiger wichtiger Beispiele einen Eindruck vermitteln, welches Spektrum dieser Ethikbereich eröffnet und welche Beiträge hierzu aus unterschiedlichen Disziplinen geleistet worden sind.

Deskriptive Ethik scheint auf den ersten Blick nicht vorrangig Sache der Philosophie zu sein. Die Beschreibung faktischer Moralen würde man womöglich eher von anderen Wissenschaften erwarten, mit Blick auf die Moralüberzeugungen von Individuen etwa von der Psychologie oder der Erziehungswissenschaft, mit Blick auf die Moralvorstellungen in Kollektiven vor allem von Soziologie, Politikwissenschaft, Ethnologie, Geschichtswissenschaft, Kulturanthropologie oder Religionswissenschaft. Auch die Philosophie kann sich indessen in die deskriptive Ethik einbringen und eigenen Gewinn daraus ziehen: Philosophischer Sachverstand mag gefragt sein, um die genaueren begrifflichen, propositionalen und argumentativen Zusammenhänge freizulegen, die in beobachteten Moralen am Werk sind. Außerdem stellen manche philosophischen Autoren zunächst deskriptive Betrachtungen zur Beschaffenheit menschlicher Moralauffassungen an, um hieraus normative Überlegungen zu den Eckpunkten eines richtigen Moralsystems zu entwickeln (ein Beispiel gibt Abschnitt 2.1). Ein solcher Übergang von deskriptiver zu normativer Ethik lässt sich auch in anderen Wissenschaften beobachten: Zuweilen stellen diese ebenfalls nicht allein verschiedene Moralen dar, wie sie bei Individuen oder in Kollektiven faktisch vorkommen mögen. Vielmehr nehmen sie überdies mehr oder weniger offen Stellung dazu, wie diese Moralen in ihrem Inhalt oder in ihrer Wirkung zu bewerten sind (hierzu finden sich Beispiele in den Abschnitten 2.2 und 2.3). Der Zusammenhang von deskriptiver und normativer Ethik ist Thema einiger abschließender Bemerkungen (Abschnitt 2.4). Diese leiten in das nachfolgende Kapitel 3 zur Metaethik über.

2.1 Smith: Vom ›aufmerksamen Zuschauer‹ zum ›unparteiischen Zuschauer‹

Adam Smith (1723–1790) ist primär als Ökonom bekannt geworden. Insbesondere sein Werk *An Inquiry into the Nature and Causes of the Wealth of Nations* (1776) gehört zu den ersten Untersuchungen, die sich in wissenschaftlicher Form mit den

Mechanismen der freien Marktwirtschaft auseinandersetzen. Smith hat aber auch als Moralphilosoph gearbeitet. Sein Hauptwerk in diesem Bereich ist *The Theory of Moral Sentiments* (1759). In diesem Buch entwickelt er einerseits eine normative Ethik utilitaristischen Typs (die in Kapitel 6 dieses Buchs noch einmal Thema ist), andererseits deskriptive Überlegungen zur Natur und Gestalt moralischer Empfindungen (wie es der Titel der Schrift andeutet). Dabei stehen deskriptive und normative Erörterungen in einem engen argumentativen Zusammenhang, der sich vor allem an Smiths Zentralbegriffen eines ›aufmerksamen Zuschauers‹ bzw. eines ›unparteiischen Zuschauers‹ nachzeichnen lässt.

(1) Smith stellt zunächst fest, dass reale Menschen in der Regel über die Fähigkeit verfügen, die Gefühle anderer, primär betroffener Menschen in gleichsam spiegelbildlicher, sekundär mitempfindender Weise in sich nachzubilden. Auf die Wahrnehmung freudiger Empfindungen reagieren sie mit eigener Freude, auf die Beobachtung fremden Leids mit mitleidenden Regungen. Dieses Nachempfinden nennt Smith ›Sympathie‹, und sie zeichnet einen Menschen als ›aufmerksamen Zuschauer‹ aus:

> »Der Affekt, der durch irgendeinen Gegenstand in der zunächst betroffenen Person erregt wird, mag [...] welcher immer sein, stets wird in der Brust eines jeden aufmerksamen Zuschauers [*attentive spectator*] bei dem Gedanken an die Lage des anderen eine ähnliche Gemütsbewegung entstehen.« [Smith, *TMS*, I.1.1, 4]

> »Das Wort ›Sympathie‹ [*sympathy*] kann [...] dazu verwendet werden, um unser Mitgefühl mit jeder Art von Affekten zu bezeichnen.« [Smith, *TMS*, I.1.1, 4]

Insofern Smith hier von dem üblichen faktischen Einfühlungsvermögen tatsächlicher Beobachter spricht, macht er eine primär deskriptive Aussage. Allerdings schwingt in diesen Ausführungen auch bereits eine gewisse normative Wertung mit. Jene Fähigkeit zur ›Sympathie‹ ist fraglos positiv zu beurteilen. Auf sie gründen sich »[d]ie sanften, die zarten, die liebenswürdigen Tugenden, die Tugenden aufrichtiger Herablassung und nachsichtiger Menschlichkeit« [Smith, *TMS*, I.1.5, 27]. Ein ›unaufmerksamer Zuschauer‹, der sie vermissen ließe, wiese ein merkliches moralisches Defizit auf.

(2) Allerdings ist die Position der Sympathie bzw. des aufmerksamen Zuschauers für Smith noch unzureichend für eine vollgültige moralische Haltung. Insbesondere ist sie anfällig für Verzerrungen durch die Eigenliebe, falls man selbst von den fraglichen Entscheidungen und Handlungen betroffen ist. Die eigentlich moralische Perspektive wird erst mit jener völligen ›Selbstbeherrschung‹ erreicht, wie sie ein ›unparteiischer Zuschauer‹ aufbringen könnte:

> »[...] nur durch das Auge dieses unparteiischen Zuschauers [*impartial spectator*] können die natürlichen Täuschungen der Selbstliebe richtiggestellt werden.« [Smith, *TMS*, III.3, 203]

> »[...] die ehrwürdigen und achtunggebietenden Tugenden [bestehen] in jenem Grade von Selbstbeherrschung [*self-command*], der uns durch seine wunderbare Gewalt über die unlenkbarsten Leidenschaften der menschlichen Natur in Erstaunen setzt.« [Smith, *TMS*, I.1.5, 29]

Einfühlungsvermögen allein genügt nicht den Anforderungen von Smiths normativer Ethik. Erst wenn auch das Selbstinteresse des Handelnden überwunden und Unparteilichkeit zwischen den eigenen Wünschen und den mitfühlend erschlossenen Bedürfnissen anderer Betroffener erreicht ist, sind die Forderungen der Moral erfüllt. Entsprechend ist jene ›Selbstbeherrschung‹ noch weitaus höher zu schätzen als die Sympathie. Sie verkörpert »die erhabenen, ehrwürdigen und achtunggebietenden Tugenden, die Tugenden der Selbstverleugnung, der Selbstbeherrschung und jener Herrschaft über die Affekte, welche alle unsere Gemütsbewegungen dem unterordnet, was unsere Würde und Ehre und die Schicklichkeit des Betragens von uns fordern« [Smith, *TMS*, I.1.5, 27]. Ein ›parteiischer Zuschauer‹, bei aller Einfühlung und Menschlichkeit, hätte noch nicht die volle Moralität erreicht.

(3) Mit welchen inhaltlichen Forderungen Smiths Modell eines ›unparteiischen Zuschauers‹ genauer einhergeht, erläutert Abschnitt 6.5: Dort wird nachgezeichnet, wie Smith aus seinem Ansatz das Moralprinzip des Utilitarismus zu gewinnen versucht. Die spezielle Verbindung von Sympathie und Unparteilichkeit im ›unparteiischen Zuschauer‹ läuft dann darauf hinaus, die Gesamtsumme an Glück über alle Betroffenen hinweg zu maximieren. Hier interessiert zunächst allein, auf welchem grundsätzlichen Weg Smith aus seiner deskriptiven Ethik eine normative Ethik entwickelt, nämlich über eine zunehmende Idealisierung: Reale Beobachter weisen im Allgemeinen bestimmte moralische Gefühle auf, insbesondere eine einfühlende Sympathie mit dem Leid oder der Freude anderer (deskriptive Ethik). Diese Sympathie ist als solche begrüßenswert, sie eröffnet eine moralisch wertvolle Perspektive. Aber sie muss erweitert werden, hin zur eigentlich moralischen Position der Selbstbeherrschung. Dies ist jene moralische Haltung völliger Unparteilichkeit gegenüber den Glücksempfindungen aller Betroffenen, wie sie ein idealer Beobachter zu einem Geschehen einnehmen würde (normative Ethik).

2.2 Kohlberg: Die sechs Stufen der Moralentwicklung

Psychologische Untersuchungen zur Moralität von Individuen finden sich bei einer Reihe von Autoren. Auf besonderes Interesse ist dabei die Frage nach der zeitlichen Entwicklung moralischer Einstellungen über verschiedene Lebensstadien hinweg gestoßen. Jean Piaget (1896–1980) hat sich in dieser Hinsicht als einer der ersten Psychologen intensiv mit der Moralentwicklung von Kindern auseinandergesetzt. Bekannter noch sind die Arbeiten von Lawrence Kohlberg (1927–1987) geworden, der diese entwicklungspsychologische Perspektive über die Kindheit hinaus bis in das Erwachsenenalter ausgedehnt hat.

(1) Zu diesem Zweck hat Kohlberg über Zeiträume von bis zu 30 Jahren umfangreiche Längsschnittstudien angestellt, deren Hauptbestandteil halbstrukturierte Interviews von ca. 45 Minuten Dauer waren. In diesen Interviews konfrontierte er seine Probanden mit kurzen Fallgeschichten, die moralische

Dilemmasituationen zum Thema hatten. Beispielsweise standen darin gesetzliche Vorgaben in Konflikt mit menschlichem Wohlergehen, oder Solidaritätsbeziehungen gerieten in Widerspruch zu Wahrhaftigkeitspflichten. Ein typisches Fallbeispiel ist das sogenannte ›Heinz-Dilemma‹:

> »In einem fernen Land lag eine Frau, die an einer besonderen Krebsart erkrankt war, im Sterben. Es gab eine Medizin, von der die Ärzte glaubten, sie könne die Frau retten. Es handelte sich um eine besondere Form von Radium, die ein Apotheker in der gleichen Stadt erst kürzlich entdeckt hatte. Die Herstellung war teuer, doch der Apotheker verlangte zehnmal mehr dafür, als ihn die Produktion gekostet hatte. Er hatte 200 Dollar für das Radium bezahlt und verlangte 2000 Dollar für eine kleine Dosis des Medikaments. Heinz, der Ehemann der kranken Frau, suchte alle seine Bekannten auf, um sich das Geld auszuleihen, und er bemühte sich auch um eine Unterstützung durch die Behörden. Doch er bekam nur 1000 Dollar zusammen, also die Hälfte des verlangten Preises. Er erzählte dem Apotheker, daß seine Frau im Sterben lag, und bat, ihm die Medizin billiger zu verkaufen bzw. ihn den Rest später bezahlen zu lassen. Doch der Apotheker sagte: ›Nein, ich habe das Mittel entdeckt, und ich will damit viel Geld verdienen.‹ – Heinz hat nun alle legalen Möglichkeiten erschöpft; er ist ganz verzweifelt und überlegt, ob er in die Apotheke einbrechen und das Medikament für seine Frau stehlen soll.« [Kohlberg 1968–1984, 495]

Kohlberg ließ seine Probanden Einschätzungen abgeben, wie man sich in Fällen der geschilderten Art verhalten solle. Vor allem fragte er eindringlich nach den Begründungen, die sie für ihre Entscheidungen angeben konnten. Das Hauptergebnis, das er aus diesen Studien ableitete, lautet wie folgt: Jeder Mensch, unabhängig von Kultur oder Geschlecht, durchläuft eine feste Stufenfolge von Typen moralischer Urteile. Die Reihenfolge der absolvierten Stufen ist stets dieselbe, insbesondere können keine Stufen während der Entwicklung übersprungen werden. Rückfälle kommen in der Regel nicht vor, allerdings werden die höchsten Stufen von den meisten Menschen nicht erreicht.

(2) Genauer identifiziert Kohlberg drei Niveaus mit jeweils zwei Stufen der moralischen Entwicklung. Das Gesamtschema von insgesamt sechs Stufen hat er gelegentlich leicht modifiziert und ergänzt, in seinen wesentlichen Komponenten aber beibehalten [vgl. Kohlberg 1968–1984, 26f., 51–53, 128–132].

Auf dem *präkonventionellen Niveau* bewegen sich üblicherweise Kinder bis zum Alter von ca. neun Jahren, aber auch jugendliche oder erwachsene Straftäter. Diese Ebene zeichnet sich durch eine strikt egozentrische Moralität aus, deren Urteile sich allein an den direkten Konsequenzen für den Handelnden selbst orientieren. Die *1. Stufe* ist auf die Vermeidung von Strafe ausgerichtet (*how can I avoid punishment?*). Moral wird hier als bloßer Gehorsam gegenüber bestehenden Autoritäten konzipiert. Als erlaubt gilt, was von Mächtigeren zugelassen wird, Verhaltensregeln werden als zu befolgen angesehen, um Sanktionen zu vermeiden. Auf der *2. Stufe* kommen die bewusste Erkenntnis fremder Bedürfnisse und die gezielte Befriedigung eigener Bedürfnisse hinzu (*what's in it for me?*). Dies umfasst die negative Strafvermeidung der vorangehenden Stufe, ergänzt sie aber um das positive Abzielen auf mögliche Belohnungen. Zudem werden nun fremde Wünsche wahrgenommen und befriedigt, damit die eigenen Wünsche beachtet und zufriedengestellt werden, so dass Moral insgesamt als ein Austausch von Gefälligkeiten verstanden und gelebt wird, gemäß dem Motto ›Wie du mir, so ich dir‹.

Auf dem *konventionellen Niveau* befindet sich ein Großteil der Jugendlichen und Erwachsenen. Die ichbezogene Haltung der vorangehenden Ebene wird hier durch eine gemeinschaftsbasierte Moralität abgelöst, die auf einer ernsthaften Identifikation und aufrichtigen Loyalität mit den Vorstellungen und Strukturen des persönlichen Umfelds bzw. der Gesellschaft insgesamt beruht. Die *3. Stufe* ist durch das Bewusstsein fremder Erwartungen und das Bestreben nach entsprechender Anerkennung geprägt (Mentalität des *good boy/nice girl*). Moralische Stellungnahmen rekurrieren nicht länger auf die materiellen Konsequenzen, die Handlungen in Form von Strafe oder Belohnung nach sich ziehen, sondern auf den sozialen Respekt, den man für das eigene Verhalten in seiner Umgebung findet. Die Rollenvorgaben des Beziehungsumfelds werden dabei unhinterfragt akzeptiert, Zustimmung oder Ablehnung anderer sind direkter Maßstab des Handelns und unmittelbare Quelle von Selbstwert- bzw. Schuldgefühlen. Auf der *4. Stufe* dominiert die Auffassung, dass bestimmte Regelungen für das gemeinschaftliche Zusammenleben unentbehrlich und deshalb einzuhalten sind (Bedeutung von *law and order*). Im Vordergrund steht nicht mehr der Wunsch nach Billigung durch nahestehende Bezugspersonen, sondern das Bekenntnis zur Relevanz sozialer Normen. Moralische Bewertungen stützen sich wesentlich darauf, dass die Einhaltung von ›Gesetz und Ordnung‹ notwendig ist, um den Erhalt der bestehenden Gesellschaft zu sichern, deren Gefüge ohne kritische Distanz bejaht wird.

Das *postkonventionelle Niveau* erreicht nach Kohlberg nur eine Minderheit von Erwachsenen. Hier emanzipiert sich Moralität von vorgegebenen Erwartungen und Ordnungen, um stattdessen auf unabhängige Standards mit übergeordneter Gültigkeit zu rekurrieren. Auf der *5. Stufe* ist die Einhaltung freier Übereinkommen zum Vorteil der beteiligten Individuen der relevante Maßstab (von ca. 25% aller Erwachsenen erreicht). Es wird nicht länger jede Norm anerkannt, auf der die bestehende gesellschaftliche Struktur beruht, sondern es werden nur solche Normen gebilligt, die auf soziale Übereinkunft zurückgehen und dem allgemeinen Nutzen dienen. Zentraler Referenzpunkt moralischer Stellungnahmen ist das durch solche Vereinbarungen zu realisierende ›größte Glück der größten Zahl‹. Die *6. Stufe* stellt universelle Prinzipien sehr abstrakter Natur in den Vordergrund (von unter 5% aller Erwachsenen erreicht). Moral wird nun nicht mehr als freie Verabredung zum größtmöglichen Vorteil verstanden, sondern als verbindliches Set von allgemeingültigen Grundsätzen, denen gesellschaftliche Übereinkünfte auch ungeachtet ihres etwaigen Nutzens zu entsprechen haben. Ihr Inhalt sind dabei fundamentale ethische Prinzipien wie die Anerkennung gleicher Menschenrechte oder die Achtung der unverletzlichen Menschenwürde.

Die sechs Stufen der moralischen Entwicklung nach Kohlberg	
Präkonventionelles Niveau	1. Stufe: Strafvermeidung durch Gehorsam 2. Stufe: Bedürfnisbefriedigung durch Austausch
Konventionelles Niveau	3. Stufe: Erwartung und Anerkennung 4. Stufe: Gesetz und Ordnung
Postkonventionelles Niveau	5. Stufe: freie Übereinkunft zum allgemeinen Nutzen 6. Stufe: universelle Prinzipien abstrakter Natur

Bei der Einordnung, auf welcher dieser sechs Moralstufen sich eine bestimmte Person befindet, ist nicht so sehr entscheidend, für welche Handlungsalternative sie sich in einem gegebenen Fallbeispiel entscheidet, sondern vielmehr, welche Form der Begründung sie hierfür angibt. Dies lässt sich an dem oben zitierten ›Heinz-Dilemma‹ leicht verdeutlichen: Lehnt jemand den Diebstahl ab, weil der Ehemann sonst eine Haftstrafe riskiert, so befindet er sich auf der 1. Stufe. Lehnt er ihn hingegen ab, weil er das Eigentum anderer Personen für grundsätzlich unantastbar hält, so bewegt er sich auf Stufe 6. Man kann auf dieser 6. Stufe den Diebstahl freilich auch befürworten, indem man erklärt, dass das Lebensrecht der Frau die Besitzansprüche des Apothekers prinzipiell überwiegt. Ebenso gut kann man ihn indessen auf Stufe 1 befürworten, indem man anführt, dass der Ehemann andernfalls Sanktionen seitens seiner Frau zu befürchten hat.

(3) Auf den ersten Blick scheint Kohlbergs Stufenmodell ›normativ neutral‹ zu sein: Keine der möglichen Antworten auf seine Fallbeispiele wird von ihm als moralisch richtig oder falsch vorausgesetzt. Bei genauerem Hinsehen zeigt sich allerdings, dass sein vermeintlich ›rein deskriptives‹ Schema sehr wohl mit normativen Wertungen einhergeht: Ganz offensichtlich zeigen die verschiedenen Begründungsformen auf den einzelnen Stufen einen zunehmenden Fortschritt in der moralischen Entwicklung an, ein Verharren auf niederen Stufen hat als Symptom eines moralischen Defizits zu gelten. Kohlberg mag sich daher zwar enthalten, bestimmte *Lösungen* seiner Fallbeispiele als korrekt oder verfehlt auszuweisen. Aber ohne Zweifel schätzt er bestimmte *Argumentationsmuster* als höherstufig oder niederrangig ein.

Man könnte hierauf entgegnen, dass Kohlberg nichts weiter als eine faktische Abfolge wiedergebe, auf die er in den moralischen Argumentationen seiner Probanden gestoßen sei. Solch ein Resultat zu präsentieren und durch entsprechende Klassifikationen aufzuarbeiten, sei ein rein deskriptives Vorgehen ohne jegliche normative Einlassungen. Tatsächlich aber spricht Kohlberg eben nicht nur von einem *Nacheinander*, das in den Moralurteilen von Menschen zu beobachten ist (d.h. von einem bloßen ›Früher‹ oder ›Später‹); dann wäre auch denkbar, dass man die späteren Stadien als niederrangig gegenüber den früheren erachtete, also die vorgefundene zeitliche Entwicklung, zumindest ab einer bestimmten Phase, als einen moralischen *Verfall* interpretierte (wie man etwa den Lebenszyklus eines Organismus ab einem gewissen Zeitpunkt als eine Abwärtsbewegung ansehen mag). Vielmehr spricht Kohlberg von *Stufen*, die Menschen in ihrer Moralität erreichen können (also von einem objektiven ›Niedriger‹ oder ›Höher‹); er behauptet einen eindeutigen *Fortschritt* in jener Entwicklung, hin zu ständig überlegenen Formen von Moralität (mit abschließendem Höhepunkt auf der 6. Stufe).

Ersichtlich ergänzt Kohlberg seine empirischen Befunde also um eine moralische Bewertung. Ähnlich wie Smith vollzieht damit auch er einen Übergang von deskriptiver Ethik zu normativer Ethik. Und tatsächlich lässt sich sein Ansatz innerhalb der normativen Ethik recht eindeutig lokalisieren: In den beiden höchsten Stufen erkennt man unschwer Moralauffassungen, die primär durch den Utilitarismus (Stufe 5) bzw. durch den Kantianismus (Stufe 6) vertreten werden. Indem Kohlberg Stufe 6 als überlegen gegenüber Stufe 5 darstellt, bekennt er sich unmissverständlich zu einer Deontologie kantianischen Typs (vgl. Kapitel 5). Eine Teleologie utilitaristischen Zuschnitts erscheint bei ihm demgegenüber als defizitär, als Festhalten an einer unterentwickelten Moral (vgl. Kapitel 6).

2.3 Luhmann: Moral und funktionale Differenzierung

Die Moralität von Kollektiven ist Thema einer großen Anzahl soziologischer Untersuchungen. Hierbei kann es sowohl um die Entstehung und Gestalt spezifischer Moralen in bestimmten Epochen oder Regionen gehen als auch um die grundsätzliche Bedeutung von moralischen Überzeugungen in menschlichen Gemeinschaften. Als einer der ersten Moralsoziologen gilt Émile Durkheim (1858–1917), der vor allem die Bindungskraft der Moral für die Gesellschaft hervorhob. Niklas Luhmann (1927–1998) äußert sich in dieser Hinsicht skeptischer, indem er moralischen Einstellungen kaum soziale Integrationskraft und eher ein erhebliches Konfliktpotential attestiert.

(1) Grundlage für Luhmanns Betrachtung von Moralität ist ein systemtheoretischer Ansatz, in dem die Interaktionen innerhalb einer menschlichen Gesamtgesellschaft sowie die Wirkungsweisen ihrer sozialen Unterbereiche als Tätigkeiten und Wechselbeeinflussungen von Systemen begriffen werden. Dieser Zugang zeichnet sich nicht so sehr durch empirische Untersuchungen im Sinne konkreter Feldforschung aus, sondern eher durch begriffliche Arbeit auf recht abstraktem Niveau. Deren Ziel ist jedoch eine umfassende Beschreibung faktischer Gesellschaftsstrukturen, u.a. mit Blick auf die Rolle der Moral in der Gesellschaft. In diesem Sinne betreibt auch Luhmann deskriptive Ethik, wobei sein Ausgangspunkt die folgende Definition von Moral ist:

> »Die Gesamtheit der faktisch praktizierten *Bedingungen* wechselseitiger Achtung oder Mißachtung macht *die Moral* einer Gesellschaft aus. [...] Moral ist also ein Codierprozeß mit der spezifischen Funktion, über Achtungsbedingungen Achtungskommunikation [...] zu steuern.« [Luhmann 1978, 51]

Moral wird hier eindeutig als ein soziales Phänomen gefasst, als ›Moral einer Gesellschaft‹. Genauer wird sie über ihre soziale Funktion definiert, als Bedingungsgefüge für die Zuweisung von ›Achtung oder Missachtung‹. Angesichts dieser Funktion ist Moral grundsätzlich universell anwendbar: Achtung oder Missachtung ist eine sehr elementare Einstufung, die in unterschiedlichsten gesellschaftlichen Bereichen greifen kann, innerhalb von privaten Beziehungen wie Freundschaft oder Liebe ebenso wie gegenüber öffentlichen Systemen wie Wirtschaft oder Politik. Allerdings gerät diese universelle moralische Einstufung nach Luhmann unweigerlich in Schwierigkeiten, sobald die verschiedenen sozialen Bereiche auseinander driften und selbständig werden. Eben dies ist nach Luhmann in modernen Gesellschaften zunehmend der Fall: Private Beziehungen und öffentliche Systeme entkoppeln sich voneinander, die öffentlichen Systeme ihrerseits differenzieren sich gegeneinander aus. Luhmanns Grundthese ist, dass Moral vor diesem Hintergrund nicht mehr, wie es ihr früher noch gelungen sein mag, sämtliches Verhalten in einen einheitlichen Horizont integrieren kann. Insbesondere vermag sie nicht, die verschiedenen gesellschaftlichen Systeme zu koordinieren und deren spezifische Operationen in einem bestimmten, moralischen Sinne zu bündeln. Dies wird zwar regelmäßig von ihr erwartet, aber es übersteigt notwendig ihre Möglichkeiten [LUHMANN 1987, 317–325].

(2) Moderne Gesellschaften sind nach Luhmann in verschiedene Teilsysteme ausdifferenziert. Wichtige Beispiele sind Wirtschaft, Politik, Wissenschaft oder Recht. Hierbei handelt es sich nicht um kleinere Untereinheiten aus separaten Personengruppen (so wie Gesellschaften früher in streng abgegrenzte Clans oder Adelshäuser, Schichten oder Stände eingeteilt waren). Vielmehr handelt es sich um hochspezialisierte Funktionssysteme mit besonderen Aufgaben (wobei ein und dieselbe Person durchaus verschiedenen Systemen gleichzeitig angehören kann und einige Systeme sogar ausnahmslos sämtliche Gesellschaftsmitglieder erfassen). Die Wirtschaft regelt den Güterverkehr und vermindert dadurch Knappheit. Die Politik ermöglicht kollektiv bindende Entscheidungen und sichert dadurch die Handlungsfähigkeit der Gesamtgesellschaft. Die Wissenschaft generiert Theorien und erzeugt dadurch Wissen. Das Recht klärt wechselseitige Erwartungen und verschafft dadurch Sicherheit bezüglich fremden Verhaltens [vgl. LUHMANN 1998, 595–618].

Diese Funktionssysteme sind nicht aufeinander reduzierbar, d.h. sie können sich in ihrer Aufgabenerfüllung nicht wechselseitig ersetzen. Insbesondere üben sie je eigene Kommunikationsformen aus, indem sie mit jeweils besonderen ›Codes‹ operieren. Codes sind binäre, d.h. zweiwertige Unterscheidungsschemata, welche die Wahrnehmung eines gegebenen Systems orientieren und damit die Komplexität seiner Kommunikation erheblich verringern. Genauer handelt es sich um Präferenzcodes, bei denen innerhalb des gegebenen Systems der eine Wert des Codes bevorzugt, der andere gemieden wird. Die Zuweisung des Codes erfolgt über das jeweilige ›Programm‹ des Systems. Dieses Programm legt fest, wie in dem gegebenen System die beiden Werte des Codes zugesprochen werden. Die Wirtschaft etwa operiert mit dem Code ›haben/nichthaben‹ und folgt dabei dem Programm des Marktes (jedenfalls in einer Marktwirtschaft). Die Politik verwendet den Code ›machtüberlegen/machtunterlegen‹ und weist ihn durch das Programm der Wahl zu (jedenfalls in einer Demokratie). Der Code der Wissenschaft lautet ›wahr/falsch‹, attestiert gemäß den vorherrschenden Theorien. Der Code des Rechts heißt ›recht/unrecht‹, zugesprochen nach den geltenden Gesetzen [vgl. LUHMANN 1998, 359–393].

Diese funktionale Ausdifferenzierung moderner Gesellschaften hat viele Vorteile: Sie stellt eine Form von Arbeitsteilung dar, in der unterschiedlichste Aufgaben von hochspezialisierten Teilsystemen bewältigt werden können. Sie hat aber auch zur Folge, dass es nur sehr begrenzte Möglichkeiten für eine gezielte Beeinflussung gesellschaftlicher Prozesse gibt: Es existiert keine zentrale Regelungsinstanz für die Gesamtgesellschaft, und es kommt zu keiner wechselseitigen Koordination der Teilsysteme. Dies liegt insbesondere daran, dass sich Funktionssysteme durch ihre ›operative Schließung‹ auszeichnen: Eigene Operationen folgen stets vorhergehenden Operationen des gleichen Typs, nicht den Vorgaben anderer Systeme.

Zwar kann jedes System auf seine Umwelt Bezug nehmen, zu der auch die jeweils anderen Systeme gehören. Es kann also zweifellos *über* die anderen Systeme kommunizieren. Aber es tut dies allein in seiner speziellen Kommunikationsform, mit seinem Code und gemäß seinem Programm. Es kann daher nicht *mit* den anderen Systemen kommunizieren, nicht deren Bewertungen beeinflussen oder diese in die eigenen Bewertungen aufnehmen. Gewiss existieren ›strukturelle Kopplungen‹ zwischen Systemen und ihrer Umwelt, durch die ein System in einem anderen System bestimmte Reaktionen oder Resonanzen hervorrufen kann. Doch es gibt keine geteilte Kommunikationsform, die eine gemeinsame, kontrollierte Ausrichtung der Teilsysteme oder gar der Gesamtgesellschaft ermöglichen würde.

Funktionssysteme und Kommunikationsformen nach Luhmann

System	*Funktion*	*Code*	*Programm*
Wirtschaft	Minderung von ökonomischer Knappheit	haben/ nichthaben	Markt
Politik	Kapazität zu bindenden Entscheidungen	machtüberlegen/ machtunterlegen	Wahl
Wissenschaft	Erzeugung von Wissen	wahr/falsch	Theorien
Recht	Klärung von Erwartungen	recht/unrecht	Gesetze

Diese Liste ist nicht vollständig: Es gibt noch weitere Teilsysteme, etwa Religion oder Erziehung, mit ihren eigenen Funktionen, Codes und Programmen. Die Moral gehört allerdings nicht dazu: Moral hat zwar eine Funktion, nämlich die

Zuweisung von Achtung und Missachtung. Eben diese Funktion ist aber zu allgemein und zu fundamental, als dass sich Moral damit zu einem klar definierten Teilsystem ausdifferenzieren könnte. Ihre Allgemeinheit und Fundamentalität bedeutet damit nach Luhmann keineswegs einen Vorteil. Im Gegenteil, fehlende Ausdifferenzierung macht die Moral zu einer weit weniger beständigen und wirksamen Erscheinung als die skizzierten Funktionssysteme. Vor allem aber kann auch die Moral nicht steuernd in jene Systeme eingreifen.

Auch Moral hat einen Code, nämlich gut/schlecht. Mit diesem binären Präferenzcode vollzieht sie ihre spezifische Zuweisung von Achtung oder Missachtung. Er unterliegt seinerseits bestimmten Programmen, nämlich den jeweils herrschenden Moralvorstellungen in einer Gesellschaft. Jene Moralvorstellungen können sich durchaus auf Geschehnisse in anderen Funktionssystemen beziehen und ihnen entsprechend die Werte gut/schlecht zuweisen. Aber sie können nicht die Codes dieser anderen Funktionssysteme programmieren. Vielmehr folgen deren Codes eigenen Programmen, worin gerade der Sinn funktionaler Ausdifferenzierung besteht [vgl. LUHMANN 1978, 57–59, 88–91].

In einer funktional ausdifferenzierten Gesellschaft ist es daher nach Luhmann eine verfehlte Erwartung, dass Moral kontrolliert auf die einzelnen Teilsysteme einwirken und diese zu moralischen Funktionsvollzügen bewegen könnte. Moral kann nicht bestimmen, wie die Wertzuweisungen in den anderen Systemen erfolgen, da diese Systeme weitgehend autonom agieren, gemäß ihren je eigenen Aufgaben. Insbesondere ist es nach Luhmann ein irriger Gedanke, dass zunächst Moral die Politik bestimmen könnte, etwa über demokratische Wahlen oder geeignete Beratung, und anschließend die Politik die anderen Funktionssysteme kontrollieren sollte, etwa die Wirtschaft über das Recht. Erstens ist die Politik nicht moralisch zu programmieren, da sie alles externe Geschehen, mit dem sie konfrontiert wird, und insbesondere alle moralischen Forderungen, die an sie herangetragen werden, in ihre spezifische Sprache von Macht oder Ohnmacht, von Regierung oder Opposition übersetzt. Diese Übersetzung ist stets verlustbehaftet, so dass sich moralische Forderungen niemals in ihrer unverfälschten Gestalt in die Politik transferieren lassen. Zweitens ist die Politik ihrerseits nur ein Teilsystem, keineswegs die Spitze oder das Zentrum der Gesellschaft, und kann daher mit ihren Beschlüssen zwar sicherlich Effekte in anderen Systemen erzeugen, aber kaum gezielte Absichten verwirklichen oder konkrete Vorgaben umsetzen. Versuche etwa, mit rechtlichen Regelungen wie Steuergesetzen politische Ziele in der Wirtschaft durchzusetzen, misslingen regelmäßig, weil die Wirtschaft alle politischen bzw. rechtlichen Vorgaben in ihren Code, d.h. in die Frage von Haben oder Nichthaben, von Zahlen oder Nichtzahlen, überträgt und diese Übertragung immer unvollkommen bleibt. Der ganze Ansatz einer Moralisierung der Politik und einer Politisierung anderer Systeme ist damit nach Luhmann hinfällig [LUHMANN 2002, 7–14, 111–118].

Moral kann keinen kontrollierenden Einfluss auf die verschiedenen Teilsysteme nehmen und deren jeweilige Funktionen auf kein sinnvolles Ziel hinordnen. Eher schon erzeugt sie schädliche Irritationen in den anderen Systemen. Entsprechend hat sie auch keine Integrationskraft für die Gesamtgesellschaft. Stattdessen weist sie ein hohes Streitpotential auf, führt zu Abstoßung und Verfeindung, erschwert mögliche Lösungen und befeuert bestehende Konflikte. Sie mag eine allgemeine Alarmierfunktion ausüben, wenn es zu gesamtgesellschaftlichen Fehlentwicklungen kommt (etwa in Form von sozialen Ungleichheiten oder ökologischen Krisen). Auch hier bleibt ihre Wirkung aber beliebig und inflationär, weil sie keine eindeutigen Kriterien anzubieten hat und lediglich bestehende Empörung aufheizt. Sie mag gegebene Warnsignale verstärken, wenn bestimmte Funktionssysteme durch systemfremde Einflüsse unterlaufen werden (etwa in Gestalt von Korruption in Wirtschaft oder Politik). Selbst hier aber, wo sie ohnehin keine eigenständige Perspektive eröffnet und nur eine abhängige Bedeutung hat, bleibt ihr Vorgehen utopisch und aufgeladen, indem sie die Illusion einfacher Entscheidungen weckt und Entrüstung über medienwirksame Skandale schürt [Luhmann 1987, 121f., 318, 325; Luhmann 1998, 248, 403–405].

(3) Mit dieser Deutung von Moral wirkt Luhmanns Modell alles andere als normativ intendiert oder auch nur anschlussfähig: Moral erscheint als hilflos, sogar als abträglich für moderne Gesellschaften. Normative Überlegungen zur angemessenen Gestalt moralischer Überzeugungen wirken vor diesem Hintergrund naiv und verfehlt. Dennoch lässt sich fragen, ob dieser skeptischen Auffassung von Moral nicht womöglich eine verborgene normative Perspektive zugrunde liegt: Immerhin ist jene Ablehnung von Moral selbst ein Urteil. Die Frage ist, ob dieses Urteil nicht in letzter Konsequenz moralischer Art ist.

So scheint Luhmann zunächst die funktionale Ausdifferenzierung moderner Gesellschaften, an der Moral angeblich scheitert, tendenziell positiv zu bewerten: Möglicherweise erkennt er in ihr einen Selbstzweck, dahingehend dass sie einen höheren historischen Entwicklungsstand anzeigt, möglicherweise betrachtet er sie als Mittel, um bestimmte wünschenswerte Effekte zu erzielen. In beiden Fällen lägen bestimmte moralische Stellungnahmen zugrunde, nämlich dass jene geschichtliche Entfaltung an sich selbst gut ist bzw. dass die erreichten Vorteile tatsächlich erstrebenswert sind. Auch sein Vorwurf, Moral heize gesellschaftliche Konflikte an, bringt einen normativen Maßstab ins Spiel: Dass derartige Konflikte zu vermeiden sind, mag eine verbreitete und nachvollziehbare Auffassung sein. Das ändert aber nichts daran, dass es sich um eine Bewertung moralischer Art handelt.

Gelegentlich erklärt Luhmann auch, dass gerade das unkoordinierte Operieren der einzelnen Teilsysteme den Erfolg und sogar das Überleben der Gesamtgesellschaft gefährden könne: Die funktionale Ausdifferenzierung lasse zuweilen fehlerhafte Kommunikation, irrationale Effekte, zu wenig oder zu viel Resonanz zwischen den Systemen sowie unzureichende oder falsche Reaktionen auf die Umwelt entstehen. Auch in diesen Einschätzungen sind nicht allein deskriptive Darstellungen, sondern normative Wertungen am Werk, nämlich dass bestimmte Arten von Zusammenwirken und zumindest das Fortbestehen der Gesamtgesellschaft wünschenswert sind. Und möglicherweise könnte, anders als Luhmann meint,

Moral doch hilfreich sein, um diesen Gefahren zu begegnen: Womöglich müsste es eine Moral sein, die durch die Ergebnisse von Luhmanns deskriptiver Ethik geeignet aufgeklärt über ihren begrenzten Einfluss und ihre potentielle Schädlichkeit ist. Dies ließe aber Raum für eine positive Rolle von Moral, deren Grundsätze und Kriterien eine geeignete normative Ethik im Anschluss an Luhmanns implizite Wertungen ausarbeiten könnte.

2.4 Zum Zusammenhang von deskriptiver und normativer Ethik

Die drei vorangehenden Abschnitte haben keine vollständige Darstellung der deskriptiven Ethik gegeben, sondern nur einige prominente Beispiele in ihren wesentlichen Komponenten skizziert. Es gibt abweichende Ansätze in Moralphilosophie, Moralpsychologie und Moralsoziologie. Nicht zuletzt sind die spezifischen Befunde von Smith, Kohlberg und Luhmann gelegentlicher Kritik von anderer Seite ausgesetzt.

Bei Smith etwa wird nachgefragt, ob das menschliche Einfühlungsvermögen in der Tat bevorzugt auf fremde Freude mit eigener Freude, auf fremdes Leid mit eigenem Leid antwortet, statt dass vielleicht eher umgekehrt Neid bzw. Schadenfreude typische Gefühlreaktionen auf derartige Primärempfindungen sind. Mit Blick auf Kohlbergs Arbeiten wird sowohl die grundsätzliche Relevanz von Stufenmodellen als auch die behauptete Unabhängigkeit seines Entwurfs von Kultur und Geschlecht kontrovers diskutiert. Luhmanns Konzeption gibt Anlass zu Zweifeln, ob ein vergleichsweise starres Schema von weitgehend strukturgleichen Systemtypen die ganze Vielfalt der sozialen Wirklichkeit einzufangen vermag und ob die Einstufung der Moral als einerseits allumfassend, andererseits wirkungslos ihrer Rolle in der Gesellschaft vollständig gerecht wird.

Die jeweiligen Anklänge normativer Ethik, die in den drei Beispielen auftauchten, sind selbstverständlich ebenso wenig unumstritten: Der Utilitarismus, auf den Smiths Ansatz hinausläuft, wird nicht von jedem geteilt. Der Kantianismus, den Kohlbergs Modell favorisiert, ist nicht allgemein akzeptiert. Der Skeptizismus, der sich in Luhmanns Theorie ausdrückt, findet Befürworter wie Gegner. Entsprechend werden die Vorzüge und Nachteile dieser Positionen in späteren Kapiteln noch genauer erörtert. Wichtig zum gegenwärtigen Zeitpunkt ist lediglich, dass die jeweiligen Übergänge von deskriptiver zu normativer Ethik in den drei Beispielen auf grundsätzlich korrekte Weise stattfinden – nämlich indem die normative Bewertung der deskriptiven Beschreibung hinzugefügt wird, als unabhängige Ergänzung eigenständiger Art.

Formal problematisch wäre demgegenüber, wenn das normative Urteil unmittelbar aus dem deskriptiven Befund folgen sollte: Smith mag feststellen, dass reale Menschen zumeist ›aufmerksame Zuschauer‹ sind, und er mag hervorheben, dass die ideale Position eines ›unparteiischen Zuschauers‹ demgegenüber moralisch überlegen wäre; aber er kann Letzteres nicht aus Ersterem schließen. Kohlberg mag bemerken, dass Individuen in ihrer Entwicklung eine bestimmte Abfolge des moralischen Urteils durchlaufen, und er mag behaupten, dass diese zeitliche Abfolge einen moralischen Fortschritt darstellt; aber er kann Letzteres nicht aus Ersterem ableiten. Luhmann mag aufzeigen, dass moralische Einstellungen in modernen Gesellschaften eher konfliktverschärfend als integrierend wirken, und er mag anmerken, dass diese Konstellation ein Problem ist; aber er kann Letzteres nicht aus Ersterem folgern. Der Grund ist, dass normative Aussagen nicht ohne Weiteres aus faktischen Aussagen deduzierbar sind – auch nicht aus faktischen Aussagen über bestehende Moralvorstellungen. Dieser Zusammenhang wird in Abschnitt 3.1 genauer erläutert, unter der Überschrift des Sein-Sollen-Fehlschlusses bzw. des naturalistischen Fehlschlusses.

Fragen und Aufgaben

1. Bei einem Schiffsunglück sieht ein Beteiligter sein eigenes Leben, das seiner Angehörigen und das fremder Menschen bedroht. Versuchen Sie, an diesem Beispiel die unterschiedlichen Perspektiven des ›aufmerksamen Zuschauers‹ und des ›unparteiischen Zuschauers‹ nach Adam Smith zu verdeutlichen.
2. Ordnen Sie die folgenden Urteile den sechs Stufen der Moralentwicklung nach Lawrence Kohlberg zu. Es kann sein, dass manche Stufen mehrfach belegt werden und andere Stufen gar nicht vorkommen: *(a) »Man sollte mehr in die Sozialhilfe investieren, weil ärmere Menschen auch zur Gesellschaft gehören und die Belastungen für die reicheren Menschen nicht sonderlich groß wären.« (b) »Es ist richtig, seinen Dienstpflichten nachzukommen, weil ohne den Einsatz von allen ein Betrieb nicht funktionieren kann.« (c) »Es ist falsch, seine Freunde anzulügen, weil sie es einem früher oder später heimzahlen.« (d) »Man sollte mehr in die Sozialhilfe investieren, weil jeder Mensch einen Anspruch auf Mindestversorgung hat.« (e) »Es ist richtig, seinen Dienstpflichten nachzukommen, weil man nur so die eigene Karriere voranbringen kann.« (f) »Es ist falsch, seine Freunde anzulügen, weil man sich damit irgendwann vor ihnen lächerlich macht.«*
3. Wie würde Niklas Luhmann den folgenden Vorgang innerhalb seiner Systemtheorie rekonstruieren: Eine Wählergruppierung setzt sich aus moralischen Gründen dafür ein, dass ein Gesetz für höhere Benzinsteuern verabschiedet wird.

3. Metaethik – Das Sein, das Erkennen und die Sprache der Moral

In der Metaethik geht es nicht mehr darum, moralische Überzeugungen in ihrem Vorkommen zu beschreiben (deskriptive Ethik), aber auch nicht bereits darum, ihre Rechtfertigbarkeit zu prüfen oder selbst ein moralisches System aufzustellen (normative Ethik). Die Metaethik will vielmehr, gemäß der Definition in Abschnitt 1.4, den grundsätzlichen Status moralischer Begriffe, Aussagen und Argumentationen klären. Dies kann in recht unterschiedlicher Hinsicht geschehen, und entsprechend lassen sich metaethische Untersuchungen ihrerseits noch einmal verschiedenen philosophischen Ebenen zuordnen. Auf einer *ontologischen* Ebene befassen sie sich mit der Seinsweise des Moralischen: mit seiner Beschaffenheit, seiner Verortung, seinem Ursprung. Auf einer *epistemologischen* Ebene erörtern sie die Erkenntnisformen des Moralischen: seine Zugänglichkeit, seine Ableitbarkeit, seine Wahrheitsfähigkeit. Auf einer *sprachanalytischen* Ebene beschäftigen sie sich mit den Kommunikationsarten des Moralischen: mit der Bedeutung moralischer Wörter, mit dem Sinn moralischer Sätze, mit dem Gehalt moralischer Aussagen. Vor allem die sprachanalytische Ebene wird oftmals als Kernbereich der Metaethik angesehen, und da Sprachanalyse erst seit knapp hundert Jahren intensiv betrieben wird, gilt Metaethik vielfach als Produkt des 20. Jahrhunderts. Aber auch ontologische und epistemologische Themen sind der Metaethik zuzurechnen, womit sich bei genauerem Hinsehen zeigt, dass Metaethik durchaus weiter in die Philosophiegeschichte zurückreicht.

Einzelne metaethische Fragestellungen lassen sich diesen drei Ebenen mehr oder weniger eindeutig zuordnen. Freilich sind diese Ebenen nicht isoliert voneinander, sondern weisen gelegentliche Bezüge auf. So kann die ontologische Frage, wie Moral beschaffen ist, Auswirkungen auf die epistemologische Frage haben, wie man Moral erkennt. Beide Aspekte können ihrerseits sprachanalytische Effekte dahingehend haben, wie man über Moral spricht.

Dies gilt beispielsweise für ein klassisches Problem innerhalb der religiösen Ethik: Sind Gottes Gebote gut, weil er sie erlässt, oder erlässt Gott seine Gebote, weil sie gut sind? Dieses Problem formuliert bereits Platon im sogenannten ›Euthyphron-Dilemma‹. Genauer wird dort erörtert, ob das Fromme fromm ist, weil es von den Göttern geliebt wird, oder ob das Fromme von den Göttern geliebt wird, weil es fromm ist. Platon befürwortet dabei die letztere Antwort [PLATON, *Euthyphron*, 10a–e]. Das Problem greift Thomas von Aquin in seiner Diskussion des ›göttlichen Rechts‹ wieder auf. Dabei spricht sich Thomas für eine aufteilende Lösung aus. Ihm zufolge sind manche göttlichen Bestimmungen tatsächlich deshalb gut, weil sie von Gott geboten werden, andere göttliche Bestimmungen hingegen werden von Gott geboten, weil sie gut sind [THOMAS VON AQUIN, *ST*, II–II, Quaestio 57, Art. 2]. Im Wesentlichen ist hiermit zunächst ein ontologisches Problem benannt: Im Kern geht es darum, ob moralische Normen allein als göttliche Anordnung existieren, also überhaupt erst durch Gottes Willen hervorgebracht werden, oder ob moralische Normen ein unabhängiges Dasein haben, dessen Inhalt dem Menschen durch Gottes Wort lediglich mitgeteilt wird. Hieraus ergeben sich aber sofort epistemologische Konsequenzen: Im ersteren Fall dürfte und sollte man sich wohl darauf beschränken, die gegebenen göttlichen Vorschriften ungefragt als solche hinzunehmen, während es im letzteren Fall sinnvoll oder gar geboten erschiene, eigenständige moralische Überlegungen anzustellen. Schließlich lassen sich an derartige Erwägungen auch sprachanalytische Untersuchungen anschließen: Zu überlegen wäre hier, ob Prädikate wie ›gottgegeben‹ oder ›gottgewollt‹ als normative oder als deskriptive Begriffe zu interpretieren sind.

Ähnliches gilt für folgende Frage aus der allgemeinen Ethik: Gibt es so etwas wie ›moralische Werte‹, im Sinne besonderer moralischer Entitäten, die einem speziellen Seinsbereich angehören, oder manifestiert sich Moralität allein in ›moralischen Normen‹, d.h. in üblichen zwischenmenschlichen Verhaltensregeln, für die keine eigentümliche Seinssphäre angenommen werden muss? Dieses Thema wird von den deutschen Wertethikern des frühen 20. Jahrhunderts aufgeworfen, vor allem von Max Scheler und Nicolai Hartmann. Beide haben die Existenz solcher moralischer Werte, in einem gegenüber der Realwelt eigenständigen Seinsbereich, nachdrücklich vertreten [SCHELER 1921, 7–19; HARTMANN 1935, 107–109, 133–140]. Offenbar ist hiermit zunächst wieder die ontologische Ebene der Metaethik berührt: Primär geht es um die grundsätzliche Existenzform des Moralischen. Dies hat aber unmittelbar epistemologische Implikationen: Eine solche Wertsphäre legt auch besondere Erkenntnisformen nahe, und entsprechend nehmen Scheler und Hartmann einen speziellen Wertsinn an, der jene Sphäre des Moralischen erschließen soll [SCHELER 1921, 49–67; HARTMANN 1935, 8–12, 141f.]. Schließlich könnte man an eine solche Auffassung auch sprachanalytische Erörterungen anfügen: Zu erforschen wäre dann, inwiefern jene philosophische Konzeption von ›Wert‹ mit dem alltäglichen Wortsinn von ›Wert‹ übereinstimmt.

Auch das Thema, in welchem Verhältnis moralische Normen und außermoralische Normen zueinander stehen, etwa ästhetische, zweckrationale oder instrumentelle, berührt alle drei Ebenen. So stellt sich zunächst das ontologische Problem, ob und inwiefern diese verschiedenen Normbereiche gegeneinander abgegrenzt sind. Sodann eröffnen sich epistemologische Fragen, von welchen Einsichtsformen jene Normbereiche jeweils erschlossen werden können. Zudem lässt sich in sprachanalytischer Hinsicht klären, wie diese Einsichtsformen in normativen Begriffen wie ›gut‹, ›böse‹, ›schlecht‹, ›falsch‹ oder ›verkehrt‹ zum Ausdruck kommen und welche Affinitäten und Kontraste sich in diesen sprachlichen Gestalten abbilden.

Das vorliegende Kapitel handelt jene drei Ebenen nicht sukzessive ab, sondern wendet sich eigenständigen Themenschwerpunkten zu, die innerhalb der metaethischen Diskussion besonders bedeutsam sind. Die Zuordnung zu den drei Ebenen wird aber immer wieder aufschlussreich sein, um wichtige Differenzierungen innerhalb jener Problemkreise vorzunehmen und gelegentliche Bezüge zwischen den Fragestellungen herzustellen.

So hat die Debatte um Sein-Sollen-Fehlschluss und naturalistischen Fehlschluss (Abschnitt 3.1) eine *epistemologische* Dimension, in der es um das Verhältnis von Fakten und Normen geht und insbesondere darum, ob und wie aus faktischen Aussagen normative Aussagen gefolgert werden können. Dieses Thema führt aber weiter in den *sprachanalytischen* Bereich, wo die Bedeutung des Begriffs ›gut‹ zu klären ist und namentlich die Frage ansteht, ob oder wie dieser Begriff definiert werden kann. Die Opposition von Kognitivismus und Nonkognitivismus (Abschnitt 3.2) betrifft ebenfalls zum einen ein *epistemologisches* Problem, nämlich ob es überhaupt so etwas wie moralische Erkenntnis mit objektiver Gültigkeit geben kann oder ob alle moralischen Stellungnahmen allein subjektive Wertungen wiedergeben. Diese Gegenüberstellung spricht sich zum anderen auch wieder als *sprachanalytischer* Disput aus, dahingehend ob moralische Äußerungen ihrem sprachlichen Sinn nach überhaupt Behauptungen mit Wahrheitsanspruch sind oder eher Gefühlskundgaben bzw. Verhaltensvorschriften. In beiden Fällen sind epistemologische und sprachanalytische Ebene eng miteinander verbunden, und die jeweiligen Auffassungen scheinen einander mehr oder weniger eindeutig zu entsprechen. Dennoch müssen sie unterschieden werden, um verkürzte Interpretationen und irrtümliche Zuordnungen zu vermeiden.

Im Streit zwischen Generalismus und Partikularismus (Abschnitt 3.3) stehen sich zwei *ontologische* Positionen gegenüber, die das Wesen der Moral einmal in allgemeinen Prinzipien, einmal in konkreten Einzelfallurteilen sehen. Die Auseinandersetzung zwischen Rationalismus und Sensualismus (Abschnitt 3.4) konfrontiert demgegenüber wieder zwei *epistemologische* Standpunkte, die den Zugang zur Moral entweder der praktischen Vernunft oder aber einem moralischen Sinn überantworten. Zwischen beiden Fragestellungen gibt es durchaus Beziehungen, in denen sich einmal mehr die grundsätzliche Verbundenheit von ontologischen und epistemologischen Erwägungen dokumentiert. Auch diese Beziehungen sind aber lediglich tendenzieller Natur und dürfen keinesfalls zu einer Verwechslung der entsprechenden Problembereiche führen.

Bei der Unterscheidung von Tugendethik, Deontologie und Teleologie schließlich (Abschnitt 3.5) steht erneut ein *ontologischer* Aspekt im Zentrum. Hier wird diskutiert, welche Entitäten in erster Linie Träger moralischer Qualitäten sind, Handlungsmotivationen, Handlungsvollzüge oder Handlungskonsequenzen. Die Festlegung diesbezüglich bildet eine besonders prägnante Differenz zwischen verschiedenen normativen Ethiken. Entsprechend liefert die Einteilung in Tugendethik, Deontologie und Teleologie das maßgebliche Ordnungsschema für die nachfolgenden Kapitel 4, 5 und 6.

3.1 Sein-Sollen-Fehlschluss und naturalistischer Fehlschluss

Der wesentliche Gedanke hinter dem Konzept eines Sein-Sollen-Fehlschlusses bzw. eines naturalistischen Fehlschlusses besagt, dass aus bloßen Fakten keine Normen hergeleitet werden können. Dieser Gedanke wird vornehmlich mit zwei Autoren in Zusammenhang gebracht: mit David Hume, bei dem sich erstmals das Konzept eines Sein-Sollen-Fehlschlusses findet, und mit George Edward Moore, der seinerseits den Gedanken eines naturalistischen Fehlschlusses entwickelt hat. Gelegentlich wird die Frage aufgeworfen, ob Moores naturalistischer Fehlschluss gegenüber Humes Sein-Sollen-Fehlschluss überhaupt etwas wesentlich Neues enthalte, und vielfach wird der Unterschied zwischen beiden Konzeptionen gar nicht klar erkannt. In der Tat hat Moore gegenüber Hume aber eine spezielle Pointe anzubieten, und der Übergang zwischen ihren Ansätzen geht nicht zuletzt mit einem bezeichnenden Perspektivwechsel einher: nämlich von einer primär epistemologischen zu einer primär sprachanalytischen Sichtweise.

Der Sein-Sollen-Fehlschluss nach Hume

(1) In seinem Frühwerk *A Treatise of Human Nature* (1739/40) stellt David Hume (1711–1776) als erster Philosoph explizit und unmissverständlich den Grundsatz auf, dass aus bloßen Fakten keine Normen folgen. Hume selbst formuliert diesen Grundsatz dabei speziell als Verbot eines Sein-Sollen-Fehlschlusses. Die zentrale Passage lautet:

> »In jedem Moralsystem, das mir bisher vorkam, habe ich immer bemerkt, daß der Verfasser eine Zeitlang in der gewöhnlichen Betrachtungsweise vorgeht, das Dasein Gottes feststellt oder Beobachtungen über menschliche Dinge vorbringt. Plötzlich werde ich damit überrascht, daß mir anstatt der üblichen Verbindungen von Worten mit ›*ist*‹ [*is*] und ›*ist nicht*‹ [*is not*] kein Satz mehr begegnet, in dem nicht ein ›*sollte*‹ [*ought*] oder ›*sollte nicht*‹ [*ought not*] sich fände. Dieser Wechsel vollzieht sich unmerklich; aber er ist von größter Wichtigkeit. Dies *sollte* oder *sollte nicht* drückt eine neue Beziehung oder Behauptung aus, muß also notwendigerweise beachtet und erklärt werden. Gleichzeitig muß ein Grund angegeben werden für etwas, das sonst ganz unbegreiflich scheint, nämlich dafür, wie diese neue Beziehung zurückgeführt werden kann auf andere, die von ihr ganz verschieden sind. Da die Schriftsteller diese Vorsicht meistens nicht gebrauchen, so erlaube ich mir, sie meinen Lesern zu empfehlen; ich bin überzeugt, daß dieser kleine Akt der Aufmerksamkeit alle gewöhnlichen Moralsysteme umwerfen […] würde […].« [Hume, *THN*, III.1.1, Bd. 2, 211f.]

Das Verbot eines unmittelbaren Schlusses von Sein auf Sollen wird gelegentlich als ›Humes Gesetz‹ bezeichnet. Es ist weitgehend anerkannt und findet sich in ähnlicher Form in zahlreichen Grundlegungen zur Logik moralischen Argumentierens, wobei die genauen Formulierungen variieren: Neben Humes Fassung, der zufolge aus bloßen Seinsaussagen keine Sollensaussagen abzuleiten sind, finden sich analoge Darstellungen, dass aus bloßen Tatsachenbehauptungen keine Werturteile folgen, aus bloßen Fakten keine Normen, aus bloßen Feststellungen keine Forderungen, aus bloßen Indikativen keine Imperative. Man kann den wesentlichen Gedanken auch dahingehend fassen, dass aus dem Satz ›A ist Q‹ nicht unmittelbar der Satz ›A ist gut‹ geschlossen werden kann. Dabei ist A irgendeine zu beurteilende Entität (etwa ein Charakter, eine Handlung, ein Zustand). Q ist ein natürliches Prädikat, d.h. ein Prädikat, das ein reines Faktum, ein bloßes Sein bezeichnet, etwa eine psychische Verfasstheit, eine logische Eigenschaft oder eine soziale Beschaffenheit (›friedfertig‹, ›wahrheitsgemäß‹, ›glückreich‹). ›Gut‹ wird als das grundlegende Wertprädikat eingesetzt, das als solches einen normativen Status, ein moralisches Sollen anzeigt, wobei aber ebenso wohl ein anderes Wertprädikat positiver, negativer oder neutraler Art verwendet werden könnte (etwa ›tugendhaft‹, ›geboten‹, ›wünschenswert‹, auch ›böse‹, ›verboten‹, ›schlecht‹ bzw. ›hinnehmbar‹, ›erlaubt‹, ›akzeptabel‹). Humes Einsicht läuft dann darauf hinaus, dass aus ›A ist Q‹ nicht ohne Weiteres ›A ist gut‹ folgt (wobei der Satz ›A ist Q‹ je nach dem genauen Zusammenhang unterschiedlich zu lesen sein mag, etwa als ›A lässt die Qualität Q erkennen‹, ›A realisiert den Typ Q‹ oder auch ›A führt die Wirkung Q herbei‹).

Der Sein-Sollen-Fehlschluss nach Hume

Ein Sein-Sollen-Fehlschluss wird begangen, wenn aus einem Seinssatz (›A ist Q‹) unmittelbar ein Sollenssatz (›A ist gut‹) gefolgert wird.

Primär bewegt sich ›Humes Gesetz‹ damit auf der *epistemologischen* Ebene: Im Wesentlichen geht es darum, wie man in moralischen Zusammenhängen argumentieren, schließen, begründen kann. Und hier formuliert ›Humes Gesetz‹ eine entscheidende Hürde: Man kann nicht unmittelbar aus einem Faktum eine Norm ableiten, man kann nicht direkt aus einer Tatsachenfeststellung eine Wertzuweisung gewinnen.

Beispiele für solche Sein-Sollen-Fehlschlüsse scheinen sich leicht finden zu lassen. In einer religiösen Moral könnte man auf den Schluss treffen: ›Mord ist gemäß dem 5. Gebot verboten. Deshalb ist Mord schlecht.‹ Ein Rechtspositivist könnte behaupten: ›Mord ist nach § 211 StGB verboten. Deshalb ist Mord schlecht.‹ In der evolutionären Ethik findet man zuweilen Aussagen wie: ›Mord ist schädlich für den Fortbestand der Gattung. Deshalb ist Mord schlecht.‹ Hirnforscher argumentieren gelegentlich in der Art: ›Mord geht mit Aktivitäten stammesgeschichtlich älterer Hirnareale einher. Deshalb ist Mord schlecht.‹ Auch in alltäglichen moralischen Diskussionen kommt es zuweilen zu derartigen Schlüssen vom Sein auf das Sollen. Dies gilt etwa für die konservative Einstellung: ›Das haben wir immer schon so gemacht. Also sollten wir damit fortfahren.‹ Es gilt auch für die progressive Haltung: ›Der Trend geht in diese Richtung. Also sollten wir uns dem anschließen.‹

(2) Wie einleuchtend die Kritik an solchen Schlüssen auch erscheint, die Frage drängt sich auf, ob sie wirklich im strengen Sinne ungültig oder nicht vielleicht nur in ihrer aktuellen Formulierung unvollständig sind. So betrachte man etwa den folgenden Schluss: ›Wenn du dem Patienten X das Medikament Y verabreichst, bringst du ihn um. Also solltest du es ihm nicht verabreichen.‹ Dieser Schluss hat genau die beanstandete Form: ›Das Verabreichen des Medikaments an den Patienten (A) wäre eine todbringende Handlung an einem Menschen (Q). Also ist das Verabreichen des Medikaments an den Patienten (A) moralisch falsch.‹ Dennoch scheint an dieser Argumentation kaum etwas auszusetzen zu sein. Stillschweigend vorausgesetzt ist offenbar lediglich eine weitere Prämisse, nämlich dass man Menschen nicht umbringen sollte. Diese Prämisse ist im vorliegenden Kontext recht trivial, so dass sie wohl kaum explizit benannt werden muss. Aber wenn man darauf besteht, könnte man sie jederzeit nachreichen und damit den Schluss vollständig und gültig machen: ›Todbringende Handlungen an Menschen (Q) sind moralisch falsch.‹

Diese Beobachtung gilt ganz generell. Wenn zu irgendeinem Schluss des kritisierten Typs ›A ist Q → A ist gut‹ eine weitere Prämisse der Form ›Q ist gut‹ hinzugefügt wird, wird er offenbar legitim:

Q ist gut
A ist Q
→ A ist gut

Oberste Prämissen der Art ›Q ist gut‹ sind ihrer Gestalt nach völlig unproblematisch. Sie sind der wesentliche Gehalt vieler moralischer Systeme und ermöglichen es ihnen überhaupt erst, normative Urteile über faktische Verhältnisse zu sprechen. Gewiss bleibt im gegebenen Fall die inhaltliche Frage, ob jene oberste Prämisse plausibel ist und mit welchen Argumenten sie sich begründen ließe. Dies zu klären, wäre Aufgabe der normativen Ethik. Aber in formaler Hinsicht ist an dem fraglichen Schluss nichts mehr auszusetzen. Und allein darum geht es in der Metaethik.

Entsprechend lassen sich auch die oben genannten Beispiele sehr einfach in eine unanstößige Form übertragen. In der religiösen Moral müsste die Prämisse hinzugefügt werden: ›Was Gott in seinen Geboten verfügt, ist gut.‹ – sei es in dem Sinne, dass Gott eine höchste Weisungsbefugnis hat und mithin verbindlich ist, was immer er an Vorschriften erlässt (gemäß der ersten Option im ›Euthyphron-Dilemma‹), sei es in dem Sinne, dass Gott die größte Weisheit besitzt und man sich folglich darauf verlassen kann, dass er stets das Richtige gebietet (entsprechend der zweiten Option des ›Euthyphron-Dilemmas‹). Der Rechtspositivist könnte sich auf die Einstellung berufen: ›Was in den Gesetzen steht, ist gerecht.‹ – sei es, weil man es als das Ergebnis einer demokratischen Übereinkunft einschätzt (die als solche unbedingt anzuerkennen wäre), sei es, weil man dem Gesetzgeber sittliche Einsicht attestiert (der als solcher unbedingt zu vertrauen wäre). In der evolutionären Ethik wäre der Grundsatz zu ergänzen: ›Was den Fortbestand der Gattung sichert oder befördert, ist moralisch relevant.‹ Ein Hirnforscher des obigen Schlags müsste sich dazu bekennen: ›Aktivitäten stammesgeschichtlich neuerer Hirnareale sind moralisch belangvoll.‹ Auch die alltäglichen Moralbegründungen ließen sich entsprechend vervollständigen. Für die konservative Einstellung müsste man sich auf den Satz berufen: ›Was wir schon so lange gemacht haben, sollte auch so bleiben.‹ – etwa weil man meint, dass Menschen einen Anspruch auf Fortsetzung ihrer bestehenden Gewohnheiten haben, oder weil man denkt, dass die Gehalte von Traditionen in der Regel gut Bewährtes vermitteln. Für die progressive Haltung müsste man sich zu dem Satz bekennen: ›Was der Trend als Richtung vorgibt, sollte auch für uns maßgeblich sein.‹ – etwa weil man glaubt, dass man sich neuen Entwicklungen nicht verweigern darf, oder weil man vermutet, dass aktuelle Strömungen nicht fehlgehen können.

All dies mögen keine überzeugenden Haltungen, keine triftigen Begründungen sein. Aber hierbei handelte es sich um inhaltliche Kritik, die entsprechend innerhalb der normativen Ethik zu behandeln wäre. In formaler Hinsicht ist an den vervollständigten Schlüssen nichts auszusetzen. Und allein mit dieser Formalität befasst sich die Metaethik.

(3) Hume selbst geht es mit der zitierten Passage wahrscheinlich nicht darum, auf die Notwendigkeit einer obersten Prämisse des Typs ›Q ist gut‹ hinzuweisen. Sein wesentliches Anliegen in dem vorliegenden Textabschnitt ist zu zeigen, dass die moralische Wertigkeit, die man bestimmten Charakteren, Handlungen oder Zuständen zuschreibt, nicht in den beobachteten Gegenständen selbst liegt, sondern im jeweiligen Beobachter begründet ist. In diesem Sinne ist für ihn die Beziehung, die mit einem Seinssatz (›A ist Q‹) vermittelt wird, ›ganz verschieden‹ von jener ›neuen Beziehung‹, die in einem Sollenssatz (›A ist gut‹) ausgedrückt wird: Der Seinssatz macht laut Hume eine Feststellung über äußere Dinge, der Sollenssatz befasst sich mit inneren Gemütszuständen, Affekten und Gedanken. Und die geforderte ›Erklärung‹, die nach Hume für den Übergang zwischen beiden zu liefern wäre, läge eben in der Hervorhebung des Perspektivwechsels, der mit jenem Übergang einhergeht. Dass eine höhere Prämisse des Typs ›Q ist gut‹ die beiden Sätze formal korrekt miteinander verbinden mag, wäre für Hume wenig interessant und kaum jener ›Grund‹, der für einen solchen Übergang anzugeben wäre: Auch diese höhere Prämisse ist ein Sollenssatz, den Hume entsprechend in gleicher Weise interpretieren würde, d.h. als nicht in den Gegenständen, sondern im Beobachter gründend. Die maßgebliche Erklärung für den fraglichen Übergang ist daher nach Hume nicht ein legitimer Schluss aufgrund einer verbindenden Prämisse, sondern das hinzutretende Gefühl in der beobachtenden Person.

Hume greift damit Themen vor, die in späteren Abschnitten dieses Kapitels noch eingehender behandelt werden: Dass moralische Beziehungen nicht in den Gegenständen selbst liegen, sondern im Beobachter, impliziert für ihn erstens, dass ihre Bewertung nicht Sache einer praktischen Vernunft, sondern nur eines moralischen Sinnes sei [Hume, *THN*, III.1.1, Bd. 2, 208, III.1.2, Bd. 2, 212]. Mit Letzterem scheint Hume einen Sensualismus zu vertreten (vgl. Abschnitt 3.4). Darüber hinaus deutet sich zweitens an, dass moralische Bewertungen für ihn womöglich keine objektiven Wahrheiten vermitteln, sondern nur subjektive Gefühlslagen ausdrücken [Hume, *THN*, III.1.1, Bd. 2, 210f., III.1.2, Bd. 2, 213]. In diesem Fall wäre Hume sogar dem Nonkognitivismus zuzurechnen (vgl. Abschnitt 3.2). Beide Positionen werden später genauer erläutert.

Ungeachtet dieser Zusammenhänge ist der Verweis auf eine höhere Prämisse des Typs ›Q ist gut‹ aber die korrekte Antwort auf das spezifische Problem, das Hume mit dem Vorwurf eines Sein-Sollen-Fehlschlusses anspricht: Um von ›A ist Q‹ auf ›A ist gut‹ zu folgern, ist eine solche Prämisse notwendig und hinreichend. Dass diese höhere Prämisse ›Q ist gut‹ ihrerseits wieder ein normativer Satz ist, wie auch ›A ist gut‹, steht dabei außer Frage. Genauer ist ›Q ist gut‹ ein allgemeinerer Satz und kann deshalb zur Begründung des konkreteren Satzes ›A ist gut‹ herangezogen werden. Ob sich die Sätze ›Q ist gut‹ oder ›A ist gut‹ dabei auf Eigenschaften der Gegenstände beziehen oder auf Einstellungen des Beobachters, wie Hume meint, kann hier zunächst dahingestellt bleiben. Ebenso ist unerheblich, ob sie der praktischen Vernunft oder einem moralischen Sinn entstammen, ob sie objektive Wahrheiten oder subjektive Gefühlslagen vermitteln.

In jedem Fall ist es offenbar leicht möglich, aus einem augenscheinlichen Sein-Sollen-Fehlschluss eine formal korrekte Folgerung zu machen. Was immer Hume daher mit seiner Passage illustrieren will und wie immer man sich zu seinen Deutungen stellt, dies ist die angemessene Antwort auf die von ihm formulierte Herausforderung: Ein Faktum ›A ist Q‹ liefert eine Norm ›A ist gut‹, wenn eine weitere, höhere, grundlegendere Norm der Gestalt ›Q ist gut‹ angenommen wird. Damit stellt sich freilich die Frage, ob Humes Gesetz ein besonders wichtiger Grundsatz ist: Jeder der beanstandeten Schlüsse kann durch eine solche zusätzliche Prämisse legitim gemacht werden, und überdies ist völlig trivial, wie jene Prämisse auszusehen hat. Einen echten Sein-Sollen-Fehlschluss wird man somit nur jemandem vorwerfen können, der diese fehlende Prämisse ausdrücklich verweigert. Nur wenn jemand von ›A ist Q‹ auf ›A ist gut‹ schließt und sogar auf Nachfrage nicht ›Q ist gut‹ anerkennt, lässt sich nachweislich behaupten, dass er aus einem reinen Sein auf ein Sollen folgert. Und es erscheint rätselhaft, weshalb irgendwer eine solche Haltung einnehmen sollte.

Es kann natürlich unangenehm werden, sich zu jener obersten Prämisse ›Q ist gut‹ zu bekennen. In jedem Fall riskiert man, sie damit zur inhaltlichen Diskussion zu stellen, und vielleicht geht diese Diskussion nicht gut aus, weil jene höhere Norm nicht stichhaltig ist. Damit scheint das Konzept eines Sein-Sollen-Fehlschlusses aber eher ein rhetorisches Mittel zu sein, um den Gegner aus der Reserve zu locken und eine inhaltliche Debatte in der normativen Ethik zu provozieren. Es scheint kaum ein wichtiges Konzept innerhalb der Metaethik zu sein, denn den formalen Fehler eines Sein-Sollen-Fehlschlusses kann jeder vermeiden und wird auch jeder vermeiden, solange er nicht mit Humes Gesetz in Konflikt geraten will.

Der naturalistische Fehlschluss nach Moore

(1) Mit dem Verweis auf eine oberste normative Prämisse ist das Problem aber noch nicht vollständig behoben. Denn selbst wenn man diese höhere moralische

Norm einfügt und damit einen Sein-Sollen-Fehlschluss umgeht, kann man noch einem Fehler anheimfallen. Und erst dieser Fehler ist es, den George Edward Moore (1873–1958) in seinem Hauptwerk *Principia Ethica* (1903/22) als naturalistischen Fehlschluss bezeichnet:

> »Es mag sein, daß alle Dinge, die gut sind, *auch* etwas anderes sind [...]. Und es steht fest, daß die Ethik entdecken will, welches diese anderen Eigenschaften sind, die allen Dingen, die gut sind, zukommen. Aber viel zu viele Philosophen haben gemeint, daß sie, wenn sie diese anderen Eigenschaften nennen, tatsächlich ›gut‹ definieren; daß diese Eigenschaften in Wirklichkeit nicht ›andere‹ seien, sondern absolut und vollständig gleichbedeutend mit Gutheit [*goodness*]. Diese Ansicht möchte ich den ›naturalistischen Fehlschluß‹ [*naturalistic fallacy*] nennen [...].« [Moore, *PE*, § 10, 40f.]

In diesem Zitat zeigt sich, dass ein naturalistischer Fehlschluss gemäß Moore nicht das Gleiche ist wie ein Sein-Sollen-Fehlschluss gemäß Hume. Anders als viele meinen, bezeichnet er keinen unberechtigten direkten Schluss von einem bloßen Sein auf ein Sollen, sondern die irrtümliche Annahme, der moralische Begriff ›gut‹ sei über andere Eigenschaften definiert. Ein solcher naturalistischer Fehlschluss in Moores Sinne tritt also insbesondere dann auf, wenn die benötigte oberste Prämisse in dem Schluss von ›A ist Q‹ auf ›A ist gut‹ in falscher Weise formuliert wird. Genauer liegt er vor, falls diese Prämisse statt in der Form ›Q ist gut‹ in der Gestalt ›gut bedeutet Q‹ eingeführt wird.

Der naturalistische Fehlschluss nach Moore

Ein naturalistischer Fehlschluss wird begangen, wenn das moralische Prädikat ›gut‹ nicht allein bestimmten natürlichen Prädikaten Q zugesprochen wird (›Q ist gut‹), sondern es über jene definiert werden soll (›gut bedeutet Q‹).

Hiermit hat sich die Perspektive gegenüber dem Konzept eines Sein-Sollen-Fehlschlusses merklich verschoben: Thema ist nicht mehr die primär epistemologische Frage korrekter moralischer Argumentation, insbesondere das Problem, ob und wie man aus Fakten Normen ableiten kann. Stattdessen ist nun eine vorrangig *sprachanalytische* Sichtweise eröffnet: Gegenstand ist nun die Beschaffenheit moralischer Begriffe, namentlich die Bedeutung des moralischen Wortes ›gut‹ und seine Definierbarkeit über natürliche Prädikate Q.

Der Unterschied, auf den Moore abhebt, mag auf den ersten Blick als belanglose Spitzfindigkeit erscheinen. Tatsächlich weist er mit seiner Richtigstellung aber auf eine wichtige sprachliche Differenzierung hin. Eine Prämisse der Form ›Q ist gut‹ ist ein *synthetischer Satz:* Sie nimmt eine Zusammenfügung von Eigenschaften vor, eine Synthese von Qualitäten. Sie stellt einen inhaltlichen Zusammenhang her zwischen der natürlichen Eigenschaft Q und der moralischen Eigenschaft ›gut‹, eine sachliche Verbindung zwischen Fakten und Normen. Sie formuliert ein *Prinzip*, eine Aussage über den moralischen Wert von Gegenständen in der Welt. Sie behauptet, dass Dingen, welche die faktische Qualität Q haben, die normative Qualität ›gut‹ zukommt. Dies mag inhaltlich richtig oder falsch sein, je nachdem was sich hinter Q verbirgt. Formal ist diese Zuweisung aber in jedem Fall legitim. Eine Prämisse der Gestalt ›gut bedeutet Q‹ hingegen ist ein *analytischer Satz:* Sie nimmt eine Auseinanderlegung von Begriffen vor, eine Analyse ihrer Bedeutungen. Sie stellt einen terminologischen Zusammenhang her zwischen dem moralischen Prädikat ›gut‹ und dem natürlichen Prädikat Q, eine bedeutungstheoretische Gleichsetzung von Normen und Fakten. Sie formuliert eine *Definition*, eine Aussage über den Sinn von Wörtern der moralischen Sprache. Sie behauptet, dass das normative Attribut ›gut‹ über das faktische Attribut Q erklärt sei und nichts anderes als dieses bedeute. Dies ist nach Moore grundlegend falsch, ganz gleich was Q inhaltlich genauer sein mag. Hier wird in jedem Fall ein formaler Fehler begangen.

(2) Moores Thema ist also der normlogische Status von obersten Prämissen in moralischen Schlüssen. Eine solche Prämisse ist korrekt formuliert, wenn sie ihrerseits eine höhere Norm, ein synthetisches Prinzip vorstellig macht (›Q ist gut‹). Sie ist irrtümlich formuliert, wenn sie als angebliche Definition, als analytische Wahrheit auftritt (›gut bedeutet Q‹). Diese Fehleinstufung ist ein naturalistischer Fehlschluss in Moores Sinne.

Genau genommen ist dabei der eigentliche Schluss, der vom Faktum auf die Norm führen soll, durchaus gültig. Wenn ›gut‹ tatsächlich Q bedeutet und wenn A zudem Q ist, dann folgt selbstverständlich, dass A gut ist:

gut bedeutet Q
A ist Q
→ A ist gut

Was Moore beanstandet, ist nicht die Gültigkeit dieses Schlusses als solchem, sondern die sprachliche Gestalt der ersten Prämisse. Dass Moore dennoch von einem naturalistischen Fehlschluss spricht, erscheint unstimmig. Auch dürfte es erheblich dazu beitragen, dass Moores ›naturalistischer Fehlschluss‹ vielfach mit Humes Sein-Sollen-Fehlschluss gleichgesetzt wird: ›Humes Gesetz‹ hat immerhin in der Tat einen ungültigen Schluss zum Gegenstand (von ›A ist Q‹ auf ›A ist gut‹). Moores Beobachtung hingegen betrifft allein eine fehlerhafte Prämisse (›gut bedeutet Q‹ statt ›Q ist gut‹). Letzteres als Fehlschluss zu bezeichnen, legt die Verwechslung mit Ersterem nahe.

Nun heißt Moores ›naturalistischer Fehlschluss‹ im englischen Original ›naturalistic fallacy‹. Und ›fallacy‹ bedeutet durchaus Fehlschluss, aber auch einfach Irrtum, Täuschung, *Fehlannahme.* Es ist daher eine naheliegende Vermutung, dass Moore eigentlich Letzteres meinte, eine angemessene Übersetzung seiner Konzeption also eher ›naturalistische Fehlannahme‹ als ›naturalistischer Fehlschluss‹ lauten sollte. Eine andere Erklärung seiner Wortwahl geht dahin, dass Moore vielleicht gar nicht das hier betrachtete Schlussmuster im Sinn hat, wenn er in der zitierten Passage von einem Fehlschluss spricht, sondern allein die Suche nach den natürlichen Eigenschaften Q, die allen guten Dingen zukommen, und die etwaigen

Folgerungen, die aus den Ergebnissen einer solchen Suche gezogen werden. Wenn Philosophen nämlich meinten, derartige relevante Eigenschaften Q identifiziert zu haben, fielen sie zuweilen dem *Fehlschluss* anheim, sie hätten die wahre Definition von ›gut‹ gefunden. Eben diesen Irrtum könnte Moore als ›naturalistischen Fehlschluss‹ bezeichnen, d.h. nicht den falschen Schluss von ›A ist Q‹ auf ›A ist gut‹ über eine fehlerhafte Prämisse, sondern den falschen Schluss von einer entdeckten synthetischen Verbindung ›Q ist gut‹ auf eine angebliche analytische Identität ›gut bedeutet Q‹.

Ein naturalistischer Fehlschluss in Moores Sinne könnte in all den Beispielen begangen werden, die oben beim Sein-Sollen-Fehlschluss à la Hume aufgelistet wurden. Im Rahmen einer religiösen Moral könnte jemand behaupten: ›Gut ist per definitionem das, was Gott gebietet.‹ – statt: was Gott gebietet, ist gut, angesichts seines moralischen Status als höchster Herrscher oder wegen seiner größten Einsicht in moralischen Fragen. Der Rechtspositivist könnte meinen: ›Gerecht ist per definitionem das, was in den Gesetzen steht.‹ – statt: was in den Gesetzen steht, ist gerecht, als Ergebnis demokratischer Beschlüsse oder aufgrund der Verlässlichkeit gesetzgebender Organe. In der evolutionären Ethik würde die Annahme lauten: ›Moralisch relevant ist per definitionem das, was den Fortbestand der Gattung sichert oder befördert.‹ Der Hirnforscher müsste mit der Einlassung auftreten: ›Moralisch belangvoll sind per definitionem die Aktivitäten stammesgeschichtlich neuerer Hirnareale.‹ Diese Darstellungen mögen zunächst befremdlich anmuten. Aber ihr argumentativer Zweck wäre durchaus verständlich: Eine Definition wie ›gut bedeutet Q‹ geht mit einem stärkeren Anspruch völliger Selbstverständlichkeit einher als ein Prinzip wie ›Q ist gut‹. Über Definitionen braucht man in der Regel nicht zu diskutieren. Wenn es einem daher gelingt, seine oberste Prämisse in dieser Form zu präsentieren, so mag man damit gerade jene inhaltliche Diskussion vermeiden, in die man sich mit der Aufforderung zu ihrer Nennung eigentlich gedrängt sieht [Moore, *PE*, § 14, 53]. Entsprechend listet Moore eine Reihe von Theorien auf, die seiner Ansicht nach mit ihren obersten Prämissen einen solchen naturalistischen Fehlschluss begehen. Prominentestes Beispiel ist John Stuart Mill mit seinem Beweis des Utilitarismus, der in Abschnitt 6.3 noch einmal genauer thematisiert wird [Moore, *PE*, §§ 39–44, 108–120].

(3) Moore nennt einen einfachen Grund dafür, weshalb das moralische Prädikat ›gut‹ nicht über ein natürliches Prädikat Q definiert werden kann: Nach Moore ist ›gut‹ überhaupt nicht definierbar. Ihm zufolge ist es ein Grundbegriff, der seinerseits zur Definition anderer Begriffe benötigt wird, aber nicht mehr selbst über andere Begriffe definiert werden kann [Moore, *PE*, § 10, 39f.]. Diesen Punkt versucht Moore insbesondere anhand des sogenannten ›Arguments der offenen Frage‹ (*open question argument*) plausibel zu machen: So kann man nach Moore bei jeder angebotenen Definition ›gut bedeutet Q‹ sinnvoll fragen, ob Q wirklich gut ist. Dies wäre nicht möglich, wenn ›gut‹ über Q definiert wäre [Moore, *PE*, § 13, 46f., § 26, 79].

Dieses Argument klingt zunächst wenig beeindruckend: Man nehme an, irgendeine Definition des Typs ›gut bedeutet Q‹ sei vorgeschlagen worden. Nun stelle Moore seine offene Frage, ob Q wirklich gut sei. Hierauf liegt die Entgegnung nahe, dass eben dies doch gerade gesagt worden sei. Seine Frage enthalte somit keinerlei Begründung dafür, weshalb jene Definition nicht gelten sollte. Stattdessen beschränke sie sich darauf, den gemachten Vorschlag ohne jegliche Erläuterung in Zweifel zu ziehen. Tatsächlich verfehlt diese Entgegnung aber die Pointe von Moores Argument: Denn in der fraglichen Definition wurde keineswegs nur gesagt, dass Q gut sei. Vielmehr wurde behauptet, dass ›gut‹ Q bedeute, und das ist etwas ganz anderes. Entsprechend geht es bei Moores Argument der offenen Frage nicht darum, dass man nicht glauben mag oder nicht verstanden hat, dass jenes Q gut sein soll, das einem angeboten wurde. Vielmehr geht es darum, dass die Frage immer sinnvoll bleibt, ob Q wirklich gut ist, gleichgültig um welches Q es sich handelt. Und dies zeigt, dass ›gut‹ nicht über Q definiert sein kann.

Was immer zur Definition von ›gut‹ verwendet wird, wie sorgfältig ausgesucht dieses Q auch sein mag, die Frage bleibt sinnvoll, ob Q wirklich gut ist. Die Frage bleibt sogar dann sinnvoll, wenn man sie bejaht: Auch wenn man zustimmt, dass Q gut ist, wird die Frage keineswegs sinnlos, ob Q wirklich gut ist. Das zeigt aber, dass der Zusammenhang zwischen ›gut‹ und Q nicht definitorischer Art sein kann. Denn dann wäre die Frage, ob Q wirklich gut ist, in der Tat sinnlos: Es ist sinnlos zu fragen, ob unverheiratete Männer wirklich Junggesellen sind. Daran kann man nicht zweifeln, wenn man die verwendeten Wörter versteht, denn dann weiß man, dass das Wort ›Junggeselle‹ nichts anderes bedeutet als unverheirateter Mann.

Man kann aber zweifeln, ob Q wirklich gut ist, auch bei vollem Sprachverständnis und auch beim bestgewählten Q. Das belegt, dass die Definition ›gut bedeutet Q‹ nicht gültig ist: Man kann stets sinnvoll darüber debattieren, ob dieses Q wirklich gut ist. Man kann nachfragen, ob Q immer gut ist oder ob es Ausnahmen gibt, man kann überlegen, aus welchem Grund Q gut sein sollte oder was dagegen spricht. All das wäre nicht möglich, wenn ›gut‹ über Q definiert wäre: Dann wäre keine dieser Erwägungen sinnvoll. Dann müsste man sich mit dem Hinweis auf die Wortbedeutung von ›gut‹ zufriedengeben.

Wenn Moore recht hat, so zeigt dies: Das moralische Prädikat ›gut‹ ist nicht über ein natürliches Prädikat Q definierbar. Die benötigte Prämisse, um von dem Faktum ›A ist Q‹ auf die Norm ›A ist gut‹ zu schließen, kann nicht ein analytischer Satz sein der Art ›gut bedeutet Q‹. Es muss ein synthetischer Satz sein des Typs ›Q ist gut‹.

Anders formuliert: Die obersten Prämissen moralischer Schlüsse sind nicht Definitionen, sondern Prinzipien. Ihr Zweck ist nicht, den Begriff ›gut‹ durch den Begriff Q zu erläutern, sondern den Begriff ›gut‹ durch den Begriff Q zu füllen. Q ist nicht die Bedeutung von ›gut‹, sondern Q ist das Kriterium für ›gut‹.

Pro und contra Fehlschluss

(1) Die Konzeptionen eines Sein-Sollen-Fehlschlusses bzw. eines naturalistischen Fehlschlusses sind primär epistemologischer bzw. sprachanalytischer Art: Es geht bei ihnen vordringlich um Folgerungsmöglichkeiten bzw. Begriffsbedeutungen im

moralischen Argumentieren und Sprechen. Dies lässt unbenommen, dass im Hintergrund jener epistemologischen bzw. sprachanalytischen Thesen gewisse ontologische Auffassungen stehen mögen, die in Humes bzw. Moores Texten mehr oder weniger deutlich spürbar sind: Man kann Sein und Sollen als zwei grundsätzlich verschiedene ontologische Bereiche ansehen und deshalb keine unmittelbaren Schlüsse zwischen ihnen zulassen, man kann moralische und natürliche Eigenschaften als ontologisch fundamental unterschiedliche Qualitäten betrachten und deshalb jede definitorische Identität zwischen ihnen verneinen. Solch eine Trennung muss nicht darauf hinauslaufen, das Moralische allein im Beobachter zu vermuten, wie es Hume tut, und auch nicht darauf, eine besondere Sphäre moralischer Werte zu postulieren, die völlig unabhängig vom Sein der Dinge wäre, wie es sich bei Scheler oder Hartmann findet. Man kann das Moralische durchaus, wie etwa Moore, als eine Eigenschaft realer äußerer Gegenstände und Ereignisse betrachten, dabei aber darauf bestehen, dass es eine besondere Eigenschaft ist, die sich von natürlichen Qualitäten strikt unterscheidet und sich deshalb weder unmittelbar aus ihnen herleiten noch begrifflich auf sie reduzieren lässt.

(2) Gerade ontologische Perspektiven auf das Verhältnis von Sein und Sollen führen gelegentlich aber auch zu Kritik an den Konzeptionen des Sein-Sollen-Fehlschlusses bzw. des naturalistischen Fehlschlusses. Einige Philosophen gehen von einer tiefen Einheit von Sein und Sollen, von Fakten und Normen aus, indem sie etwa der menschlichen, der belebten oder auch der gesamten physischen Natur eine inhärente Werthaftigkeit attestieren, aufgrund welcher sie unmittelbarer Ursprung moralischer Normen sei. Insbesondere in der ökologischen Ethik finden sich Positionen, die im natürlichen Sein einen sinnhaften Zusammenhang erkennen wollen, eine werthafte Ordnung, welche als direkte Quelle normativer Vorgaben fungiere. Entsprechend gebe es sehr wohl unmittelbare epistemologische Beziehungen zwischen Sein und Sollen, ohne dass man auf höhere Prämissen rein moralischer Art zurückgreifen müsse (deren normative Geltung wieder unabhängig vom bloß naturalen Sein wäre), oder auch sprachanalytische begriffliche Identitäten zwischen Fakten und Normen, indem etwa ein Wort wie ›natürlich‹ in seiner Ursprungsbedeutung gleichermaßen beschreibend wie auch wertend sei (und damit durchaus zur Definition von ›gut‹ dienen könne).

Hans Jonas (1903–1993) etwa behauptet, dass dem Natursein insgesamt die Fähigkeit zukomme, Zwecke auszubilden. Diese natürliche Zweckhaftigkeit sei ein ontologischer Charakter, der eine faktische Seinsbeschaffenheit wie auch eine normative Sollensforderung ungetrennt einschließe [Jonas 1979/92, 153–155]. Damit sei die strikte Separation von Fakten und Normen aufgehoben. Der faktischen Verfasstheit der Natur seien direkt normative Orientierungen für das Handeln zu entnehmen, entgegen dem hergebrachten Gedanken eines Sein-Sollen-Fehlschlusses [Jonas 1979/92, 92–94].

Positionen dieser Art sind gegenwärtig in der Minderheit. Zum einen gelten ihre ontologischen Grundannahmen als überaus spekulativ und kaum belegbar. Zum anderen erscheinen ihre genaueren ethischen Implikationen als problematisch. Immerhin findet sich im natürlichen Sein eine Reihe von Strukturen und Prozessen, die alles andere als moralisch vorbildlich anmuten. Diese negativen Erscheinungen als solche zu markieren und von den positiven Komponenten abzutrennen, setzt eine unabhängige Perspektive voraus, die sich in epistemologischer wie auch in sprachanalytischer Hinsicht von naturalen Vorgaben freizumachen hätte. Dies ist schwer zu erreichen, wenn eine ontologische Einheit von Sein und Sollen angenommen wird.

Bereits im ökologischen Kontext kann eine unmittelbare Orientierung am natürlichen Sein fragwürdig werden, da zu jenem natürlichen Sein nicht nur stabile Systeme oder biologische Vielfalt gehören, sondern auch katastrophale Vernichtungen und gegenseitige Ausrottung. Noch eindrücklicher wird dieses Problem in sozialen Zusammenhängen, da natürliches Sozialverhalten nicht allein Fürsorge zwischen Familienangehörigen oder Unterstützung in Kleingruppen umfasst, sondern ebenso Ausschluss von Kranken, Aggressivität gegenüber Fremden, Vergewaltigung und Tötung. Vor diesem Hintergrund darf nicht überraschen, dass auch sozialdarwinistische, rassistische oder sexistische Positionen sich oftmals naturalistischer Argumentationen bedienen: Nicht selten stellen sie das Überleben des Stärkeren, die Wahrung von Gruppengrenzen oder die Rollenverteilung zwischen den Geschlechtern als natürliche Ordnungen dar, die entsprechend als normative Vorgaben für das menschliche Zusammenleben anzuerkennen seien. Der bloße Hinweis, dass die faktischen Annahmen hierbei gelegentlich zweifelhaft sein mögen, wird kaum genügen, um diese Positionen zurückzuweisen: Letztlich bedarf es wohl der Einsicht, dass sich Moral aus anderen Quellen als der bloßen Natur speisen muss, um das Vorbildhafte in ihr vom Unvorbildhaften argumentativ zu entkoppeln und begrifflich zu unterscheiden.

(3) Eine ganz andere Motivation für eine Aufweichung der Konzeptionen von Sein-Sollen-Fehlschluss bzw. naturalistischem Fehlschluss kann daraus entstehen, dass die Unterscheidungen, die darin geltend gemacht werden, zuweilen anderen Positionen Vorschub leisten, welche man möglicherweise vermeiden will. So deutete sich bereits bei Hume an, dass er nicht allein Seinsaussagen und Sollensaussagen in epistemologischer Hinsicht streng voneinander unterscheidet. Vielmehr hält er darüber hinaus allein das Sein für einen Gegenstand vernünftiger Überlegung, das Sollen hingegen lediglich für einen Gegenstand des moralischen Sinnes. Möglicherweise betrachtet er sogar allein das Sein als ein Objekt wahrheitsfähiger Aussagen, das Sollen demgegenüber lediglich als einen Ausdruck subjektiver Gefühlslagen. Die hiermit artikulierten epistemologischen Positionen, Sensualismus bzw. Nonkognitivismus, werden von vielen Autoren nicht geteilt. Eine Möglichkeit, sie zu vermeiden, liegt aber darin, die kategorische Trennung von Sein und Sollen zu unterlaufen. Immerhin wird das Sein in aller Regel als Objekt vernünftiger Erörterungen und als Gegenstand wahrer Behauptungen anerkannt. Wenn nun das Sollen aus dem Sein unmittelbar ableitbar bzw. definitorisch bedeutungsgleich mit ihm wäre, müssten sich diese Eigenschaften des Seins auf das Sollen übertragen.

Dieser Gedanke steht hinter einem berühmten Aufsatz von John Searle (*1932), in dem er zu zeigen versucht, wie sich angeblich doch aus einem reinen Seinssatz ein Sollenssatz gewinnen lässt. Die Herleitung erfolgt in insgesamt fünf Schritten, die in der Fragesektion zum Ende dieses Kapitels aufgeführt sind. Sie beginnt mit dem Faktum, dass jemand einer anderen Person ein Versprechen gibt, und endet mit der Norm, dass er dieses Versprechen gegenüber jener Person auch einzulösen habe [Searle 1964, 44]. Searle erklärt diesen Übergang damit, dass in den Vorgang nicht nur bestimmte ›nackte Tatsachen‹ (*brute facts*) involviert seien, etwa dass jemand gegenüber einer anderen Person bestimmte Worte äußert. Vielmehr lägen auch gewisse soziale Rahmenbedingungen vor, insbesondere Gepflogenheiten bezüglich der Abgabe von Versprechen und der Einklagbarkeit von deren Einlösung. Innerhalb dieser Rahmenbedingungen führe die ›nackte Tatsache‹, dass jemand bestimmte Wörter äußert, zu der ›institutionellen Tatsache‹ (*institutional fact*), dass er zu der versprochenen Handlung auch verpflichtet sei [Searle 1964, 54–56].

Searles Argument wird nur selten als stimmig anerkannt. Die Einwände belaufen sich im Wesentlichen darauf, dass die Schlussfolge vor einem Dilemma steht: Entweder der Schlusssatz benennt in der Tat nur eine ›institutionelle Tatsache‹, nämlich dass die fragliche Person innerhalb gegebener Institutionen die beschriebene Verpflichtung trägt, ohne jedoch Stellung zu beziehen, ob diese Institutionen überhaupt moralisch adäquat sind und jene Verpflichtung damit wirklich als bindend angesehen werden sollte. Dann ist indessen auch dieser Schlusssatz kein echter Sollenssatz, sondern immer noch ein Seinssatz, der allein über ein Faktum berichtet, nämlich über bestehende Erwartungen innerhalb bestimmter Gesellschaften. Oder dieser Schlusssatz ist eine normative Aussage, nämlich eine moralische Forderung, dass die fragliche Person die versprochene Handlung auch tatsächlich ausführen sollte. Dann wird aber innerhalb der Schlusskette eine höhere normative Prämisse benötigt, der zufolge die vorliegenden Gepflogenheiten gut und gegebene Versprechen folglich einzuhalten sind.

Die meisten Autoren reagieren auf die Herausforderungen von Sensualismus oder Nonkognitivismus nicht, indem sie wie Searle versuchen, die Kluft zwischen Sein und Sollen, zwischen Fakten und Normen aufzuheben. Stattdessen betonen sie, dass auch das Sollen, bei aller Getrenntheit vom Sein, Sache der Vernunft sei – gewiss nicht der theoretischen Vernunft, sondern der praktischen Vernunft, aber nichtsdestoweniger eine Angelegenheit rationalen Überlegens und Argumentierens. Vor allem beharren sie darauf, dass auch Normen, bei aller Unabhängigkeit von Fakten, wahrheitsfähig seien – sicherlich besonderer Rechtfertigungen bedürftig, abseits empirischer oder logischer Begründungen, aber dennoch Träger objektiver Richtigkeit oder Falschheit. Mit diesen Themen befassen sich die Abschnitte 3.2 und 3.4.

3.2 Kognitivismus und Nonkognitivismus

Die Debatte um Kognitivismus und Nonkognitivismus hat nicht nur inhaltliche Bezüge zum Problemkreis des Sein-Sollen-Fehlschlusses bzw. des naturalistischen

Fehlschlusses, insofern das Verhältnis, das man zwischen Sein und Sollen, zwischen Fakten und Normen annimmt, Auswirkungen darauf haben kann, wie man den Wahrheitsbezug des Moralischen einschätzt. Sie weist zudem eine strukturelle Parallele auf, da wiederum eine epistemologische und eine sprachanalytische Ebene zu unterscheiden sind. Einmal mehr haben diese beiden Ebenen durchaus miteinander zu tun. Insbesondere sind epistemologische Kognitivisten oftmals auch sprachanalytische Kognitivisten, epistemologische Nonkognitivisten häufig auch sprachanalytische Nonkognitivisten. Dennoch handelt es sich um unterschiedliche Dimensionen mit je eigenen Standpunkten. Nicht zuletzt gibt es Fälle, in denen die entsprechenden Positionen nicht miteinander übereinkommen, also epistemologische Kognitivisten sich als sprachanalytische Nonkognitivisten entpuppen, epistemologische Nonkognitivisten sich als sprachanalytische Kognitivisten herausstellen.

Die Möglichkeit moralischer Erkenntnis

Eine grundsätzliche Frage innerhalb der Metaethik lautet, ob man so etwas wie moralische Erkenntnis annehmen darf oder nicht. Hiermit ist ein primär *epistemologischer* Fragenkreis angesprochen: Stehen moralische Überzeugungen überhaupt unter einer objektiven Differenz von wahr oder falsch? Kann es moralische Einsichten mit objektiver Gültigkeit geben?

(1) Der epistemologische *Kognitivismus* bejaht diese Fragen: Ihm zufolge ist in moralischen Angelegenheiten, ähnlich wie in faktischen Zusammenhängen, objektive Erkenntnis möglich. Gewiss sind nicht alle moralischen Aussagen richtig, und vielleicht sind moralische Überzeugungen mit größeren Unsicherheiten behaftet als faktische Einsichten. Aber zumindest lässt sich sinnvoll von moralischer Erkenntnis sprechen, wie schwer sie auch zu erlangen sein mag. Dies hat zur Voraussetzung, dass es im Moralischen, ähnlich wie im Faktischen, überhaupt objektive Wahrheit gibt. Entsprechend läuft dieser epistemologische Kognitivismus notwendig auf einen moralischen *Objektivismus* hinaus: Es gibt eine objektive moralische Wahrheit jenseits willkürlicher menschlicher Setzungen. Nur unter dieser Voraussetzung ist objektive Erkenntnis im moralischen Bereich grundsätzlich denkbar.

Offensichtlich ist der epistemologische Kognitivismus Bedingung dafür, dass normative Ethik, d.h. die philosophische Suche nach moralischer Erkenntnis, eine sinnvolle Beschäftigung sein kann. Dabei lässt er sich noch einmal in zwei Hauptvarianten untergliedern, die ihrerseits Stellung dazu nehmen, wie moralische Wahrheit genauer zu denken ist.

Gemäß dem *Realismus* werden moralische Normen, und damit auch die moralischen Wahrheiten, die in ihnen zum Ausdruck kommen, in ihren wesentlichen Teilen *entdeckt*. Sie werden als objektive Bestände vorgefunden, ähnlich wie faktische Zusammenhänge, die durch Vernuft oder Sinne erfasst werden. Solch ein Realismus muss nicht davon ausgehen, dass moralische Entitäten eigentümliche Gegenstände in einem besonderen Seinsbereich wären. Er behauptet allein, dass moralische Einsichten sich menschlichen Akteuren als ein unabhängig Gültiges darstellen. Moral hat nach realistischer Auffassung den Charakter des *Gefundenen.* Moralische Wahrheit besteht unabhängig von menschlicher Setzung und ist durch den Menschen lediglich mittels Nachdenken oder Beobachtung zu erschließen bzw. wahrzunehmen. Diese Position wird in den meisten Ethiken vertreten.

Dem *Konstruktivismus* zufolge werden moralische Normen, womöglich anders als faktische Zusammenhänge, nicht als ein bereits Vorliegendes entdeckt, sondern zu größeren Teilen *entworfen.* Dieser Entwurf hat allerdings nach objektiven Regeln zu erfolgen, die gewährleisten, dass die entstehenden Normen nicht beliebig sind, sondern wiederum die verbindliche Gültigkeit von moralischen Wahrheiten beanspruchen können. Beispielsweise müssen sie das tatsächliche Ergebnis eines gleichberechtigten, zwangsfreien Diskurses sein, wie in der Diskurstheorie. Oder sie müssen dem hypothetischen Resultat eines freien, fairen Vertragsschlusses entsprechen, wie im Kontraktualismus. In solchen konstruktivistischen Ethiken erscheint Moral in gewissem Umfang als etwas *Gestaltetes.* Gleichwohl haben die gewonnenen Normen objektive Gültigkeit. Dies liegt letztlich daran, dass die Verbindlichkeit der jeweiligen Konstruktionsregeln, etwa der Diskursprinzipien oder der Vertragsszenarien, aus denen die fraglichen Normen entspringen sollen, ihrerseits als objektive Wahrheit angesehen wird.

(2) Der epistemologische *Nonkognitivismus* bezieht eine gegenteilige Position: Nach seiner Auffassung gibt es im moralischen Bereich, anders als vielleicht in faktischen Fragen, keine objektive Erkenntnis. Moralische Aussagen sind nicht nur gelegentlich unrichtig, analog zu faktischen Irrtümern. Vielmehr sind sie grundsätzlich unberechtigt, wenn sie mit einem Anspruch auf objektive Gültigkeit vorgetragen werden. Im Hintergrund dieser Einschätzung steht in aller Regel die Auffassung, dass eine objektive Wahrheit im Moralischen überhaupt nicht existiere. Somit geht der epistemologische Nonkognitivismus üblicherweise mit einem moralischen *Skeptizismus* einher: Es gibt keine objektive moralische Wahrheit. Aus diesem Grund können moralische Aussagen niemals objektive Geltung beanspruchen.

Offenbar hätte der epistemologische Nonkognitivismus, mit seiner ausdrücklichen Leugnung moralischer Erkenntnis, zur Folge, dass normative Ethik keine ernsthafte Wissenschaft darstellen kann. Dabei tritt er wiederum in zwei Hauptvarianten auf, die genauer Stellung dazu beziehen, wie moralische Normen zu interpretieren sind.

Der *Subjektivismus* sieht in moralischen Normen allein die persönlichen Einstellungen von Individuen am Werk. Statt eine moralische Wahrheit zu transportieren, gehen sie lediglich auf Präferenzen Einzelner zurück und artikulieren deren private Geschmacksurteile bezüglich menschlichen Verhaltens.

Der *Relativismus* erkennt demgegenüber in moralischen Normen allein die kulturellen Gepflogenheiten von Kollektiven. Damit bringt sich in ihnen wiederum keine objektive Gültigkeit zum Ausdruck, sondern lediglich der Inhalt von öffentlichen Erwartungen und überlieferten Bräuchen in Gemeinschaften.

> **Kognitivismus und Nonkognitivismus in epistemologischer Bedeutung**
>
> Kognitivismus: Es gibt *moralische Erkenntnis*.
> Notwendige Voraussetzung: Es gibt *objektive moralische Wahrheit* (Objektivismus).
> a) Realismus: Moralische Normen werden als objektive Bestände *entdeckt*.
> b) Konstruktivismus: Moralische Normen werden nach objektiven Regeln *entworfen*.
>
> Nonkognitivismus: Es gibt *keine moralische Erkenntnis*.
> Üblicher Hintergrund: Es gibt *keine objektive moralische Wahrheit* (Skeptizismus).
> a) Subjektivismus: Moralische Normen geben allein *individuelle Einstellungen* wieder.
> b) Relativismus: Moralische Normen geben allein *kollektive Gepflogenheiten* wieder.

(3) Die meisten Ethiker sind epistemologische Kognitivisten. Dies trifft insbesondere für jene Autoren zu, die innerhalb der normativen Ethik arbeiten. Wie oben dargestellt wurde, ist die kognitivistische Auffassung, dass es moralische Erkenntnis gibt, unabdingbar für eine normative Ethik, welche moralische Normen begründen will. Die zentralen Ethikströmungen, die sich auf Aristoteles, Kant oder Mill berufen, kommen somit, trotz aller Differenzen in den Einzelfragen, in jener kognitivistischen Grundüberzeugung überein.

Die Einteilung der verschiedenen Standpunkte im Umfeld von epistemologischem Kognitivismus und Nonkognitivismus ist leider nicht einheitlich. Daher weichen Auflistungen zu diesem Thema zumeist mehr oder weniger stark voneinander ab. Dies hat teilweise systematische Gründe, insofern manche Zuordnungen nur tendenzieller Art sind und keine zwingende Identifikation zulassen. Es hat teilweise historische Gründe, da die einzelnen Positionen in der philosophischen Entwicklung unterschiedlich prominent vertreten worden sind und daher in einschlägigen Übersichten unterschiedlich explizit berücksichtigt werden.

Bereits erwähnt wurde, dass der Kognitivismus notwendig mit dem Objektivismus verbunden ist: Wenn es moralische Erkenntnis geben soll, muss es auch eine objektive moralische Wahrheit geben. Ähnlich tritt der Nonkognitivismus fast immer als Skeptizismus auf: Der Grund dafür, weshalb es keine moralische Erkenntnis geben könne, wird zumeist darin gesehen, dass es überhaupt keine objektive moralische Wahrheit gebe. Entsprechend werden Kognitivismus und Objektivismus sowie Nonkognitivismus und Skeptizismus häufig miteinander identifiziert. Eine strikte Identität liegt indessen nicht vor: Grundsätzlich sind auch Nonkognitivismus und Objektivismus miteinander vereinbar. Jemand könnte die Existenz einer objektiven Wahrheit im Moralischen zugestehen (Objektivismus), aber den Menschen keinerlei Erkenntnis dieser moralischen Wahrheit zutrauen (Nonkognitivismus). Die Alternativen von Realismus und Konstruktivismus nähmen dann quasi virtuellen Charakter an, indem die zugestandene objektive Moral zwar grundsätzlich entdeckt bzw. entworfen werden müsste, dies aber angeblich niemandem gelänge. Die Alternativen von Subjektivismus und Relativismus beschrieben demgegenüber die menschliche Wirklichkeit, insofern die tatsächlich vertretenen moralischen Normen allein individuelle Einstellungen bzw. kollektive Gepflogenheiten darstellten.

Beim Kognitivismus bzw. Objektivismus wird zuweilen die Alternative des Konstruktivismus übersehen (die in der Tat seltener ist). Oder dieser Konstruktivismus wird sogar als eine Gestalt des Skeptizismus eingestuft (weil in seinen moralischen Entwürfen der objektive Bezug als zu schwach bzw. als gänzlich fehlend eingeschätzt wird). Die Folge ist, dass der Objektivismus in diesem Fall identisch mit dem Realismus wird. In der Tat werden die Begriffe ›Objektivismus‹ und ›Realismus‹ oftmals synonym verwendet. Beim Nonkognitivismus bzw. Skeptizismus wird mitunter nicht zwischen der individuellen und der kollektiven Variante unterschieden. Damit können beide untergeordneten Begriffe zur Benennung der Gesamtposition herangezogen werden. Entweder wird der Skeptizismus umfassend als ›Subjektivismus‹ bezeichnet (was insofern passend erscheint, als hierdurch Objektivismus und Subjektivismus Gegenbegriffe auf gleicher Ebene werden). Oder der Skeptizismus wird insgesamt als ›Relativismus‹ tituliert (wobei die Relativität sich nun sowohl auf Individuen als auch auf Kollektive beziehen kann).

In der anglo-amerikanischen Tradition werden häufig ›Naturalismus‹ und ›Intuitionismus‹ als erschöpfende Varianten des Objektivismus aufgeführt. Diese Aufgliederung geht auf George Edward Moore zurück: Als ›Naturalismus‹ bezeichnet er Positionen, die entgegen seiner Theorie des naturalistischen Fehlschlusses moralische Eigenschaften auf natürliche Eigenschaften reduzieren wollen (vgl. Abschnitt 3.1). Der ›Intuitionismus‹ benennt demgegenüber die nach Moores Einschätzung einzige Alternative, der zufolge moralische Eigenschaften allein einer intuitiven Erfassung zugänglich sind (vgl. Abschnitt 3.4). Diese Einteilung dürfte indessen bei Weitem nicht vollständig sein: Viele Ethiker würden zustimmen, dass moralische Qualitäten nicht auf natürliche Qualitäten zurückführbar sind, aber keineswegs einräumen, dass sie durch ein besonderes Vermögen der intuitiven Erkenntnis zu erfassen wären. Somit deckt die Einteilung wohl nur einen Ausschnitt des Objektivismus, genauer des Realismus, ab. Viele Objektivisten, nicht zuletzt Konstruktivisten, sind weder Naturalisten noch Intuitionisten.

Die Begriffe ›Subjektivismus‹ und ›Objektivismus‹ tauchen gelegentlich auch außerhalb der hier geführten metaethischen Diskussion auf, um stattdessen bestimmte Typen normativer Ethiken zu bezeichnen. Dabei nehmen ›subjektivistische‹ Ethiken in ihren Normvorschlägen auf die individuellen Interessen oder Wünsche der betroffenen Personen Bezug (wie etwa der Utilitarismus, vgl. Kapitel 6). Demgegenüber formulieren ›objektivistische‹ Ethiken ihre Moralgrundsätze unabhängig von den persönlichen Glücksempfindungen und Präferenzlagen der betroffenen Menschen (wie etwa der Kantianismus, vgl. Kapitel 5). Diese Verwendungsweisen von ›Subjektivismus‹ und ›Objektivismus‹ sind allerdings selten.

Schließlich gibt es für Kognitivismus und Nonkognitivismus neben der hier besprochenen epistemologischen Formulierung auch eine sprachanalytische Fassung. Diese weist zwar gewisse Bezüge zu der bisher erörterten Unterscheidung auf, bewegt sich aber auf einer anderen Ebene und ist auch in ihrem Inhalt keineswegs deckungsgleich.

Der Sinn moralischer Aussagen

Eine zentrale Debatte innerhalb der Metaethik befasst sich damit, wie moralische Aussagen korrekt zu deuten sind. Hiermit ist eine dezidiert *sprachanalytische* Diskussion eröffnet: Wie ist eine moralische Aussage wie ›A ist gut‹ oder auch ›Q ist gut‹ überhaupt zu verstehen? Was für eine Art von Sprechakt wird mit ihr vollzogen?

(1) Der sprachanalytische *Kognitivismus* interpretiert diese Aussage genauso wie andere Sätze mit analoger Grammatik, etwa ›A ist gelb‹: ›A ist gut‹ ist eine Behauptung, eine Feststellung, eine Proposition. Zur Not kann dies explizit gemacht werden durch die Umschreibung: ›Ich behaupte hiermit, dass A gut ist.‹ Der Einschub ›hiermit‹ hat dabei verdeutlichende Funktion: Der Satz ›Ich behaupte, dass A gut ist‹ könnte sich auf eine andere Gelegenheit beziehen, bei welcher der Sprecher die fragliche Behauptung über A gemacht hat. Beispielsweise könnte der Sprecher damit auf ein Buch verweisen, in dem er über A geschrieben und es als gut eingeschätzt hat, ohne dass er mit diesem Verweis jene Behauptung wiederholen oder bekräftigen wollte. Dann wäre der Satz keine Behauptung über A, sondern allein eine Feststellung, an anderer Stelle eine Behauptung über A gemacht zu haben. ›Ich behaupte *hiermit*, dass A gut ist‹ soll klarstellen, dass die Aussage *selbst* eine Behauptung über A darstellt: Mit dem Satz wird ein Sachverhalt bezüglich A konstatiert, nämlich dass A gut ist. Insbesondere wird ein Wahrheitsanspruch erhoben, nämlich dass jener Sachverhalt in der Tat besteht. In diesem Sinne ist die Aussage ›kognitiv‹, d.h. sie steht unter der Differenz von wahr oder falsch.

Die Aussage ›A ist gut‹ gilt somit im Kognitivismus als Behauptung, und zwar genauer als Behauptung über den Charakter von A. Sicherlich ist es eine besondere Art von Behauptung: Es ist keine Tatsachenbehauptung, dass A ein bestimmtes natürliches Prädikat zukomme, sondern eine Wertbehauptung, dass A gewisse moralische Eigenschaften aufweise. Nichtsdestoweniger ist es eine Behauptung, nämlich dass dies der Fall sei. Insbesondere kann auf diese Behauptung sinnvoll entgegnet werden: ›Stimmt nicht‹, im Sinne von: ›Du irrst dich, in Wahrheit ist A gar nicht gut.‹ Inhaltlich mag diese Entgegnung fehlerhaft sein. Sprachlich ist sie in jedem Fall adäquat.

(2) Der sprachanalytische *Nonkognitivismus* hält demgegenüber dafür, dass die grammatische Form der Aussage ›A ist gut‹ ihren tatsächlichen Sinn verschleiere: Zwar sehe sie aus wie eine Behauptung. In Wirklichkeit stelle sie aber etwas anderes dar, insbesondere etwas anderes als die Aussage ›A ist gelb‹. Entsprechend werde mit ihr kein Wahrheitsanspruch erhoben, zumindest nicht in üblichem Sinne, und daher sei sie auch nicht ›kognitiv‹, d.h. stehe nicht unter der Differenz von wahr oder falsch.

Der *Emotivismus* deutet ›A ist gut‹ als eine Kundgabe, einen Ausdruck, eine Expression von Empfindungen, Gefühlen, Affekten des Sprechers. Eine angemessene Umschreibung müsste lauten: ›Ich billige hiermit A.‹ Die Einfügung ›hiermit‹ ist einmal mehr wichtig: Der Satz ›Ich billige A‹ könnte doch wieder eine Behauptung darstellen, nämlich die Behauptung, dass man eine bestimmte Empfindung habe. Und diese Behauptung könnte wahr oder falsch sein: Sie wäre falsch, wenn der Sprecher in Wahrheit ganz andere Empfindungen hegt, aber etwa den Hörer hinsichtlich der Beschaffenheit seiner Gefühle täuschen will. ›Ich billige *hiermit* A‹ soll anzeigen, dass die Aussage *selbst* eine direkte Expression der eigenen Affekte ist: Sie tritt als unmittelbare Kundgabe des eigenen Gefühls auf. Und diese Kundgabe ist als solche nicht kognitiv: Sie steht nicht unter der Differenz von wahr oder falsch. Noch deutlicher lässt sich dies machen durch die Umschreibungen: ›A – prima!‹, oder: ›A – hurra!‹ Der Emotivismus wird daher gelegentlich als ›Boo-and-hooray-ethics‹ bezeichnet oder auch als ›Expressivismus‹. (Nachgeordnet mag eine solche Kundgabe auch weitere Zwecke verfolgen, beispielsweise ähnliche Empfindungen im Hörer zu erwecken oder den Hörer zu einem bestimmten Verhalten zu bewegen. Dies ändert aber nichts daran, dass der Sprechakt als solcher in einer Expression besteht.)

›A ist gut‹ gilt somit im Emotivismus nicht als Behauptung: Es ist keine Behauptung über A, und auch keine Behauptung über einen eigenen Seelenzustand. Vielmehr ist es eine unmittelbare Kundgabe dieses Seelenzustands: Es ist ein direkter Ausdruck der eigenen Gemütslage angesichts von A. Dies hat zur Folge, dass eine Reaktion des Typs ›Stimmt nicht‹, ›Du irrst dich‹ nicht mehr adäquat wäre: Man mag abweichende Gefühle angesichts von A haben (oder auch gar keine). Aber man kann die Kundgabe der Empfindung des anderen als solche nicht verneinen. Auf ›Aua!‹ kann man nicht ›Stimmt nicht‹ antworten.

Der Emotivismus hat ein systematisches Problem, wenn er moralische Aussagen über persönlich entfernte Ereignisse deuten muss: Die Aussage ›Der Hunger in Afrika ist schlecht‹ dürfte üblicherweise ein moralisches Urteil darstellen. Es ist indessen denkbar, dass der Hunger in Afrika den Sprecher, auch wenn er ihn als schlecht bezeichnet, emotional überhaupt nicht tangiert. Damit erschiene wenig glaubhaft, dass er mit seiner Aussage hauptsächlich Empfindungen kundtun sollte, denn eben solche Empfindungen hätte er gar nicht. Der Emotivismus kann dieses Problem indes auf folgende Weise angehen: Der Sprecher vermöge sich mit entfernten Schicksalen zu identifizieren, indem er die Vorstellung bilde, dass etwas Ähnliches in seiner Nähe passiert, etwa seinen Kindern oder seinen Freunden. An diese kontrafaktische Vorstellung könne sich dann eine, wenn auch vielleicht schwache, emotionale Reaktion knüpfen. Und deren Kundgabe sei der eigentliche Inhalt des Urteils: ›Der Hunger in Afrika ist schlecht.‹

Der *Präskriptivismus* interpretiert ›A ist gut‹ als eine Vorschrift, einen Befehl, eine Empfehlung an den jeweiligen Gesprächspartner zu einem bestimmten Verhalten, Tun, Unterlassen. Eine korrekte Umschreibung wäre: ›Ich fordere dich hiermit zu A auf.‹ Wieder ist der Zusatz ›hiermit‹ bedeutsam: Der Satz ›Ich fordere dich zu A auf‹ könnte einmal mehr eine Behauptung sein, nämlich die Behauptung, dass man jemandem eine entsprechende Anweisung gebe. Und diese Behauptung könnte wahr oder falsch sein: Sie wäre falsch, wenn der Sprecher dem Hörer in Wahrheit keine derartige Anweisung erteilt, sondern ihm etwa auf einem anderen Wege längst einen gegenläufigen Befehl gegeben hat. ›Ich fordere dich *hiermit* zu A auf‹ soll deutlich machen, dass die Aussage *selbst* ein direkter Befehl an den anderen zu einem bestimmten Verhalten ist: Sie erscheint als unmittelbare Vorschrift einer gewünschten Handlung. Und diese Vorschrift ist als solche nicht kognitiv: Sie steht nicht unter der Differenz von wahr oder falsch. Noch eindringlicher wird dies in den Umschreibungen: ›Tu A!‹, oder: ›Mach A!‹ Der Präskriptivismus wird daher oft als Imperativethik formuliert oder zumindest auf der Grundlage einer Imperativlogik entwickelt. (Dabei kann eine solche Vorschrift unterschiedliche Qualität haben. Sie kann von einer strikten Anordnung ohne jegliche Einräumung eigenständiger Stellungnahme bis zu einem wohlmeinenden Ratschlag zur eigenen Reflexion und bewussten Annahme reichen.)

›A ist gut‹ erfährt mithin im Präskriptivismus eine neue Deutung: Es ist keine Behauptung über A, aber auch keine Kundgabe eines eigenen Seelenzustands. Vielmehr ist es eine unmittelbare Vorschrift für den Gesprächspartner: Es ist eine direkte Aufforderung an den anderen, A zu tun. Einmal mehr hat dies zur Konsequenz, dass eine Erwiderung der Art ›Stimmt nicht‹, ›Du irrst dich‹ unangebracht wäre: Man mag die Empfehlung des Sprechers ignorieren (oder ihr geradewegs zuwiderhandeln). Aber man kann eine gegebene Vorschrift als solche nicht negieren. Auf ›Halt den Mund!‹ kann man nicht ›Stimmt nicht‹ entgegnen.

Der Präskriptivismus hat ein systematisches Problem, wie er moralische Aussagen über zeitlich vergangene Ereignisse interpretieren soll: Die Aussage ›Das Dritte Reich war schlecht‹ dürfte zumeist ein moralisches Urteil darstellen. Es ist jedoch nicht mehr möglich, das Dritte Reich, als ein Ereignis der Vergangenheit, zu verhindern. Dementsprechend erschiene es kaum nachvollziehbar, dass in jener Aussage eine Aufforderung verborgen sein sollte, denn eine derartige Aufforderung wäre gänzlich sinnlos. Der Präskriptivismus kann diesem Problem jedoch in folgender Art begegnen: Der Sprecher vermöge vergleichbare künftige Ereignisse vorwegzunehmen, indem er die Vorstellung bilde, dass etwas Ähnliches sich in der Zukunft wiederholen wird. Auf diese antizipatorische Vorstellung könne sich dann eine Aufforderung beziehen, dergleichen zu verhindern. Und diese Aufforderung sei der eigentliche Inhalt des Urteils: ›Das Dritte Reich war schlecht.‹

In allen drei Fällen, d.h. bei kognitivistischer, emotivistischer wie auch präskriptivistischer Deutung, mögen Zweifel bestehen, ob der Sprecher mit seiner Äußerung *ehrlich* ist: Im Fall der Behauptung könnte es sein, dass er in Wahrheit überhaupt nicht glaubt, dass A gut ist, und dies nur sagt, um den Hörer zu verwirren. Im Fall der Kundgabe könnte es sein, dass er das fragliche Gefühl bezüglich A gar nicht verspürt, sondern dem Hörer nur aus Popularitätsgründen vorspielt. Im Fall der Vorschrift könnte es sein, dass er in Wirklichkeit keineswegs will, dass der Hörer A tut, und auch weiß, dass der Angesprochene den gegebenen Befehl nicht ausführen wird. In diesem Sinne könnte man vielleicht jeweils ›Stimmt nicht‹ erwidern wollen, im Sinne von: ›Du bist unaufrichtig‹, ›Das ist unecht‹, ›Das willst du gar nicht‹. Dies wäre aber ein uneigentliches ›Stimmt nicht‹, mit dem man die Aufrichtigkeit eines Sprechakts in Frage stellt. Es wäre nicht das übliche ›Stimmt nicht‹, mit dem man den Inhalt einer Behauptung in Zweifel zieht.

Das geht nur im *ersten* Fall: Nur wenn der Sprecher eine Behauptung aufstellt, kann man in Frage stellen, dass er recht hat. Nur wenn er feststellt, dass A gut ist, kann man ihm in dieser Aussage widersprechen. Aber man widerspricht ihm nicht, wenn man andere Empfindungen hegt oder wenn man seine Befehle missachtet. Jedenfalls ist dies nicht der gebräuchliche Sinn von ›Widersprechen‹: Es mag ein ›Im-Gegensatz-Stehen‹, ein ›Sich-entgegen-Stellen‹ sein. Aber es ist kein ›Widersprechen‹ im Sinne von ›Verneinen‹, ›Negieren‹, ›Bestreiten‹. Dies gibt es nur bei Behauptungen.

Kognitivismus und Nonkognitivismus in sprachanalytischer Bedeutung

Kognitivismus: ›A ist gut‹ ist eine *Behauptung*.
Folge: Der Satz steht unter der Differenz von wahr oder falsch (ist ›kognitiv‹).
Umschreibung: ›Ich behaupte hiermit, dass A gut ist.‹

Nonkognitivismus: ›A ist gut‹ ist *keine Behauptung*.
Folge: Der Satz steht nicht unter der Differenz von wahr oder falsch (ist nicht ›kognitiv‹).

a) Emotivismus: Er ist eine *Kundgabe* eigener Gefühle.
Umschreibung: ›Ich billige hiermit A.‹
b) Präskriptivismus: Er ist eine *Vorschrift* für den jeweiligen Gesprächspartner.
Umschreibung: ›Ich fordere dich hiermit zu A auf.‹

(3) Die meisten Ethiker sind sprachanalytische Kognitivisten. Die Debatte wird zwar erst seit Anfang des 20. Jahrhunderts explizit geführt, so dass ältere Autoren in dieser Frage kaum ausdrücklich Stellung beziehen. Allerdings lässt sich bei ihnen diese Einstufung einigermaßen verlässlich rekonstruieren. Die großen Traditionslinien, die von Aristoteles, Kant oder Mill ausgehen, sind daher, bei aller Verschiedenheit im Detail, fast durchweg in ihrer kognitivistischen Grundausrichtung vereint.

Der Emotivismus wird vor allem von Charles Stevenson (1908–1979) und Alfred Ayer (1910–1989) vertreten, und zumindest Tendenzen zu dieser Position finden sich bei Bertrand Russell (1872–1970) und Rudolf Carnap (1891–1970). Auch David Hume sieht moralische Urteile wesentlich in affektiven Zuständen begründet (vgl. Abschnitt 3.1). Ob man ihm allerdings die dezidiert sprachanalytische Auffassung zuschreiben darf, dass moralische Aussagen nichts als Kundgaben dieser Affekte seien, ist eine schwierige Interpretationsfrage. Eine unmissverständliche Darstellung des Emotivismus liefert Ayers Buch *Language, Truth and Logic* (1936):

> »Wenn ich daher zu jemand sage ›Du tatest Unrecht, als du das Geld stahlst‹, dann sage ich nicht mehr aus, als ob ich einfach gesagt hätte ›Du stahlst das Geld‹. Indem ich hinzu-

füge, daß diese Handlung unrecht war, mache ich über sie keine weitere Aussage. Ich zeige damit nur meine moralische Mißbilligung dieser Handlung. Es ist so, als ob ich ›Du stahlst das Geld‹ in einem besonderen Tonfall des Entsetzens gesagt oder unter Hinzufügung einiger besonderer Ausrufezeichen geschrieben hätte. Der Tonfall oder die Ausrufezeichen fügen der Bedeutung des Satzes nichts hinzu. Sie dienen nur dem Hinweis, daß sein Ausdruck von gewissen Gefühlen des Sprechers begleitet wird. Verallgemeinere ich nun meine obige Aussage und sage ›Das Stehlen von Geld ist unrecht‹, dann äußere ich einen Satz, der keine faktische Bedeutung hat, das heißt, der keine Proposition ausdrückt, die entweder wahr oder falsch sein kann. Es ist so, als ob ich geschrieben hätte ›Das Stehlen von Geld!!‹ – wobei, durch eine entsprechende Konvention, Gestalt und Dicke der Ausrufezeichen zeigen, daß damit die Empfindung einer besonderen Art moralischer Mißbilligung ausgedrückt wird. Es ist klar, daß hier nichts gesagt wird, was wahr oder falsch sein kann. Ein anderer mag mit mir nicht übereinstimmen, was die Unrechtmäßigkeit des Stehlens betrifft, in dem Sinne, daß er bezüglich des Stehlens nicht in gleicher Weise empfindet wie ich, und er kann mit mir über meine moralischen Gefühle streiten. Er kann mir aber, genaugenommen, nicht widersprechen. Denn wenn ich sage, eine bestimmte Handlungsweise sei recht oder unrecht, so mache ich damit keine Tatsachenaussage, nicht einmal eine Aussage über meinen eigenen Geisteszustand. Ich drücke nur gewisse moralische Empfindungen aus; und der Betreffende, der mir angeblich widerspricht, drückt nur seine moralischen Empfindungen aus. [...] in jedem Falle, in dem man gemeinhin sagen würde, man fälle ein ethisches Urteil, ist die Funktion des relevanten ethischen Wortes rein ›emotional‹ [*emotive*]. Es wird dazu verwendet, eine Empfindung über bestimmte Gegenstände auszudrücken, nicht aber, eine Behauptung über sie aufzustellen.« [Ayer 1936, 141f.]

Der Präskriptivismus verbindet sich vor allem mit einem Namen, nämlich Richard Hare (1919–2002). Zwar stellt auch Immanuel Kant sein oberstes Moralprinzip als einen kategorischen Imperativ dar (vgl. Abschnitte 5.3 und 5.4). Es ist allerdings fragwürdig, ob man ihm deshalb die sprachanalytische These unterstellen darf, moralische Aussagen seien ihrem ursprünglichen Sinn nach Aufforderungen. Hare hat den Präskriptivismus insbesondere in seinem Werk *The Language of Morals* (1952) ausgearbeitet:

»Eine Behauptung, wie unbestimmt ihre Verbindung mit den Tatsachen auch sein mag, kann keine Antwort auf eine Frage von der Form ›Was soll ich tun?‹ geben; nur ein Befehl kann das. Deshalb hindern wir moralische Urteile daran, ihre Hauptfunktion zu erfüllen, wenn wir darauf bestehen, daß sie nichts als unbestimmte Tatsachenfeststellungen sind, denn es ist ihre Hauptfunktion, Verhalten zu regeln, und das können sie nur dann, wenn sie als Sätze mit befehlendem oder vorschreibendem [*prescriptive*] Gehalt interpretiert werden. [...] ich werde Gründe für die Auffassung liefern, daß wir durch keine Form des Schließens, wie unbestimmt auch immer, aus einer Menge von Prämissen, die nicht einmal implizit einen Imperativ enthalten, eine Antwort auf die Frage ›Was soll ich tun‹ erhalten können.« [Hare 1952, 69]

Überwiegend sind sprachanalytische Kognitivisten bzw. Nonkognitivisten auch epistemologische Kognitivisten bzw. Nonkognitivisten: Wer meint, dass moralische Aussagen Behauptungen sind, glaubt üblicherweise auch, dass sie objektive Gültigkeit vermitteln können. Eben diese Position nehmen die meisten Philosophen ein: Sie deuten moralische Urteile als Propositionen, die als solche einen objektiven Wahrheitsanspruch erheben (sprachanalytisch) und diesen objektiven Wahrheitsanspruch auch tatsächlich einlösen können (epistemologisch). Nicht selten befassen sie sich selbst damit, als normative Ethiker solche wahren moralischen Behauptungen zu begründen. Wer hingegen überzeugt ist, dass moralische Aussagen keine Behauptungen sind, geht normalerweise auch davon aus, dass es keine moralischen Einsichten gibt. Dies ist vor allem bei den Emotivisten der Fall: Sie betrachten moralische Urteile als bloße Gefühlskundgaben, die als solche keinen objektiven Wahrheitsanspruch geltend machen (sprachanalytisch) und auch nur in subjektiven Geschmacksempfindungen gründen (epistemologisch). Als Ethiker mag man diese metaethische Einstufung erklären und darlegen, aber normative Ethik zu betreiben, wird damit sinnlos.

Allerdings ist dieser Zusammenhang zwischen der sprachanalytischen und der epistemologischen Ebene nicht notwendig: Einige wenige Philosophen stimmen zwar dem sprachanalytischen Nonkognitivismus zu, vertreten dabei aber einen epistemologischen Kognitivismus. Umgekehrt befürworten manche Philosophen einen sprachanalytischen Kognitivismus, bekennen sich aber durchaus zu einem epistemologischen Nonkognitivismus. Diese Konstellationen führen zu großer Verwirrung in der Debatte, weil die Einstufung solcher Autoren als Kognitivisten oder Nonkognitivisten inhärent doppeldeutig und entsprechend notorisch umstritten ist. Eben deshalb ist die sorgfältige Unterscheidung beider Ebenen umso wichtiger.

Richard Hare etwa ist, wie gesehen, sprachanalytischer Nonkognitivist: Als klassischer Vertreter und sogar wesentlicher Begründer des Präskriptivismus deutet er moralische Aussagen nicht als Behauptungen, sondern als Vorschriften. In epistemologischem Sinne ist er aber Kognitivist: Hare meint keineswegs, dass solche Vorschriften allein subjektive Geschmacksurteile ausdrücken, sondern hält daran fest, dass sie objektive Einsichten vermitteln können. Dies liegt vor allem daran, dass Imperative für Hare keine bloßen psychologischen Beeinflussungsversuche darstellen, mit denen man den Hörer zu etwas bringen will (wie Propaganda, Einschüchterung, Bestechung oder Erpressung). Vielmehr sind Imperative für ihn rational begründbare Aussagen, mit denen man dem Hörer etwas sagen will (nämlich was er tun sollte). Auch lassen Imperative logische Operationen zu wie Schlussfolgern oder Ableiten. Dass moralische Aussagen letztlich in Imperativen gründen, spricht daher für Hare nicht dagegen, dass sie vernünftiger Überlegung und objektiver Rechtfertigung zugänglich sind. Zwar mag die Bezeichnung als ›wahr‹ oder ›falsch‹ aufgrund ihres sprachanalytischen Charakters unpassend sein. Aber unter der Differenz von ›richtig‹ oder ›verkehrt‹ in epistemologischem Sinne können sie allemal stehen:

> »Es ist daher leicht zu sehen, warum die sogenannte ›Imperativ-Theorie‹ für moralische Urteile die Proteste ausgelöst hat, die ihr entgegengebracht wurden. Da sie auf einer falschen Auffassung von der Funktion nicht nur der moralischen Urteile, sondern auch

der Befehle, denen sie angeglichen wurden, beruhte, schien sie den rationalen Charakter moralischer Rede anzugreifen. Wenn wir jedoch einsehen, daß Befehle, sosehr sie sich auch von Behauptungen unterscheiden, ihnen darin gleichen, daß man sie gebraucht, um jemandem etwas zu sagen, und nicht, um ihn zu beeinflussen, dann ist es harmlos, auf die Ähnlichkeiten zwischen Befehlen und moralischen Urteilen aufmerksam zu machen. Denn wie ich zeigen werde, unterliegen Befehle, da sie wie Behauptungen wesentlich dazu bestimmt sind, von rational Handelnden gestellte Fragen zu beantworten – ebenso wie Behauptungen – logischen Regeln. Und das bedeutet, daß moralische Urteile möglicherweise auch solchen Regeln unterliegen.« [Hare 1952, 35f.]

Gewissermaßen das Spiegelbild zu Richard Hare bildet John Mackie: Er bevorzugt den sprachanalytischen Kognitivismus, bekräftigt also, dass moralische Aussagen ihrem Sinn nach Behauptungen sind, die einen entsprechenden Anspruch auf objektive Wahrheit erheben. Dies tun sie aber nach Mackie durchweg zu Unrecht: Keine dieser Aussagen kann ihren Anspruch einlösen, womit sich ein epistemologischer Nonkognitivismus ergibt. Mackie selbst bezeichnet diese Auffassung als Irrtumstheorie: Menschen machen zwar moralische Aussagen in einer Gestalt, die verrät, dass sie von der Objektivität dieser Aussagen überzeugt sind. Eben in dieser Überzeugung täuschen sie sich aber. Entsprechend bekennt sich Mackie unumwunden zum Skeptizismus: Sprachanalytisch mögen moralische Aussagen als Behauptungen über objektive Sachverhalte gemeint sein. Epistemologisch bleiben diese moralischen Behauptungen aber durchweg unberechtigt:

»Würden sich meta-ethische Überlegungen ausschließlich auf Linguistik und Sprachanalyse beschränken, müßte man zu dem Schluß kommen, daß [...] sittliche Werte objektiver Art sind: Der Anspruch, sie seien es, gehört zur gewöhnlichen Bedeutung sittlicher Äußerungen; die überlieferten moralischen Ausdrücke, deren sich sowohl der Mann auf der Straße als auch die Hauptströmung der westlichen Philosophie bedienen, implizieren die Objektivität sittlicher Werte. Doch genau aus diesem Grund bleiben Linguistik und Sprachanalyse unzureichend. Wie sehr sich auch der Anspruch auf Objektivität in unserer moralischen Sprache niederschlägt, so wenig vermag er sich selbst zu rechtfertigen. Die Gültigkeit dieses Anspruchs kann und muß in Frage gestellt werden. Doch läßt sich die Bestreitung der Objektivität sittlicher Werte nicht als das Ergebnis einer reinen Sprachanalyse vortragen, sondern muß als ›Irrtumstheorie‹ verstanden werden. Diese Theorie besagt: Obwohl die meisten Menschen bei ihren moralischen Äußerungen implizit auch den Anspruch erheben, auf etwas im objektiven Sinn Präskriptives zu verweisen, ist dieser Anspruch doch falsch. Eine solche Theorie bezeichnet man angemessen als ›moralischen Skeptizismus‹.« [Mackie 1977, 39f.]

Pro und contra Nonkognitivismus

Der sprachanalytische Nonkognitivismus, d.h. Emotivismus oder Präskriptivismus, hat heutzutage nur noch wenige Anhänger: Dass moralische Aussagen ihrer sprachlichen Natur nach Behauptungen mit Objektivitätsanspruch sind und nicht lediglich Kundgaben oder Vorschriften, ist schwer zu bestreiten, wenn man die moralische Sprachpraxis in ihrer ganzen Breite betrachtet. Allzu deutlich werden dort Urteile vorgebracht und diskutiert, die weder bloße Gefühlsexpressionen darstellen noch irgendeinen Appellcharakter tragen. Vielmehr behaupten sie Sachverhalte. Dies gilt für alltägliche moralische Debatten, in denen gerade um die Wahrheit solcher Behauptungen oftmals intensiv gestritten wird. Es gilt ebenso für fachliche ethische Diskurse, in denen derartige Aussagen zuweilen aus rein akademischem Interesse untersucht werden.

Der epistemologische Nonkognitivismus, d.h. im Wesentlichen der Skeptizismus, hat auch gegenwärtig noch einige Vertreter: Ob jener Objektivitätsanspruch, den moralische Aussagen ihrer sprachlichen Gestalt nach geltend machen, zu Recht erhoben wird, lässt sich durchaus in Frage stellen. Dies ist zunächst eine Herausforderung für die moralische Praxis, deren vorgeblicher Wahrheitsbezug hinfällig wäre, wenn der Skeptizismus korrekt sein sollte. Es ist ebenfalls ein Problem für ethische Untersuchungen, die auf wissenschaftlichem Wege nach den richtigen Normen forschen, denn auch sie würden durch den Skeptizismus sinnlos. Man könnte weiterhin deskriptive Ethik betreiben, also untersuchen, welche moralischen Auffassungen von Individuen oder in Kollektiven vertreten werden. Aber normative Ethik, d.h. der Versuch, die wahre Moral zu begründen oder auch falsche Moralen zu widerlegen, läuft ins Leere, wenn es keine moralische Wahrheit oder Falschheit gibt.

(1) John Mackie (1917–1981) ist einer der klarsten und eindringlichsten Vertreter des Skeptizismus. Insbesondere in seinem Buch *Ethics. Inventing Right and Wrong* (1977) formuliert er zwei Hauptargumente gegen die Möglichkeit einer objektiven moralischen Wahrheit.

Mackies erstes Argument ist das Argument aus der *Absonderlichkeit* (*argument from queerness*). Dieses Argument verankert er zunächst ontologisch: Objektive moralische Werte müssten sehr eigenartige Wesenheiten sein, die sich von anderen Dingen in der Welt stark unterschieden. Die Existenz solcher Wesenheiten wäre entsprechend unplausibel. Vor allem führt er dieses Argument epistemologisch aus: Objektive moralische Einsicht müsste auf einem sehr eigentümlichen Erkenntnisvermögen beruhen, dessen Funktionsweise von geläufigen Erkenntnisformen stark abwiche. Die Wirklichkeit eines solchen Erkenntnisvermögens wäre daher ebenfalls fragwürdig [Mackie 1977, 43–49].

Beide Teile des Arguments müssen einen Nichtskeptizisten wenig beeindrucken. Dass moralische Objekte ontologisch eigenartige Entitäten wären, spricht nicht gegen ihre Existenz: Auch Zahlen, Gleichungen, Universalien oder Naturgesetze sind eigenartige Entitäten, völlig verschieden von üblichen materiellen Gegenständen. Dies liefert keinen Grund, an ihrem Dasein zu zweifeln, wie immer dieses Dasein auch genauer zu fassen wäre. Insbesondere braucht man keine ontologisch fragwürdige Deutung solcher moralischer Entitäten zu vertreten: Man muss keine spekulativen moralischen ›Werte‹ in einer eigenen entrückten ›Sphäre‹ annehmen, wie es die Wertethik tut. Man kann moralische Entitäten auch einfach als moralische Normen verstehen, als schlichte Regeln menschlichen Verhaltens. Solche Normen, solche Regeln sind ontologisch alles andere als absonderlich. Ihre Objektivität wäre genauer zu begründen, aber seltsame Entitäten sind sie keineswegs.

Ähnlich wird die Wirklichkeit moralischen Wissens nicht dadurch widerlegt, dass es epistemologisch ein eigentümliches Erkenntnisvermögen voraussetzen mag: Viele Wissensbereiche verlangen spezielle Erkenntnisformen, die Erkenntnis mathematischer Zusammenhänge oder logischer Prinzipien nicht mehr und nicht weniger als die Erkenntnis materieller Körper durch die sinnliche Wahrnehmung. Der Bereich der Moral dürfte grundlegend genug sein, um auch hier eine eigene Erkenntnisform anzunehmen, ohne dass verständlich wäre, weshalb sie damit absonderlicher sein sollte als andere. Insbesondere gibt es epistemologisch glaubhafte Kandidaten für ein solches moralisches Erkenntnisvermögen: Eine praktische Vernunft, neben der theoretischen, bietet sich ebenso an wie ein moralischer Sinn, neben dem empirischen. Beide Alternativen werden später noch vorgestellt. Vor allem liegt in solchen Vermögen wenig Mystisches, wenn man moralische Entitäten nicht als spekulative Werte, sondern als soziale Normen versteht. Solange man keine exotische Seinsweise des Moralischen voraussetzt, als ›Werte‹ in einer eigenen ›Sphäre‹, muss man auch keine exotische Erkenntnisweise dieses Moralischen annehmen, als ›Werterfassung‹ oder ›Wertblick‹.

Mackies zweites Argument ist das Argument aus der *Relativität* (*argument from relativity*). In diesem Argument hebt er die Variabilität moralischer Urteile hervor, nicht so sehr in persönlichen Stellungnahmen, aber umso mehr in kulturellen Strömungen: Moralische Normen differieren regional zwischen verschiedenen Gesellschaften, ebenso wie temporal zwischen verschiedenen Epochen. In modernen pluralistischen Gemeinwesen trifft man sogar auf engstem Raum und zur selben Zeit auf unterschiedlichste moralische Überzeugungen. Dies soll belegen, dass moralische Normen nur innerhalb dieses jeweiligen Settings als gültig erscheinen: Moralisches Denken unterliegt sowohl einem geographischen als auch einem historischen Relativismus. Folglich hat es keine absolute Gültigkeit hinsichtlich einer objektiven Wahrheit [Mackie 1977, 40–43].

Die Vielfalt der Moralen in regionaler wie in temporaler Hinsicht, insbesondere der zu beobachtende Wechsel moralischer Auffassungen wie auch die offenkundige Uneinigkeit in moralischen Fragen, wird oftmals als Argument benutzt, um die Objektivität von Moral zu bestreiten und ihre alleinige Abhängigkeit von kulturellen Prägungen zu behaupten. Namentlich der Vergleich zwischen moralischen und faktischen Aussagen wird gern gezogen, um diese Folgerung plausibel zu machen: Auch das Faktenwissen, wie es nicht zuletzt durch die positiven Wissenschaften geliefert und geordnet wird, ist als solches zwar ein kulturelles Produkt. Indem in diesem Sektor aber weitaus größere Konvergenz, Stabilität und Einmütigkeit zu herrschen scheinen, liege es nahe, davon auszugehen, dass dieses Wissen in der Tat auf eine objektive Wahrheit bezogen ist, von der es geleitet wird und der es sich annähern kann. Moralüberzeugungen hingegen, wie sie vor allem die normative Ethik prüfen und begründen will, scheinen ganz anderer Art zu sein: Sie zeichnen sich angeblich durch erhebliche Divergenz, Fragilität und Umstrittenheit aus. Dies soll zeigen, dass in diesem Bereich keine objektive Wahrheit bestehe, sondern nur individuelle Einstellungen bzw. kollektive Gepflogenheiten am Werk seien.

(2) Ein solcher Skeptizismus kann nicht streng und unumstößlich widerlegt werden. Es gibt aber eine Reihe von Richtigstellungen und Gegenargumenten, die man erwägen sollte, ehe man in dieser Angelegenheit Position bezieht.

Erstens: Vielfalt, Wechsel oder Uneinigkeit sind *kein Beweis*, dass es Wahrheit im Moralischen nicht gibt oder dass man sie nicht finden könnte. Im Gegenteil, man mag gerade die Menge an Zugängen, den Wandel der Auffassungen und die Auseinandersetzung um die Inhalte als Zeichen dafür ansehen, dass sämtliche Beteiligten an eine solche Wahrheit glauben, sich mit ihr beschäftigen und um sie ringen. Gewiss wäre denkbar, dass sie sich darin allesamt täuschen und rundweg sinnlos agieren. Eine solche Einschätzung würde sich aber nicht nur einer gewissen Unbescheidenheit anderen Menschen gegenüber schuldig machen. Letztlich dürfte sie auch eine vertiefte Einsicht in die relevanten Phänomene verstellen: Man erfasst moralische Pluralität nicht adäquat, wenn man darin lediglich eine beliebige Ansammlung subjektiver Vorlieben wähnt. Man begreift moralische Entwicklungen nicht richtig, wenn man hinter ihnen allein eine kontingente Abfolge relativer Machtverhältnisse vermutet. Man deutet moralische Konflikte nicht angemessen, wenn man sie als ein bloßes Aufeinanderprallen vorgefasster Meinungen interpretiert. Die räumliche und zeitliche Mehrzahl, auch der zu beobachtende geschichtliche Fortgang und nicht zuletzt der mitunter heftige Streit der moralischen Überzeugungen lassen sich erst dann wirklich verstehen, wenn man sie, zumindest in Teilen, als Gestalten, Symptome und Antriebe einer gemeinsamen Suche nach moralischer Wahrheit erkennt.

Zweitens: Vielfalt, Wechsel und Uneinigkeit im Moralischen haben oftmals ein *geringeres Ausmaß* als gemeinhin angenommen. Lügen, Stehlen oder Töten gelten in fast allen Gesellschaften und Epochen als verwerflich. Hilfeleistung, Unterstützung oder Höflichkeit werden beinahe überall und immer als lobenswert angesehen. Pluralität, Entwicklung und Konflikte beschränken sich meist auf nachgeordnete Fragen, etwa hinsichtlich konkreter Umsetzungen, wechselseitiger Gewichtungen oder möglicher Ausnahmen von diesen Regeln. Solche sekundären Diskrepanzen machen aber einen objektiven Bezugspunkt nicht unglaubwürdig. Umgekehrt wird dieser durch den gemeinsamen Kern an primären Moralprinzipien durchaus nahegelegt.

Drittens: Moralische Uneinigkeit beruht oftmals nicht auf eigentlich *normativen Dissensen*, sondern auf differierenden *faktischen Überzeugungen*. Man streitet zwar über eine moralische Angelegenheit (›A ist gut‹), aber die Kontroverse betrifft nicht die normativen Prämissen (›Q ist gut‹), sondern die faktischen Prämissen (›A ist Q‹). So gründen beispielsweise unterschiedliche Auffassungen zu einer angemessenen Steuerpolitik oftmals nicht in unverträglichen Vorstellungen, wie eine gerechte Verteilung von Wohlstand aussähe, sondern in abweichenden Einschätzungen, welche Effekte die diskutierten Maßnahmen hätten. Ähnlich entzweien sich die Positionen in der Energiepolitik oftmals nicht an moralischen Fragen, welche Sicherheit in Betrieb und Versorgung oder welche Aufteilung von Nutzen und Lasten geboten wäre, sondern an empirischen Fragen, wie gefährlich und wie ersetzbar nukleare oder fossile Energieträger sind. Insbesondere sind normative und faktische Aussagen in ungleicher Weise aufeinander bezogen: Normative Aussagen hängen fast immer auch von faktischen Annahmen ab (›A ist gut‹ ist abhängig von ›A ist Q‹), aber das vertauschte Verhältnis tritt niemals auf (›A ist Q‹ ist unabhängig von ›A ist gut‹). Dies führt zwangsläufig zu einer größeren Varianz im normativen als im faktischen Sektor, indem jede faktische Uneinigkeit zu einer normativen Uneinigkeit führen kann, aber ein umgekehrter Einfluss nicht stattfindet. Die höhere Varianz des Normativen gegenüber dem Faktischen muss daher keine geringere Wahrheitsfähigkeit anzeigen. Vielmehr kann sie in der einseitigen Abhängigkeitsbeziehung beider Felder gründen, aufgrund derer sich etwaige Unsicherheiten nur in einer Richtung ausbreiten können.

Viertens: Da Normen unmittelbar *menschliches Verhalten* steuern sollen, kollidieren sie häufiger als Fakten mit *persönlichen Interessen*. Deshalb fehlt im normativen Bereich öfter die nötige Neutralität, was wiederum eine größere Uneinigkeit gegenüber dem faktischen Bereich erzeugen kann. Einmal mehr läge diese größere Uneinigkeit jedoch nicht an einer fehlenden Wahrheitsfähigkeit. Dies zeigt sich nicht zuletzt darin, dass Faktenfragen, sobald sie doch einmal persönliche Interessen berühren, vergleichbar kontrovers diskutiert werden wie Normfragen. Die Auseinandersetzungen um Kosmologie, Evolutionstheorie, Genetik oder Klimamodelle waren und sind nicht weniger unversöhnlich als die um Bürgerfreiheiten oder Menschenrechte. Das stellt ihren Objektivitätsbezug jedoch keineswegs in Frage.

Fünftens: Skeptizistische Positionen erweisen sich in der konkreten Diskussion oftmals als brüchig, was ihre *argumentative Durchhaltbarkeit* und ihre *diskursiven Hintergründe* betrifft. Konfrontiert man einen Vertreter mit einem Extrembeispiel wie Vergewaltigung oder Völkermord und fragt, ob die Richtigkeit bzw. Falschheit solcher Aktionen allein Sache persönlichen Geschmacks oder kultureller Gebräuche sei, gibt er den Skeptizismus nicht selten auf. Stattdessen verweist er auf die Unverletzlichkeit der Person oder auf die Freiheit von Unterdrückung, die selbstverständlich zu gewährleisten seien. Damit werden jedoch Grundsätze angeführt und in ihrer Gültigkeit anerkannt, die unzweifelhaft moralischer Natur sind, wie ungenau und präzisierungsbedürftig sie auch sein mögen. Gelegentlich scheinen subjektivistische oder relativistische Bekenntnisse zudem einer falschen Vorstellung menschlichen Umgangs zu entspringen: Auf moralische Wahrheitsansprüche zu verzichten, gilt oftmals als Zeichen von Toleranz, d.h. als Ausdruck der Bescheidenheit hinsichtlich eigener Ansichten und als Form der Anerkennung gegenüber fremden Überzeugungen. Dies ist allerdings ein Fehler, der bei genauerer Betrachtung rasch zutage tritt. Echte Bescheidenheit besteht im Bewusstsein, sich irren zu können (was Wahrheit voraussetzt), nicht im Glauben, es gebe keine Wahrheit (womit sich niemand irren könnte). Echte Anerkennung meint die Bereitschaft, sich die Meinung des anderen anzuhören (weil er recht haben könnte), nicht die Auffassung, es könne ohnehin niemand recht haben (womit alle Meinungen gleichermaßen belanglos wären).

(3) Skeptizistische Positionen stützen sich zuweilen auf eine bestimmte historische Sicht der Entwicklung von Moral und Ethik: Demzufolge sei normative Ethik in ›moralisch ruhigen‹ Epochen und Gesellschaften entstanden, in denen große Einigkeit in hergebrachten Normen etwa religiösen Ursprungs geherrscht habe. Vor dem Hintergrund dieser Einigkeit habe man naiverweise geglaubt, dass es so etwas wie moralische Wahrheit gebe, und sich entsprechend damit beschäftigt, angebliche ethische Beweise für jene ohnehin allseits anerkannte Moral zu führen. Die moderne globale Erfahrung jedoch zeige, dass erhebliche moralische Divergenzen zwischen verschiedenen Kulturen und auch merkliche moralische Abweichungen innerhalb einer gegebenen Kultur bestehen. Angesichts dessen werde offenbar, dass keine moralische Wahrheit existieren könne, was zu der Einsicht nötige, dass das Geschäft einer normativen Ethik als Suche nach dieser moralischen Wahrheit aufzugeben sei.

Das historische Bild, das hiermit entworfen wird, ist nicht nur überaus klischeehaft, sondern schlichtweg falsch: Normative Ethik ist gerade nicht unter ›moralisch ruhigen‹ Bedingungen entstanden. Denn unter solchen Umständen besteht gar kein Bedarf an ihr. Normative Ethik ist, ganz im Gegenteil, gerade vor dem Hintergrund von moralischen Konfrontationen mit anderen Kulturen und von moralischen Differenzen in der eigenen Kultur entwickelt worden. Sie war immer schon philosophische Reaktion auf die Herausforderung einer Inkohärenz von moralischen Vorstellungen.

Eben diese Herausforderung prägt das klassische Griechenland, in dem die Wurzeln der modernen Ethik liegen: Man hat intensiven Kontakt zu fremden Völkern, die abweichende moralische Normen vertreten, man erlebt in den eigenen Staaten eine große Vielfalt, einen raschen Wechsel und eine tiefe Uneinigkeit hinsichtlich dessen, was moralisches Verhalten sei. Tatsächlich ist angesichts dieser Pluralität, dieses Wandels und dieser Konflikte bereits in der griechischen Antike die skeptizistische Vorstellung verbreitet, es gebe keine moralische Wahrheit. Insbesondere die Sophisten vertreten typischerweise die Auffassung, alle Moral sei willkürlich vom Menschen gesetzt, sei also nur Ausdruck persönlicher Interessen oder kultureller Bevorzugungen.

Die normative Ethik entsteht im klassischen Griechenland wesentlich als der Versuch, diesem Skeptizismus zu begegnen: Namentlich Sokrates, Platon und Aristoteles formulieren ihre ethischen Überlegungen, Ansätze und Systeme, um zu zeigen, wie moralische Gültigkeit jenseits von faktischer Geltung ausgewiesen werden kann. Ethische Begründungen wurden also keineswegs aufgestellt, weil ohnehin moralische Einigkeit bestand und es deshalb ein einfaches Geschäft war. Vielmehr wurden ethische Begründungen genau deshalb entworfen, weil moralische Uneinigkeit herrschte und damit eine schwierige Aufgabe zu bewältigen war.

Ob diese Aufgabe von den antiken oder von späteren Philosophen zufriedenstellend gelöst wurde, ist eine andere Frage: Um sie zu beantworten, muss man sich die entsprechenden Entwürfe ansehen und auf ihre jeweilige Überzeugungskraft hin prüfen. Strikte Demonstrationen, wie in der Mathematik oder der Logik, wird man dabei nicht erwarten dürfen. Dies gilt indessen auch für andere Wissenschaften, Naturwissenschaften nicht weniger als Geisteswissenschaften, in denen ebenfalls keine unumstößlichen Beweise möglich sind, aber allemal bessere oder schlechtere Belege und Argumente vorgebracht werden. Genau hieran wird ihre Fähigkeit bemessen, der objektiven Wahrheit in ihrem jeweiligen Bereich näherzukommen.

Letztlich dürfte dies vielleicht die beste Antwort auf die skeptizistische Herausforderung sein: Über die Wahrheitsfähigkeit des Moralischen lässt sich am ehesten entscheiden, indem man niveauvolle Ansätze normativer Ethik studiert. Ehe man sich daher festlegt, ob es moralische Objektivität geben könne, sollte man sich informieren, welche ethischen Entwürfe diesbezüglich entwickelt worden sind. Hierzu bieten die nachfolgenden Kapitel ausgiebig Gelegenheit. Es ist ratsam, sich in diese Entwürfe zu vertiefen und auf ihrer Grundlage zu entscheiden, ob die in ihnen formulierten Prinzipien bzw. die von ihnen untersuchten Urteile allesamt einzig auf persönlichen Geschmack bzw. kulturelle Gebräuche zurückgehen oder ob sie vielleicht doch zuweilen moralische Wahrheiten zu vermitteln vermögen.

Die metaethischen Positionen, die in den folgenden Abschnitten dieses Kapitels behandelt werden, kommen allesamt darin überein, dass sie den Kognitivismus im epistemologischen Sinne befürworten: Sie bejahen die Objektivität moralischer Normen, sehen also insbesondere das Geschäft einer normativen Ethik als sinnvoll an. Unterschiedliche Auffassungen vertreten sie dahingehend, wie jene objektive Moral beschaffen ist, wie sie erfasst werden kann und worauf sie sich bezieht.

Entsprechend haben die Positionen der nächsten Abschnitte einen doppelten Charakter: Zum einen benennen sie Standpunkte metaethischer Art, die in grundlegender Weise Stellung dazu beziehen, wie moralische Normen verfasst sind, wie man sie erkennt und was sie behandeln. Zum anderen kennzeichnen sie aber auch bereits Typen normativer Ethiken, die in ihren konkreten Strukturen, Methoden und Gehalten jene metaethischen Grundüberzeugungen umsetzen.

3.3 Generalismus und Partikularismus

Die Unterscheidung von Generalismus und Partikularismus lässt sich als eine primär *ontologische* Differenzierung verstehen: In ihr geht es wesentlich darum, in welcher Gestalt sich moralische Normen genauer konstituieren bzw. welchen Entitäten moralische Werte überhaupt zukommen.

Definitionen

(1) Gemäß dem *Generalismus* haben moralische Normen die Form allgemeiner Prinzipien. Ihr ursprüngliches Wesen liegt in Regeln für Handlungstypen, etwa der Art: ›Man soll nicht lügen, stehlen, töten etc.‹ Entsprechend sind jene Handlungstypen die eigentlichen Träger moralischer Werte. Einzelne Handlungen tragen demgegenüber ihren moralischen Wert nur deshalb, weil sie ›Fälle von‹ jenen

allgemeinen Handlungstypen sind und damit ihrerseits unter dem allgemeinen Prinzip stehen. Die individuelle Zuordnung einer Handlung zu einem Handlungstyp, und damit die Subsumtion jener Handlung unter das Prinzip, ist dabei eine faktische Aufgabe: Sie entscheidet sich an den natürlichen Eigenschaften der gegebenen Handlung. Alle normative Einstufung leistet demgegenüber die allgemeine Regel: Diese Regel weist dem einzelnen Fall, aufgrund jener faktischen Zugehörigkeit, seinen moralischen Wert zu.

Für den *Partikularismus* hingegen haben moralische Normen die Form konkreter Einzelfallurteile. Ihr wahres Wesen besteht in Befunden zu Einzelhandlungen, etwa der Art: ›Dass Peter in dieser Situation gelogen, gestohlen, getötet etc. hat, ist schlecht.‹ Genauer sind diese Einzelhandlungen sogar die einzigen Träger moralischer Werte. Sie mögen nachträglich zu ›Mengen von‹ Einzelfällen gruppiert werden, etwa indem man Fälle mit ähnlichem Wert zusammenstellt. Aber das verbindende Merkmal dieser Fälle liegt nicht in einer geteilten natürlichen Eigenschaft: Sie tragen jenen ähnlichen Wert nicht, weil sie einem gemeinsamen Handlungstyp zugehörten, der seinerseits unter ein allgemeines Prinzip fiele. Vielmehr trägt jeder Fall diesen Wert ganz für sich allein, in seiner unverwechselbaren Besonderheit, wie es das jeweilige Einzelfallurteil festhält: Sein verbindendes Merkmal mit anderen Fällen liegt einzig in jenem geteilten moralischen Wert selbst.

Generalismus und Partikularismus (ontologische Ebene der Metaethik)

Generalismus: Moralische Normen konstituieren sich in *allgemeinen Prinzipien*.
Partikularismus: Moralische Normen konstituieren sich in *konkreten Einzelfallurteilen*.

Gelegentlich wird der Generalismus auch als ›Prinzipienethik‹ oder als ›Prinziplismus‹ bezeichnet. Zumindest der letztere Begriff ist allerdings doppeldeutig: Vor allem in der modernen angewandten Ethik nennt man *Prinziplismus* einen ganz bestimmten Typ von generalistischen Ansätzen. Diese gehen davon aus, dass Moral aus einem irreduziblen Satz von *mehreren* Prinzipien besteht, statt aus einem *einzigen* Masterprinzip, wie es andere generalistische Ethiken annehmen.

Zuweilen wird der Partikularismus auch als ›Situationsethik‹ oder als ›Kasuistik‹ angesprochen. Wiederum ist zumindest beim letzteren Terminus indessen Vorsicht geboten: In der mittelalterlichen philosophischen Ethik meint *Kasuistik* ein Verfahren, das gerade auf einer generalistischen Grundauffassung von Moral beruht. Es bezeichnet die Kunst, einzelne Fälle allgemeinen Prinzipien *zuzuordnen*, oder auch die Kunst, solche allgemeinen Prinzipien zu etwas konkreteren, aber immer noch allgemeinen Sätzen zu *spezifizieren*, die für festumrissene Situationstypen gelten.

(2) Mitunter werden die Wörter ›Generalismus‹ und ›Partikularismus‹ in ganz anderen Bedeutungszusammenhängen verwendet, etwa mit Blick auf den *Geltungsbereich* von Normen (ihren Subjektkreis), d.h. in der Frage, *für wen* jene Normen maßgeblich sind: ›Generalismus‹ bezeichnet dann die Auffassung, dass

die wesentlichen moralischen Pflichten für alle Menschen gleichermaßen verbindlich sind, kultur- und individuenübergreifend, an allen Orten und zu allen Zeiten. ›Partikularismus‹ meint demgegenüber die Einschätzung, dass zentrale moralische Pflichten nur für bestimmte Gruppen oder sogar nur für bestimmte Einzelpersonen bindend sind. Verbreiteter und passender für diese beiden Auffassungen sind allerdings andere Begriffe: Die erste Position, welche die Allgemeingültigkeit bzw. Universalität moralischer Normen hervorhebt, bezeichnet man besser als *Universalismus.* Die zweite Position nennt man eher *Relativismus bzw. Subjektivismus*, wenngleich nicht im skeptizistischen Sinne, dass es keine objektive Moral gebe und stattdessen nur gruppen- bzw. einzelpersonbezogene Interessen in den üblichen Normvorstellungen am Werk seien, sondern im positivistischen Sinne, dass objektive moralische Forderungen nur innerhalb einer gegebenen Kultur bzw. für ein jeweiliges Individuum Gültigkeit haben. In jedem Fall stimmen die beiden skizzierten Positionen nicht mit der hier verwendeten Begrifflichkeit von ›Generalismus‹ bzw. ›Partikularismus‹ überein, d.h. beide Standpunkte können generalistisch oder partikularistisch im obigen Sinne sein: Eine Norm, die für alle Menschen Gültigkeit beansprucht, kann in einem allgemeinen Prinzip bestehen (›Niemand darf Unschuldige töten‹) wie auch in einem unhintergehbaren Einzelfallurteil (›Niemand darf Karl töten‹). Ebenso kann eine Norm, die nur für einige oder sogar nur für einen Menschen Gültigkeit haben soll, als ein allgemeines Prinzip auftreten (›Ich darf keine Unschuldigen töten‹) oder als ein unhintergehbares Einzelfallurteil (›Ich darf Karl nicht töten‹).

Manchmal finden die Wörter ›Generalismus‹ und ›Partikularismus‹ auch Anwendung, wenn es um den *Gegenstandsbereich* von Normen geht (ihren Objektkreis), d.h. um die Frage, *gegenüber wem* jene Normen zu befolgen sind: ›Generalismus‹ besagt dann, dass die wesentlichen moralischen Pflichten allen Menschen gleichermaßen geschuldet sind. ›Partikularismus‹ bedeutet demgegenüber, dass zentrale moralische Pflichten nicht gegenüber allen Menschen, sondern nur gegenüber bestimmten Gruppen oder Einzelpersonen relevant sind. Auch hier sind andere Termini üblicher und treffender: Im ersten Fall spricht man eher von einer Forderung nach *Unparteilichkeit*, vor allem als Unabhängigkeit von der persönlichen Stellung, in der sich der Akteur zu den jeweils Betroffenen befindet. Im zweiten Fall geht es um eine Perspektive der *Parteilichkeit*, die namentlich gegenüber Menschen angebracht sein mag, zu denen der Handelnde in einer besonderen Sozialbeziehung steht, etwa Familienangehörigen, Freunden, Vertragspartnern oder Kollegen. In jedem Fall stimmt diese Differenz wiederum nicht mit den hier zugrunde gelegten Definitionen von ›Generalismus‹ bzw. ›Partikularismus‹ überein, d.h. beide Pflichtenarten können generalistisch oder partikularistisch im obigen Sinne sein: Eine Norm, die eine Handlung gegenüber allen Menschen gebietet, kann in einem allgemeinen Prinzip bestehen (›Tut immer allen Mitmenschen Gutes‹) oder in einem unhintergehbaren Einzelfallurteil (›Tut heute allen Mitmenschen Gutes‹). Ebenso kann eine Norm, die eine Handlung nur gegenüber einigen oder sogar nur gegenüber einem Menschen vorschreibt, als ein allgemeines

Prinzip auftreten (›Tut immer euren Kindern Gutes‹) oder als ein unhintergehbares Einzelfallurteil (›Tut heute euren Kindern Gutes‹).

(3) Auch Universalismus und Unparteilichkeit dürfen ihrerseits nicht miteinander verwechselt werden: Zuweilen liest man, eine universalistische Moral kenne keine speziellen Pflichten gegenüber bestimmten Gruppen oder Einzelpersonen. Umgekehrt heißt es gelegentlich, eine unparteiliche Moral könne keine exklusive Gültigkeit für besondere Gruppen oder Einzelpersonen beanspruchen.

Tatsächlich sind aber auch hier alle Kombinationen beider Normtypen denkbar: Eine Moral kann universalistisch und unparteilich sein (›Niemand soll irgendwem Leid zufügen‹), aber ebenso wohl universalistisch und parteilich (›Jeder soll für seine Familienangehörigen sorgen‹). Eine Moral kann nichtuniversalistisch und unparteilich sein (›Christen sollen niemandem mit Gewalt begegnen‹), oder auch nichtuniversalistisch und parteilich (›Christen sollen ihren Glaubensbrüdern beistehen‹).

Deduktivismus und Induktivismus

Die Frage, ob Moral sich in allgemeinen Prinzipien konstituiert oder aber allein in Form konkreter Einzelfallurteile auftritt, ist, wie erwähnt, ontologischer Art: Sie thematisiert das Wesen, die Beschaffenheit des Moralischen. Sie ist daher insbesondere von der Frage zu unterscheiden, ob man moralische Richtigkeit eher von Handlungstypen oder eher von Einzelhandlungen erkennt: Dies ist eine epistemologische Frage, die mit der ontologischen Ebene zusammenhängt, aber durchaus ein eigenständiges Problem formuliert.

(1) Ein Generalist ist überzeugt, dass Moral aus allgemeinen Prinzipien besteht: Sie konstituiert sich in übergreifenden Regeln der Art ›Q ist gut‹. Zwar bestreitet er nicht, dass es auch konkrete Einzelfallurteile gibt wie ›A ist gut‹. Aber diese gehören zur Moral allein aufgrund des Prinzips: Der Einzelfall A trägt seinen moralischen Wert ›gut‹, weil er an der natürlichen Eigenschaft Q teilhat (›A ist Q‹). Diese allgemeine Eigenschaft Q ist der eigentliche Träger des moralischen Wertes ›gut‹, wie es das Prinzip festhält (›Q ist gut‹). (Es ist hierbei wesentlich für den Generalisten, dass in der Tat eine allgemeine *natürliche* Eigenschaft Q mit der allgemeinen *moralischen* Eigenschaft ›gut‹ verknüpft wird, oder auch mit anderen moralischen Eigenschaften, wie ›gerecht‹ oder ›lobenswert‹. Denn nur dann hat man es mit einem moralischen *Prinzip* zu tun, d.h. mit einer Regel, die einem sagt, *was* man tun *soll*, indem sie festlegt, dass alle natürlichen Vollzüge einer bestimmten Art einen moralischen Wert des angegebenen Typs tragen.)

Dabei kann es sein, dass jenes allgemeine Prinzip ›Q ist gut‹ in der Tat auch leichter oder schneller zugänglich ist als das konkrete Einzelfallurteil ›A ist gut‹. In diesem Fall kann man aus dem moralischen Prinzip ›Q ist gut‹, zusammen mit der faktischen Prämisse ›A ist Q‹ (welche die Subsumtion des Falles unter das Prinzip leistet), auf das konkrete Einzelfallurteil ›A ist gut‹ schließen. Diese Ableitung folgt der *deduktiven* Schlussrichtung, die vom sicher erkannten Allgemeinen zum zu beurteilenden Besonderen führt (›top-down‹). Die allgemeine Eigenschaft

Q bestimmt (ontologisch), wie der einzelne Fall A zu bewerten ist, und man kann auch beim Prinzip ansetzen (epistemologisch), um das Einzelfallurteil zu gewinnen. Normative Ethik wäre damit ähnlich wie Mathematik zu betreiben: Auch dort beginnt man mit allgemeinen Axiomen, etwa den formalen Regeln der Addition, und leitet aus ihnen konkrete Sätze her, etwa die Gleichung 3+5=8. Man mag sich zwar mitunter von einzelnen Rechnungen zu höheren Axiomen inspirieren lassen. Aber der wissenschaftliche Beweis muss letztlich immer in deduktiver Richtung verlaufen, vom ursprünglich gewissen Allgemeinen zum hieraus abgeleiteten Besonderen. Er folgt hiermit der inhärenten Logik mathematischer Systeme, die vom Allgemeinen zum Besonderen führt, aus dem höheren Satz die einzelne Gleichung entstehen lässt. (Ein wesentlicher Unterschied zwischen Mathematik und Ethik liegt freilich darin, dass in der Mathematik die obersten Axiome möglicherweise als Definitionen zu verstehen sind. In der Ethik hingegen müssen die obersten Sätze synthetische Sätze der Form ›Q ist gut‹ sein, nicht analytische Sätze der Form ›gut bedeutet Q‹; vgl. Abschnitt 3.1.)

Es ist aber auch denkbar, dass nicht das allgemeine Prinzip ›Q ist gut‹, sondern das konkrete Einzelfallurteil ›A ist gut‹ besser oder rascher eingesehen werden kann. In diesem Fall müsste man aus dem moralischen Einzelfallurteil ›A ist gut‹, zusammen mit der faktischen Feststellung ›A ist Q‹, auf das allgemeine Prinzip ›Q ist gut‹ zurückfolgern (was nicht im Sinne einer strengen Verifikation, aber im Sinne einer mehr oder weniger gerechtfertigten Vermutung möglich ist). Eine solche Herleitung folgt der *induktiven* Schlussrichtung, die vom sicher erkannten Besonderen zum zu erfassenden Allgemeinen führt (›bottom-up‹). Dies würde nichts daran ändern, dass nach wie vor die allgemeine Eigenschaft Q den moralischen Wert des einzelnen Falls A bestimmt (ontologisch), aber es würde bedeuten, dass nun das Einzelfallurteil die moralische Einsichtigkeit des Prinzips liefert (epistemologisch). Normative Ethik hätte hiermit ähnlich wie die Naturwissenschaften vorzugehen: Auch dort setzt man mit einzelnen Beobachtungen an, etwa indem man gezielte Experimente mit schweren Körpern anstellt, und erschließt hieraus die allgemeinen Naturgesetze, etwa das Fallgesetz oder das Gravitationsgesetz. Man mag zwar gewisse Mutmaßungen bezüglich jener Gesetze hegen, falls man beispielsweise Symmetrie oder Einfachheit von ihnen erwartet. Aber ihre tatsächliche Bewährung kann letztlich nur auf induktivem Wege erfolgen, vom beobachteten Besonderen zum unbekannten Allgemeinen. Dies ändert indessen nichts daran, dass das Naturgesetz das Einzelereignis bestimmt, die naturwissenschaftliche Determination vom allgemeinen Gesetz zum einzelnen Geschehen verläuft. (Ein gewichtiger Unterschied zwischen Naturwissenschaften und Ethik besteht freilich dahingehend, dass in der Ethik keine Experimente im üblichen Sinne angestellt werden können. Insbesondere genügt ein faktisches Beobachten der Einzelfälle nicht, sondern es ist ein normatives Urteil über jene Fälle erforderlich; vgl. Abschnitt 3.1.)

(2) Ein Partikularist ist demgegenüber davon überzeugt, dass es keine moralischen Prinzipien gibt: Moral besteht für ihn nicht in allgemeinen Regeln des

Typs ›Q ist gut‹. Sie konstituiert sich allein in einzelnen Urteilen wie ›A ist gut‹. Entsprechend kann man als Partikularist keinen der beiden Schlusswege beschreiten: Man kann weder deduktiv bei moralischen Prinzipien ansetzen, noch kann man induktiv moralische Prinzipien erschließen. Denn moralische Prinzipien in einem relevanten Sinne existieren überhaupt nicht. (Zwar leugnet der Partikularist nicht, dass es eine allgemeine *moralische* Eigenschaft ›gut‹ gibt, die an unterschiedlichen Einzelhandlungen immer wieder auftreten kann, und er mag auch einräumen, dass es allgemeine *innermoralische* Regeln gibt, nach denen unterschiedliche Wertqualitäten wie ›gerecht‹ oder ›lobenswert‹ in einer festen Rangordnung zueinander stehen. Aber er bestreitet, dass es *Prinzipien* gibt, d.h. Regeln, die diese allgemeinen *moralischen* Eigenschaften mit allgemeinen *natürlichen* Eigenschaften verbinden, indem sie festlegen, welcher Handlungstyp welche dieser Wertqualitäten trägt.)

Man mag als Partikularist nachträgliche Zusammenstellungen von ähnlich beurteilten Fällen anfertigen. Man mag Urteilssammlungen der Form ›A_1, A_2, A_3 ... sind gut‹ erstellen, als Hilfsmittel für die moralische Heuristik, als Übungsmaterialien für den moralisch Unerfahrenen, als Quellen von moralischer Einsicht. Aber solche nachträglichen Zusammenstellungen haben für den Partikularisten keine eigenständige moralische Bedeutung. Die in ihnen versammelten Fälle teilen keine natürliche Eigenschaft, die originärer Träger eines moralischen Wertes wäre, so dass sie ein moralisches Prinzip, eine gesetzhafte Allaussage wie ›Q ist gut‹ vermitteln könnten. (Man kann ebenso Sammlungen von gelben Dingen zusammenstellen, um an diesen Beispielen einem Unkundigen die Farbe Gelb zu erläutern und sein Urteil über Gelbes zu trainieren. Aber hierhinter verbirgt sich kein gesetzhafter Zusammenhang dieser gelben Dinge, kein Prinzip der Gelbheit, aufgrund dessen alle Dinge, die irgendeine sonstige natürliche Eigenschaft teilen, auch in der speziellen natürlichen Eigenschaft übereinkommen müssten, von gelber Farbe zu sein. Vielmehr trägt jedes dieser Dinge seine gelbe Farbe ganz für sich allein. Und folglich wird man diese gelbe Farbe auch in jedem neuen Einzelfall ganz für sich allein feststellen müssen.)

Für den Partikularisten benennt der Satz ›A ist gut‹ einen moralischen Sachverhalt. Der Satz ›Q ist gut‹ tut dies nicht. Eine konkrete Lüge mag schlecht sein. Lügen allgemein hat keinen moralischen Wert. (Entsprechend gleicht nach Auffassung des Partikularisten die normative Ethik weder der Mathematik noch den Naturwissenschaften. Diese mögen auf das Allgemeine ausgehen, sei es in deduktiver oder sei es in induktiver Weise. Ethik hingegen ähnelt eher der Geographie oder den Geschichtswissenschaften. Diese suchen das Einzelne in seiner Unverwechselbarkeit und Besonderheit zu erfassen.)

(3) Auch die Debatte um Deduktivismus oder Induktivismus bildet einen wichtigen Fokus metaethischer Auseinandersetzungen. Und manchmal wird sie mit dem Streit um Generalismus und Partikularismus verwechselt: Der Generalismus wird dann als deduktive, der Partikularismus hingegen als induktive Auffassung moralischer Begründung dargestellt.

Wie gesehen ist dies ein Irrtum, der sich nicht zuletzt mit Hilfe der Unterscheidung von ontologischen und epistemologischen Perspektiven aufklären lässt: Tatsächlich kann der Generalismus, indem er in ontologischer Hinsicht moralische Prinzipien annimmt, sowohl deduktive als auch induktive Zugänge zu diesen Prinzipien vertreten. Der Partikularismus hingegen, indem er solche Prinzipien rundweg ablehnt, kann auch in epistemologischer Hinsicht keinerlei Zugang zu Prinzipien gelten lassen.

Argumente und Positionen

(1) Generalisten machen gern geltend, dass die Überzeugung, es gebe so etwas wie moralische Erkenntnis, auch den Standpunkt nahelege, es ließen sich hierfür *moralische Begründungen* angeben. Begründungen müssten aber letztlich immer auf allgemeine Prinzipien bzw. allgemeine Eigenschaften Bezug nehmen. Sie charakterisierten eine Einzelhandlung als ›Fall von‹ und ordneten sie damit einem Handlungstyp zu. Sie brächten sie unter eine allgemeine Regel und begründeten hierdurch ihren moralischen Wert. Eine zufriedenstellende Erklärung dafür, weshalb A gut sein sollte, könne folglich nur darin bestehen, dass A ein ›Fall von‹ Q ist und dass Q generell gut ist. Schon wenn man einzelne Fälle überhaupt sprachlich fassen, einander mitteilen, miteinander vergleichen wolle, müsse man sie unter allgemeine Begriffe bringen. Eine Handlung lasse sich nur angemessen schildern, indem man sie als eine Lüge, einen Diebstahl, eine Tötung etc. kennzeichne. Es erschiene seltsam, wenn keine dieser Zuordnungen, mit geeigneten Verfeinerungen, den moralischen Wert der Handlung festlegen sollte. Im Grunde müssten dann zwei Handlungen in ihren natürlichen Eigenschaften beliebig ähnlich sein können, ohne dass irgendeine Übereinstimmung ihres moralischen Wertes impliziert wäre. Dies laufe auf eine völlige Willkür des moralischen Urteils hinaus.

Partikularisten entgegnen hierauf zumeist, dass *verlässliche Urteile* im moralischen Bereich, nach aller Erfahrung, erst dann gefällt werden könnten, wenn man direkte Kenntnis des konkreten Einzelfalls habe. Jeder Einzelfall sei anders, und nur, wenn man ihn in seiner Spezifität und Kontextualität betrachte, bestehe eine Aussicht, ihm gerecht zu werden. Generalistische Urteile aufgrund von allgemeinen Eigenschaften blieben demgegenüber äußerlich und pauschal. Entsprechend müssten sie regelmäßig revidiert werden, sobald man sich auf eine ernsthafte Beurteilung der konkreten Einzelhandlung einlasse. Dies belege, dass der moralische Wert eines Einzelfalls eben in seiner einzigartigen Gestalt A liege, nicht in seiner Teilhabe an irgendwelchen natürlichen Eigenschaften Q. Generalistische Ansätze versuchten dieses Problem aufzufangen, indem sie immer feinere Unterscheidungen und Ausnahmeregeln einführten. Statt einer simplen Norm wie ›Q ist gut‹, die der moralischen Wirklichkeit niemals angemessen sein könne, nähmen sie Zuflucht zu komplexeren Normen, etwa der Art ›Q ist gut, aber nur, wenn es nicht zugleich P ist, es sei denn, es ist zudem R, außer, es ist überdies T ...‹. Beispielsweise würden Lüge, Diebstahl, Tötung etc. sinnvollerweise nicht generell verboten, sondern nur unter zahlreichen Einschränkungen und Bedingungen. Tatsächlich sei diese Kette von Relativierungen aber nicht abschließbar. Darin zeige sich, dass der moralische Wert überhaupt nicht von allgemeinen Eigenschaften abhänge, sondern ganz in der unhintergehbaren Besonderheit des konkreten Falls wurzle.

Angesichts dieser Konstellation ist es selbstverständlich denkbar, generalistische und partikularistische Aspekte miteinander zu verbinden. So könnten gewisse übergreifende Prinzipien einen moralischen Beurteilungsrahmen abstecken, innerhalb dessen die praktische Urteilskraft immer noch irreduzible Einzelfallurteile zu treffen hätte. Beispielsweise ließen sich allgemeine Sätze des Typs ›K ist gut‹ aufstellen, wobei der Begriff K jedoch nicht rein deskriptiv, sondern anteilig normativ wäre, ohne sich durch irgendwelche weiteren Prinzipien vollständig auf natürliche Eigenschaften Q herunterbrechen zu lassen. Damit wäre auch die Subsumtion ›A ist K‹ keine rein faktische Bestimmung, sondern enthielte ein unhintergehbares moralisches Einzelfallurteil, aufgrund dessen die Handlung A erst ihren endgültigen Wert zugeschrieben bekäme.

(2) Die meisten Ethiker bekennen sich zu einer generalistischen Moralauffassung. Nicht zuletzt sehen viele normative Ethiker ihre eigene Aufgabe gerade darin, allgemeine Prinzipien für das moralische Urteil anzugeben und zu begründen. Oftmals stellen sie ein einziges höchstes Masterprinzip auf, aus dem spezifischere Normen oder auch einzelne Urteile abzuleiten seien (monistischer Generalismus). Gelegentlich nehmen sie eine irreduzible Vielzahl von allgemeinen Prinzipien an, die unterschiedliche Handlungstypen betreffen und in etwaigen Konfliktfällen gegeneinander abzuwägen sind (pluralistischer Generalismus).

Generalistisch sind etwa die meisten deontologischen Ethiken verfasst, d.h. jene Entwürfe, die den Schwerpunkt der moralischen Beurteilung auf den jeweiligen Handlungsvollzug legen (vgl. Kapitel 5): Kant benennt mit dem kategorischen Imperativ eine allgemeine Bewertungsregel, nach der sich die Moralität konkreterer Handlungsmaximen bestimmt. Habermas formuliert als obersten Grundsatz ein übergeordnetes Diskursprinzip, aus dem sich die Legitimität nachfolgender Normregularien ergibt. Rawls wählt als höchste Reflexionsregel ein abstraktes Urzustandsmodell, dem die Gültigkeit nachgeordneter Gerechtigkeitsgrundsätze entspringt. Jeweils steht ein einziges höchstes Prinzip an der Spitze dieser Ethiken, aus dem sich der moralische Status spezifischerer Regeln und zuletzt auch einzelner Handlungen ableitet (monistischer Generalismus).

Generalistisch sind ebenfalls die meisten teleologischen Ethiken ausgerichtet, d.h. jene Ansätze, die den Fokus der moralischen Bewertung auf die herbeigeführten Handlungsfolgen richten (vgl. Kapitel 6): Insbesondere der Utilitarismus, mit seinem zentralen Grundsatz einer Maximierung von Nutzensumme bzw. Durchschnittsnutzen, stellt eindeutig eine übergreifende Regel der moralischen Beurteilung auf. Dies gilt für die klassischen Utilitaristen, vor allem Bentham, Mill oder Sidgwick. Es gilt ebenso für die modernen Utilitaristen wie Singer oder Hare. Einmal mehr wird ein einziges höchstes Prinzip für die Moral angenommen, aus dem die moralische Wertigkeit von konkreteren Fallgruppen oder isolierten Einzelfällen folgt (monistischer Generalismus).

Ein weiterer wichtiger Vertreter des Generalismus ist William David Ross (1877–1971): Im Zentrum seines Hauptwerks *The Right and the Good* (1930) stehen sogenannte ›prima-facie-Pflichten‹, d.h. Grundsätze allgemeiner Art, die sich auf bestimmte Eigenschaften von gegebenen Handlungen beziehen und ihnen gemäß diesen allgemeinen Eigenschaften ihren moralischen Wert zuweisen. Zwar kann ein Einzelfall mehrere solcher Eigenschaften tragen, so dass verschiedene ›prima-facie-Pflichten‹ in Konflikt miteinander geraten und zu der ›tatsächlichen absoluten Pflicht‹ für jenen Einzelfall abzuwägen sind, aber dies ändert nichts daran, dass eben das Zusammenspiel jener generellen Eigenschaften und nicht etwa die partikulare Einzigartigkeit des Einzelfalls seinen moralischen Wert bestimmt. Dabei formuliert Ross seine ›prima-facie-Pflichten‹ deontologisch: Es sind Vorschriften zu bestimmten Handlungsweisen, die in einzelnen Akten zu realisieren sind, ohne dass motivationale Hintergründe oder fernere Konsequenzen bedeutsam wären (vgl. Abschnitt 3.5). Ross nennt als wichtigste Beispiele Pflichten des Versprechenhaltens, der Wiedergutmachung, der Dankbarkeit, der Gerechtigkeit, des Wohltuns, des Nichtschadens sowie der Selbstverbesserung. Da diese Pflichten auf kein höheres Prinzip zurückgeführt werden können, vertritt Ross einen pluralistischen Generalismus [Ross, *RG*, 16–47].

Ebenfalls bedeutender Befürworter des Generalismus ist George Edward Moore (1873–1958): Wie er in seiner Zentralschrift *Principia Ethica* (1903/22) hervorhebt, lässt sich allein aus obersten Prämissen des Typs ›Q ist gut‹ auf das einzelne Urteil ›A ist gut‹ schließen. Jene obersten Prämissen sind aber offenbar nichts anderes als allgemeine Prinzipien. Dabei ist Moores Generalismus teleologisch ausgerichtet: Jenes Q besteht im Vorliegen gewisser Zustände, die durch menschliches Handeln erreicht und vermehrt werden sollen (vgl. Abschnitt 3.5). Genauer nennt Moore zwei menschliche Bewusstseinszustände, die als maßgebliche Güter zählen dürfen, nämlich die persönliche Freude zwischenmenschlichen Umgangs sowie den ästhetischen Genuss schöner Gegenstände. Indem diese beiden höchsten Güter nicht aufeinander reduzierbar sind, befürwortet auch Moore einen pluralistischen Generalismus [Moore, *PE*, §§ 3–4, 31–34, §§ 15–17, 53–60, § 113, 260f.].

(3) Einige Autoren beziehen indessen partikularistische Positionen. Ihre eigene philosophische Arbeit besteht dann nicht zuletzt darin, die grundsätzliche Überlegenheit partikularistischer Standpunkte gegenüber generalistischen Entwürfen herauszustellen. Auch befassen sie sich damit, die genaue Funktionsweise und die charakteristischen Merkmale moralischer Einzelfallurteile zu erläutern. Nicht zuletzt können sie inhaltlich arbeiten, indem sie konkrete Einzelfälle diskutieren oder geeignete Fallsammlungen anlegen.

Partikularistische Elemente werden manchmal den antiken Tugendethiken attestiert, die das moralische Urteil über menschliches Verhalten primär an den Charakter des Handelnden knüpfen (vgl. Kapitel 4): Zum einen scheinen diese Entwürfe kaum Vorgaben dafür zu enthalten, welche allgemeinen Eigenschaften einen tugendhaften Charakter genauer auszeichnen. Zum anderen scheinen jene Ansätze viel Raum dafür zu lassen, wie ein tugendhafter Charakter in konkreten

Situationen tatsächlich agiert. Entsprechend wird der Sinn von Tugendethiken oftmals gerade darin gesehen, den Menschen durch eine geeignete Charakterausstattung auf unterschiedlichste Entscheidungsfälle vorzubereiten, deren richtige Abwägung sich, aufgrund der Andersartigkeit und Unvergleichbarkeit jeder neuen Situation, nicht durch allgemeine Regeln vorwegnehmen lasse. Den Menschen könne man nur eine gute seelische Grundausrichtung mit auf den Weg geben, damit sie, unter sich stets wandelnden historischen und sozialen Bedingungen, im jeweiligen Einzelfall die richtige Entscheidung zu treffen verstehen, je nach Umständen und Gegebenheiten.

Bei Platon findet sich etwa die Auffassung, dass politische Herrschaft eigentlich besser durch einen vollkommen tugendhaften König ausgeübt werden sollte als durch allgemeine Gesetze. Als Grund hierfür nennt Platon die Unähnlichkeit der Menschen und Handlungen, der nur eine jeweilige Einzelentscheidung, nicht aber eine übergreifende Allgemeinregelung, gerecht werden könne [Platon, *Politikos*, 293e–294c]. Ähnlich hebt Aristoteles die Tugend der Billigkeit hervor, die gerade darin besteht, von den Vorgaben allgemeiner Gesetze abzuweichen, wo sie den Besonderheiten des einzelnen Falles nicht angemessen sind. Diese Konstellation ist nach Aristoteles im Gebiet des Handelns unvermeidlich, womit offenbar jede allgemeine Handlungsregel im einzelnen Anwendungsfall korrekturbedürftig werden kann [Aristoteles, *NE*, V.14, 1137b–1138a].

Die partikularistischen Tendenzen dieser Passagen werden nicht dadurch in Frage gestellt, dass weder Platon noch Aristoteles ernsthaft auf allgemeine Gesetze im menschlichen Zusammenleben verzichten wollen: Dies tun sie schon deshalb nicht, weil es vollkommen tugendhafte Könige unter realen politischen Bedingungen nicht gibt und weil überdies nicht für jeden Einzelfall eigene Vorschriften erteilt werden können. Hierbei handelt es sich indessen lediglich um pragmatische Gründe der gesellschaftlichen Organisation. An der ethischen Grundeinsicht, dass allgemeine Prinzipien die moralische Wahrheit verfehlen, ändern sie nichts. Man mag die partikularistische Ausrichtung von Platon und Aristoteles allenfalls ein wenig relativieren, wenn man die Gesamtanlage ihrer Tugendentwürfe betrachtet: Erstens findet man darin gewisse formale Eingrenzungen moralischer Tugenden und auch moralischen Handelns, die durchaus übergreifender Art sind, also als allgemeine Prinzipien, wenngleich recht vager Art, gelten können. Zweitens werden gelegentliche inhaltliche Bestimmungen eines tugendhaften Charakters und auch tugendhaften Handelns gegeben, wiederum in genereller Hinsicht, womit punktuell weitere allgemeine Prinzipien, nun sogar mit durchaus präzisen Vorgaben, relevant werden mögen. Diese Zusammenhänge werden in Kapitel 4 genauer dargestellt.

In späteren Tugendethiken wiederholt sich diese Konstellation, je nachdem wie eng der Anschluss an die antiken Vorgaben ausfällt. Die mittelalterlich-scholastische Ethik bei Thomas von Aquin etwa übernimmt viele platonische und aristotelische Bestände und stellt sich daher grundsätzlich ähnlich dar, was ihre partikularistische Färbung angeht. Der christliche-theologische Bezug führt freilich dazu, dass ein zusätzlicher Vorrat an allgemeinen Prinzipien einfließt, vor allem biblischen Ursprungs. Deren Diskussion und Ausdeutung bringt eine generalistische Note ein, geht dabei allerdings auch über die tugendethische Perspektive hinaus und lässt deontologische und teleologische Aspekte hinzutreten. Auch moderne Tugendethiken können partikularistische Tendenzen aufweisen. Meist sind diese Ansätze aristotelisch ausgerichtet, wie etwa die Arbeiten von Alasdair MacIntyre oder Martha Nussbaum. Je nach dem Fokus der eigenen Ausdeutung und der Interpretation der antiken Vorlage ist dabei das partikularistische Element mehr oder weniger stark ausgeprägt. Insbesondere geht die Absage an konkurrierende Ethikentwürfe kantianischen oder utilitaristischen Typs nicht selten mit einer Kritik an deren generalistischer Orientierung einher.

In jüngerer Zeit haben einige Autoren unmissverständliche Ausformulierungen eines ethischen Partikularismus vorgelegt. Insbesondere akzentuieren sie sehr deutlich die Frontstellung gegenüber generalistischen Ansätzen, deren Prinzipienbezug sie als nutzlos und irreführend für moralisches Urteilen einschätzen. Zu diesen modernen Autoren mit partikularistischer Orientierung gehören beispielsweise Stephen Toulmin (1922–2009) und Jonathan Dancy (*1946) [Toulmin 1981, 34f., 37f.; Dancy 2004, 73–85]. Auch John McDowell (*1942) und David McNaughton (*1946) beziehen partikularistische Positionen [McDowell 1998, 74–106; McNaughton 1988, 77, 223–240], wie etwa in den folgenden Zitaten von McDowell zum Ausdruck kommt:

> »Wollte man versuchen, die eigene Auffassung dessen, was die Tugend verlangt, auf eine Menge von Regeln zu reduzieren, so würden – einerlei wie scharfsinnig und besonnen man bei der Zusammenstellung dieses Regelwerks verführe – unweigerlich Fälle auftauchen, bei denen uns eine mechanische Anwendung der Regeln verfehlt vorkäme, und zwar nicht unbedingt deshalb, weil man seine Gesinnung geändert hätte, sondern weil die eigenen Anschauungen über derlei Dinge es gar nicht zulassen, von irgendeiner allgemeinen Formel erfaßt zu werden.« [McDowell 1998, 84]

> »Von Gelegenheit zu Gelegenheit weiß man, was man tun soll, sofern man es überhaupt weiß, aber man weiß es nicht dadurch, daß man allgemeine Prinzipien anwendet, sondern dadurch, daß man eine bestimmte Art von Person ist: jemand, der Situationen in einer bestimmten, für ihn bezeichnenden Weise sieht.« [McDowell 1998, 105]

3.4 Rationalismus und Sensualismus

Der Streit zwischen Rationalismus und Sensualismus bewegt sich auf einer vorrangig *epistemologischen* Ebene: Er dreht sich vor allem darum, welche Art von Zugang zu moralischen Normen besteht bzw. durch welche Form von Erkenntnis moralische Wahrheiten erschlossen werden.

Definitionen

(1) Für den *Rationalismus* werden moralische Normen durch eine praktische Vernunft erkannt. Sinnliche Wahrnehmung mag faktisches Geschehen vermitteln, in seinem individuellen Sosein oder auch seinem generellen Typus nach. Aber dessen moralische Qualität zu bestimmen, ist seinem ureigenen Wesen nach eine Sache des Intellekts, des Nachdenkens, der Reflexion, der Überlegung. Diese rationalen Fähigkeiten sind gefragt, um faktische Verhältnisse zu bewerten, sei es generalistisch anhand eines Prinzips, sei es partikularistisch in einem Einzelfallurteil.

Gemäß dem *Sensualismus* werden moralische Normen hingegen durch einen moralischen Sinn erkannt. Rationale Erwägungen mögen faktische Aspekte erschließen, in ihrer individuellen Verfasstheit oder auch ihrer generellen Zuordnung nach. Aber deren moralische Bewertung vorzunehmen, ist in letzter Konsequenz eine Sache der Wahrnehmung, des Gespürs, der Empfindung, des Gefühls. Diese sensorischen Kompetenzen erschließen nicht allein die tatsächlichen Ereignisse, sondern auch deren normative Qualität, indem sie generalistisch die Gültigkeit einer allgemeinen Regel oder partikularistisch die Wertigkeit eines einzelnen Falles auffassen.

Rationalismus und Sensualismus (epistemologische Ebene der Metaethik)

Rationalismus: Moralische Normen werden durch die *praktische Vernunft* erkannt.
Sensualismus: Moralische Normen werden durch den *moralischen Sinn* erkannt.

Anstelle von Rationalismus sind auch Begriffe wie ›Vernunftethik‹, ›Verstandesethik‹ oder im Englischen *intellectualism* im Gebrauch. Der letztere Terminus darf allerdings nicht missverstanden werden: Er impliziert nicht, dass moralisches Urteilen eine überdurchschnittliche Geistesbildung voraussetzt oder gar auf verstiegene Gedankenspielereien hinausläuft. Er zeigt allein an, dass Moral Angelegenheit der Einsicht (engl. *intellect*) ist.

Anstatt von Sensualismus kommen auch Begriffe wie ›Gefühlsethik‹, ›Empfindungsethik‹ oder im Englischen *sentimentalism* zur Verwendung. Wiederum ist der letztere Terminus indessen mit Behutsamkeit zu benutzen: Er meint nicht, dass moralische Auffassungen einer überentwickelten Emotionalität entspringen oder gar in weinerlicher Gefühlsduselei wurzeln. Er besagt allein, dass Moral Angelegenheit des Empfindens (engl. *sentiment*) ist.

(2) Im Umfeld der Debatte um Rationalismus und Sensualismus taucht auch der Begriff ›Intuitionismus‹ auf. Dabei wird die Position des ›Intuitionismus‹ häufig in die Nähe des Sensualismus gerückt oder sogar mit ihm gleichgesetzt. Diese Zuordnung ist allerdings nicht ohne Abstriche korrekt.

Gemeinsam ist intuitionistischen Positionen, dass sie an entscheidenden Stellen einen nichtinferentiellen, d.h. unabgeleiteten, direkten Zugang zu moralischen Wahrheiten annehmen. Die fundamentalen Grundsätze, die elementaren Einsichten der Moral sollen nicht weiter begründbar und auch nicht weiter begründungsbedürftig sein, sondern allein dem Zugriff der Intuition offenstehen und sich ihr als unmittelbare Evidenzen mit selbsterklärender Gewissheit erschließen. Dieser intuitive Zugriff auf evidente Wahrheiten kann aber ebenso wohl einer praktischen Vernunft wie auch einem moralischen Sinn zugeschrieben werden.

Seinem historischen Ursprung nach stellt sich der Intuitionismus vorrangig als Version des Rationalismus dar: Der klassische Intuitionismus des 17. Jahrhunderts weist ausdrücklich der Vernunft jenen intuitiven Zugang zu moralischen Wahrheiten zu. Dabei wird die Einsicht in moralische Wahrheiten typischerweise mit dem Erfassen mathematischer Zusammenhänge verglichen, deren apriorische Evidenz ebenfalls einer rationalen Intuition zugänglich sei. (Vor allem sollen in beiden Bereichen die obersten Prinzipien intuitiv erkannt werden, um von dort aus in deduktiver Weise auf einzelne Fälle schließen zu können. Entsprechend gelten in diesen Ansätzen die obersten Axiome der Mathematik nicht als bloße Definitionen, d.h. als analytische Wahrheiten, die allein einer begrifflichen Setzung entspringen, sondern als inhaltliche Erkenntnisse, d.h. als synthetische Wahrheiten, die als solche einer intuitiven Einsicht offenstehen; vgl. Abschnitt 3.3.)

In neueren Ansätzen erscheint der Intuitionismus zuweilen als Version des Sensualismus: Im späteren Intuitionismus des 18. Jahrhunderts etwa gilt moralische Intuition als ein der Sinnlichkeit zugehöriges Vermögen. Entsprechend ähnelt moralische Einsicht hier stärker der naturwissenschaftlichen Erkenntnis, für die ebenfalls die sinnliche Beobachtung empirischer Gegebenheiten ausschlaggebend ist. (Insbesondere kann sich diese sinnliche Beobachtung jeweils auf einzelne Fälle richten, von denen aus in induktiver Weise auf allgemeine Prinzipien zu folgern wäre. Freilich ist jene Beobachtung im Moralischen nicht als ein bloß faktisches Wahrnehmen, sondern als unmittelbar normatives Erfassen der Wertigkeit von Vorgängen und Situationen zu verstehen; vgl. Abschnitt 3.3.)

(3) Die Einteilung in Generalismus und Partikularismus war ontologischer Art: Bei ihr ging es um das Sein, um den Träger der Moral. Die Unterscheidung von Rationalismus und Sensualismus hingegen ist epistemologischer Natur: Bei ihr geht es um die Erkenntnis, um den Zugang zur Moral.

Beide Differenzierungen liegen also auf unterschiedlichen Ebenen. Dies schließt nicht gewisse Korrelationen zwischen den einzelnen Standpunkten aus. Bestimmte Auffassungen vom Sein der Moral können bestimmte Ansichten zur Erkenntnis der Moral nahelegen. Grundsätzlich können jedoch alle vier Kombinationen auftreten.

Generalistische Ethiken sind meist auch rationalistisch: Wenn das Wesen der Moral in allgemeinen Prinzipien gesehen wird, gilt auch ihre Erfassung eher als Sache der Vernunft, sei es in unmittelbar deduktiver Weise (wie in der Mathematik), sei es in rückschließend induktiver Weise. Dieser Zusammenhang ist allerdings nicht notwendig: Einige Generalisten halten moralische Prinzipien durchaus für der Empfindung zugänglich, möglicherweise induktiv, indem der besser erkennbare Einzelfall zum eigentlich relevanten Prinzip führt (wie in den Naturwissenschaften), vielleicht aber auch deduktiv, indem die Wahrnehmung sich direkt auf jene Prinzipien richtet.

Partikularistische Ethiken sind oft auch sensualistisch: Wenn die Urform des Moralischen in konkreten Einzelfallurteilen vermutet wird, gründet man diese häufig auf ein unmittelbares Gespür für die jeweilige Situation. Auch diese Konstellation ist aber nicht unverbrüchlich: Manche Partikularisten trauen durchaus der Vernunft zu, sich direkt auf Einzelfälle zu beziehen, ohne dass sie dabei auf allgemeine Prinzipien zurückgreifen müsste.

Sensualismus und Emotivismus

Sowohl Sensualismus als auch Emotivismus stellen einen engen Bezug zwischen Moral einerseits und Empfindungen bzw. Gefühlen andererseits her. Entsprechend besteht eine gewisse Gefahr, beide Positionen miteinander zu verwechseln, obwohl sie in der Tat sehr unterschiedliche Auffassungen geltend machen.

(1) Der Sensualismus geht in epistemologischer Hinsicht davon aus, dass es sehr wohl objektive moralische Wahrheit und auch objektive moralische Erkenntnis gibt. Üblicherweise wird er sich dabei auch dem sprachanalytischen Kognitivismus anschließen und dafürhalten, dass moralische Aussagen Behauptungen sind, in denen diese Wahrheit bzw. Erkenntnis zum Ausdruck kommen kann. Der Sensualist meint lediglich, wiederum in epistemologischer Hinsicht, dass diese moralische Wahrheit eben nicht durch eine praktische Vernunft erfasst wird, sondern durch einen moralischen Sinn: Sie ist Gegenstand nicht des Nachdenkens, des Überlegens, des Erwägens, sondern des Wahrnehmens, des Erspürens, des Empfindens. Dies stellt jedoch ihre Objektivität nicht in Frage: Auch andere objektive Wahrheiten werden nicht durch Reflexion erschlossen, sondern durch sinnliches Erfahren, so letztlich alle Wahrheiten der physischen und psychischen Welt. Moralische Empfindung ist für den Sensualisten daher kein bloß subjektiver Gemütszustand ohne jeden Gegenstandsbezug, sondern ein besonderes Gespür für etwas durchaus Objektives. Entsprechend bringen moralische Aussagen nicht allein das Vorliegen von Gefühlen zum Ausdruck, sondern die durch jene Gefühle vermittelte Erkenntnis einer Wahrheit.

(2) Der Emotivismus formuliert die sprachanalytische These, dass moralische Aussagen nur Kundgaben subjektiver Gefühle seitens des Sprechenden sind. Dem liegt meist ein epistemologischer Nonkognitivismus zugrunde, dem zufolge es auch keine objektive moralische Wahrheit oder objektive moralische Erkenntnis gibt, sondern moralische Normen allein in individuellen Einstellungen oder kollektiven Gepflogenheiten wurzeln. Entsprechend gibt es auch, ebenfalls in epistemologischer Hinsicht, weder einen moralischen Sinn noch eine praktische Vernunft, die eine objektive Wahrheit enthüllen könnten: Es existiert keine moralische Objektivität, auf die moralisches Denken oder Sprechen bezogen wäre. Alles Moralische wurzelt in subjektiven Empfindungen: Diese sind der gesamte Inhalt moralischer Normen sowie moralischer Sätze. Moralische Empfindung ist für den Emotivisten somit nur eine wertende Geschmacksregung subjektiver Art, die keinerlei Objektivität jenseits ihrer selbst erschließt. Entsprechend geben moralische Aussagen nur diese Regungen selbst wieder, nicht die Erkenntnis einer Wahrheit.

(3) Insbesondere bei älteren Autoren sind beide Positionen, obwohl zutiefst gegensätzlich, mitunter schwer zu unterscheiden: Hume beispielsweise verortet moralische Qualitäten nicht im betrachteten Gegenstand, sondern allein im Beobachter. Zudem ordnet er moralische Urteile dem Sinnlichen zu, nicht dem Vernunfthaften. Mit Blick auf die Frage nach Sensualismus oder Emotivismus lassen sich diese Stellungnahmen sehr unterschiedlich auslegen.

Möglicherweise will Hume nur eine sensualistische These formulieren, nämlich dass moralische Urteile eben im Sinnlichen gründen, ohne zu bestreiten, dass sie moralische Erkenntnis vermitteln können. Hierfür spricht, dass Hume moralische Urteile mit der Wahrnehmung von Tönen, Farben, Wärme, Kälte etc. vergleicht: Zwar sind Töne, Farben etc. nach Hume allein ›sekundäre‹ Qualitäten, d.h. keine Eigenschaften des Gegenstands selbst, sondern allein Perzeptionen des Beobachters. Dennoch gründen sie in nicht beliebiger Weise in der jeweiligen Beschaffenheit des Gegenstands, sind also keineswegs rein subjektive Zustände des Beobachters, sondern durchaus Hinweise auf objektive Realitäten. Ähnlich könnte der moralische Sinn zwar primär innere Gefühlsreaktionen des Beobachters zum Gegenstand haben, etwa Gefühle des Lobes oder des Tadels. Diese könnten aber in einer verbindlichen Weise mit den Eigenschaften des wahrgenommenen Gegenstands verknüpft sein und in diesem Sinne dessen objektive moralische Qualität enthüllen [Hume, *THN*, III.1.1, Bd. 2, 211]. Vielleicht will Hume aber tatsächlich eine emotivistische These vertreten, wenn nicht in sprachanalytischem Sinne, so doch in epistemologischer Hinsicht, dass nämlich jener moralische Sinn keinerlei objektive Wahrheiten erschließt, sondern nur subjektive Gefühle erfasst. Hierfür spricht, dass nach Hume moralische Urteile wesentlich in Affekten gründen: Zwar mögen solche ›Affekte‹ des Beobachters ihrerseits durch objektive Eigenschaften des betrachteten Gegenstands ausgelöst werden. Dennoch bilden ihre Gehalte nach Hume keine Eigenschaften dieses Gegenstands ab, sondern allein die Wünsche und Bestrebungen des Beobachters selbst. Entsprechend könnten auch die Urteile des moralischen Sinns zwar Reaktionen auf objektive Geschehnisse sein. Ihrer Natur nach wären sie aber, selbst bei großer Übereinstimmung zwischen verschiedenen Menschen, lediglich subjektive Einstellungen, ohne irgendeinen objektiven Wahrheitsgehalt [Hume, *THN*, III.1.1, Bd. 2, 197f.].

Spätestens bei moderneren Autoren lässt sich die Grenze zwischen Sensualismus und Emotivismus sehr viel eindeutiger ziehen: Im einen Fall erfolgt der Zugang zur objektiven Moral nicht durch Nachdenken, sondern durch Wahrnehmung, im anderen Fall gibt es gar keine objektive Moral, sondern allein subjektive Regungen. Die Stellung von Gefühl bzw. Empfindung ist jeweils eine andere, einmal als subjektives Erkenntnisorgan, das die objektive Moral erschließt, einmal als subjektiver Gemütszustand, jenseits dessen keine objektive Moral existiert. Zumeist fällt es nicht schwer zu klären, welcher dieser beiden Sichtweisen ein Autor anhängt, wenn er die Bedeutung von Gefühl bzw. Empfindung für die Ethik hervorhebt.

Scheler etwa vertritt eindeutig eine sensualistische Position: Er bezeichnet seine eigene Auffassung unmissverständlich als »emotionale[n] Intuitivismus« [Sche-

LER 1921, XI]. Ebenso klar grenzt er sich aber von allen emotivistischen Tendenzen ab: Schelers Ethik ist ausdrücklich einem »ethischen [...] Objektivismus« verpflichtet [SCHELER 1921, XI].

Argumente und Positionen

(1) Rationalisten heben gern hervor, dass nur eine vernunfthafte Fundierung moralischer Urteile es erlaube, ethische Probleme einer *wohlbegründeten Lösung* zuzuführen: Bereits zur moralischen Praxis von Einzelmenschen gehöre wesentlich das Abwägen von Überzeugungen und Argumenten. Ähnlich umfasse die moralische Praxis von Gemeinschaften vor allem den Austausch in Diskussionen und Debatten. Moralische Urteile in dieser Weise auf Argumente und Diskussionen zu gründen, sei unerlässlich, um sie inhaltlich zu stützen und kritisch zu prüfen. Argumente und Diskussionen richteten sich aber an die Gehalte der Vernunft, nicht an die Wahrnehmungen eines Sinnes. Der Rationalist wird hier nicht zuletzt den Fall von *Uneinigkeit* zwischen den Beteiligten anführen: Gerade bei moralischem Streit sei es unerlässlich, rationale Diskurse zu pflegen, in denen man andere Positionen auf ihre Stimmigkeit hin befrage und einander durch das Vorbringen von Gründen zu überzeugen suche. Nur auf diese Weise bestehe eine Aussicht, den Disput zwischen den Beteiligten irgendwann aufzulösen. Unter sensualistischen Vorgaben indessen müsse man Andersdenkenden letztlich eine Art sensorischer Behinderung attestieren, eine ›Wertblindheit‹ oder ›Empfindungsunfähigkeit‹. Diese Auffassung eröffne kaum eine Hoffnung, eine Einigung zwischen den Streitenden zu erzielen.

Sensualisten verweisen demgegenüber bevorzugt darauf, dass moralisches Verhalten oftmals nicht von intellektuellen Fähigkeiten, sondern von einer *geeigneten Sensitivität* abzuhängen scheint: Egoismus etwa gründe nicht eigentlich darin, dass die betroffenen Personen fremde Bedürfnisse zwar registrierten, sich dann aber aufgrund bewusster Überlegung entschieden, sie ihren eigenen Interessen nachzuordnen. Stattdessen beruhe Egoismus wesentlich darauf, fremde Bedürfnisse gar nicht erst wahrzunehmen. Jenes Wahrnehmungsdefizit stelle dabei nicht eine bloß faktische Unfähigkeit dar, fremde Wünsche zu erkennen, welche dann einer unabhängigen moralischen Vernunfteinsicht zu unterstellen wären, dass solche Wünsche zu respektieren seien. Vielmehr bestehe jenes Wahrnehmungsdefizit in einer unmittelbar normativen Unfähigkeit, die inhärente moralische Bedeutung fremder Wünsche zu erspüren. Der Sensualist wird hier insbesondere die Bedeutung moralischer *Erfahrung* hervorheben: Nach verbreiteter Auffassung sei solche Erfahrung wesentlich für die Entwicklung des Urteilsvermögens und der Handlungsdisposition von Menschen. Erfahrung bestehe aber gerade in unmittelbarem Erleben, in Wahrnehmen und Fühlen, nicht in rationaler Erschließung, in Nachdenken oder Schlussfolgern. Entsprechend befördere moralische Erfahrung wohl auch eher die Ausbildung moralischer Empfindungsfähigkeiten als die Steigerung moralischer Vernunftkapazitäten. Wenn nun moralische Erfahrung von zentraler Bedeutung sei, so komme es wohl eben auf derartige Fähigkeiten zum unmittelbaren Erspüren moralischer Qualitäten an, nicht auf irgendwelche Kapazitäten zum Überlegen und Argumentieren.

Vor diesem Hintergrund spricht grundsätzlich nichts dagegen, rationalistische und sensualistische Komponenten miteinander zu kombinieren. Intellektuelle Zugänge könnten auf sensorische Befunde zurückgreifen, sie ordnen und prüfen. Beispielsweise könnten Sinn und Erfahrung moralische Grundideen erschließen, Einsicht und Argumentation deren ethische Gehalte auftun, sie auf Stabilität und Konsistenz hin untersuchen sowie geeignete Modifikationen und Präzisierungen an ihnen vornehmen. Möglicherweise liegt das philosophische Geschäft in wesentlichen Teilen darin, die vernünftigen Strukturen hinter gefühlsmäßigen Ahnungen freizulegen.

(2) Die meisten Ethiker vertreten eine rationalistische Moralauffassung. Nicht zuletzt betrachten viele normative Ethiker es als ihre wesentliche Aufgabe, mit vernünftigen Argumenten für bestimmte moralische Inhalte zu werben. Sie begründen allgemeine Prinzipien, sie rechtfertigen konkrete Einzelfallurteile, jeweils mit dem expliziten Anspruch einer rationalen Betrachtung. Entsprechend muss in ihrer Perspektive die Moral der Vernunft zugänglich sein.

Dies trifft zunächst für die großen generalistischen Theorieansätze sowohl deontologischen als auch teleologischen Typs zu: Die Begründung ihrer jeweiligen obersten Moralgrundsätze ist ein zutiefst rationales Geschäft. Kants kategorischer Imperativ, Habermas' Diskursprinzip, Rawls' Urzustandsmodell sind eindeutig Gegenstände einer praktischen Vernunft. Ein moralischer Sinn als eigenständiges Erkenntnisvermögen spielt hierbei keine Rolle. Ebenso ist in den utilitaristischen Entwürfen von Bentham, Mill und Sidgwick, von Singer oder Hare, die Gültigkeit der Maximierungsregel wesentlich eine Sache vernünftiger Einsicht. Sinnliche Wahrnehmung normativer Belange findet darin keinen Eingang.

Auch die pluralistischen Generalismen von Ross und Moore beruhen wesentlich auf einer rationalistischen Grundlage: Beide sind neuere Autoren des Intuitionismus, gehen also von einem unmittelbar intuitiven Zugang aus, der zu evidenten moralischen Wahrheiten führen soll, ordnen dieses Vermögen aber der Vernunft und nicht dem Sinn zu. Nach Ross sind die obersten deontologischen prima-facie-Plichten keiner weiteren Begründung fähig, sondern in ihrer Gültigkeit evident. Die Einsicht in jene Gültigkeit ist dabei ausdrücklich Sache der Vernunft, weshalb Ross sie auch explizit mit der Einsicht in mathematische Wahrheiten vergleicht [Ross, *RG*, 29f.]. Ähnlich sind für Moore zwar nicht etwaige untergeordnete Handlungsregeln, aber die höchsten teleologischen Handlungsziele evident, insofern ihre Güte nicht weiter begründet werden kann, sondern sich allein der Intuition erschließt. Dieser intuitive Zugang erfolgt aber durch Überlegung, Methode, gedankliche Isolation, gezielte Analyse, ohne dass sinnliche Akte unmittelbarer Wahrnehmung hieran erkennbar beteiligt wären [Moore, *PE*, § 86, 204–207, § 90, 211f., §§ 110–113, 254–261].

Ebenso wird man die antiken Tugendethiken als rationalistische Theorien einordnen müssen: Wie erwähnt, gibt es in diesen Entwürfen partikularistische Elemente. Moralität konstituiert sich nicht so sehr in übergreifenden Prinzipien als vielmehr in unhintergehbaren Einzelfallurteilen. Aber eben dieses Urteilen im Einzelfall ist ausdrücklich Sache der Vernunft. Es ist keinesfalls der Empfindung oder dem Gefühl überlassen. Für Platon liegt moralisches Entscheiden in der Weisheit begründet, als Kardinaltugend des vernünftigen Seelenteils. Bei Aristoteles sind moralische Abwägungen durch die Klugheit zu treffen, als Handlungstugend des vernunfthaften Seelenvermögens. Alle sinnlichen Regungen und Wahrnehmungen haben sich diesen rationalen Vorgaben zu fügen bzw. anzupassen. Leidenschaften und Strebungen müssen durch Vernunft beherrscht oder zumindest geprägt werden.

Spätere Tugendethiken können dieses rationalistische Element zuweilen ein wenig relativieren: Im mittelalterlichen Entwurf von Thomas von Aquin etwa ist die Vernunft allein zu keiner vollständigen Tugendausbildung fähig. Vielmehr ist die menschliche Seele insgesamt, in ihren vernünftigen wie in ihren unvernünftigen Komponenten, auf göttliche Stützung angewiesen, um eine umfassende Tugendhaftigkeit zu entwickeln. Dies führt allerdings nicht zu einer ernsthaft sensualistischen Ausrichtung dieser Ethik. Insbesondere behält die rationale Ebene, bei aller Angewiesenheit auf göttliche Gnade, die dominierende Position im menschlichen Seelenleben. Moderne Tugendethiker wie MacIntyre oder Nussbaum betonen zuweilen die Bedeutung von Wahrnehmungsfähigkeiten oder Gefühlsausstattungen für tugendhafte Menschen. Aber auch sie gelangen hierdurch nicht zu einer dezidiert sensualistischen Auffassung. Eher geht es ihnen um ein ausgewogenes Verhältnis von Rationalität und Sensitivität, indem sie gerade die Vernünftigkeit von Gefühlen hervorheben. Insbesondere ist, soweit sie der aristotelischen Linie treu bleiben, jene Sensitivität letztlich als Produkt von richtigen Entscheidungen seitens der Vernunft zu deuten.

(3) Manche Autoren artikulieren jedoch sensualistische Thesen. In ihrer eigenen ethischen Theorie können sie dabei über weite Strecken rationale Argumente vorbringen, aber die moralischen Urteile als solche erklären sie darin zur irreduziblen Angelegenheit sensorischer Fähigkeiten. Entsprechend sind diese Urteile nicht integraler Bestandteil jener Theorie, oder zumindest nicht Teil von deren rationaler Argumentation. Sie werden entweder nur beispielhaft angeführt, um die grundsätzliche Funktionsweise moralischen Urteilens zu illustrieren, ohne sie in den eigentlichen Korpus der eigenen Theorie aufzunehmen, oder es wird konsequenterweise erklärt, dass sie keine vernunftbasierten Einsichten, sondern allein empfindungsmäßige Überzeugungen darstellen.

Eine wichtige sensualistische Strömung bilden die britischen Moral-Sense-Theorien des frühen 18. Jahrhunderts: Diese Ansätze wenden sich ausdrücklich gegen die Vernunftmoral, die in der damaligen Ethik dominiert und alle normative Einsicht auf Reflexion gründet, um stattdessen einen speziellen Moralsinn zu postulieren, der neben den körperlichen Sinnen existieren und für die Wahrnehmung moralischer Sachverhalte zuständig sein soll. Anthony Ashley Cooper, 3rd Earl of Shaftesbury (1671–1713), spricht als einer der ersten Philosophen von einem »moral sense«, der weitgehend analog zur sinnlichen Wahrnehmung arbeitet und Richtig oder Falsch über entsprechende Gefühlsregungen anzeigt [Shaftesbury, *IVM*, I.2.3, 36–39, I.3.1, 45–49, I.3.2, 50]. Auch für Francis Hutcheson (1694–1746) wird Gut und Böse durch einen »Moral Sense« erkannt, nicht durch Vernunft und Reflexion [Hutcheson, *IBV*, II.1.1, 89–91, II.1.8, 99f., II.4.1, 136f.].

Dabei weisen diese Ansätze eine durchaus generalistische Prägung auf: Die moralischen Qualitäten, die von jenem speziellen Sinn erfasst werden, haften an allgemeinen Eigenschaften natürlicher Art. Sie lassen sich also ihrem Inhalt nach auf Regeln bringen, so dass es letztlich die Moralität von Prinzipien ist, die zum Gegenstand der Wahrnehmung wird. Bei Shaftesbury sind Affekte und Handlungen wesentlich danach zu beurteilen, inwieweit sie zum »public good« beitragen. Die Beförderung des Gemeinwohls ist somit das sittliche Prinzip, an dem der moralische Sinn fremdes Fühlen und Tun bemisst. Aber auch das eigene Empfinden und Handeln richtet er hiernach aus, während sittliche Verfehlung gerade in Mangel, Irrtum oder Übertrumpfung dieses moralischen Sinnes wurzelt [Shaftesbury, *IVM*, I.2.2, 33, 35, I.2.3, 38f., I.3.1, 45f.]. Für Hutcheson besteht moralische Güte vor allem im selbstlosen Wohlwollen, das Menschen in ihren Affekten und Handlungen an den Tag legen, wobei dieses Wohlwollen seinerseits in dem Grundsatz besteht, »the greatest Happiness for the greatest Numbers« anzustreben. Dieses utilitaristische Prinzip, das Hutcheson als einer der ersten Autoren formuliert, ist folglich der Maßstab, mit welchem der moralische Sinn andere Personen beurteilt. Es ist aber auch die Richtschnur, die der moralische Sinn dem Handelnden selbst an die Hand gibt, während Vernunft allein die faktische Subsumtion zu leisten hat, welche Handlungen jener Glücksmaximierung voraussichtlich dienen werden [Hutcheson, *IBV*, II.1.1, 89, II.3.1, 116, II.3.8, 125, II.3.10, 126, II.4.2, 137, II.4.3, 141]. Beide Ansätze sind damit wesentlich teleologischer Art: Zwar mögen zunächst Affekte oder Handlungen beurteilt werden, aber der moralische Horizont dieser Bewertung ist letztlich ihre Zuträglichkeit für bestimmte Weltzustände.

Ebenfalls sensualistische Positionen finden sich in der deutschen Wertethik des frühen 20. Jahrhunderts: Diese vertritt einen neueren Intuitionismus, attestiert also moralischen Wahrheiten eine unmittelbare Evidenz, die allein der menschlichen Intuition zugänglich sei, interpretiert diese aber als ein anschauend-fühlendes statt als ein vernünftig-denkendes Vermögen. Für Max Scheler (1874–1928) haben moralische Werte, vor allem gut und böse, eine intuitive Evidenz als fühlbare Phänomene, teilen sich also in ihrem jeweiligen Auftreten einer emotionalen »*Werterschauung*« mit [Scheler 1921, 11–13, 40–48, 55–61, 64f.]. Ähnlich sind bei Nicolai Hartmann (1882–1950) die moralischen Werte, in ihrer intuitiven Evidenz, durch eine emotionale »*Wertschau*« zu erschließen, die vor allem dem Sehen oder Fühlen zu vergleichen ist [Hartmann 1935, 10f., 43, 49, 102–106, 109, 114, 134f., 141f.].

Dabei tragen diese Positionen merklich partikularistische Züge: Die Wertsphäre wird ontologisch so unabhängig von der Gegenstandswelt gedacht, dass kein unverbrüchlicher Zusammenhang zwischen moralischen Werten und natürlichen

Eigenschaften besteht. Insbesondere existieren keine allgemeinen Regeln, nach denen bestimmte Wertqualitäten an gewissen Handlungstypen haften müssten, sondern es findet nur eine jeweilige Instantiierung statt, in welcher der fragliche Wert sich am einzelnen Fall einstellt. Scheler hebt hervor, dass die Werte absolut unabhängig von ihren Trägern sind. Entsprechend lassen sie sich nicht nur durch keine Definition auf natürliche Eigenschaften abbilden, sondern sind auch über kein Prinzip mit ihnen verbunden. Es gibt keine gemeinsamen Eigenschaften aller Dinge eines bestimmten Wertes, so wenig wie es gemeinsame Eigenschaften aller Dinge einer bestimmten Farbe gibt [Scheler 1921, 7–13]. Hartmann bezeichnet Werte zwar als Prinzipien, aber allein im Sinne von letzten Determinanten der moralischen Qualität, nicht im Sinne von allgemeinen Regeln der moralischen Beurteilung. Die Werte selbst tragen ursprünglich keinen Gesetzescharakter, und entsprechend teilen sie sich am getreuesten nicht in der begrifflichen Regel, sondern im konkreten Ideal mit. Auch die Ethik liefert somit keinen Kodex von allgemeinen Vorschriften, sondern fordert dazu heraus, in jedem Einzelfall das jeweils Gebotene neu zu erkennen [Hartmann 1935, 3f., 106f., 112, 118f., 144–153, 248f.]. Beide Autoren haben dabei einen stark tugendethischen Einschlag: Handlungen und Konsequenzen sind bestenfalls nachgeordnet relevant, der ursprüngliche Träger moralischer Werte ist die Person bzw. ihre Gesinnung.

Die oben erwähnten modernen Partikularisten stehen unterschiedlich zur Frage des Sensualismus. Teilweise beziehen sie eindeutig Stellung, teilweise ist ihre Zuordnung unklar, sei es weil sie die Trennung von Vernunft und Sinn nicht in dieser Schärfe vollziehen, sei es weil ihre eigenen Bezugnahmen auf ältere Ansätze interpretationsoffen sind. Jonathan Dancy spricht sich unmissverständlich gegen einen ›Moral Sense‹ aus und überlässt das moralische Einzelfallurteil stattdessen einer vernunfthaften Fähigkeit zum Einsehen von Gründen [Dancy 2004, 143–146]. Stephen Toulmin bleibt zwiespältig, indem er sowohl von moralischer Weisheit und Begründung als auch von moralischer Erfahrung und Wahrnehmung spricht [Toulmin 1981, 34–38]. John McDowell hebt zwar hervor, dass moralische Urteile rationaler Art seien, verortet jedoch eben diese Rationalität in sensorischen Fähigkeiten, nämlich in der Wahrnehmung von hervorstechenden Situationsmerkmalen [McDowell 1998, 74–83, 98–105]. David McNaughton beruft sich ausdrücklich auf ›Moral Vision‹, um insbesondere dem epistemologischen Nonkognitivismus einen moralischen Realismus entgegenzustellen [McNaughton 1988, 27–81]. Dabei will er diese moralische Wahrnehmung plausibel machen, ohne die spekulative Existenz eines entsprechenden Spezialorgans annehmen zu müssen. Zu diesem Zweck dehnt er auch faktische Wahrnehmung über das unmittelbar Gegebene aus, etwa auf Potentiale, Emotionen oder Relationen:

> »Wenn ich beobachte, wie mehrere Kinder Steine nach einem verletzten Tier werfen, könnte ich behaupten, dass ich wirklich sehen kann, dass es grausam ist, was sie da tun. Entsprechend scheint die Unverschämtheit eines betrunkenen Gastes nicht weniger beobachtbar als der Schnitt seines Anzugs. Wenn das korrekt ist, dann könnte moralische

Beobachtung beim Rechtfertigen unserer moralischen Annahmen eine Rolle spielen. Non-Kognitivisten haben oft scharf erwidert, dass [...] es ziemlich undurchsichtig ist, wie diese Beobachtung vonstatten gehen sollte. Welches sind die Wahrnehmungsmechanismen, nach denen uns moralische Realität enthüllt werden kann? Es wird häufig behauptet, dass der Realist moralische Beobachtung so auslegen muss, als benötige sie eine mysteriöse und fragwürdige Fähigkeit von moralischer Intuition – eine Fähigkeit, für deren Existenz wir keinen denkbaren Beweis haben oder haben könnten.« [McNaughton 1988, 70f.]

»Die Annahme, dass moralische Eigenschaften nicht mit gewöhnlichen Methoden aufgespürt werden können, lässt sich vielleicht zu einer unangebracht eingeschränkten Ansicht dessen zurückverfolgen, was beobachtet werden kann. Wir könnten vorschlagen, dass die einzigen Objekte, die beobachtet werden können, die ›richtigen Objekte‹ der fünf Sinne sind: Das Auge kann Farben und Formen wahrnehmen, der Tastsinn Form und Struktur, das Gehör Geräusche usw. Wenn wir diese enge Definition, was wahrgenommen werden kann, übernehmen, dann ist es klar, dass nicht nur moralische Eigenschaften streng genommen unbeobachtbar sein werden, sondern auch jede Menge anderer Dinge, von denen wir normalerweise annehmen, dass wir sie beobachten können. Wenn wir auf der anderen Seite bereit sind zuzulassen, dass ich sehen kann, dass ein Kliff gefährlich ist, dass Smith besorgt ist oder dass ein Ding weiter weg ist als das andere, dann scheint es keinen Grund zu geben, sich bei der Vorstellung von moralischer Beobachtung dermaßen anzustellen. [...] hier wie dort sieht der Realist zwischen moralischen und anderen Fällen keinen Unterschied im Typus. Und wenn moralische Eigenschaften beobachtbar sind, dann können wir uns auf solche Beobachtungen berufen, um unsere moralischen Meinungen zu rechtfertigen.« [McNaughton 1988, 71]

3.5 Tugendethik, Deontologie und Teleologie

Die letzte metaethische Unterscheidung dieses Kapitels ist die Einteilung in tugendethische, deontologische und teleologische Ansätze. Hierbei handelt es sich um die wahrscheinlich wichtigste Klassifikation von normativen Ethiken, da mit ihr der inhaltliche Fokus moralischer Normen festgelegt wird.

Grunddifferenz

(1) Moralische Urteile bzw. normative Ethiken bewerten menschliches Verhalten, und zwar mit dem Anspruch auf unbedingte Gültigkeit (vgl. Abschnitte 1.2 und 1.4). Sie berufen sich dabei auf übergreifende Prinzipien oder auf unhintergehbare Einzelfallurteile, sie rekurrieren auf eine praktische Vernunft oder auf einen moralischen Sinn (vgl. Abschnitte 3.3 und 3.4). In jenem menschlichen Verhalten sind indessen drei verschiedene Komponenten unterscheidbar, auf die sich jene Bewertung genauer beziehen kann. Entsprechend definieren sich von diesen Komponenten aus noch einmal drei Grundtypen moralischer Urteile bzw. normativer Ethiken.

Beispiel: Der Bankangestellte

Leopold Lott ist ein missgünstiger Bankangestellter, der die Erfolge anderer Menschen schwer ertragen kann. Als eines Tages ein junger Kollege eingestellt wird, der sich rasch als vielversprechendes Talent im Unternehmen erweist, hegt Lott ihm gegenüber sofort heftige Neidgefühle, insbesondere als dem neuen Mitarbeiter die Prüfung und Abwicklung eines wichtigen Großkredits anvertraut wird. Lott hat es von Beginn an systematisch unterlassen, seinen unerfahrenen Kollegen bei der Arbeit zu unterstützen. Als dieser ihn schließlich in einer wichtigen Detailfrage zu dem anstehenden Großkredit um Rat bittet, gibt Lott ihm bewusst eine falsche Information über die entsprechenden Geschäftspraktiken der Bank. Der Kollege trifft daraufhin eine schwere Fehlentscheidung, die ihn kurze Zeit später seine Anstellung kostet. Er stürzt in die Arbeitslosigkeit, bald darauf zerbricht seine Ehe daran.

Es dürften wenig Zweifel bestehen, dass das Verhalten des Bankangestellten in dieser Geschichte moralisch verwerflich ist. Man kann aber unterschiedlicher Auffassung sein, an welche Komponente seines Verhaltens sich dieses Urteil genauer knüpfen sollte.

Bedenklich erscheint erstens die *Motivation* seines Verhaltens: seine generelle Haltung anderen Menschen gegenüber, seine spezielle Einstellung zu dem neuen Kollegen, der grundsätzliche Charakter, der hinter seiner Lebensweise erkennbar ist, die konkrete Gesinnung, die sich in seinem Tun ausprägt. Dieses Urteil mag ein Stück weit davon abhängen, wie der Kollege selbst sich ihm gegenüber in der Vergangenheit benommen hat, oder auch die anderen Mitarbeiter und die gemeinsamen Vorgesetzten. Insgesamt wird man seine Motivationslage aber als abgründig beurteilen dürfen, da sie wesentlich von Missgunst und Neid bestimmt ist.

Kritikwürdig erscheint zweitens die *Handlung* des Angestellten: sein Tun, sein Agieren, aber auch sein Unterlassen, seine Passivität. Er lässt seinen auf Hilfe angewiesenen Kollegen durchgängig im Stich. Im entscheidenden Moment der Beratung äußert er eine direkte Lüge.

Ungut erscheint drittens die *Konsequenz* seines Verhaltens: die Folge seines Tuns, das Ergebnis seines Agierens, der unmittelbare Ausgang, den er herbeiführt, der längerfristige Zustand, den er bewirkt. Diese Resultate mögen zwar in gewissem Umfang von den Entscheidungen anderer Personen abhängen, etwa des Kollegen selbst, der Geschäftsleitung oder der Ehefrau, so dass auch deren Verhalten moralisch zu beurteilen sein mag. Darüber hinaus wird man jene Ereignisse aber als Effekte der Handlung des Bankangestellten auffassen dürfen, und als solche können sie wiederum Grundlage für seine moralische Beurteilung sein.

(2) Moralische Urteile über menschliches Verhalten unterscheiden sich maßgeblich dadurch, auf welche dieser drei Komponenten sie ihre Bewertung hauptsächlich beziehen. Nachfolgend lassen sich auch normative Ethiken in einem ersten Zugriff dahingehend klassifizieren, welche der drei Komponenten sie in den Fokus rücken.

Tugendethiken legen den Schwerpunkt des moralischen Urteils auf die vorlaufende *Motivation* menschlichen Verhaltens: Sie bewerten aktuelle Affektlagen oder dauerhafte Charakterdispositionen, die einer einzelnen Handlungsentscheidung bzw. einer umfassenden Lebensführung unterliegen. Sie unterscheiden gute und böse Triebfedern oder Gesinnungen, sie formulieren Seelenmodelle und stellen Tugendkataloge auf. Die jeweils begangenen Taten oder die daraus entspringenden Folgen sind demgegenüber für Tugendethiker nur sekundär interessant, als Ausdruck und Manifestation jener Affekte bzw. jenes Charakters: Sie können als Anhaltspunkte dafür dienen, welcher Seelenzustand vorliegt, und es mag unvermeidlich zu einer bestimmten Tugendgestalt gehören, dass sie sich in entsprechenden Realisationen äußert. Das moralische Urteil als solches bezieht sich aber stets auf eben jene motivationale Verfasstheit, in welchen Handlungen oder Konsequenzen sie sich auch immer kundtun oder ausprägen mag. Im Beispiel des Bankangestellten würden Tugendethiker das wesentliche Problem in den neidvollen Gefühlen sehen, die ihn zu seinen Taten bewegen, bzw. in dem missgünstigen Gemüt, aus dem heraus er sein Leben führt. Weniger relevant wäre, dass diese charakterliche Ausstattung sich in einer Lüge entlädt, statt etwa in einem Sabotageakt, oder dass sie zum Scheitern der Ehe des Kollegen führt, statt etwa zu dessen Selbstmord.

Anstelle von ›Tugendethik‹ findet sich auch die Bezeichnung ›aretaische Ethik‹, von griechisch *aretē* = ›Tugend‹, ›Tüchtigkeit‹, ›Vortrefflichkeit‹. Begriffe wie ›Gesinnungsethik‹ sind ebenfalls gebräuchlich. Wichtige Beispiele werden in Kapitel 4 vorgestellt. Hierzu gehören vor allem die antiken Ethiken von Platon und Aristoteles, deren mittelalterliche Fortführung durch Thomas von Aquin sowie moderne Versionen etwa bei MacIntyre oder Nussbaum.

Deontologien stellen die eigentliche *Handlung* in den Vordergrund des moralischen Urteils: Sie bewerten menschliches Verhalten gewissermaßen direkt, anhand seiner unmittelbaren Gestalt als punktuelle Aktion oder als permanenter Vollzug. Sie formulieren Pflichten für spezifische Handlungsformen, sie stellen Gebote für fortgesetzte Verhaltensweisen auf. Die dahinter stehenden Motivationen oder die daraus entspringenden Konsequenzen sind für Deontologen demgegenüber zweitrangig, als Antrieb bzw. Ausfluss solcher Handlungen: Bestehende Charakterdispositionen mögen entsprechende Aktivitäten erwarten lassen, und beobachtete Resultate können die genauen Handlungsintentionen erhellen. Die moralische Bewertung rekurriert aber auf eben jene Handlungen selbst, aus welchen Gefühlslagen sie auch immer entspringen und zu welchen Weltzuständen sie auch immer führen mögen. Im Beispiel des Bankangestellten würden Deontologen den hauptsächlichen Makel in der Lüge erkennen, die er gegenüber seinem Kollegen äußert, bzw. in der mangelnden Unterstützung, die er ihm gegenüber an den Tag legt. Weniger wichtig wäre, dass diese Lüge der Missgunst entspringt, statt etwa einer pervertierten Experimentierlust, oder dass sie zur Entlassung des Kollegen führt, statt etwa zu seiner bloßen Versetzung.

Das Wort ›Deontologie‹ leitet sich her von dem griechischen *to deon* = ›das Erforderliche‹, ›das Schickliche‹, ›das Geschuldete‹. Auch Begriffe wie ›Pflichtethik‹ oder ›Gebotsethik‹ werden verwendet. Einschlägige Ausformulierungen werden in Kapitel 5 erläutert. Insbesondere der Ansatz von Kant steht dort im Zentrum, aber auch die Entwürfe von Habermas und Rawls werden als zu dieser Ethikgruppe gehörig erörtert.

Teleologien legen das Hauptgewicht des moralischen Urteils auf die herbeigeführte *Konsequenz* menschlichen Verhaltens: Sie bewerten es anhand seiner temporären Effekte oder seiner anhaltenden Resultate, jedenfalls soweit diese für den Handelnden vorhersehbar sind. Sie haben eine vorauslaufende Bewertungsskala für Weltzustände, etwa dahingehend dass Freude wertvoll und Leid schlecht ist, und verwenden diese als moralischen Maßstab für das Handeln, indem sie es an seinem voraussichtlichen Beitrag zu Glück und Wohlergehen, zu einem maximalen Gesamtnutzen oder zu größerer Gleichheit bemessen. Die zugrunde liegende Gemütslage und die genauer unternommenen Akte sind für Teleologen demgegenüber nur nachgeordnet bedeutsam, als Anlässe und Ursachen für jene Ereignisse und Zustände: Je nach ihrer genauen Beschaffenheit können sie die entstehenden Folgen wahrscheinlicher oder unwahrscheinlicher machen, und entsprechend sollten sie befördert oder vermieden werden. Das moralische Urteil an sich bezieht sich aber eben auf diesen konsequentialen Erwartungshorizont, welcher genauen Motivation oder welcher genauen Handlung er auch immer entspringen mag. Im Beispiel des Bankangestellten würden Teleologen die primäre Verfehlung daran festmachen, dass die Entlassung des Kollegen mit großer Sicherheit vorherzusehen ist, und daran, dass eine Schädigung seiner Ehe mit gewisser Wahrscheinlichkeit zu befürchten ist. Weniger bedeutsam wäre, dass diese Ereignisse durch Neidgefühle herbeigeführt werden, statt etwa durch ein boshaftes Spaßbedürfnis, oder dass sie durch mangelnde Unterstützung ausgelöst werden, statt etwa durch gezieltes Anschwärzen.

Die Benennung ›Teleologie‹ stammt von dem griechischen *telos* = ›Ziel‹, ›Ausgang‹, ›Erfolg‹. Begriffe wie ›Erfolgsethik‹, ›Verantwortungsethik‹ oder ›Konsequentialismus‹ sind gleichfalls verbreitet. Zentrale Gestaltungen werden in Kapitel 6 vorgestellt. Namentlich die utilitaristische Theoriegruppe ist dort Thema, bei ihren klassischen Vertretern Bentham, Mill und Sidgwick wie auch bei modernen Autoren wie Singer oder Hare.

(3) In dem Beispiel des Bankangestellten erscheinen Motivation, Handlung und Konsequenz gleichermaßen negativ. Entsprechend laufen in diesem Fall tugendethische, deontologische und teleologische Perspektive übereinstimmend auf eine moralische Ablehnung seines Verhaltens hinaus. Diese Konstellation ist nicht ungewöhnlich: Zwischen Motivation, Handlung und Konsequenz gibt es enge Zusammenhänge, sowohl in faktischer als auch in normativer Hinsicht. Gleiche Motivationen ziehen oft gleiche Handlungen nach sich, gleiche Handlungen lösen oft gleiche Konsequenzen aus. Die moralischen Urteile über jene drei Komponenten sind dabei häufig kongruent, da Tugendvorstellungen, Pflichtenkataloge und Erfolgsmaßstäbe in ihren Inhalten vielfach miteinander korrelieren. Auch in diesen Fällen hat man es jedoch mit wichtigen ethischen Differenzierungen zu tun: Mo-

tivationen, Handlungen und Konsequenzen sind erkennbar verschiedene Komponenten menschlichen Verhaltens. Jede von ihnen ist jeweils einer eigenständigen Beurteilung zugänglich. Diese Struktur zu erkennen, erhöht die Bewusstheit moralischer Urteile beträchtlich.

Besonders wichtig wird diese Differenzierung freilich in Fällen, in denen die Wertigkeiten von Motivation, Handlung und Konsequenz nicht miteinander übereinstimmen. Hier würde es einen erheblichen Unterschied machen, ob man sich dem tugendethischen, dem deontologischen oder dem teleologischen Urteilstyp anschließt. Dies kann nicht zuletzt dann geschehen, wenn die üblichen Zusammenhänge zwischen den drei Komponenten sich nicht einstellen: Manche Menschen empfinden Neid gegen andere, ohne deshalb ihre Pflichten zu verletzen und ohne Unheil anzurichten. Manche Menschen erzählen Lügen, jedoch aus Mitleid mit anderen und sogar zu deren Wohl. Manche Menschen führen wissentlich Entlassungen herbei, aber ohne niedere Beweggründe und ohne hinterhältige Praktiken. Offenbar ist in diesen Fällen von großer Bedeutung, auf welche Komponente man den Schwerpunkt legt: Erwartet man eine tugendhafte Charakterdisposition, gleich in welchen Aktionen oder Effekten sie sich äußert? Macht man unumstößliche Handlungsgebote geltend, ohne sich für Motivationslagen oder Konsequenzenspektren zu interessieren? Gibt man wünschenswerte Zielzustände vor, die unabhängig von Gesinnungen oder Verfahrensweisen anzustreben sind?

Differenzen im moralischen Urteil beruhen nicht selten darauf, dass die geäußerten Bewertungen sich auf unterschiedliche der drei Komponenten beziehen. Solche Differenzen sind besonders grundsätzlicher Art, da in ihnen nicht einmal die elementare Perspektive moralischen Urteilens übereinstimmt: Manche ethischen Positionen erachten gewisse Motivationen als lobenswert, auch wenn sie sich in keinen pflichtgemäßen Aktionen und keinen begrüßenswerten Resultaten äußern (etwa Tapferkeit oder Treue, selbst wo sie sich über alle Regeln hinwegsetzen und mit schweren Verlusten einhergehen), andere sehen bestimmte Handlungen als geboten an, auch wenn sie auf keine erfreulichen Gesinnungen zurückgehen und keine positiven Ergebnisse erwarten lassen (beispielsweise das Einhalten eines Versprechens, selbst wo es weder von innigen Empfindungen begleitet wird noch irgendeinem Beteiligten hilft). Zugleich bergen dergleichen Differenzen eine große Gefahr, dass die Streitenden aneinander vorbeireden, wenn ihnen nicht klar ist, dass sie verschiedene Aspekte diskutieren: Es ist fruchtlos, sich gegensätzliche Einschätzungen vorzuhalten (etwa die sichere Erfolglosigkeit einer bestehenden Haltung oder einer vorgeschlagenen Verfahrensweise), solange man nicht bemerkt, dass abweichende Gesichtspunkte geltend gemacht werden (beispielsweise Tugendtypen oder Pflichtgestalten, die sich von Fragen nach den Folgen weitgehend frei machen).

Auch wenn sich moralische Urteile auf dieselbe Komponente beziehen, müssen sie natürlich keineswegs übereinstimmen. Zum einen können die faktischen Einschätzungen zu dem gegebenen Fall differieren, zum anderen können die normativen Standards für den jeweiligen Fokus auseinanderlaufen: Man kann darin uneins sein, welche Folgen eine bestimmte Handlung haben wird (etwa ob sie zu einem maximalen Gesamtnutzen oder zu größerer Gleichheit führen wird), und man kann darüber streiten, welche Konsequenzen überhaupt das richtige Ziel ausmachen (beispielsweise ob es um eine größtmögliche Glückssumme oder um einen weitestmöglichen Güterausgleich geht). Immerhin kann ein solcher Streit aber fruchtbar sein: Er zwingt zur Angabe von Gründen (was die Reflektiertheit des Urteils erhöht), und er eröffnet die Aussicht auf Annäherung (da jene Gründe größere oder geringere Überzeugungskraft aufweisen mögen).

Abgrenzbarkeit

(1) Im Beispiel des Bankangestellten lassen sich die drei Komponenten seines Verhaltens recht eindeutig identifizieren: Der Neid des Bankangestellten darf als maßgebliche Motivation, seine Lüge als eigentliche Handlung und die Entlassung seines Kollegen als entstandene Konsequenz gelten. In anderen Fällen erweist es sich indessen als schwieriger, die drei Komponenten zweifelsfrei gegeneinander abzugrenzen: Mitunter gibt es alternative Zuordnungen, ohne dass offensichtlich wäre, welche davon man bevorzugen sollte.

Beispiel: Der Bankräuber

Reginald Rott ist ein skrupelloser Krimineller, der ohne Mitleid den eigenen Vorteil sucht. Als ihm eines Tages ein Tipp gegeben wird, wie er auf sicherem Wege eine nahegelegene Bankfiliale ausrauben kann, wird Rott von starker Habgier erfasst, in einfacher Weise an eine beträchtliche Geldmenge zu gelangen. Eine Weile späht er das fragliche Objekt aus, um die beste Möglichkeit für einen Überfall auszukundschaften. Schließlich nutzt er die Gelegenheit eines größeren Bartransports, schießt zwei Geldboten nieder und flieht mit der Beute. Die beiden Geldboten sterben noch am Tatort. Alle ihre weiteren Lebenspläne sind auf einen Schlag vernichtet, ihre Familien versinken in Trauer.

Eine erste Aufteilung, die sich eng am vorangehenden Beispiel des Bankangestellten orientierte, könnte die zentralen Ereignisse wie folgt zuordnen: Als wesentliche Motivation erschiene die Habgier des Kriminellen, die ihn zu seiner Tat veranlasst. Die eigentliche Handlung wäre das Abgeben der Schüsse, wodurch er sich der Beute bemächtigt. Als herbeigeführte Konsequenz gälte der Tod der Geldboten, den er wissentlich in Kauf nimmt.

Diese Zuordnung hätte zur Folge, dass ein Begriff wie ›Mord‹, mit dem das skizzierte Geschehen korrekt bezeichnet ist, alle drei Komponenten umfassen müsste: Selbstverständlich gehört die Handlung dazu, denn wenn es keine Schüsse gegeben hätte, wäre offensichtlich kein Mord geschehen. Aber auch die Motivation ist zu berücksichtigen, da ohne die Habgier des Räubers kein Mord, sondern etwa nur ein Totschlag vorläge. Ebenso ist die Konsequenz einzurechnen, weil ohne den Tod der Geldboten gleichfalls kein Mord, sondern beispielsweise nur ein Mordversuch zu konstatieren wäre.

Hieran würde sich zeigen, dass ein Begriff wie ›Mord‹, der sicherlich von elementarer Bedeutung für moralische Urteile sein kann, überaus vielschichtig wäre: Er würde alle drei Komponenten enthalten, Motivation, Handlung und Konsequenz. Dies könnte man weiter als Anhaltspunkt dafür ansehen, dass moralisches Denken womöglich alle drei Komponenten zugleich zu berücksichtigen habe. Es würde freilich nichts daran ändern, dass sich jene Komponenten in dem gegebenen Begriff immer noch voneinander unterscheiden und in einer moralischen Bewertung als unterschiedlich bedeutsam erachten ließen.

(2) Man mag die obige Zuordnung aber auch als künstlich und verengt einschätzen. Insbesondere dass die Komponente der ›Handlung‹ bloß im Abgeben der Schüsse bestehen sollte, erscheint stark unterbestimmt, nicht zuletzt weil hiermit auch eine entsprechende Deontologie darauf beschränkt bliebe, Gebote gegen das ›Schießen‹ zu formulieren.

Angemessener wäre vielleicht, zumindest den Tod der beiden Geldboten mit in die Handlung einzubeziehen: Die Handlung bestünde dann nicht mehr in einem bloßen ›Schießen‹, sondern im ›Töten‹, während als Konsequenz die ferneren Folgen dieser Tat gelten könnten (insbesondere die Vernichtung aller Lebenspläne der beiden Geldboten sowie das Leid und die Trauer ihrer Familien). Man könnte womöglich auch erwägen, die Habgier des Räubers in seine Handlung einzurechnen: Dann wäre die Handlung nicht allein als ›Töten‹, sondern erst als ›Morden‹ richtig beschrieben, während man als Motivation die dauerhaftere Charakterdisposition des Täters angeben würde (seinen grundsätzlichen Mangel an Mitleid gegenüber anderen Menschen und seine skrupellose Bereitschaft zur Durchsetzung eigener Vorteile).

Mit einer solchen Zuordnung würde die Vielschichtigkeit des Begriffs ›Mord‹ nicht bestritten: Nach wie vor könnte ›Mord‹ die Habgier des Räubers und den Tod der Geldboten einschließen. Aber diese große Reichweite würde nun auf eine entsprechende Vielschichtigkeit des Konzepts ›Handlung‹ zurückgeführt: Bereits eine gehaltvolle und überzeugende Auffassung von ›Handlung‹ würde diese Aspekte versammeln, insofern die Handlung des Täters eben den Mord in all seinen Bestandteilen umfassen würde.

Für die drei Typen moralischer Urteile bzw. normativer Ethiken hieße das: Eine Tugendethik könnte sich mit der charakterlichen Verrohung des Täters beschäftigen (die bedenklich genug ist, um sich zuletzt in einem Mord zu entladen, ohne dass aber dieser Mord selbst im Zentrum der Betrachtung stünde). Eine Deontologie dürfte sich dem Mord als solchem zuwenden (bräuchte sich also nicht auf das Töten oder gar auf das Schießen zu beschränken, sondern könnte den gesamten Tatvollzug in seiner intentionalen Struktur und seiner unmittelbaren Abgeschlossenheit erfassen, ohne aber auf die tieferliegenden Hintergründe oder auf die ferneren Folgeeffekte einzugehen). Eine Teleologie schließlich würde sich mit dem herbeigeführten Unglück bei den Leidtragenden befassen (ohne aber darauf zu achten, dass dies durch einen Akt geschah, der als Mord einzustufen ist, statt etwa durch unterlassene Hilfeleistung, schuldhafte Fahrlässigkeit oder Ähnliches).

(3) Fragen der Abgrenzung von Motivation, Handlung und Konsequenz, wie sie sich im Beispiel des Bankräubers und seines Mordes stellen, werden in der Handlungstheorie behandelt. Wenn es speziell um Sprechhandlungen geht, wie im Beispiel des Bankangestellten und seiner Lüge, ist genauer die Sprechakttheorie einschlägig. Die begrifflichen Instrumentarien und systematischen Ergebnisse dieser Theorien sollen hier nicht referiert werden. Es genügt, einen Eindruck davon zu gewinnen, dass die entsprechenden Grenzziehungen durchaus schwierig sind und mitunter mehrdeutig sein können.

Moralische Urteile und normative Ethiken werden jeweils eigene Vorstellungen davon zugrunde legen, wie jene Grenzziehungen genauer zu treffen sind. Tugendethiken werden Vorschläge entwickeln, auf welche Arten von Motivation sie sich beziehen, Deontologien werden Entwürfe vorlegen, was sie unter dem Begriff der Handlung verstehen, Teleologien werden Erläuterungen geben, mit welchen Formen von Konsequenzen sie befasst sind. Durch diese vielfältigen Deutungsmöglichkeiten kann mitunter unscharf werden, ob man einen gegebenen Ansatz seinerseits überhaupt als tugendethisch, als deontologisch oder als teleologisch klassifizieren sollte. Insgesamt gibt es jedoch ein hinreichendes Grundverständnis jener drei Komponenten, um eine gegebene Theorie zumindest ihrer Hauptorientierung nach einem der drei Ethiktypen zuzuordnen.

Vollständigkeit

(1) Die metaethische Einteilung in Tugendethiken, Deontologien und Teleologien wird man am ehesten als eine *ontologische* Unterscheidung interpretieren dürfen: Im Wesentlichen geht es bei ihr darum, wo das Moralische seinen ›Sitz‹ in der Welt hat bzw. welche Größen die eigentlichen ›Träger‹ moralischer Werte sind. Liegt das Moralische in der Motivation, in der Handlung oder in der Konsequenz? Bezieht sich das moralische Urteil auf Seelen, auf Taten oder auf Werke? Hiermit ist eine Weichenstellung benannt, aus der sich die vielleicht wichtigste Einteilung der großen normativen Ethikentwürfe ergibt. Adam Smith bringt diese Unterscheidung prägnant zum Ausdruck:

> »Welches Lob oder welcher Tadel auch immer einer Handlung gebühren mag, beides muß sich entweder erstens auf die Absicht und die innerste Gesinnung richten, aus der sie hervorgeht, oder zweitens auf die äußere Tat oder die Körperbewegung, welche durch diese Gesinnung veranlaßt wurde, oder schließlich auf die guten oder bösen Folgen, die wirklich und tatsächlich aus ihr hervorgehen. Diese drei verschiedenen Momente enthalten das ganze Wesen und alle bedeutungsvollen Umstände der Handlung, und in ihnen muß darum die Grundlage für jede gute oder schlechte Beschaffenheit liegen, die man der Handlung zuerkennen kann.« [Smith, *TMS*, II.3, 137f.]

(2) Der Gedanke liegt nahe, dass ein moralisches Urteil womöglich erst dann vollständig ist, wenn es alle drei Komponenten einbezieht. Die Frage ist daher, ob

man nicht eine normative Ethik entwickeln müsste, die tugendethische, deontologische und teleologische Belange miteinander vereint.

Erstens würde dies aber nichts daran ändern, dass Motivation, Handlung und Konsequenz separate Bestandteile menschlichen Verhaltens bilden. Ihre ontologische Getrenntheit müsste daher auch in einer solchen umfassenden Betrachtung berücksichtigt bleiben. Bereits im alltäglichen Moralgebrauch ist es wichtig, jene Segmentierung im Auge zu behalten, um ein strukturiertes, bewusstes Urteil zu sprechen. Auch eine ethische Theorie ist gut beraten, jene Unterscheidung in ihrer Konzeption zu beachten, statt sie durch vage, undifferenzierte Gesamtperspektiven zu verschleiern.

Zweitens könnte es sich zuletzt als unvermeidlich erweisen, auf eine der Komponenten den Schwerpunkt der Betrachtung zu legen. Spätestens wenn Rechtfertigungen oder Herleitungen verlangt werden, scheinen diese sich für den ontologischen Ort des Moralischen gewissermaßen entscheiden und ihre Begriffe und Argumente entsprechend ausrichten zu müssen. Bereits übliche moralische Urteile fokussieren vergleichsweise deutlich auf eines der drei Glieder, ohne dass es realistisch erschiene, alle drei Komponenten tatsächlich in einer einzigen Bewertung berücksichtigen zu können. Auch elaborierte normative Ethiken sehen sich offenbar gezwungen, jeweils einen der drei Bestandteile in den Vordergrund zu rücken, um von ihm aus ihre Konzepte und Begründungen zu entwickeln.

(3) Zur Übersicht sind in dem folgenden Schema noch einmal wichtige Vertreter der verschiedenen metaethischen Positionen, die in diesem Kapitel diskutiert wurden, bzw. der entsprechenden normativen Ethiken, in denen sich jene Positionen manifestieren, zusammengetragen. Wie alle Auflistungen vergleichbarer Art ist auch diese Darstellung mit einer gewissen Vorsicht zu verwenden: Erstens repräsentieren die eingetragenen Autoren jeweils besondere Versionen der zugehörigen Standpunkte; andere Ansätze mögen sich in ihren Inhalten von diesen Entwürfen erheblich unterscheiden. Zweitens handelt es sich jeweils nur um primäre Zuordnungen, nicht um absolute Einstufungen; bei vielen Autoren finden sich neben ihrer vorrangigen Ausrichtung auch gewisse Anteile der anderen Elemente.

Ein wirkliches Verständnis dieser Autoren erfordert eine vertiefte Beschäftigung mit ihren jeweiligen Werken. Dieser Aufgabe widmen sich die folgenden Kapitel: Sie zeichnen wichtige Entwürfe tugendethischer, deontologischer sowie teleologischer Art ausführlich nach. Dabei wird sich zeigen, dass namentlich um diese Zuordnung teilweise gerungen werden muss, selbst wenn man es mit Vertretern zu tun hat, die als maßgebliche Repräsentanten des jeweiligen Ethiktyps gelten.

Übersicht		
	Generalismus	*Partikularismus*
Rationalismus	Kant *(deon.)* Habermas, Rawls *(deon.)* Ross *(deon.)* Bentham, Mill, Sidgwick *(tel.)* Singer, Hare *(tel.)* Moore *(tel.)*	Platon, Aristoteles *(tug.)* Thomas von Aquin *(tug.)* MacIntyre, Nussbaum *(tug.)*
Sensualismus	Shaftesbury, Hutcheson *(tel.)*	Scheler, Hartmann *(tug.)*

Fragen und Aufgaben

1. Searle versucht in dem folgenden Beispiel, in fünf Schritten aus einem Sein ein Sollen abzuleiten: *(1) Jones äußerte die Worte: ›Hiermit verspreche ich dir, Smith, fünf Dollar zu zahlen.‹ (2) Jones versprach Smith, ihm fünf Dollar zu zahlen. (3) Jones hat sich unter eine Verpflichtung gestellt, Smith fünf Dollar zu zahlen. (4) Jones steht unter der Verpflichtung, Smith fünf Dollar zu zahlen. (5) Jones sollte Smith fünf Dollar zahlen.* – Halten Sie diese Schlusskette, die von einem Faktum auf eine Norm führen soll, für überzeugend? Wenn nein, welcher Übergang ist Ihrer Auffassung nach inkorrekt? Wie müsste entsprechend eine höhere Norm lauten, die diesen Übergang legitim machen könnte? Gibt es verschiedene Lösungen?
2. Wie wäre gemäß den unterschiedlichen Positionen im Umfeld von sprachanalytischem Kognitivismus und Nonkognitivismus die Aussage ›Folter ist schlecht‹ zu interpretieren? Versuchen Sie, prägnante Verbalisierungen dieser Aussage zu finden, in denen der unterschiedliche sprachliche Charakter, der dieser Aussage zugeschrieben wird, möglichst eindeutig zum Ausdruck kommt.
3. Ein Mann entschließt sich, einen Ladendiebstahl zu begehen, um Geld für seinen Bruder zu erbeuten, der von Erpressern bedroht wird, mit welchen er früher Drogengeschäfte abgewickelt hat, um Medikamente für seine todkranke Frau zu bezahlen. Rekonstruieren Sie, wie ein Generalist und wie ein Partikularist zu diesem Fall Stellung beziehen würde.
4. Wie könnte ein Rationalist auf die Behauptung reagieren, dass der Fehler von Egoisten typischerweise darin liege, gar nicht erst die Bedürfnisse anderer Menschen wahrzunehmen? Wie könnte ein Sensualist auf den Vorwurf antworten, dass es ohne Vernunftbasierung von Moral nicht möglich sei, widerstreitende Auffassungen in moralischen Fragen zu versöhnen?
5. Eine Widerstandskämpferin in einem totalitären Staat erwägt, ob sie sich an einer riskanten Befreiungsaktion für einen Kameraden beteiligen soll, deren Erfolg ungewiss ist und mit der sie ihre Familie gefährdet. Überlegen Sie, wel-

che Argumente für und gegen den Einsatz sprechen könnten. Welche dieser Argumente sind tugendethischer, welche deontologischer und welche teleologischer Art? Lassen sich Argumente pro und contra von jedem der drei Typen finden?

4. Tugendethik – Die vollkommene Seele

Tugendethiken legen den Schwerpunkt des moralischen Urteils auf die Motivation, die menschlichem Verhalten zugrunde liegt. Dies kann entweder eine isolierte Gesinnung sein, die in einem gegebenen Moment vorherrscht und ein bestimmtes Handeln veranlasst. Oder es kann eine dauerhafte Haltung sein, die sich im Laufe längerer Zeit herausbildet und die Führung eines ganzen Lebens prägt. Nicht zuletzt in den klassischen Entwürfen der Tugendethik wird zumeist die letztere Perspektive eingenommen. Ihr bevorzugtes Thema ist die beständige psychische Disposition des Menschen: sein Seelenzustand, seine Gemütsverfassung, seine Temperamentausstattung, seine Charakterbildung. Diese geht auf entsprechende Erziehung zurück und bringt sich in typischen stabilen Daseinsformen zum Ausdruck: einem Philosophenleben, einem Politikerleben, einem Genussleben, einem Erwerbsleben.

Das folgende Kapitel erläutert und vertieft die Perspektive der Tugendethik anhand ihrer wichtigsten Entwürfe. Es ist damit das erste Kapitel, in dem nicht mehr systematische Überlegungen im Vordergrund stehen und einzelne Autoren oder Texte lediglich als prägnante Beispiele für abstrakte Positionen fungieren. Vielmehr folgt es einem historischen Interesse an bestimmten Philosophen und zeichnet deren konkrete Ansätze mit größerer Detailtreue nach. Ein solcher Zugang ist unabdingbar, um einen bestimmten Theorietyp lebendig werden zu lassen und seine Wesensmerkmale und Besonderheiten zu erschließen.

Der Fokus liegt dabei in der Antike und im Mittelalter, genauer bei Platon, Aristoteles und Thomas von Aquin. Der Grund hierfür ist, dass in diesen Epochen der tugendethische Ansatz die dominierende Moralphilosophie darstellt und seine wirkmächtigsten Ausarbeitungen erfährt. In Neuzeit und Moderne war die Tugendethik demgegenüber über weite Strecken nahezu vergessen. Noch bis vor einigen Jahren wurden normative Ethiken oftmals allein in die zwei Lager Deontologie und Teleologie eingeteilt. Erst in jüngerer Vergangenheit hat die Tugendethik eine gewisse Renaissance erlebt. Vor allem die aristotelische Konzeption findet in neuerer Zeit wieder zahlreiche Anhänger und Fortentwickler.

4.1 Tugenden, Handlungen und Erfolge

Dass Tugendethiken sich auf die Motivation menschlichen Verhaltens konzentrieren, bedeutet nicht, dass sie die tatsächlichen Handlungen oder die herbeigeführten Konsequenzen vollständig außer Acht lassen. Allerdings bilden diese Komponenten für sie nicht den primären Gegenstand des moralischen Urteils. Ihre Bedeutung ist vielmehr sekundärer Art. Insbesondere können sie wichtige Hinweise auf die fraglichen Tugenden liefern oder notwendige Verwirklichungen charakterlicher Dispositionen darstellen.

(1) Diese Zusammenhänge ergeben sich daraus, dass bestimmte Motivationslagen oftmals mehr oder weniger eindeutig gewisse Handlungen oder sogar entsprechende Konsequenzen nach sich ziehen. Tugenden sind daher nicht selten in einer Form definiert, die gebotene Aktionen oder wünschenswerte Folgen stark vorwegnehmen. So lässt eine Tugend wie ›Aufrichtigkeit‹ (›Vertrauenswürdigkeit‹, ›Ehrlichkeit‹) erwarten, dass die fragliche Person für gewöhnlich keine Lügen erzählt. Und bei einer Tugend wie ›Umsichtigkeit‹ (›Bedachtsamkeit‹, ›Weitsicht‹) wird man davon ausgehen, dass der jeweilige Inhaber nur selten Unheil anrichtet.

Indem sie sich auf derartige Verbindungen stützen, müssen Tugendethiken keineswegs handlungsfern oder weltfremd sein. Vielmehr können sie sich durchaus auf angemessene Aktionen oder erstrebenswerte Folgen ausrichten. Tatsächlich ist in den folgenden Abschnitten oftmals von ›richtigem Tun‹ oder von ›gutem Leben‹ die Rede. Die Perspektive bleibt dabei aber stets eine dezidiert tugendethische.

(2) Insbesondere sind jene Zusammenhänge zwischen Motivation einerseits und Handlung oder Konsequenz andererseits nicht unverbrüchlich. Es handelt sich immer noch um unterschiedliche Komponenten, die sich mitunter in unerwarteter Weise zusammenfügen mögen. Ein ›aufrichtiger‹ Mensch kann permanent in außergewöhnliche Situationen geraten, in denen er sich zu Notlügen gezwungen sieht, so dass andere Charakteranteile sich ständig gegen seine grundsätzliche Ehrlichkeit durchsetzen (vielleicht durchaus zu Recht). Eine ›umsichtige‹ Person kann fortwährend vor schwierigen Entscheidungen stehen, die sie mit aller Bedachtsamkeit und Urteilskraft trifft, die sich aber im Nachhinein durchweg als verhängnisvoll herausstellen (vielleicht ohne jede Schuld).

Ein Tugendethiker wird in solchen Fällen sein moralisches Urteil unverändert mit Blick auf den Charakter bzw. die Haltung treffen. Es wird ihn wenig bekümmern, wenn diese Disposition ungewöhnliche Handlungen oder Konsequenzen nach sich ziehen sollte. Entsprechend machen Tugendethiker beim ›richtigen Tun‹ keine starken Vorgaben hinsichtlich genauer Handlungen (indem sie etwa unbedingte Pflichten zu bestimmten Aktionen ausformulieren würden, wie es Deontologen tun), sondern befassen sich vordringlich damit, welchem Charakter dieses Tun entspringt bzw. wie es seinerseits die Seele prägt. Und das ›gute Leben‹ besteht für sie nicht so sehr in äußeren Effekten (etwa in Wohltaten für andere oder in Erfolgen für sich selbst, wie Teleologen sie anmahnen), sondern letztlich in nichts anderem als in tugendhafter Verfasstheit.

(3) Insbesondere kann ein Tugendethiker von einem guten oder schlechten Menschen sprechen, ohne sich überhaupt auf Taten oder Werke zu beziehen. Diese Art der Bewertung ist zuweilen durchaus plausibel. Eine Aussage wie ›Fred wäre im Dritten Reich ein Nazi gewesen‹ ist ein verständliches moralisches Urteil. Dies gilt selbst dann, wenn Fred keine Gebote verletzt und keinen Schaden ange-

richtet hat. Tugendethisch ist der Sinn dieses Urteils auch unmittelbar einsichtig: Es bezieht sich eben auf Freds schlechten Charakter (vermutlich ist er ein Mitläufer, ein Sadist, ein Fanatiker, ein Rassist, und genau dieser Disposition gilt die Kritik). Deontologisch oder teleologisch ist der Gehalt des Urteils indessen kaum einzuholen: Solange Fred keine bedenklichen Taten oder Werke vollbracht hat, liefert er keinen Anlass zu entsprechender Kritik (sondern allenfalls Grund für nachgeordnete Vorbehalte, dass er womöglich mit erhöhter Wahrscheinlichkeit einmal schlechte Taten oder Werke verrichten wird).

4.2 Platon: Seelenharmonie und Kardinaltugenden

Platon (428/27–348/47 v. Chr.) hat seine philosophischen Schriften fast ausschließlich in Dialogform verfasst. Als zentraler Teilnehmer tritt zumeist Sokrates auf, wobei Platon sich gelegentliche Anachronismen erlaubt, was die Lebensdaten seines Lehrers und die geschichtliche Verortung der jeweiligen Gesprächssituation betrifft. Diese Sokrates-Figur agiert für gewöhnlich als Hauptredner: Typischerweise knüpft sie an die Überzeugungen der anderen Personen an und arbeitet im Ausgang hiervon wichtige Einsichten heraus, teils abweisend, teils zustimmend, teils korrigierend, teils präzisierend. Man nennt diese ›Sokratische Methode‹, die der real-historische Sokrates nach übereinstimmenden Zeugnissen tatsächlich verfolgt hat, auch ›Mäeutik‹, d.h. Hebammenkunst, im Sinne eines begleitend-helfenden Hervorbringens von ansatzweise bereits vorliegenden Erkenntnissen.

Sokrates' Gesprächspartner sind oftmals die Titelgeber des jeweiligen Dialogs. Auch bei ihnen handelt es sich überwiegend um real-historische Personen, ohne dass man freilich die geschilderten Gesprächsszenen ohne Weiteres als authentische Protokolle wirklicher Begegnungen auffassen dürfte. Jene Gesprächspartner gehören meist einer der beiden folgenden Gruppen an: Entweder es handelt sich um überhebliche Sophisten (d.h. Vertreter der damaligen Weisheitsschulen, die angehende Politiker und Anwälte in Rhetorik und Argumentationskunst ausbilden), deren wichtigtuerische Thesen Sokrates mit ironischer Ehrerbietung und listigem Nachforschen in heillose Widersprüche verstrickt. Oder es sind lernwillige Schüler (d.h. junge Männer, die sich durch ein ernsthaftes Interesse an philosophischen Wahrheiten auszeichnen), deren gute Vorüberzeugungen Sokrates zu einer verbesserten Problemerfassung führt.

Bereits einige frühe Dialoge Platons befassen sich mit ethischen Fragen und insbesondere mit moralischen Tugenden: *Laches* behandelt die Tapferkeit, *Lysis* die Freundschaft, *Charmides* die Besonnenheit, *Euthyphron* die Frömmigkeit, *Protagoras* und *Menon* diskutieren übergreifende Aspekte menschlicher Moralität, insbesondere die Frage, ob Tugend gelehrt werden kann. Eine erschöpfende Darstellung und schlüssige Abhandlung ethischer Themen begegnet in diesen frühen Schriften allerdings nicht: Zum einen wird kein umfassendes System der verschiedenen Tugenden vorgestellt, in dem sie vollständig aufgezählt, stimmig definiert und planvoll verbunden würden. Zum anderen begnügt sich die Diskussion zumeist damit, spezielle Probleme des gewählten Themas auszuleuchten, ohne zwingende Antworten auf die aufgeworfenen Fragen zu geben. Die Sokrates-Figur, die in jenen frühen Dialogen auftritt, erscheint vornehmlich als nachdrücklicher, zuweilen spöttischer Frager, der die voreiligen Auffassungen seiner jeweiligen Gesprächspartner vor allem verunsichert, zuweilen auch ad absurdum führt, ohne aber eine ausgeformte Gegenposition als eigene Lösung anzubieten. Die Texte haben dadurch primär den Charakter einer skeptischen Irritation verbreiteter Überzeugungen, finden aber zumeist ein offenes oder sogar aporetisches Ende, indem die Debatte kein eindeutiges Ergebnis erbringt und nicht selten in eine inhaltliche Sackgasse mündet. Nach allem, was bekannt ist, entspricht dies der philosophischen Haltung des historischen Sokrates, der seine Arbeit hauptsächlich als kritische Infragestellung hergebrachter Meinungen, nicht als konstruktive Erarbeitung einer alleingültigen Theorie verstand. Man geht deshalb davon aus, dass jene frühen Dialoge über weite Strecken tatsächlich sokratische Gedanken enthalten mögen. Platon selbst dürfte sich dieser Darstellungsform vor allem aus zwei Gründen bedient haben: Erstens wollte er der Nachwelt jenes sokratische Gedankengut überliefern, das sonst womöglich verloren gegangen wäre, da Sokrates selbst keine Schriften hinterlassen hat. Zweitens konnte er sich mit dieser Form die behandelten Themen konzeptuell erschließen und einzelne Argumente probeweise durchspielen, ohne sich genötigt zu sehen, eigene Positionen auszuarbeiten und sich auf bestimmte Lösungen festzulegen.

Ab den mittleren Dialogen ändert sich der Charakter von Platons Texten merklich: Die Sokrates-Figur nimmt mehr und mehr die Stellung eines Lehrers ein, der in zunehmend monologisierender Weise philosophische Ideen vorträgt und diese von den anderen Gesprächspartnern hauptsächlich durch beipflichtende Einwürfe bestätigen lässt. Entsprechend legen diese Texte eine andere Interpretation nahe, was den historischen Ursprung und den systematischen Anspruch der dargestellten Überlegungen betrifft: Erstens enthalten sie mit größter Wahrscheinlichkeit originär platonische Gedanken, als deren Sprachrohr die Sokrates-Figur nunmehr wesentlich dient. In den späten Dialogen tritt diese Figur sogar fortschreitend in den Hintergrund und verschwindet zuletzt vollständig zugunsten anderer Gesprächsführer, etwa ›dem Fremden‹ im *Politikos* oder ›dem Athener‹ in den *Nomoi*, deren Anonymität man womöglich dahingehend deuten darf, dass Platon hier zuletzt ohne literarische Maske seine Lehren vorstellt und lediglich aus Zurückhaltung nicht direkt unter eigenem Namen auftritt. Zweitens werden ab den mittleren Dialogen nicht mehr allein in kritischer Absicht vorgefasste Meinungen zurückgewiesen und unbedarfte Sicherheiten untergraben, sondern in affirmativem Gestus aufwändige Theorien und komplexe Systeme entfaltet. Nicht zuletzt begegnet man nun einem elaborierten Tugendkatalog, am ausführlichsten entwickelt in der *Politeia*. Der Titel dieses Werks bedeutet so viel wie ›Staat‹ oder ›Bürgerschaft‹, worin sich andeutet, dass es sich in wesentlichen Teilen um eine politische Schrift handelt. Insbesondere plädiert Platon darin für seine bekannte und umstrittene Vorstellung, dass die Herrschaft im Gemeinwesen durch einen Stand von Philosophenkönigen ausgeübt werden solle. Tatsächlich liegt der Hauptfokus des Werks aber auf der ethischen Frage nach einer individuellen Tugend: Das Ausgangsthema des Dialogs lautet, was genau unter Gerechtigkeit, als Tugend eines Einzelmenschen, zu verstehen sei. Die Frage nach dem Staat kommt erst nachfolgend hinein, und zwar weil es zwischen Einzelmensch und Gemeinschaft angeblich wesentliche Strukturgleichheiten gibt, die individuelle Seele wie ein kollektiver Staat aufgebaut ist, und sich entsprechend auch die Gerechtigkeit, ebenso wie die anderen zentralen Tugenden, in beiden Fällen analog verstehen lässt.

Die Frage nach der Gerechtigkeit

In Buch I der *Politeia* unterbreiten verschiedene Gesprächsteilnehmer Vorschläge dafür, was unter Gerechtigkeit zu verstehen sei. Die Sokrates-Figur begnügt sich damit, diese Vorschläge zu diskutieren und letztlich allesamt aus unterschiedlichen Gründen zurückzuweisen.

(1) Der erste Vorschlag wird den vorausgehenden Überlegungen eines Gesprächsteilnehmers namens Kephalos entnommen und lautet, dass Gerechtigkeit in *Wahrheitsagen und Wiedergeben* bestehe [Platon, *Politeia*, Buch I, 330d–331c]. Gerecht zu sein heißt demzufolge, aufrichtige Auskünfte zu erteilen und geliehene Gegenstände zurückzuerstatten. Es bedeutet, niemanden zu hintergehen und niemandem etwas schuldig zu bleiben. Das Konzept trägt deutliche Züge einer Händlermoral, die korrekte Information und redliche Bezahlung in geschäftlichen Beziehungen fordert. Dies ist insofern nicht verwunderlich, als jener Kephalos ein alter Kaufmann ist. Als Mann der Praxis zeichnet er sich durch bodenständige Ansichten aus und vertritt ein Verständnis von Gerechtigkeit, das seinem unmittelbaren Erfahrungskreis entspricht. Ein tieferes Interesse an philosophischen Fragestellungen nimmt er demgegenüber nicht. Kurz darauf zieht er sich aus dem Gespräch zurück und überlässt die nachfolgenden theoretischen Erörterungen den anwesenden jungen Leuten.

Sokrates weist Kephalos' Vorschlag anhand eines Beispiels zurück: Man stelle sich vor, jemand habe die Waffen eines Freundes in Verwahrung genommen. Eines Tages fordere dieser Freund seine Waffen gemäß Verabredung zurück, sei aber inzwischen dem Wahnsinn verfallen. Nach Sokrates kann es nicht gerecht sein, jenem Rasenden seine Waffen wie gewünscht wiederzugeben. Auch wäre es nicht gerecht, ihm in diesem Zustand in jeder Hinsicht die Wahrheit zu sagen [Platon, *Politeia*, Buch I, 331c–d].

Man könnte diese Argumentation womöglich anzweifeln und das Beispiel stattdessen wie folgt auflösen: Die Rückgabe der Waffen entspreche durchaus den Vorgaben der Gerechtigkeit, etwa wie sie Kephalos versteht, kollidiere jedoch mit anderen Forderungen der Moral, beispielsweise mit Wohltun oder Schadensvermeidung. Diese Aspekte seien unter den gegebenen Umständen dringlicher als Gerechtigkeit, so dass es zwar durchaus gerecht, aber letztlich moralisch falsch wäre, die verwahrten Waffen zurückzugeben bzw. richtige Auskünfte zu erteilen.

Ob diese Auffassung im vorliegenden Fall plausibel ist, wäre genauer zu untersuchen, aber in jedem Fall widerspricht sie zentralen Grundüberzeugungen, die allgemein in der Antike und speziell bei Platon vorausgesetzt sind: Generell geht man in dieser Epoche nicht davon aus, dass verschiedene moralische Belange unauflöslich miteinander in Konflikt stehen können, und schon gar nicht davon, dass Gerechtigkeit anderen moralischen Aspekten zuweilen nachzuordnen sein mag. Auch für Platon kann eine Handlung nicht gerecht sein, wenn sie aus offensichtlichen Gründen moralisch falsch wäre.

Interessant an dieser Diskussion ist, dass Kephalos' Vorschlag primär deontologischer Art ist (mit Wahrheitsagen und Wiedergeben fordert er Handlungsvollzüge, ohne Bezug auf Motivationen oder Konsequenzen zu nehmen), während Sokrates' Einwand primär teleologischer Natur ist (dem Freund die Waffen zurückzugeben oder ihm die Wahrheit zu erzählen, gilt offenbar deshalb als falsch, weil es dazu führen könnte, dass er sich selbst und anderen schweres Unheil zufügt). Dies heißt indessen nicht, dass Platons eigene Vorstellung von Gerechtigkeit, die er erst später entwickeln wird, ebenfalls teleologisch wäre.

(2) Ein weiterer Vorschlag wird von einem Diskutanten namens Thrasymachos vorgebracht und besagt, dass Gerechtigkeit allein das *dem Stärkeren Zuträgliche* bezeichne [Platon, *Politeia*, Buch I, 338c–339a, 340c–341a, 343a–344c]. Gerecht ist demzufolge das, was den Herrschenden im Staat nützt. Genauer bezeichnet es das Verhalten der Regierten, wenn sie die Gesetze der Regenten befolgen, welche diese keineswegs zum allgemeinen Wohl der Gemeinschaft, sondern allein mit Blick auf ihren eigenen Vorteil erlassen haben. Allem Anschein nach hat man es bei dieser Auffassung nicht mit einer moralischen Ausdeutung aufgrund einer vertieften ethischen Analyse zu tun, sondern mit einer kühlen Reduktion auf ein bloßes politisches Machtkalkül. Einmal mehr ist dies nicht erstaunlich, da jener Thrasymachos ein bekannter Sophist ist. Und Sophisten glauben in der Regel nicht an eine moralische Wahrheit, sondern vertreten einen ethischen Skeptizismus, dahingehend dass alle Auffassungen von Tugend oder Gerechtigkeit willkürlich gesetzt sind und statt objektiver Erkenntnisse lediglich subjektive Interessen bzw. relative Gebräuche festschreiben. Dabei entspricht die Darstellung des Thrasymachos dem üblichen Bild, das Platon in seinen Dialogen von Sophisten zeichnet, nämlich als zutiefst gewissenlose und philosophisch oberflächliche Denker. Thrasymachos ist polternd und ungehobelt, leidet an maßloser Überschätzung der eigenen Fähigkeiten, verlangt sofort Geld für seine Einlassungen, wird alsbald mit beißendem Witz von Sokrates demontiert und bleibt nach dieser Lektion während des weiteren Gesprächs peinlich stumm.

Sokrates argumentiert gegen Thrasymachos' Verständnis vor allem mit einer Analogiebildung: Jede wahre Kunst sei auf das Wohl des von ihr ›Regierten‹ ausgerichtet, nicht auf das Wohl des ›Regenten‹. Die wahre Heilkunst diene dem Wohl des Kranken, nicht des Arztes. Die wahre Schifffahrtskunst diene dem Wohl der Reisenden, nicht des Steuermanns. Daher sei auch die Regierungskunst bzw. deren Gerechtigkeit, wenn man sie korrekt auffasse, am Wohl der Bevölkerung, nicht am

Wohl der Herrschenden orientiert [Platon, *Politeia*, Buch I, 341c–342e, 345b–347e].

Auch wenn Sokrates' Analogiebildung ein wenig ausschweifend erscheinen mag, ist ihr Zielpunkt sicherlich angemessen: Jeweils arbeitet er den normativen Anspruch heraus, durch den verschiedene menschliche Tätigkeiten erst ihren eigentlichen sozialen Sinn gewinnen. In dieser Weise hält er auch den moralischen Anspruch der Gerechtigkeit fest, gegen die amoralische Entleerung dieses Begriffs durch Thrasymachos. Anzumerken ist lediglich, dass der historische Thrasymachos oder auch andere Sophisten ihre These, Gerechtigkeit bezeichne allein den Nutzen der Herrschenden, möglicherweise mit einem anderen Gestus vertreten haben, als es die platonische Darstellung vermittelt: Womöglich ging es ihnen nicht so sehr um die zynische Behauptung, dass Gerechtigkeit in normativem Sinne nicht mehr als den Vorteil des Stärkeren bezeichne, so dass es erlaubt oder gar bewundernswert sei, wenn die Machthaber sich unter ihrem Namen eigenen Gewinn verschafften. Womöglich ging es ihnen eher um die kritische Entlarvung, dass die Rede von Gerechtigkeit in der faktischen Realität meist von den Herrschenden missbraucht werde, man folglich davor warnen müsse, dass die Bevölkerung sich unter ihrem Vorwand auf fremde Machtgelüste einschwören lasse.

Aufschlussreich an dieser Debatte ist, dass Thrasymachos' Deutung primär teleologischer Art ist (Zuträglichkeit für die Stärkeren würde Gerechtigkeit an ihren Folgen bemessen), ebenso wie Sokrates' Entgegnung primär teleologischer Natur ist (sie ersetzt das Wohl der Herrschenden durch das Wohl der Beherrschten). Einmal mehr darf man hieraus jedoch nicht schließen, dass Platons eigene Gerechtigkeitsauffassung, wenn er sie erst vollständig erarbeitet hat, ebenfalls teleologisch sei.

(3) Ein letzter Vorschlag geht auf die Ausführungen eines Dichters namens Simonides zurück, der behauptet, Gerechtigkeit liege darin, *jedem das Seine* zu geben [Platon, *Politeia*, Buch I, 331e–332c]. Der Gedanke ist einfach und einleuchtend. Gerecht zu sein heißt, jedem Menschen, jedem Bürger, das ihm Geschuldete, das ihm Gebührende zukommen zu lassen. Im Lateinischen ist diese Vorstellung in die bekannte Formel ›suum cuique‹ gefasst worden. Simonides ist nicht persönlich Gesprächsteilnehmer des Dialogs. Vielmehr zitiert ihn ein jüngerer Diskutant, Kephalos' Sohn Polemarchos, als moralische Autorität. Durch diese Einführung macht Platon deutlich, dass es sich um eine verbreitete und anerkannte Auffassung von Gerechtigkeit handelt. Tatsächlich taucht sie in ähnlicher Weise auch später bei Aristoteles oder Cicero auf.

Sokrates begegnet der Formel des Simonides vor allem mit Nachfragen an Polemarchos, was der Spruch eigentlich besage: Solange nicht geklärt sei, was jenes Geschuldete, jenes Gebührende genauer umfasse, bleibe unklar, was es heiße, jedem das Seine zu geben. Polemarchos lässt sich auf zwei Interpretationsversuche ein, einmal dahingehend, man solle den Freunden Gutes und den Feinden Böses tun, einmal dahingehend, man solle den Guten Gutes und den Bösen Böses tun.

Beide Ansätze weist Sokrates indessen als angemessene Ausdeutungen der Formel zurück. Vor allem kann seiner Auffassung nach Gerechtigkeit niemals bedeuten, irgendjemandem Schaden zuzufügen, weder den Feinden noch den Bösen, weil Schädigung die Betroffenen nur noch schlechter mache, Gerechtigkeit aber nicht Ungerechtigkeit erzeugen könne [Platon, *Politeia*, Buch I, 331e–336a].

Obgleich man die letztere Einschätzung nicht teilen muss, ist die Hauptstoßrichtung von Sokrates' Argumentation klar: Die Simonides-Formel ist für sich allein genommen nur eine formale Hülle, die der inhaltlichen Ausfüllung bedarf. Eine vollständige Erläuterung von Gerechtigkeit liefert sie erst, wenn geklärt wird, was jenes ›Seine‹ überhaupt ist, das ›jedem‹ gegeben werden soll. Dies ist in der Tat korrekt: Die Formel als solche ist völlig leer und bietet keine hinreichende Erläuterung von Gerechtigkeit. Ohne geeignete Konkretisierung kann sie sogar offensichtlich ungerechte Verhaltensweisen abdecken, Akte einseitiger Privilegierung und Bevorzugung ebenso wie Formen schlimmer Diskriminierung und Unterdrückung, indem jeweils erklärt würde, eben hiermit habe jeder das ihm ›Geschuldete‹, das ihm ›Gebührende‹ erhalten.

Bemerkenswert ist, dass die Simonides-Formel offensteht sowohl für deontologische Interpretationen (das ›Seine‹ könnte rechtmäßig erworbenes Eigentum bezeichnen, das sich durch entsprechende Handlungsvollzüge definiert) als auch für teleologische Deutungen (das ›Seine‹ könnte eine angemessene allgemeine Grundversorgung meinen, die sich durch geeignete Effekte bestimmt). Im weiteren Verlauf der Schrift wird Platon die Formel jedoch in einer Weise umwandeln, die eindeutig tugendethisch ist.

Mit dem erreichten Stand der Diskussion endet das erste Buch der *Politeia*. Bislang ist also lediglich festgestellt worden, was Gerechtigkeit nicht ist: Die Sokrates-Figur hat sich damit begnügt, die Auffassungen von Kephalos, Thrasymachos und Simonides als vorschnell, verfehlt bzw. unzureichend zu kritisieren. Sie hat es nicht unternommen, eine bedachte, angemessene und erschöpfende Gegenkonzeption von Gerechtigkeit zu entwickeln und zu verteidigen.

Trotz dieser Unaufgelöstheit hat der Text bis hierher einen großen inhaltlichen Bogen geschlagen und weist zudem eine gewisse formale Abgeschlossenheit auf. Es wird daher spekuliert, ob dieses erste Buch ursprünglich eine eigenständige Schrift gewesen sein könnte: In Gehalt und Struktur, in Stil und Aufbau ähnelt es den frühen Dialogen Platons, indem es sehr präsente Gegenredner einführt, während Sokrates hauptsächlich als kritischer Infragesteller agiert, und unterschiedliche Argumente und Positionen erwägt, ohne zu einem wirklich befriedigenden Ergebnis zu gelangen. Da die Darstellung dennoch recht ausführlich, auch in sich geschlossen ist, da zudem die Sokrates-Figur das Gespräch mit einem ersten, wenngleich negativen Fazit beendet, erscheint es nicht unplausibel, dass es sich bei jenem Buch I in der Tat um einen frühen Dialog, möglicherweise mit dem Titel *Thrasymachos*, handeln könnte, den Platon erst später, in seiner mittleren Schaffensphase, um die folgenden neun Bücher der *Politeia* ergänzt hat.

Seelenteile und Tugendkatalog

Erst in den anschließenden Büchern II bis X der *Politeia* entwickelt Platon eine vollständige Theorie der menschlichen Tugenden. Diese Textteile stammen unzweifelhaft aus der mittleren Phase von Platons Arbeit. Die Sokrates-Figur wandelt sich von einem kritischen, insgesamt zurückhaltenden Hinterfrager fremder vereinzelter Meinungen zu einem affirmativen, zunehmend dominanten Vermittler eines eigenen umfassenden Systems. Es darf als sicher gelten, dass spätestens diese Teile der Schrift originale Gedanken Platons enthalten.

(1) Der erzählerische Auslöser für den neuerlichen Ansatz ist, dass die jüngeren Dialogteilnehmer, vor allem Platons Brüder Glaukon und Adeimantos, unzufrieden mit dem bisherigen Gesprächsverlauf sind, der weder einen adäquaten Begriff von Gerechtigkeit geliefert noch ihren intrinsischen Wert für den Menschen nachgewiesen hat. Entsprechend drängen sie Sokrates, sich des aufgeworfenen Problems erneut anzunehmen und es zu einer abschließenden Lösung zu führen [Platon, *Politeia*, Buch II, 366b–367e]. Daraufhin setzt Sokrates an, einen umfassenden Katalog der menschlichen Tugenden zu erarbeiten. Der philosophische Bogen, den er zu diesem Zweck schlägt, führt dabei weit über dieses im engeren Sinne ethische Thema hinaus.

Sokrates beginnt mit der Feststellung, dass die Tugend der Gerechtigkeit sich sowohl an einzelnen Menschen als auch an staatlichen Gemeinschaften finde. Ihre Bedeutung lasse sich dabei am Staat wahrscheinlich leichter rekonstruieren als am Einzelmenschen: Der Staat sei größer als der Einzelmensch, daher enthalte er die Gerechtigkeit vermutlich in höherem Maße wie auch in besser erkennbarer Gestalt. Es empfehle sich somit, zunächst eine politische Diskussion des Staates und seiner tugendhaften Beschaffenheit anzustellen und hieran anschließend die ethische Frage nach dem Menschen und seiner tugendhaften Verfasstheit anzugehen [Platon, *Politeia*, Buch II, 368d–369a].

Den Schluss von der Gerechtigkeit des Gesamtstaates auf die Gerechtigkeit des Einzelmenschen legitimiert Platon vor allem dadurch, dass es wichtige strukturelle Parallelen zwischen beiden Entitäten gebe. Insbesondere behauptet Platon eine funktionale Entsprechung zwischen den Teilen der menschlichen Seele und den Ständen eines wohlgeordneten Staates. Indem er die verschiedenen Tugenden als hervorragenden Zustand und harmonisches Zusammenwirken dieser Komponenten versteht, kann Platon sie auf dieser Grundlage für beide Bereiche, Einzelmensch und Gesamtstaat, in analoger Form definieren. Im Verlauf dieser Argumentation erschließt Platons Schrift ein gewaltiges Themenspektrum, das nicht nur seine politische Theorie eines gerechten Staates und seine ethische Theorie eines gerechten Menschen umfasst, sondern auch eine Exposition seiner Ideenlehre, eine Skizze seines Bildungskanons sowie Elemente seiner Kunstkritik enthält.

(2) Nach Platon besteht die menschliche Seele aus drei Teilen: Die Vernunft (*to logistikon* = ›das Denkende‹) ist der überlegende, geistige Seelenteil, der für Einsicht und Urteil zuständig ist. Das Mutartige (*to thymoeidēs* = ›das Beherzte‹), auch

als das Zornhafte oder das Eifrige bezeichnet, ist als Strebe- und Durchsetzungskraft im Seelenleben zu verstehen. Die Begierden (*to epithymētikon* = ›das Begehrende‹) schließlich bilden den Seelenbereich der Affekte und Leidenschaften, vor allem entlang von Gegensatzpaaren wie Lust und Unlust, Freude und Leid, Liebe und Hass, Hoffnung und Angst.

Diese drei Seelenteile sind analog zu den drei Bürgerständen eines wohlgeordneten Staates angelegt: Regiert wird ein solcher Staat durch einen Stand von Herrschern, genauer von Philosophenkönigen (indem entweder die Philosophen an die Macht gelangen oder aber die bestehenden Könige eine philosophische Ausbildung erhalten). Ein Stand von Wächtern gewährleistet die öffentliche Ordnung und die gemeinsame Sicherheit, indem er nach innen Verbrechen unterbindet und nach außen Feinde bekämpft (also zugleich als Polizei wie als Militär agiert). Der Rest der Bürger bildet den dritten Stand, der vor allem für die Ernährung und das Erwerbsleben zuständig ist (Arbeiter, Bauern, Handwerker, Händler, Künstler, Ärzte etc.).

Die Existenz dieser drei Seelenteile bzw. Bürgerstände leitet Platon jeweils unabhängig her. Die Bürgerstände gewinnt er vor allem aus dem Gedankenexperiment einer sukzessiven Staatsentstehung, bei der nach und nach unterschiedliche Aufgaben des Zusammenlebens anfallen und sich die verschiedenen Berufsstände aus der Notwendigkeit von Spezialisierung und der Vorteilhaftigkeit von Arbeitsteilung ergeben [Platon, *Politeia*, Buch II, 368b–376c, Buch III, 412b–414b]. Die Seelenteile begründet er vorrangig durch die Analyse unterschiedlicher Bestrebungen, die im menschlichen Verhalten miteinander in Konflikt geraten können und angeblich nur durch das Wirken separater Seelenkräfte erklärbar sind [Platon, *Politeia*, Buch IV, 437b–441c]. Die Strukturgleichheit von Seele und Staat wird damit von Platon nicht allein postuliert, sondern auch plausibilisiert, indem er jene dreifache Hierarchie für beide Bereiche jeweils gesondert nachzuweisen versucht.

Auf der Grundlage dieser Dreierstruktur definiert Platon sodann vier zentrale Tugenden, die für Seele und Staat jeweils analog gefasst sind, nämlich als korrekte Aufgabenerfüllung und einträchtiges Zusammenwirken von Seelenteilen bzw. Bürgerständen. Ihre Bestimmung erfolgt diesmal vorrangig von einer Seite her, nämlich anhand des Staatsmodells [Platon, *Politeia*, Buch IV, 428a–434d]. Für den Seelenbereich werden die Tugenden nicht noch einmal eigens begründet, sondern mehr oder weniger unbesehen übernommen [Platon, *Politeia*, Buch IV, 441c–442d]. Die Formulierungen an den korrespondierenden Textstellen sind dabei nicht völlig deckungsgleich, u.a. weil staatlicher und seelischer Bereich sich nicht vollständig parallelisieren lassen, und im Detail verbleiben einige Mehrdeutigkeiten, wie die einzelnen Tugenden genau zu verstehen und gegeneinander abzugrenzen sind, aber in seinen wesentlichen Zügen stellt sich Platons Tugendkatalog wie folgt dar.

Weisheit (*sophia*) besteht darin, dass die Vernunft (bzw. der Herrscherstand) dasjenige erkennt, was jedem Teil wie auch dem Ganzen der Seele (bzw. dem Staat in inneren wie auch in äußeren Angelegenheiten) zuträglich ist. Mit dieser Zuträglichkeit ist nicht, wie noch in Thrasymachos' Definition, plumper Vorteil oder simpler Eigennutz gemeint. Vielmehr geht es um die eigentliche Bestimmung der menschlichen Seele, d.h. letztlich um die Fähigkeit zur Einsicht in die Idee des Guten, die gleichermaßen in theoretischer Hinsicht das Wahre wie auch in praktischer Hinsicht das Richtige für den Menschen vorzeichnet.

Tapferkeit (*andreia*) liegt vor, wenn das Mutartige (bzw. der Wächterstand) an demjenigen, was durch die Vernunft (bzw. durch den Herrscherstand) erkannt worden ist, durch Leid und Freude hindurch festhält. Tapferkeit heißt folglich nicht, Furcht oder Verlockung zu beliebigen Zwecken zu überwinden. Vielmehr hat man es mit Tapferkeit erst zu tun, wenn das Mutartige hierbei den Vorgaben der Vernunft folgt und deren Weisungen gegen den Widerstand der Begierden aufrechterhält.

Besonnenheit (*sōphrosynē*) ist gegeben, wenn alle Seelenteile (bzw. Bürgerstände) sich darin einig sind, dass die Vernunft (bzw. der Herrscherstand im Sinne der Philosophenkönige) herrschen soll. Damit ist Besonnenheit zunächst eine Tugend der Begierden, insofern sie die Herrschaft der Vernunft anzuerkennen haben. Aber Besonnenheit muss auch in den anderen beiden Seelenteilen wohnen, indem das Mutartige auf Herrschaft verzichtet und die Vernunft zur Herrschaft bereit ist.

Gerechtigkeit (*dikaiosynē*) schließlich bedeutet nach Platon, dass jeder der drei Seelenteile (bzw. jeder der drei Bürgerstände) das Seinige tut, d.h. seine spezifische Aufgabe erfüllt. Gemäß den bisherigen Ausführungen läuft dies im Wesentlichen darauf hinaus, dass die drei anderen Tugenden vorliegen, denn jeder Seelenteil tut offenbar genau dann das Seinige, wenn seine jeweiligen Tugenden ausgebildet sind. Gerecht ist man also genau dann, wenn erstens die Vernunft die Seele beherrscht (besonnen) und das Richtige erkennt (weise), wenn zweitens das Mutartige sich der Vernunft unterordnet (besonnen) und an deren Vorgaben festhält (tapfer) und wenn drittens die Begierden mit den anderen Seelenteilen einig sind und sich der Vernunft fügen (besonnen).

Seele und Tugenden bei Platon	
3 Seelenteile	Vernunft (*to logistikon*) Mutartiges (*to thymoeidēs*) Begierden (*to epithymētikon*)
4 Kardinaltugenden	Weisheit (*sophia*): Die Vernunft erkennt das der Seele Zuträgliche. Tapferkeit (*andreia*): Das Mutartige hält an dem durch die Vernunft Erkannten fest. Besonnenheit (*sōphrosynē*): Alle Seelenteile sind einig, dass die Vernunft herrschen soll. Gerechtigkeit (*dikaiosynē*): Jeder Seelenteil tut das Seinige.

Dieser platonische Katalog von vier Tugenden ist bis ins Mittelalter hinein wirkmächtig gewesen. Wegen ihrer fundamentalen Bedeutung werden sie in der philosophischen Literatur oft die vier ›Kardinaltugenden‹ genannt. Teilweise hat Platon sie bereits in früheren Dialogen behandelt (vor allem die Tapferkeit im *Laches* und die Besonnenheit im *Charmides*). Erst in diesem mittleren Dialog aber sind sie als eine abgeschlossene Liste gewonnen, mit klaren Definitionen versehen und in eine sinnvolle Ordnung gebracht (wobei die Freundschaft aus dem *Lysis* und die Frömmigkeit aus dem *Euthyphron* nicht mehr auftauchen).

Insbesondere ist die Gerechtigkeit, deren korrekte Bestimmung von Beginn an das erklärte Ziel des Dialogs war, auf diese Weise endlich erläutert und systematisch verankert. Sie stellt sich gewissermaßen als eine ›Mastertugend‹ dar, insofern sie sich durch keinen eigenständigen Bereich, keine spezielle Aufgabe definiert, sondern in der Funktionalität und Harmonie der Gesamtseele, gemäß dem Vorliegen der anderen drei Tugenden besteht. Damit ist die Simonides-Formel, d.h. die Deutung von Gerechtigkeit als ›Jeder bekommt das Seinige‹ (sei dies nun deontologisch oder teleologisch zu interpretieren), in entscheidender Weise verschoben worden. Sie wurde abgewandelt zur sogenannten ›Idiopragie-Formel‹, d.h. zu dem Grundsatz ›Jeder tut das Seinige‹ (und zwar in einem eindeutig tugendethischen Sinne, nämlich dass jeder Seelenteil seine jeweiligen Tugenden ausprägt und entsprechend die Gesamtseele eine funktionale, harmonische Ganzheit darstellt).

(3) Auffällig ist, dass Platon Gerechtigkeit auf diese Weise ganz ›innerlich‹ definiert: Ihrer ursprünglichen Bedeutung nach meint sie keine Haltung gegenüber anderen Menschen, wie Ehrlichkeit oder Hilfsbereitschaft, Respekt oder Solidarität. Vielmehr bezeichnet sie im primären Sinne nichts als die Funktionalität und Harmonie der individuellen Seele. Daher hat man es hier mit einer extremen Form von tugendethischer Auslegung zu tun, bei der Gerechtigkeit nicht nur eine Charakterdisposition ist, sondern zudem als rein interne Verhältnisbestimmung der verschiedenen menschlichen Seelenteile begriffen wird [PLATON, *Politeia*, Buch IV, 443c–444a]. Dies wird bei Aristoteles anders sein: Auch er wird Gerechtigkeit nicht deontologisch oder teleologisch fassen, als Handlungstyp oder Zustandserreichung. Auch er wird sie tugendethisch konzipieren, als Charaktereigenschaft bzw. Verhaltensdisposition. Aber bei ihm wird diese Tugend der Gerechtigkeit ihrem Wesen nach auf andere Menschen ausgerichtet sein, also durchaus ›äußerlich‹ definiert werden, als charakterliche Einstellung zu externen Verhältnissen und vor allem interpersonellen Beziehungen.

Freilich versucht Platon, in seine Auffassung von Gerechtigkeit externe und interpersonelle Aspekte nachträglich einzubringen: So behauptet er, dass ein nach seiner Definition gerechter Mensch, d.h. eine derart funktionale und harmonische Seele, auch äußeren Verhältnissen mit einer entsprechenden Haltung begegnen wird. Insbesondere wird sie sich keiner Untaten schuldig machen, die man üblicherweise als Ungerechtigkeiten bezeichnen würde: Sie wird keinen Raub, keinen Diebstahl, keinen Verrat, keinen Vertragsbruch etc. begehen [PLATON, *Politeia*,

Buch IV, 442e–443c]. Auf diese Weise sucht Platon seine primäre Gerechtigkeitsdefinition, die als solche ganz innerlich gestaltet ist, mit sekundären Plausibilitätsargumenten um eine Ausrichtung auf äußerliche Verhältnisse zu ergänzen, wie sie ein übliches Gerechtigkeitsverständnis zugrunde legen würde. Sogar deontologische und teleologische Elemente erschließt er hierbei, als wahrscheinliche Taten bzw. voraussichtliche Werke eines in seinem Sinne gerechten Menschen. Platons eigentliche Definition von Gerechtigkeit ist bei alledem jedoch eindeutig tugendethisch konzipiert, als hervorragende Seelenverfassung. Und sie ist zudem rein intern gehalten, als Zusammenwirken der verschiedenen Seelenteile gemäß Weisheit, Tapferkeit und Besonnenheit.

4.3 Aristoteles: Höchstes Gut und rechte Mitte

Für die Moralphilosophie von Aristoteles (384–322 v. Chr.) ist vor allem seine *Nikomachische Ethik* die einschlägige Quelle. Woher die Schrift ihren Namen hat, ist nicht zweifelsfrei geklärt. Er dürfte sich entweder von Aristoteles' Vater oder von seinem Sohn herleiten, die beide Nikomachos hießen. Der Titel könnte also beispielsweise daher rühren, dass das Buch Aristoteles' Vater gewidmet war oder von seinem Sohn herausgegeben wurde.

Es gibt noch zwei weitere ethische Schriften von Aristoteles. Dies sind die *Eudemische Ethik* (bei der es wiederum mehrere Kandidaten für die Namensgebung gibt, jeweils Freunde bzw. Schüler des Aristoteles, denen das Buch möglicherweise zugeeignet war oder die es vielleicht ediert haben) sowie die *Große Ethik* (lateinisch *Magna Moralia*). Beide Werke sind jedoch in der Darstellung weniger ausführlich, in ihrer Autorschaft umstritten und in Teilen inhaltsgleich mit der *Nikomachischen Ethik*. Entsprechend fokussiert sich das Interesse fast durchweg auf die letztere Schrift, wenn es um Aristoteles' Morallehre geht.

Höchstes Gut und gelungenes Leben

Der Zugang zu Aristoteles' Ethik ist dadurch ein wenig erschwert, dass einige seiner Zentralbegriffe keineswegs tugendethischer, sondern eher teleologischer Natur zu sein scheinen. Hierzu gehören insbesondere die Konzepte eines ›höchsten Gutes‹ sowie eines ›gelungenen Lebens‹, die im Zentrum von Aristoteles' Moralphilosophie stehen.

(1) So lassen sich Thema und Inhalt der Ethik nach Aristoteles durch eine einfache systematische Extrapolation bestimmen. Alles menschliche Handeln ist nach Aristoteles auf ein jeweiliges Gut (*to agathon* = ›das Gute‹) gerichtet. Da die Ethik dieses menschliche Handeln vervollkommnen will, muss sie das ›höchste Gut‹ (*to ariston* = ›das Beste‹) jenes Handelns bestimmen. Dieses höchste Gut erweist sich aber eben als das ›gelungene Leben‹ (*eudaimonia* = ›Glückseligkeit‹).

(2) Zunächst fasst Aristoteles das gesuchte ›höchste Gut‹ formal etwas genauer, nämlich als *telos teleiotaton* (*telos* = ›Ziel‹, ›Ausgang‹, ›Erfolg‹; *teleion* = ›endgültig‹,

›vollendet‹, ›vollkommen‹; *teleiotaton* = Superlativ von *teleion*): Das höchste Gut ist das vollkommenste Ziel, d.h. dasjenige, was im höchsten Maße Ziel ist bzw. den Namen Ziel am meisten verdient. Dessen Charakteristika bestimmt Aristoteles durch zunehmende Eingrenzungen: Manche Dinge werden zwar erstrebt, sind also durchaus Ziele (*telos*). Tatsächlich werden sie aber nur gewollt, um mit ihnen andere Dinge zu erlangen, sind also keine endgültigen Ziele, keine Endziele (*teleion*), sondern allein Zwischenziele, nämlich Mittel für anderes (etwa Reichtum, den man zwar erstreben mag, aber sinnvollerweise nur, um sich damit bestimmte Sachen kaufen zu können). Manche Dinge werden zwar auch um ihrer selbst willen erstrebt, sind also durchaus endgültige Ziele (*teleion*). Dabei werden sie aber zusätzlich noch gewollt, um durch sie andere Dinge zu erreichen, sind also nicht in höchstem Sinne, nicht vollkommenste Ziele (*teleiotaton*), sondern lediglich in einem nachgeordneten Sinne, als anteilige Mittel (etwa Ehre, die man zwar auch um ihrer selbst willen schätzen mag, die aber zusätzlich noch gewünscht wird, weil sie einem weitere Vorteile verschaffen kann). Was im höchsten Sinne Ziel, d.h. vollkommenstes Ziel (*telos teleiotaton*) sein soll, muss hingegen nach Aristoteles immer um seiner selbst willen erstrebt werden, niemals als Mittel für etwas anderes. Allein dies kann jenes ›höchste Gut‹ sein, welches die Ethik, indem sie das Handeln zur Vervollkommnung führen will, finden muss:

> »Da der Ziele [*telē*] zweifellos viele sind und wir derer manche nur wegen anderer Ziele wollen, z.B. Reichtum, Flöten und überhaupt Werkzeuge, so leuchtet ein, daß sie nicht alle Endziele [*teleia*] sind, während doch das höchste Gut [*ariston*] ein Endziel [*teleion*] [...] sein muß. Wenn es daher nur ein Endziel [*teleion*] gibt, so muß dieses das Gesuchte sein, und wenn mehrere, dasjenige unter ihnen, welches im höchsten Sinne Endziel [*teleiotaton*] ist. Als Endziel in höherem Sinne gilt uns das seiner selbst wegen Erstrebte gegenüber dem eines andern wegen Erstrebten und das, was niemals wegen eines anderen gewollt wird, gegenüber dem, was ebensowohl deswegen wie wegen seiner selbst gewollt wird, mithin als Endziel schlechthin [...], was allezeit seinetwegen und niemals eines anderen wegen gewollt wird.« [Aristoteles, *NE*, I.5, 1097a]

Diese Bestimmung des Hauptgegenstandes der Ethik klingt indessen keineswegs tugendethisch, sondern hochgradig teleologisch: Es geht ausdrücklich um ein Ziel, ein *telos*, genauer um das vollkommenste Ziel, das *telos teleiotaton*. Solch ein Ziel scheint nichts anderes als ein Zustand, eine Konsequenz des eigenen Handelns zu sein. Damit würde Aristoteles eher eine Teleologie als eine Tugendethik vertreten.

(3) Gleich anschließend fasst Aristoteles das gesuchte ›höchste Gut‹ auch inhaltlich etwas präziser, nämlich als *eudaimonia* (*eu* = ›gut‹; *daimōn* = ›Geist‹, ›Gott‹, ›Schicksal‹; *daimonion* = ›Gottheit‹, ›Fügung‹, ›Geschick‹): Das höchste Gut ist das gelungene Leben, das gute Leben, die Glückseligkeit. Denn sie allein erfüllt die aufgestellten Bedingungen an das vollkommenste Ziel: Glückseligkeit wird von jedermann gewünscht. Und zwar wird sie immer um ihrer selbst willen erstrebt. Sie wird niemals wegen eines anderen erstrebt. Demgegenüber zeigt sich gerade an ihr, dass sonstige Ziele diesen Status nicht innehaben. Denn solche sonstigen

Ziele mögen zwar ebenfalls um ihrer selbst willen erstrebt werden (können also *teleion* sein). Aber sie werden auch wegen anderer Dinge erstrebt, nämlich eben wegen der Glückseligkeit (sind also nicht *teleiotaton*):

> »Eine solche Beschaffenheit scheint aber vor allem die Glückseligkeit [*eudaimonia*] zu besitzen. Sie wollen wir immer wegen ihrer selbst, nie wegen eines anderen, während wir die Ehre, die Lust, den Verstand und jede Tugend zwar auch ihrer selbst wegen wollen (denn wenn wir auch nichts weiter von ihnen hätten, so würden uns doch alle diese Dinge erwünscht sein), doch wollen wir sie auch um der Glückseligkeit willen in der Überzeugung, eben durch sie ihrer teilhaftig zu werden. Die Glückseligkeit dagegen will keiner wegen jener Güter und überhaupt um keines anderen willen.« [Aristoteles, *NE*, I.5, 1097a–b]

Damit hat sich das obige Problem allerdings noch einmal verschärft: Gerade Glückseligkeit, *eudaimonia*, ist allem Anschein nach ein Zustand, der erreicht werden soll. Wenn menschliches Handeln also danach moralisch zu beurteilen sein sollte, inwieweit es jene Glückseligkeit herbeizuführen imstande ist, schiene Aristoteles' Ethik einmal mehr nicht tugendethisch konzipiert. Vielmehr wäre sie eindeutig teleologisch ausgerichtet.

Lebensformen und Tugendgestalten, Handeln und Herstellen

Um diese Deutungsirritationen aufzulösen, sind genauere Einblicke in Aristoteles' Begrifflichkeiten notwendig. Insbesondere seine Auffassungen von Leben und Handeln müssen in diesem Zusammenhang besser verstanden werden.

(1) Dass Aristoteles als ›höchstes Gut‹ die *eudaimonia* anführt, stellt für ihn noch keine nennenswerte inhaltliche Festlegung dar. Vielmehr ist hiermit nur eine erste äußerliche Titulierung erfolgt, die an bestehende Überzeugungen der Leser anknüpft, aber noch der genaueren Ausdeutung ihres Gehalts bedarf: Die meisten Menschen, sowohl die einfachen als auch die gebildeten Gemüter, werden auf die Frage, was das höchste Gut menschlichen Handelns sei, mit dem Begriff der *eudaimonia*, d.h. des Glücks, der Glückseligkeit, des gelungenen Lebens antworten. Was indessen unter diesem Namen der Sache nach zu verstehen ist, darüber besteht zwischen den Menschen, gerade zwischen den rohen und den weisen Naturen, große Uneinigkeit, und entsprechend liegt hier erheblicher Klärungsbedarf vor [Aristoteles, *NE*, I.2, 1095a, I.6, 1097b].

Die verschiedenen Vorstellungen von Glückseligkeit sieht Aristoteles vor allem in entsprechenden Formen der Lebensführung verwirklicht. Vier solcher Lebensformen sind ihm besonders wichtig, wobei er zweien sogleich eine deutliche Absage als mögliche Realisationen von Glückseligkeit erteilt. Das auf Reichtum angelegte Kaufmannsleben (*bios chrēmatistēs*) scheidet schon aufgrund von Aristoteles' Strebensmodell als Kandidat für die Glückseligkeit aus: Geld ist offensichtlich nur Mittel zu anderen Zwecken, kann also kein endgültiges Ziel und schon gar nicht das vollkommenste Ziel sein. Das auf Lust ausgerichtete Sinnenleben (*bios apolaustikos*) weist Aristoteles aufgrund seines Menschenbildes zurück: Zu Genuss sind auch Tiere fähig, und da es um die moralische Vervollkommnung des Menschen geht, kommt als höchstes Gut seines Handelns auch nur ein höheres, spezifisch menschliches Gut in Frage, nicht ein niederes Gut, an dem bereits animalische Lebensformen teilhaben [Aristoteles, *NE*, I.3, 1095b–1096a]. Damit sind zwei wesentliche Vorschläge für Glückseligkeit bereits ausgeschieden, die in der Tat beide teleologisch verfasst wären: Denn beide hätten jeweils einen Zustand, *eine Handlungskonsequenz* als moralisches Zielgut ausgewiesen, nämlich Reichtum bzw. Lust.

Die beiden verbliebenen Kandidaten für die Glückseligkeit sind das der theoretischen Erkenntnis gewidmete Leben des Philosophen bzw. Wissenschaftlers (*bios theōrētikos*) sowie das am Staat teilhabende Leben des aktiven Bürgers bzw. Politikers (*bios politikos*). Letzteres könnte zumindest dann die Glückseligkeit darstellen, wenn es bei ihm nicht allein um die Ehre geht, in ihrer Äußerlichkeit und Unbeständigkeit, sondern um die Tugend, als stabile Vortrefflichkeit der inneren Gesinnung, und sofern diese Tugend wiederum keine bloße Disposition bleibt, sondern sich in entsprechender Aktivität äußert [Aristoteles, *NE*, I.3, 1095b–1096a]. Noch über längere Strecken der Schrift wird unklar bleiben, welche dieser beiden Lebensweisen den Anspruch auf Verwirklichung der Glückseligkeit letztlich erheben kann. Und tatsächlich wird die Antwort, jedenfalls im Rahmen der Ethik, zwiespältig sein. Denn das eine mag zwar in der Tat höher stehen als das andere, fällt aber auch aus eben diesem Grund aus dem eigentlichen Bereich der Ethik heraus. Es zeigt sich indessen bald, dass das ›gelungene Leben‹, in welcher der beiden Weisen es auch immer bestehen mag, nicht teleologisch geartet sein kann. Dies liegt daran, dass es in der Vervollkommnung des *menschlichen Handelns* besteht. Und beide Komponenten jener Wendung, das ›Handeln‹ und das ›Menschliche‹, lassen zusammen genommen letztlich nur eine tugendethische Interpretation der Glückseligkeit zu.

(2) Das ›gelungene Leben‹, das als *telos teleiotaton* qualifiziert sein soll, besteht also nicht in Reichtum oder Lust, sondern allem Anschein nach in einem anderen Zustand. Bei genauerem Hinsehen zeigt sich jedoch, dass es tatsächlich überhaupt keinen Zustand, den man als solchen erreichen müsste, darstellen kann. Schließlich soll dieses gelungene Leben das vollkommenste Ziel des menschlichen *Handelns* sein. Und Handeln ist bei Aristoteles eine sehr spezielle Form des Tätigseins, die sich insbesondere kategorial vom *Herstellen* unterscheidet: Herstellen (*poiēsis*) definiert sich dadurch, dass sein Ziel in einem Gegenstand außerhalb seiner selbst liegt – einem Produkt, einem Werk, einem Erzeugnis, eben dem ›Hergestellten‹. Handeln (*praxis*) hingegen zeichnet sich dadurch aus, dass sein Ziel in seinem Vollzug selbst realisiert wird – salopp gesprochen ist bei ihm ›der Weg das Ziel‹. Damit kann aber auch speziell das höchste Ziel menschlichen Handelns, um das es der Ethik geht, nicht in einem Zustand liegen, der durch jenes Handeln erreicht würde, nicht in einer Konsequenz, die aus der Handlung entspränge. Vielmehr muss auch dieses höchste Ziel sich im Vollzug der Handlung realisieren, das gute Handeln selbst das moralische Ziel sein [Aristoteles, *NE*, I.1, 1094a, VI.5, 1140b].

Man darf sich das höchste Ziel also nicht als den Endpunkt einer Verkettung von Zuständen denken, die einander sukzessiv als jeweilige Resultate hervorbrächten. Das Ziel jedes Handelns, und damit auch das höchste Ziel alles Handelns, ist kein erreichtes Ergebnis, keine bewirkte Konsequenz. Denn als solche läge es außerhalb des Handelns selbst. Handeln hat sein Ziel aber immer im eigenen Vollzug. Also muss auch das gesuchte höchste Ziel in diesem Vollzug realisiert werden. Das höchste Ziel kann sich nur im Handeln selbst verwirklichen.

Damit ist Aristoteles' Ethikansatz offensichtlich nicht teleologisch: Teleologische Ethiken, die das moralische Ziel in einer herbeigeführten Konsequenz sehen, beruhen nicht auf dem Tätigkeitsmodell des Handelns, sondern auf dem des Herstellens. Für Aristoteles würden sie daher noch nicht einmal zur Ethik gerechnet werden können, die es eben mit dem Handeln, nicht mit dem Herstellen zu tun hat. Allerdings wirkt die Konstruktion damit immer noch nicht tugendethisch, sondern eher schon deontologisch: Das Ziel des Handelns liegt im Vollzug jenes Handelns selbst, speziell gutes Handeln bemisst sich nach der Qualität dieses Vollzugs. Damit scheint der moralische Fokus nun zwar nicht mehr auf der Konsequenz, aber stattdessen auf der Handlung als solcher zu liegen, wie es keineswegs tugendethische, sondern deontologische Theorien charakterisiert.

(3) Aristoteles sucht aber das höchste Ziel nicht *irgendeines* Handelns, sondern speziell des *menschlichen* Handelns. Folglich ist diese Suche auch an der spezifisch menschlichen Lebensweise auszurichten. Nun führt der Mensch nach Aristoteles nicht nur ein organisch-vegetatives Leben wie eine Pflanze, und auch nicht bloß ein instinkthaft-sinnenbegabtes Leben wie ein Tier. Vielmehr führt er darüber hinaus ein Leben unter Leitung der Vernunft. Und wenn das ganze *menschliche Leben* unter diese besondere Bestimmung fällt, dann auch das spezifisch *menschliche Handeln*. Auch menschliches Handeln ist wesentlich als vernunfthaftes Handeln zu begreifen [Aristoteles, *NE*, I.6, 1097b–1098a].

Dann muss jedoch das gelungene Leben bzw. das höchste Ziel dieses menschlichen Handelns darin liegen, in seinem Vollzug jene Vernunfthaftigkeit in höchstem Maße zu realisieren. Das *telos teleiotaton*, die *eudaimonia*, besteht folglich im Handeln gemäß einer *höchstentwickelten Vernunft*. Höchstentwickelt ist die Vernunft aber wiederum, wenn sie von *tugendhafter Beschaffenheit* ist. Und damit ist Handeln aus Tugendhaftigkeit bzw. tugendhaftes Handeln der menschlichen Seele das *telos teleiotaton*, die *eudaimonia*, des Menschen. Die spezifisch menschliche Fähigkeit, die spezifisch menschliche Funktion (das *ergon* des Menschen), ist die Ausübung der Vernunft. Und da das höchste Ziel allen menschlichen Handelns im vollkommenen Handeln gemäß dieser spezifisch menschlichen Fähigkeit liegen muss, besteht es im Handeln einer vollkommenen, d.h. tugendhaften Vernunft (sogenanntes ›Ergon-Argument‹) [Aristoteles, *NE*, I.6, 1098a].

Diese Forderung nach Tugendhaftigkeit der Vernunft beinhaltet noch keine im engeren Sinne ›moralistische‹ Festlegung: ›Tugend‹ (*aretē*) meint zunächst nicht mehr als ›Tüchtigkeit‹, ›Tauglichkeit‹, ›Vortrefflichkeit‹, ›Vorzüglichkeit‹. Das Wort ist nicht auf im eigentlichen Sinne ›moralische‹ Merkmale beschränkt, sondern bezeichnet jegliche hervorragende Beschaffenheit eines Dinges: Der Begriff kann auf sämtliche Gegenstände angewandt werden, die in einem gegebenen Zusammenhang größere oder geringere Qualitäten aufweisen mögen. Er kann sich sogar auf Vernunftloses erstrecken. Auch Tiere, Pflanzen oder Werkzeuge können in irgendeiner Hinsicht mehr oder weniger ›tauglich‹ sein und in diesem jeweiligen Sinne mehr oder weniger ›Tugendhaftigkeit‹ aufweisen.

Die Ausformulierung dessen, was Tugendhaftigkeit speziell der Vernunft bedeutet, steht noch aus: Erst wenn die menschliche Seele (*psychē*), namentlich in ihrer vernunfthaften Natur, genauer dargestellt worden ist, wird sich zeigen, worin ihre Tugendhaftigkeit eigentlich besteht, welches Handeln also das höchste Gut, das gelungene Leben des Menschen ausmacht. Und in der Tat werden einige Tugenden gar keinen spezifisch ›moralischen‹ Sinn haben: Als menschliche Tugenden bezeichnet Aristoteles jegliche Vortrefflichkeiten, die mit der menschlichen *Vernunft* in Zusammenhang stehen. Eine moralische Dimension haben solche Tugenden aber nur, wenn sie sich auf das menschliche *Handeln* beziehen. Und dies ist nicht bei allen Tugenden der Fall, denn einige von ihnen betreffen nicht das Handeln, sondern das Herstellen, oder sogar überhaupt kein Tätigsein.

Für die Ethik liegt das höchste Gut des Menschen jedoch im Handeln einer tugendhaften Vernunft, wie immer dieses inhaltlich noch zu bestimmen sein wird. Der Aspekt des *Handelns* ist hierbei in der Tat *zentral:* Höchstes Ziel der Moral ist das Handeln der tugendhaften Vernunft, nicht bloß eine tugendhafte Beschaffenheit jener Vernunft. Tugend kann und darf bei Aristoteles nicht passiv bleiben. Dennoch wird jenes Handeln anhand dieser *Beschaffenheit* moralisch *beurteilt:* An ihr, der Tugendhaftigkeit der Vernunft, bemisst sich, ob jemand richtig, d.h. eben tugendhaft, handelt. Gewiss, die Tugend soll aktiv werden. Aber der normative Maßstab für jene Aktivität ist über diese Tugendausstattung selbst definiert, nicht über ihre Handlungsvollzüge.

Damit ist Aristoteles' Ethik schließlich korrekt als Tugendethik eingestuft. Sie ist keine Teleologie, aber auch keine Deontologie: Es geht ihr zwar um das richtige Handeln. Aber der Maßstab für dieses Handeln liegt in der seelischen Verfasstheit, der es entspringt, nicht in beachteten Handlungsregeln oder herbeigeführten Handlungsfolgen. Der Effekt dieser Zusammenhänge ist allerdings, dass Aristoteliker zuweilen einen anderen Begriff von ›Teleologie‹ verwenden, als es üblicherweise der Fall ist: In Anlehnung an Aristoteles definieren sie Teleologie als eine Ethik des ›guten Lebens‹. Gemeint ist damit aber, eben in Aristoteles' Sinne, ein ›tugendhaftes Leben‹, definiert durch die Formung der Seele. Es bestimmt sich nicht durch eine Orientierung an Regeln oder durch eine Bewirkung von Folgen.

Seelenvermögen und Tugendtypen

Aristoteles kennt zwei menschliche Seelenvermögen, die einen Bezug zur Vernunft aufweisen. Daher gibt es bei ihm auch zwei menschliche Tugendtypen, d.h. zwei Arten von Vortrefflichkeiten jener Vernunft.

(1) Unter Seele versteht Aristoteles kein Empfindungszentrum, keine Bewusstseinseinheit, wie es im modernen Verständnis, aber auch bei Platon der Fall ist: Die Seele ist für Aristoteles nichts anderes als das Lebensprinzip eines Organismus. Entsprechend kommt sie auch allem Lebendigen, allen Organismen zu, Menschen, Tieren und sogar Pflanzen. Dies hat nichts mit einem fragwürdigen Animismus zu tun: Die Seele einer Pflanze beinhaltet kein Erleben, kein Fühlen und kein Denken, sondern allein die vitalen Funktionen des Stoffwechsels, des Wachstums und der Reproduktion. Über solche Funktionen verfügt auch der Mensch, insofern er ebenfalls ein organisches Leben führt, aber seine Seele hat noch weitere Vermögen, die über ein rein vegetatives Leben hinausreichen.

Wenn Aristoteles bevorzugt von den ›Vermögen‹ (*dynamis*) der Seele spricht, seltener wie Platon von ›Teilen‹ (*meros*), deutet sich überdies an, dass er einen anderen Zusammenhang jener Seele annimmt, als es Platon tut: Die ›Teile‹ der Seele bei Platon sind in der Tat separate Einheiten, gesonderte Kräfte, die einander nahezu unabhängig gegenüberstehen. Ihre Getrenntheit schlägt sich nicht zuletzt darin nieder, dass nach Platon letztlich nur der vernunfthafte Seelenteil unsterblich ist, während die anderen beiden Seelenteile mit dem Tod des Körpers vergehen. Bei Aristoteles hingegen gibt es keine solche Aufspaltung in vereinzelte Zentren: Für ihn gibt es nur eine Seele, ein Lebensprinzip, das seinerseits lediglich verschiedene ›Vermögen‹ ausbildet. Entsprechend geht Aristoteles höchstwahrscheinlich davon aus, dass mit dem Tod des Menschen die ganze Seele erlischt, eben weil sie das Lebensprinzip ist, mit all ihren Vermögen, dem vernünftigen ebenso wie den anderen.

Aristoteles' Darstellungen der verschiedenen Seelenvermögen sind nicht immer leicht nachvollziehbar und auch nicht durchweg konsistent. Manchmal zählt er fünf Vermögen auf, gelegentlich erwähnt er noch weitere, aber einige davon fallen auch wieder zusammen, indem das eine Vermögen notwendig das andere mit umfasst. Im Wesentlichen, vor allem mit Blick auf seine Ethik, unterscheidet Aristoteles drei Vermögen der Seele. Zwei davon haben einen Bezug zur Vernunft und sind daher Sitz von spezifisch menschlichen Tugenden, das dritte hat keinen Vernunftbezug und scheidet daher als Tugendträger aus [Aristoteles, *NE*, I.13, 1102a–1103a; Aristoteles, *De anima*, II.3, 414a–b].

Das denkend-vernünftige Seelenvermögen (*to dianoētikon* = ›das Nachdenkende‹) ermöglicht die höheren Seelenvollzüge, d.h. vor allem Verstehen, Überlegen und Sprachgebrauch. Dieses Vermögen findet sich nur bei Menschen, nicht bei Tieren oder Pflanzen. Es ist nichts anderes als die Vernunft selbst und daher auch der Sitz bestimmter Tugenden, eben als Vorzüglichkeiten jener Vernunft. Allerdings sind dies nicht die eigentlich sittlichen Tugenden, sondern verstandhafte Tugenden. Jenes erste Seelenvermögen entspricht weitgehend Platons ›Vernunft‹ (*to logistikon*). Indem Aristoteles ihm aber unterschiedliche Erkenntnis- und Tätigkeitsgebiete zuweist, beheimatet es nicht nur die eine Tugend ›Weisheit‹, sondern insgesamt fünf verstandhafte Tugenden (s.u.).

Das sinnlich-begehrende Seelenvermögen (*to aisthētikon* = ›das Wahrnehmende‹/*to orektikon* = ›das Strebende‹) ermöglicht Wahrnehmen, Empfinden und

Verlangen, umfasst also vor allem die fünf Sinne, hierauf gründende Affekte von Lust oder Unlust sowie darauf bezogene Antriebe des Strebens bzw. Meidens. Hierüber verfügen Menschen und auch Tiere, nicht aber Pflanzen. Da dieses Vermögen zwar nicht selbst die Vernunft ist, aber immerhin beim Menschen der Vernunft gehorchen kann, ist es ebenfalls ein Sitz gewisser Tugenden, im Sinne spezifischer Vortrefflichkeiten einer vernunfthaften Seelenprägung. Genauer sind dies die eigentlich sittlichen Tugenden, also der wesentliche Gegenstand der Ethik. Jenes zweite Seelenvermögen kommt näherungsweise mit dem überein, was Platon das ›Mutartige‹ (*to thymoeidēs*) und die ›Begierden‹ (*to epithymētikon*) nennt, nun freilich in ungetrennter Form und ergänzt um die sinnliche Wahrnehmung. Da es allerdings in vielen verschiedenen Lebensbereichen zur Geltung gelangt, prägt es nicht nur die beiden Tugenden ›Tapferkeit‹ und ›Besonnenheit‹ aus, sondern insgesamt elf sittliche Tugenden (s.u.).

Das organisch-vegetative Seelenvermögen (*to threptikon* = ›das Nährende‹) schließlich ermöglicht die elementaren biologischen Lebensvollzüge, vor allem Ernährung, Wachstum und Fortpflanzung. Diese Fähigkeiten haben Menschen, Tiere und Pflanzen gleichermaßen. Nach Aristoteles hat dieses Vermögen indessen keinerlei Vernunftbezug, auch beim Menschen nicht. Es mag daher besser oder schlechter ausgebildet sein und in diesem Sinne eine größere oder geringere ›Tauglichkeit‹ (*aretē*) aufweisen, ist aber kein Sitz von spezifisch menschlicher ›Tugend‹ (*aretē*) im Sinne von Vortrefflichkeit seiner Vernunft. Bei Platon gehört dieser Bereich der rein organischen Vollzüge ohnehin nicht zur Seele. Denn Platon meint mit dem Seelischen allein mentale Inhalte, und an diesen hat das bloß vegetative Leben keinen Anteil.

(2) Zwei Vermögen der menschlichen Seele haben nach Aristoteles also einen Bezug zur Vernunft. Entsprechend unterteilen sich die menschlichen Tugenden bei ihm in zwei grundsätzlich verschiedene Typen [Aristoteles, *NE*, I.13, 1103a].

Die sogenannten Verstandestugenden (verstandhafte Tugenden, dianoetische Tugenden, *aretai dianoētikai*) sind die Tugenden des denkend-vernünftigen Seelenvermögens (*to dianoētikon*), d.h. unmittelbar der Vernunft selbst. Unter ihnen finden sich nicht zuletzt die theoretischen Tugenden, d.h. die Tugenden des Erkennens. Diese sind für das philosophisch-wissenschaftliche Leben (*bios theōrētikos*) vorrangig. Einige dianoetische Tugenden gehen allerdings auch über das bloße Erkennen hinaus und sind auf das Tätigsein bezogen.

Die sogenannten Charaktertugenden (sittliche Tugenden, ethische Tugenden, *aretai ēthikai*) sind die Tugenden des sinnlich-begehrenden Seelenvermögens (*to aisthētikon/to orektikon*), d.h. vor allem der Affekte und des Strebens. Sie sind die moralischen Tugenden im eigentlichen Sinne, d.h. die unmittelbaren Tugenden des Handelns. Damit sind sie insbesondere für das politisch-bürgerliche Leben (*bios politikos*) zentral. Genauer bestimmen die ethischen Tugenden das gesamte zwischenmenschliche Miteinander, vom staatlichen Zusammenleben bis zu den privaten Verhältnissen.

Die noch offene Frage, welche der beiden verbliebenen Lebensformen, das theoretische Leben oder das politische Leben, am ehesten das Ziel der Glückseligkeit verwirklicht, stellt sich vor dem Hintergrund dieser Zuordnung zu den Seelenvermögen bzw. Tugendtypen von Neuem. Die Antwort bleibt indessen zwiespältig.

Einerseits zeichnet sich das theoretische Leben dadurch aus, dass sich in ihm die erkennenden Fähigkeiten des obersten Seelenvermögens verwirklichen. Damit bringt es die vornehmste Seite der menschlichen Natur, das Göttliche im Menschen, sein wahres Selbst zur Geltung. Zudem ist das theoretische Leben nach Aristoteles durch höchste Dauerhaftigkeit, höchsten Genuss und höchste Unabhängigkeit geprägt. Es stellt am meisten Muße in Aussicht und wird tatsächlich allein um seiner selbst willen erstrebt. In diesem Sinne verspricht es die *vollendete eudaimonia*, das höchste *denkbare Glück*, zu welchem der Mensch eben aufgrund seiner Erkenntnisfähigkeit vorstoßen kann. Diese Vorzüge weist das politische Leben nicht auf. Zunächst bezieht es sich auf die tugendhafte Beschaffenheit eines niederen Seelenvermögens. Überdies ist es hochgradig angewiesen auf äußere Güter. Es vergönnt kaum Ruhe und dient oftmals Zielen außerhalb seiner selbst. Daher nimmt es in der Rangfolge der Lebensformen nur die zweite Stelle ein [Aristoteles, *NE*, X.7, 1177a–1178a, X.8, 1178a–b].

Andererseits ist das theoretische Leben als solches nicht tätig, und damit kein eigentliches Objekt ethischer Bewertung. Aristoteles versteht Philosophie bzw. Wissenschaft weder als Handeln, d.h. als Form der Interaktion zwischen Kommunizierenden, noch als Herstellen, d.h. als Produktion von Lehren oder Schriften. Das theoretische Leben gilt Aristoteles gar nicht als Aktivität, als Tätigsein, sondern als bloße Kontemplation, als reine Erkenntnis. Damit ist es natürlich nicht verwerflich, sondern eine sehr hochstehende Lebensform. Aber es macht eben auch nicht den wahren Gegenstand der Ethik aus, mit ihrer Frage nach dem guten Handeln. Das politische Leben hingegen ist zweifellos eine bestimmte Form des Handelns, so dass es in moralischer Perspektive zu betrachten ist und ethischer Wegweisung unterliegt. Die Ethik ist somit die Grundlagenwissenschaft der Staatskunst, sie bestimmt Ziele, Wege und Inhalte von Verfassung, Gesetzgebung und Erziehung, die von tugendhaften Politikern zu leiten sind und ihrerseits tugendhafte Bürger hervorbringen sollen. Genauer ist das politische Leben sogar die wichtigste Form des Handelns, die anderen Tätigkeitsbereiche sind dem Staatsleben untergeordnet, die in ihnen verwirklichten Ziele gehen in den politischen Zielen auf. Ethik ist daher sogar Bestandteil der Staatslehre, da ihr eigentlicher Zielpunkt das richtige Handeln im wichtigsten Bereich menschlichen Tätigseins sein muss, ihre Untersuchungen zur individuellen Tugend also vorrangig der Bestimmung des guten Staates dienen. In diesem Sinne darf das politische Leben als die *ethische eudaimonia*, als das eigentlich *moralische Glück* gelten, in welchem eben die sittlichen Tugenden zum Ausdruck gelangen und sich das höchste Ziel des Handelns realisiert [Aristoteles, *NE*, I.1, 1094a–b, I.13, 1102a, II.1, 1103b, X.10, 1179a–1181b].

Schon Platon hat einen engen Bezug zwischen Ethik und Politik hergestellt: Der zentrale Gedanke der *Politeia* lautet, dass eine Parallele zwischen Seelenteilen und Bürgerständen besteht, Kardinaltugenden und Staatstugenden folglich in Analogie zueinander definierbar sind. Aristoteles kennt ebenfalls einen Bezug zwischen Ethik und Politik, der aber strukturell ganz anders geartet ist: Bei ihm ist das moralische Leben letztlich das politische Leben, so dass die Frage nach dem guten Menschen auf die Frage nach dem guten Bürger hinausläuft und die *Nikomachische Ethik* nahtlos in die *Politik* übergeht.

(3) Bislang hat Aristoteles zwei *Tugendtypen* unterschieden, Verstandestugenden und Charaktertugenden, gemäß den beiden vernunftbezogenen Seelenvermögen. Die genauere Ausdifferenzierung dieser beiden Typen zu bestimmten *Einzeltugenden* erfolgt nicht mehr durch eine weitere Einteilung der Seele, sondern durch eine Zuordnung zu verschiedenen Gegenstands- oder Lebensbereichen, mit denen die Seele befasst sein kann.

Die dianoetischen Tugenden sind noch einmal in zwei Gruppen unterteilt. Insgesamt enthalten diese Gruppen fünf verstandhafte Einzeltugenden.

Die erste Gruppe der dianoetischen Tugenden befasst sich mit dem Notwendigen und Unveränderlichen, d.h. mit demjenigen, das nicht anders sein kann, als es ist. Ziel für den Menschen ist hier das Erkennen, die reine Kontemplation, da ein Tätigsein in diesem Bereich überhaupt nicht möglich ist [Aristoteles, *NE*, VI.2, 1139a, VI.3, 1139b, VI.6, 1140b–1141a, VI.7, 1141a–b].

Wissenschaft (Wissen, Kenntnis, *epistēmē*) bezieht sich auf das Allgemeine, liefert also generelle Aussagen und Zusammenhänge, wie sie vor allem in entsprechenden Lehrsätzen und Naturordnungen begegnen. Einsicht (Geist, Verstand, *nous*) befasst sich mit den Prinzipien, erfasst also die obersten Grundsätze und Erkenntnisregeln, mit denen sich jene allgemeinen Aussagen der Wissenschaft begründen lassen. Weisheit (*sophia*) besteht in Wissenschaft und Einsicht hinsichtlich der ehrwürdigsten Dinge. Hierzu gehört nach Aristoteles nicht der Mensch, sondern das, was noch göttlicher ist als er, beispielhaft der Bereich der Himmelskörper.

Der wesentliche Unterschied zu Platon liegt an dieser Stelle darin, dass Aristoteles eine genauere Aufteilung der Tugenden des höchsten Seelenvermögens vornimmt. Bei Platon gibt es nur eine Tugend des obersten Seelenteils, nämlich die Weisheit, die sowohl mit der theoretischen Erkenntnis des Wahren als auch mit der praktischen Bestimmung des Richtigen betraut ist. Bei Aristoteles hingegen ist Weisheit nur eine spezielle Tugend unter mehreren anderen Vortrefflichkeiten des höchsten Seelenvermögens, und zudem ist sie rein theoretisch ausgerichtet und gar nicht mit dem Menschen, mit dem Handeln oder der Moral befasst. Dies wird gleich eine andere Tugend übernehmen.

Die zweite Gruppe der dianoetischen Tugenden beschäftigt sich mit dem Kontingenten und Veränderlichen, d.h. mit demjenigen, das auch anders sein könnte, als es ist. Ziel für den Menschen ist hier das Tätigsein, das aktive Tun, da ein bloßes Erkennen in diesem Bereich für Tugendhaftigkeit nicht ausreichen kann [Aristoteles, *NE*, VI.4, 1140a, VI.5, 1140a–b].

Die Kunst (*technē*) geht auf das Herstellen (*poiēsis*), also auf den ersten Typ von Tätigsein, der indessen noch nicht Gegenstand der Ethik ist. Der Begriff *technē* meint jede vernunftgeleitete Fertigkeit, die auf ein gezieltes Hervorbringen bezogen ist, und wird entsprechend manchmal auch als ›praktisches Können‹ übersetzt. Er umfasst durchaus ›Künste‹ im heutigen Sprachgebrauch (etwa Malerei oder Bildhauerei) und auch ›Techniken‹ im modernen Sinne (etwa Ingenieurtechnik oder Bautechnik). Ebenso ist darunter aber jede handwerkliche Betätigung zu rechnen (etwa Kriegshandwerk bzw. ›Kriegskunst‹, die sich mit dem Herstellen von Militärerfolgen befasst) sowie jegliche ergebnisorientierte Intervention (etwa Medizin bzw. ›Heilkunst‹, die auf das Herstellen von Gesundheit gerichtet ist). Entsprechend ist der Gegenstandsbereich *poiēsis* natürlich weiter als das Feld der ›Poesie‹, im modernen Sinne von Dichtkunst. Er umschließt jede Art von Produktion.

Die Klugheit (*phronēsis*) betrifft das Handeln (*praxis*), also die zweite Form von Tätigsein, mit der endlich das Thema der Ethik erschlossen ist. Man übersetzt das Wort *phronēsis* entsprechend zuweilen auch mit ›sittliche Einsicht‹, ›moralische Urteilskraft‹ oder ›praktische Vernunft‹, um anzuzeigen, dass es hierbei um die umfassende vernünftige Orientierung im gesamten ethischen Sektor geht. ›Klugheit‹ ist also nicht eine moralische Spezialtugend (etwa des einfühlenden, umsichtigen, diplomatischen oder gar gerissenen, taktierenden, kalkulierenden Umgangs mit seinen Mitmenschen). ›Klugheit‹ ist vielmehr die ethische Fundamentaltugend schlechthin (wie es die Übersetzung ›sittliche Einsicht‹, ›moralische Urteilskraft‹ oder ›praktische Vernunft‹ in der Tat besser zum Ausdruck bringt). Mit *phronēsis* ist die Fähigkeit zum Erfassen des zu Tuenden und zum entsprechenden Handeln in sämtlichen Lebensbereichen angesprochen. Somit hat sie sich in verschiedensten konkreten Tätigkeitsfeldern zu bewähren, im privaten wie im öffentlichen Leben.

Rechte Mitte und ethische Tugenden

Klugheit ist also diejenige dianoetische Tugend, die für das Handeln und damit für die Moralität des Menschen zuständig ist. Hierbei kommt es zu einem eigentümlichen Prozess, der nicht zuletzt einen engen Zusammenhang zwischen Klugheit und ethischen Tugenden entstehen lässt.

(1) Die Aufgabe der Klugheit besteht darin, in einer gegebenen Situation das richtige Handeln zu bestimmen. Hierzu kann die Ethik nach Aristoteles keine genauen Vorgaben machen. Sie kann jenes richtige Handeln lediglich in seinem groben Umriss skizzieren. Dieser besteht darin, dass richtiges Handeln stets den Charakter einer ›rechten Mitte‹ (*mesotēs*) zwischen zwei falschen Extremen hat – einem Zuviel und einem Zuwenig, einem Übermaß und einem Mangel. Wenn diese rechte Mitte wiederholt getroffen wird, kommt es beim Handelnden zu einem Effekt der Gewöhnung. Er bildet einen entsprechenden ›Habitus‹ (*hexis*) aus – eine Haltung, eine Disposition, künftig in ähnlichen Situationen auf die gleiche Weise zu handeln, also in dem gegebenen Lebensbereich wieder die rechte Mitte zu treffen [Aristoteles, *NE*, II.2, 1103b–1105a].

Eben dieser Habitus ist aber die dem jeweiligen Tätigkeitsfeld zugehörige ethische Tugend. Über den Prozess der Gewöhnung, der Einübung, kommt es also dazu, dass die Verstandestugend Klugheit, mit ihrer vernünftigen Einsicht in das richtige Handeln, sich gleichsam in die verschiedenen Charaktertugenden transformiert, als feste Dispositionen des strebenden Seelenvermögens. Indem sie immer wieder die rechte Mitte trifft, bildet sich eine zweite Natur aus, aufgrund welcher der Mensch fortan befähigt ist, ohne Nachdenken und Abwägen, d.h. ohne Hilfe der Klugheit angemessen zu handeln, also in der entsprechenden Situation die rechte Mitte zu finden. Während die dianoetischen Tugenden vor allem aus der Belehrung (*didaskalia*) entspringen, entstehen die ethischen Tugenden somit aus der Gewöhnung (*ethos*) – womit Aristoteles nebenbei ihren Namen zu erklären versucht. Über jene Gewöhnung verwandelt sich die Verstandestugend der praktischen Klugheit, mit ihrer reflektierten Bestimmung der rechten Mitte, in die Charaktertugend des jeweiligen Lebensbereichs, die ab jetzt das richtige Handeln in automatisierter Weise vornimmt. Die ethische Tugend hat somit als ihre spezifische Wirkung eben jenes richtige Handeln, in dem auch ihre eigene Ursache liegt – und wächst auf diese Weise an sich selbst weiter, indem sie beständig das hervorbringt, aus dem sie ihrerseits entsteht [Aristoteles, *NE*, II.1, 1103a–b].

Wenn Aristoteles also schreibt, dass ›die Klugheit nie ohne ethische Tugend‹ sei [Aristoteles, *NE*, VI.13, 1144a–b], dann meint er die Ausrichtung der Klugheit auf das moralische Ziel: Ohne moralische Orientierung auf das höchste Gut handelte es sich nicht um echte Klugheit, sondern um bloße Geschicklichkeit. Wenn Aristoteles umgekehrt schreibt, dass ›die ethische Tugend nie ohne Klugheit‹ sei [Aristoteles, *NE*, VI.13, 1144b], dann geht es ihm um die Entstehung der Charaktertugend aus der wiederholten Klugheit: Ohne solch einen Ursprung in vernünftiger Wahl hätte man es nicht mit wahrer Tugend, sondern nur mit einer natürlichen Veranlagung zu tun, die möglicherweise günstig geartet, aber nicht wirklich moralisch qualifiziert wäre.

Die Klugheit kann somit bei Aristoteles den Status einer ›Mastertugend‹ geltend machen, den bei Platon die Gerechtigkeit innehatte. Der Sinn ist aber ein jeweils anderer. Bei Platon bezeichnete die Gerechtigkeit die *Gesamtheit* aller Moralität: Sie war die umfassende Kardinaltugend einer menschlichen Seele, in der jeder Seelenteil das Seinige tat; und diese Funktionalität und Harmonie bedeutete nichts anderes, als dass in jenen drei Seelenteilen die übrigen drei Kardinaltugenden vorlagen. Bei Aristoteles ist die Klugheit hingegen die *Quelle* aller Moralität: Sie ist die spezielle Verstandestugend des denkend-vernünftigen Seelenvermögens, welche das richtige Handeln in sämtlichen Lebensbereichen bestimmt; und über Wiederholung und Gewöhnung entstehen hieraus die einzelnen Charaktertugenden des sinnlich-begehrenden Seelenvermögens, die jenen Lebensbereichen jeweils als Verhaltensdispositionen zugeordnet sind.

Indem die Klugheit stets eine rechte Mitte treffen muss, stellen sich auch die aus ihr entspringenden Charaktertugenden jeweils als eine rechte Mitte dar. Zu jeder Charaktertugend gibt es somit zwei falsche Extreme, zwischen denen sie sich befindet, ein Zuviel und ein Zuwenig, ein Übermaß und einen Mangel, insbesondere hinsichtlich eines angemessenen Umgangs mit den beteiligten Affekten. Und freilich kann jener Prozess der Gewöhnung auch ein schlechtes Ergebnis liefern, wenn die Klugheit die rechte Mitte stets verfehlt und immerfort eines der falschen Extreme wählt. In diesem Fall erzeugt die Gewöhnung statt der Tugend ein Laster, bildet also im Charakter des Handelnden eines der beiden falschen Extreme aus, zwischen denen die entsprechende Tugend läge.

(2) Insgesamt elf ethische Tugenden sind es, die Aristoteles auf diese Weise als charakterliche Vortrefflichkeit in einem jeweiligen Lebensbereich sowie als rechte Mitte zwischen zwei falschen Extremen definiert. Die Liste soll wohl keinen Anspruch auf Vollständigkeit erheben, deckt aber die wichtigsten Bereiche zumindest des damaligen Lebens in einer griechischen Polis ab [Aristoteles, *NE*, II.7, 1107a–1108b].

Tapferkeit (*andreia*) bezieht sich auf den Umgang mit den Affekten der Zuversicht und der Furcht, vor allem angesichts des Todes im Krieg, nachgeordnet auch in anderen fordernden Lebenssituationen, etwa bei Krankheit oder Armut. Sie bildet die rechte Mitte zwischen Feigheit und Tollkühnheit. Auffällig ist, dass Aristoteles in diesem Bereich also nicht nur übergroße Verzagtheit, sondern auch übermäßige Verwegenheit ablehnt. Das Charakterideal des Tapferen scheint eher durch einen Odysseus als durch einen Achilles repräsentiert zu werden [Aristoteles, *NE*, III.9–III.12, 1115a–1117b].

Besonnenheit (*sōphrosynē*) betrifft den Umgang mit den Affekten der Lust und der Unlust, insbesondere hinsichtlich des eigenen Körpers und der leiblichen Bedürfnisse, also etwa mit Blick auf Speisen, Alkohol oder Sexualität. Sie ist die rechte Mitte zwischen Zügellosigkeit und Stumpfheit. Wieder fällt auf, dass Aristoteles nicht nur das Extrem der Ausschweifung, sondern auch das Extrem der Unempfänglichkeit zurückweist. Das Charakterideal des Besonnenen ist somit eher der zurückhaltende Kenner als der strikte Asket [Aristoteles, *NE*, III.13–III.15, 1117b–1119b].

Zwei weitere Tugenden beziehen sich auf die Verwendung von Besitz und Vermögen: Freigiebigkeit (*eleutheriotēs*) betrifft das Geben und Nehmen von kleineren Geldbeträgen, wie es vor allem im privaten Bereich vorkommt, etwa beim Austeilen und Annehmen von Geschenken, und bildet die rechte Mitte zwischen Geiz und Verschwendung. Großherzigkeit (*megaloprepeia*) betrifft den Aufwand mit größeren Geldbeträgen, wie er vor allem im öffentlichen Sektor betrieben wird, etwa bei Spenden für Bauprojekte, Opfergaben, Kriegsgerät oder Festakte, und stellt die rechte Mitte zwischen Engherzigkeit und Großtuerei dar [Aristoteles, *NE*, IV.1–IV.6, 1119b–1123a].

Die beiden nächsten Tugenden bewegen sich auf dem Gebiet von Ansehen und Ehre: Ehrbewusstsein (hier fehlt nach Aristoteles die Bezeichnung im Griechischen, d.h. diese Tugend bleibt *anōnymos*) betrifft, parallel zur Freigiebigkeit, die Ehre im Kleinen, also vor allem das private Ansehen bei Freunden und Verwandten, und steht zwischen Ehrsucht und Ehrgeizlosigkeit. Seelengröße (Hochgesinntheit, *me-*

galopsychia) betrifft, parallel zur Großherzigkeit, die Ehre im Großen, also vor allem das öffentliche Ansehen im Staat, und liegt zwischen Aufgeblasenheit und Niedersinnigkeit [Aristoteles, *NE*, IV.7–IV.10, 1123a–1125b].

Vier folgende Tugenden betreffen Umgang und Kommunikation in speziellen Situationstypen: Sanftmut (*praotēs*) ist bei Konflikten gefragt, namentlich in der Reaktion auf Kränkungen und Provokationen, und bildet die rechte Mitte zwischen übertriebener Zornmütigkeit und knechtischer Zornlosigkeit. Freundlichkeit (*philia*) bestimmt das Verhalten bei Kooperationen, nicht zuletzt die Durchsetzung eigener Interessen und die Bereitschaft zu Kompromissen, und liegt zwischen Streitsucht und Anbiederei. Wahrhaftigkeit (*alētheia*) meint nicht so sehr generell Ehrlichkeit in sämtlichen Bereichen, sondern eher speziell das Sprechen von der eigenen Person, d.h. die Selbstdarstellung, und macht die rechte Mitte zwischen Prahlerei und Tiefstapelei aus. Gewandtheit (*eutrapelia*) kommt im Humor zur Geltung und steht zwischen alberner Possenreißerei und übertriebener Steifheit [Aristoteles, *NE*, IV.11–IV.14, 1125b–1128b].

Die elfte ethische Tugend schließlich ist die Gerechtigkeit (*dikaiosynē*): Auch sie betrifft den Umgang mit Geld oder Ehre, allerdings in speziellen Zusammenhängen, die bislang nicht Thema waren. Zudem erweitert sie das Spektrum, indem sie Vergehen wie Mord oder Körperverletzung einbezieht, und widmet sich der Frage, wie entsprechende Übergriffe durch geeignete Strafen zu ahnden sind. Insgesamt geht es bei ihr um die Hauptbereiche der Tauschbeziehungen, der Reaktion auf Vergehen sowie der Güterverteilungen, in denen ebenfalls jeweils eine rechte Mitte einzuhalten ist (s.u.).

Seele und Tugenden bei Aristoteles	
3 Seelenvermögen	denkend-vernünftiges Vermögen (*to dianoētikon*) sinnlich-begehrendes Vermögen (*to aisthētikon/to orektikon*) organisch-vegetatives Vermögen (*to threptikon*)
5 Verstandestugenden (dianoetische Tugenden)	Wissenschaft (*epistēmē*): Erkenntnis des Allgemeinen Einsicht (*nous*): Erkenntnis der Prinzipien Weisheit (*sophia*): Wissenschaft und Einsicht hinsichtlich der ehrwürdigsten Dinge Kunst (*technē*): rechte Vernunft im Herstellen Klugheit (*phronēsis*): rechte Vernunft im Handeln
11 Charaktertugenden (ethische Tugenden)	Tapferkeit (*andreia*): Krieg (Zuversicht und Furcht) Besonnenheit (*sōphrosynē*): Körper (Lust und Unlust) Freigiebigkeit (*eleutheriotēs*), Großherzigkeit (*megaloprepeia*): Besitz Ehrbewusstsein (*unbenannt*), Seelengröße (*megalopsychia*): Ehre

	Sanftmut (*praotēs*), Freundlichkeit (*philia*), Wahrhaftigkeit (*alētheia*), Gewandtheit (*eutrapelia*): Umgang, Kommunikation Gerechtigkeit (*dikaiosynē*): Tausch, Vergehen, Verteilung

Als Zentraltugenden der beiden höchsten Lebensformen, des theoretischen und des politischen Lebens, erscheinen nunmehr Weisheit und Klugheit: Die Weisheit vereint in sich die höchsten dianoetischen Tugenden, die sich auf das Unveränderliche beziehen und entsprechend das Erkennen leiten, wie es Philosophie bzw. Wissenschaft kennzeichnet (Prototyp ist hier der Denker Thales [Aristoteles, *NE*, VI.7, 1141b]). Die Klugheit ist jene dianoetische Tugend, die das Veränderliche betrifft und genauer mit dem Handeln befasst ist, um sich dann in die konkreten Charaktertugenden der verschiedenen Lebensbereiche zu transformieren und insbesondere das politische Zusammenleben in der staatlichen Gemeinschaft zu leiten (Urbild ist hier der Staatsmann Perikles [Aristoteles, *NE*, VI.5, 1140b]).

Eine eindeutige Rangfolge in moralischer Hinsicht lässt sich damit zwischen beiden Lebensformen nicht ausmachen: Zwar ist die Weisheit des theoretischen Lebens im obersten Seelenvermögen beheimatet, befasst sich mit den edelsten Gegenständen und verheißt größte Unabhängigkeit sowie äußerste Muße. Aber die Klugheit des politischen Lebens leitet die sittliche Prägung der gesamten Seele, betrifft das moralische Handeln und lässt die ethischen Tugenden entstehen.

(3) Auffällig ist, wie stark die Charaktertugenden bei Aristoteles auf interpersonelle Verhältnisse ausgerichtet sind. Bei Platon war diese zwischenmenschliche Dimension zweitrangig: Die Tugenden waren zunächst ganz intern, als Fähigkeiten und Verhältnisse der einzelnen Seelenteile definiert. Namentlich Gerechtigkeit wurde als Funktionalität und Harmonie der Gesamtseele erklärt. Erst nachfolgend versuchte Platon, plausibel zu machen, dass eine dergestalt beschaffene Seele auch im Umgang mit anderen Menschen angemessenes Betragen und gewünschte Effekte erwarten lässt.

Bei Aristoteles hingegen sind die Tugenden unmittelbar zwischenmenschlich definiert. Zwar sind es allesamt Charakterdispositionen, wie in einer Tugendethik nicht anders zu erwarten: Sie bezeichnen zugrunde liegende Haltungen, nicht etwa pflichtgemäße Handlungen oder wünschenswerte Konsequenzen. Aber es sind fast durchweg Haltungen, die unmittelbar auf die Interaktion mit anderen Menschen bezogen sind. Dies gilt namentlich für die Tugend der Gerechtigkeit.

Formen der Gerechtigkeit

Wie schon für Platon ist auch für Aristoteles die Tugend der Gerechtigkeit von zentraler Bedeutung. Entsprechend widmet er ihr die längste Einzeluntersuchung aller ethischen Tugenden, nämlich das komplette Buch V der *Nikomachischen Ethik*. Diese hohe Aufmerksamkeit liegt zum einen darin begründet, dass Gerechtigkeit die wesentliche Tugend für das politische Zusammenleben ist. Sie erklärt sich zum anderen daraus, dass die Gerechtigkeit sich bei Aristoteles noch einmal in verschiedene Formen untergliedert.

(1) Aristoteles kennt einerseits einen weiten, unspezifischen Begriff von Gerechtigkeit. Diese *allgemeine Gerechtigkeit* (im lateinischen Mittelalter als *iustitia generalis* oder *iustitia universalis* bezeichnet) besteht im vollständigen Besitz sämtlicher Charaktertugenden, jedenfalls soweit sie gegen andere Menschen ausgeübt werden. Mit dieser ersten Deutung von Gerechtigkeit macht Aristoteles nicht zuletzt ein begriffliches Zugeständnis an Platon: Bei Platon bestand die Gerechtigkeit darin, dass jeder Seelenteil das Seinige tut, also weise, tapfer bzw. besonnen ist. Bei Aristoteles stellt die allgemeine Gerechtigkeit eine ähnlich umfassende Tugendhaftigkeit dar, die sich aus dem vollständigen Vorhandensein der anderen Tugenden ergibt, wobei er allerdings besonders betont, dass diese anderen Tugenden sich in interpersonellen Verhältnissen ausprägen müssen. Da Aristoteles zudem davon ausgeht, dass staatliche Gesetze auf die vollumfängliche Durchsetzung sämtlicher Charaktertugenden gerichtet sein sollten, kommt jene allgemeine Gerechtigkeit für ihn auch einer umfassenden Treue zu den staatlichen Gesetzen gleich, jedenfalls soweit es sich um gute Gesetze handelt (lateinisch *iustitia legalis*). Mit dieser zusätzlichen Bestimmung kommt Aristoteles vor allem verbreiteten Vorstellungen von Gerechtigkeit unter seinen Lesern entgegen: Viele Zeitgenossen hätten Gerechtigkeit im ersten Zugriff schlicht als Einhaltung der Gesetze verstanden. In Präzisierung dieses Vorverständnisses deutet Aristoteles die allgemeine Gerechtigkeit als Beachtung der staatlichen Gesetze, sofern jene Gesetze in richtiger Weise abgefasst sind. In jedem Fall ist Gerechtigkeit in diesem ersten Sinne nicht selbst eine ethische Tugend, nicht eine bestimmte rechte Mitte. Vielmehr ist sie die Gesamtheit aller ethischen Tugenden, d.h. sämtlicher rechter Mitten [Aristoteles, *NE*, V.3, 1129b–1130a].

Vorrangig ist für Aristoteles jedoch ein anderer, engerer Begriff von Gerechtigkeit. Diese *partikulare Gerechtigkeit* (lateinisch *iustitia particularis*, *iustitia specialis*) ist eine einzelne Charaktertugend, eben jene elfte Tugend, von der oben bereits die Rede war. Genauer ist sie eine besondere Charaktertugend für spezielle Interaktionsformen im gesellschaftlichen Zusammenleben: Sie betrifft vor allem Geschäftsangelegenheiten, Strafvergehen und Güterverteilungen. Gemäß diesen Interaktionsformen ist die partikulare Gerechtigkeit noch einmal unterteilt. Sie gliedert sich in die *ausgleichende Gerechtigkeit*, die ihrerseits wiederum zwei Unterformen kennt, und in die *austeilende Gerechtigkeit* (beide werden unten erläutert). In jedem Fall eignen ihr alle Eigenschaften einer ethischen Tugend: Sie ist ein besonderer Habitus, der sich über die Gewöhnung aus der Klugheit entwickelt. Zudem ist sie als eine rechte Mitte bestimmbar. Denn in allen ihren Formen und Unterformen betrifft sie bestimmte Gestalten des Gebens und Nehmens, des Zuteilens und Korrigierens. Daher muss sie jeweils ein Zuviel und ein Zuwenig vermeiden, einen unberechtigten Vorteil wie einen unberechtigten Nachteil verhindern [Aristoteles, *NE*, V.4, 1130a–b].

(2) Die *ausgleichende Gerechtigkeit* (lateinisch *iustitia commutativa, iustitia communicativa* bzw. *iustitia correctiva, iustitia retributiva*) betrifft den Verkehr zwischen privaten Personen. Hiervon gibt es nach Aristoteles zwei Arten: Der ›freiwillige Verkehr‹ beruht auf frei getroffenen Abmachungen vor allem ökonomischer Art. Hier geht es um Kauf, Verkauf, Miete, Darlehen, Bürgschaften, Hinterlegungen etc. (in erster Näherung also Bereiche, die heutzutage unter das Zivilrecht fallen). Der ›unfreiwillige Verkehr‹ besteht in heimlichen oder offenen Vergehen zwischen Individuen. Er umfasst Mord, Körperverletzung, Diebstahl, Raub, Verleumdung, Freiheitsberaubung etc. (in moderner Perspektive also Verhaltensweisen, die dem Strafrecht zuzuordnen wären) [ARISTOTELES, *NE*, V.5, 1131a].

Das Prinzip der rechten Mitte kommt hier insofern zur Geltung, als in diesen Formen des Verkehrs bei den Beteiligten jeweils kein Zuviel und kein Zuwenig entstehen sollte. Grob gesprochen lässt sich darin der Grundgedanke ›Jedem das Seine‹ wiedererkennen. Genauer entfaltet Aristoteles sein Prinzip in folgender Weise: Wenn im freiwilligen Verkehr der Wert einer Leistung den Wert der Gegenleistung übersteigt (etwa indem die verkaufte Ware mehr wert ist als der gezahlte Preis), so hat der eine Beteiligte einen unberechtigten Vorteil, ein Zuviel, der andere Beteiligte einen unberechtigten Nachteil, ein Zuwenig. Wenn im unfreiwilligen Verkehr ein Täter seinem Opfer einen Schaden zufügt (etwa indem ein Wegelagerer einen Reisenden ausraubt), so hat wiederum der Täter einen unberechtigten Vorteil, ein Zuviel, das Opfer einen unberechtigten Nachteil, ein Zuwenig. Diese Vorteile und Nachteile sollten am besten erst gar nicht *entstehen*. In gewissem Sinne mag man daher die ›ausgleichende Gerechtigkeit‹ bereits als eine Haltung der Betroffenen verstehen, bei wechselseitigen Geschäften faire Werte zu tauschen bzw. anderen Personen keine Schäden beizubringen (*iustitia commutativa, iustitia communicativa*). Wenn solche Unverhältnismäßigkeiten oder Vergehen indes eingetreten sind, müssen ihre ungerechten Ergebnisse wieder *ausgeglichen* werden. Namentlich in diesem Sinne kann in beiden Bereichen von ›ausgleichender Gerechtigkeit‹ gesprochen werden, als Tugend vor allem eines Richters, der entstandene Vorteile und Nachteile wieder beseitigen, die rechte Mitte zwischen Zuviel und Zuwenig wieder herstellen muss (*iustitia correctiva, iustitia retributiva*).

Aristoteles bezeichnet jene rechte Mitte, für die entstandene Vorteile und Nachteile eben wieder *ausgeglichen* werden müssen, auch als einen Zustand der ›Gleichheit‹. Hiermit greift er verbreitete Intuitionen auf, dass Gerechtigkeit etwas mit Gleichheit zu tun habe. Freilich bedeutet dies nicht, dass jener rechtmäßige Zustand in einer *inhaltlichen* Gleichheit bestehen müsste: Aristoteles fordert keineswegs, dass alle Menschen gleich viel Besitz haben sollten. Es heißt vielmehr umgekehrt, dass der rechtmäßige Zustand die Position der Gleichheit *definiert*, die gegebenenfalls wiederhergestellt werden muss: Rechtmäßiger Besitz kann in sehr ungleichen Vermögen bestehen. Aber von diesem rechtmäßigen Status quo aus muss beim (freiwilligen) Handel *Gleiches gegen Gleiches getauscht* werden, und nach einem (unfreiwilligen) Übergriff müssen *Vorteile und Nachteile ausgeglichen* werden. Allein hierdurch ist die rechte Mitte zu bewahren bzw. wieder herzustellen.

Aristoteles nennt dieses Grundprinzip der ausgleichenden Gerechtigkeit auch ›arithmetische Proportionalität‹ (*analogia arithmētikē*). Hiermit meint er eine quasi-mathematische Beziehung, der zufolge man vom Begünstigten bzw. Täter den entstandenen Vorteil subtrahieren und zum Benachteiligten bzw. Opfer den entstandenen Nachteil addieren muss, um die verlorene ›Gleichheit‹ wiederherzustellen. Formelhaft ausgedrückt lautet die Beziehung: ›Täter – Vorteil = Opfer + Nachteil‹. Diese *Gleichung*, dieses Gleichheitszeichen zwischen zwei Differenzen, besagt indessen nicht, dass Täter und Opfer vor der Tat gleich viel Besitz *hatten* oder nach der Korrektur wieder gleich viel Besitz *haben müssten*. Sie schreibt vielmehr fest, dass der Ausgangszustand zwischen den Beteiligten als Gleichheit zu *gelten* hat und dass dieser Zustand nun *wiederherzustellen ist*. Die anfängliche Konstellation wird als Gleichheit *festgelegt*, als rechte Mitte, von der aus sich Zuviel und Zuwenig *definieren* [Aristoteles, *NE*, V.7, 1131b–1132b].

(3) Die *austeilende Gerechtigkeit* (lateinisch *iustitia distributiva*) betrifft die Zuteilung von öffentlichen Gütern, insbesondere von Geld und Ehre. Der Anwendungsbereich, den Aristoteles hierbei im Sinn hat, dürfte indes kaum mit dem übereinkommen, was heutzutage unter dem Stichwort Verteilungsgerechtigkeit diskutiert wird: Es geht weniger um Versorgungsleistungen oder Unterstützungsmaßnahmen, etwa für Arme, Kranke, Waisen, Alte etc. (also jene Zuwendungen, die man aktuell unter das Sozialrecht fasst). Dieser Bereich wurde in der Antike kaum als Staatsaufgabe eingeschätzt, und wenn Aristoteles vereinzelte Infrastrukturmaßnahmen wie gemeinsame Mahlzeiten oder öffentliche Schulen diskutiert, dann eher unter dem Aspekt der Gemeinschaftlichkeit und der Erziehung als unter dem Gesichtspunkt der Gerechtigkeit. Bei der austeilenden Gerechtigkeit geht es vielmehr um gezielte Bevorzugungen für erbrachte Leistungen oder demonstrierte Integrität (vor allem in der Politik oder im Krieg). Thema ist die Vergabe von materiellen oder ideellen Auszeichnungen, etwa die Zuweisung eroberter Ländereien oder die Gewährung öffentlicher Würden, mit denen man einzelnen Bürgern eine geeignete Anerkennung zollen wollte [Aristoteles, *NE*, V.5, 1130b].

Wieder kommt hier das Prinzip der rechten Mitte zum Zuge, insofern bei jener Verteilung kein Zuviel und kein Zuwenig unter den Bürgern entstehen darf. Grob gesagt deutet sich darin einmal mehr das Grundkonzept ›Jedem das Seine‹ an. Genauer legt Aristoteles sein Prinzip nunmehr in folgender Form aus: Die Anteile müssen sich proportional zum Verdienst der Bürger verhalten. Der korrekte Verteilungsgrundsatz für öffentliche Güter ist also eine Meritokratie, welche die Zuwendungen am tatsächlichen Erfolg oder am nachgewiesenen Bemühen der Beteiligten ausrichtet. Die ›austeilende Gerechtigkeit‹ kann damit zunächst als Tugend der Beteiligten selbst angesehen werden: Diese sollten nicht mehr und nicht weniger beanspruchen, als ihnen gemäß ihrem jeweiligen Verdienst zusteht. Vor allem aber ist die ›austeilende Gerechtigkeit‹ eine Tugend der Herrschenden: Diese müssen die öffentlichen Güter gemäß Verdienst verteilen und in diesem Sinne die rechte Mitte zwischen Zuviel und Zuwenig herstellen.

Auch diese rechte Mitte, bei der nur *gleich Verdienstvolle gleiche Güter* erhalten, bezeichnet Aristoteles als eine Form von ›Gleichheit‹. Wiederum schließt er damit an gängige Auffassungen an, dass Gerechtigkeit auf Gleichheit bezogen sei. Abermals läuft dies aber nicht auf eine *inhaltliche* Gleichheit hinaus: Insbesondere sollen nach Aristoteles natürlich nicht alle Menschen gleich viele Güter zugeteilt bekommen. Vielmehr soll gemäß Verdienst verteilt werden, was üblicherweise höchst *ungleiche* Anteile erzeugen wird: Die Verdienstvollen sollen mehr und die Verdienstlosen weniger bekommen. Es geht also nicht um *Gleichheit* der Anteile, sondern um *Verhältnismäßigkeit* der Anteile. Allein hierin besteht die rechte Mitte.

Dieses Grundprinzip der austeilenden Gerechtigkeit nennt Aristoteles auch ›geometrische Proportionalität‹ (*analogia geōmetrikē*). Wieder geht es um eine pseudonumerische Beziehung, der zufolge die Mengen der zugeteilten Güter sich wie die Größen der jeweiligen Verdienste verhalten müssen, um die gewünschte ›Gleichheit‹ zu erreichen. Formelhaft ausgedrückt lautet die Beziehung: ›Güteranteil von Person A / Güteranteil von Person B = Würdigkeit von Person A / Würdigkeit von Person B‹. Diese *Gleichung*, dieses Gleichheitszeichen zwischen zwei Quotienten, besagt somit nicht, dass alle Beteiligten *gleiche Güteranteile* bekommen sollen. Sie besagt vielmehr, dass die Güteranteile *gemäß Verdienst* ausfallen sollen. Dieses *proportionale* Verhältnis wird als Gleichheit gefordert, als rechte Mitte, der *gegenüber* sich Zuviel und Zuwenig bestimmen [Aristoteles, *NE*, V.6, 1131a–b, V.7, 1131b].

Formen der Gerechtigkeit bei Aristoteles

Allgemeine Gerechtigkeit (*iustitia generalis/universalis/legalis*): vollständiger Besitz sämtlicher Charaktertugenden, soweit sie gegen andere Menschen ausgeübt werden, umfassende Treue zu den staatlichen Gesetzen, soweit es sich um gute Gesetze handelt

Partikulare Gerechtigkeit (*iustitia particularis/specialis*): besondere Charaktertugend für spezielle Interaktionsformen

a) ausgleichende Gerechtigkeit (*iustitia commutativa/communicativa/correctiva/retributiva*):
   (i) freiwilliger Verkehr: Gleichheit von Leistung und Gegenleistung
   (ii) unfreiwilliger Verkehr: Ausgleich von Nutzen und Schaden
b) austeilende Gerechtigkeit (*iustitia distributiva*):
   Verteilung von Gütern gemäß Verdienst

Der praktische Syllogismus

Aristoteles spricht in seiner Ethik von ›praktischen Syllogismen‹, d.h. handlungsrelevanten Schlüssen, die für das moralische Urteilen offenbar charakteristisch sind. Seine Ausführungen hierzu sind schwer zugänglich und teilweise mehrdeutig, vor allem weil er das Thema nicht systematisch expliziert, sondern nur bruchstückhaft behandelt. Die Theorie des ›praktischen Syllogismus‹ ist aber aufschlussreich, um die Anlage seiner Tugendethik besser zu verstehen, insbesondere das Wechselspiel zwischen Klugheit und Charaktertugenden. Auch lässt sie die partikularistische Tendenz sowie die rationalistische Ausrichtung seiner Moralphilosophie deutlicher zutage treten.

(1) Aristoteles führt die Theorie des praktischen Syllogismus nicht detailliert aus und gibt auch kein vollständiges Beispiel für einen solchen Syllogismus. Es finden sich zwar Ansätze zu Beispielen wie: ›Leichtes Fleisch ist gesund. Dies ist leichtes Fleisch. Daher sollte man es essen‹ [Aristoteles, *NE*, VI.8, 1141b], oder: ›Schweres Wasser ist ungesund. Dies ist schweres Wasser. Also sollte man es nicht trinken‹ [Aristoteles, *NE*, VI.9, 1142a], oder: ›Trockene Nahrung ist gesund. Dies ist trockene Nahrung. Folglich sollte man sie zu sich nehmen‹ [Aristoteles, *NE*, VII.5, 1147a], oder: ›Süße Speisen sind ungesund. Dies ist süße Speise. Deshalb sollte man sie meiden‹ [Aristoteles, *NE*, VII.5, 1147a–b]. Aber abgesehen davon, dass auch diese Beispiele nicht vollständig entfaltet werden, ist ihr Thema offensichtlich nicht die Moralität, und noch nicht einmal das Handeln (*praxis*), auf welches die Klugheit (*phronēsis*) bezogen wäre. Vielmehr sind es Beispiele aus dem Bereich der Medizin, in der es um das Herstellen (*poiēsis*) von Gesundheit geht, weshalb sie der Kunst (*technē*) zuzurechnen ist. Gesundheit ist ein erreichter Zustand, mithin ein Ziel außerhalb der Tätigkeit selbst. Sie ist kein Ziel, das im Vollzug einer Handlung selbst realisiert würde. Entsprechend handelt es sich bei den Beispielen um *poietische Syllogismen*, wie sie insbesondere für Ärzte relevant wären. Für einen *praktischen Syllogismus*, der im Moralischen bedeutsam sein sollte, können sie allenfalls grobe strukturelle Anhaltspunkte geben.

Aus Aristoteles' Anmerkungen lässt sich rekonstruieren, dass ein praktischer Syllogismus aus zwei Prämissen (Vordersätzen) und einer Konklusion (Schlussfolgerung) besteht. Die erste Prämisse (der Obersatz) ist allgemeiner Art, die zweite Prämisse (der Untersatz) ist spezieller Art. Die Konklusion enthält eine konkrete Handlungsanweisung. Dies erinnert an das Schlussschema: ›Q ist gut, A ist Q → A ist gut‹, das im vorigen Kapitel im Zusammenhang mit der Theorie des naturalistischen Fehlschlusses eingeführt wurde (vgl. Abschnitt 3.1). Freilich wird dieses Schema genauer auszudeuten und womöglich auch zu modifizieren sein, um es an Aristoteles' Vorgaben anzupassen. Insbesondere muss das Element ›A‹ in jedem Fall eine Handlung darstellen, eben damit die Konklusion eine Handlungsanweisung enthält. Zudem müssen die Elemente ›Q‹ und ›gut‹ so gewählt werden, dass sie mit Aristoteles' tugendethischen Vorgaben übereinkommen. Insbesondere müssen sie die Rolle der Klugheit und die Stellung der Charaktertugenden korrekt abbilden.

Innerhalb eines *deontologischen* Ansatzes ließen sich die bisherigen Komponenten auf folgende Weise ausdeuten. Ein plausibler Obersatz könnte lauten: ›Wahrheitsagen ist geboten.‹ Dies wäre ein *allgemeines normatives Prinzip* der Gestalt ›Q ist gut‹, in dem (deontologisch) einem allgemeinen natürlichen Handlungstyp Q der moralische Wert ›geboten‹ zugeschrieben würde. Ein passender Untersatz wäre: ›Die Äußerung A stellt ein Wahrheitsagen dar.‹ Dies wäre die *spezielle fak-*

tische Subsumtion, in der die einzelne Handlung A dem allgemeinen Handlungstyp Q zugeordnet würde, und zwar in *inklusivem Sinne*, d.h. als unmittelbare Realisation jenes Typs (A ist ein ›Fall von‹ Q). Die Schlussfolgerung hieße: ›A ist gut.‹ Dies wäre die *spezielle normative Konklusion*, welche die einzelne Handlung als geboten darstellte, eben weil sie eine Verwirklichung des gebotenen Handlungstyps wäre. Dieses Modell kann Aristoteles indessen nicht meinen, da derartige deontologische Handlungsprinzipien in einer tugendethischen Perspektive nicht maßgeblich wären.

Innerhalb eines *teleologischen* Konzepts wären die obigen Bestandteile auf folgende Art zu bestimmen. Ein naheliegender Obersatz könnte lauten: ›Eine maximale Glückssumme ist wünschenswert.‹ Dies wäre ein *allgemeines normatives Prinzip* der Gestalt ›Q ist gut‹, in dem (teleologisch) einem allgemeinen natürlichen Konsequenzentyp Q der moralische Wert ›wünschenswert‹ zugeordnet würde. Ein entsprechender Untersatz wäre: ›Die Aktion A führt zu einer maximalen Glückssumme.‹ Dies wäre die *spezielle faktische Subsumtion*, welche die einzelne Handlung A unter die allgemeine Handlungskonsequenz Q brächte, nun aber in *kausaler Hinsicht*, d.h. als geeignetes Instrument zu jener Konsequenz (A ist eine ›Ursache von‹ Q). Die Schlussfolgerung hieße: ›A ist gut.‹ Dies wäre die *spezielle normative Konklusion*, welche die einzelne Handlung als wünschenswert auswiese, eben weil sie eine Bewirkung des gewünschten Konsequenzentyps verspräche. Auch um dieses Modell kann es Aristoteles jedoch nicht gehen, da solch eine teleologische Konsequenzenbewirkung für ihn allenfalls einen poietischen Syllogismus ausmachen könnte.

Wie man das Schema tugendethisch anwenden sollte, ist nicht unmittelbar klar, und insbesondere innerhalb von Aristoteles' Ansatz lassen sich die Zuordnungen nicht einfach treffen. Nicht zuletzt wird man damit rechnen müssen, dass die Bedeutung der einzelnen Komponenten sich verschieben könnte. Denn immerhin wohnt Aristoteles' Ethik eine wesentliche Dynamik inne, indem sich die Verstandestugend Klugheit in die einzelnen Charaktertugenden transformiert. Entsprechend mag sich im Verlauf dieses Prozesses auch verändern, was ein praktischer Syllogismus genau bedeutet und aus welchen inhaltlichen Komponenten er sich zusammensetzt.

Die wichtigsten Eckdaten für eine Interpretation liefert Aristoteles in vereinzelten Anmerkungen. Führt man sie zusammen, so ergibt sich, dass sich der allgemeine *Obersatz* mit dem *Ziel* des Handelns befasst, für dessen Vorgabe wiederum die jeweilige *Charaktertugend* zuständig ist, während der spezielle *Untersatz* Sache der *Klugheit* ist, die darin das *Mittel* zu jenem Ziel zu wählen hat [Aristoteles, *NE*, VI.12, 1143b, VI.13, 1144a, 1145a]. Prägend für den praktischen Syllogismus ist also eine Ziel-Mittel-Relation, die in Ober- und Untersatz abgebildet wird. Wichtig ist freilich, dass hierbei das Modell des Handelns und nicht des Herstellens zur Anwendung gelangt: Die Ziel-Mittel-Beziehung darf nicht so gedeutet werden, als ob das Ziel eine *Konsequenz* des Handelns wäre, das Mittel eben jenes Handeln, das diese Konsequenz *nach sich zöge*. Vielmehr ist sie so zu verstehen, dass das Ziel im *Vollzug* der Handlung selbst realisiert wird, das Mittel also jenes Handeln ist, das dieses Ziel *in sich verwirklicht.*

(2) Nach diesen Vorüberlegungen lässt sich eine versuchsweise Deutung des praktischen Syllogismus bei Aristoteles wagen. Am besten geschieht dies mit Blick auf einen bestimmten Lebensbereich, etwa den Bereich des Krieges, so dass eine bestimmte Charaktertugend im Mittelpunkt steht, hier die Tugend der Tapferkeit.

Außerdem soll zunächst davon ausgegangen werden, dass ein Mensch sich erstmalig in diesem Lebensbereich befindet. Entsprechend verfügt er noch nicht über die zugehörige Tugend der Tapferkeit und muss allein mit seiner Klugheit die rechte Mitte bestimmen.

Ein plausibler Obersatz in dieser Situation wäre: ›Tapferkeit ist im Krieg das höchste Ziel.‹ Wie gewünscht wird in diesem Obersatz die *Charaktertugend* genannt, die für den vorliegenden Lebensbereich relevant ist. Ebenfalls wie gewünscht wird das *Ziel* erwähnt, das im anstehenden Handeln zu erreichen ist. Freilich bleibt diese Vorgabe überaus *abstrakt:* Es wird gesagt, welchen grundsätzlichen Charakter die anstehende Handlung haben sollte (sie muss tapfer sein). Es wird indessen nicht gesagt, worin dieser Charakter genauer besteht (d.h. was tapferes Verhalten im vorliegenden Fall konkret einschließt). Dies entspricht indessen genau der Situation, in der ein unerfahrener Mensch *steht:* Er kann diesen Obersatz ohne Weiteres unterschreiben. Er weiß, dass er im Krieg tapfer sein muss, dass dies der *Charakter seiner anstehenden Handlung* zu sein hat, dass dies als die *Tugend seiner Handlung* gefordert ist. Aber er weiß nicht ohne Weiteres, was diese Forderung beinhaltet. Dies liegt daran, dass er die *Tugend im eigentlichen Sinne*, als *Habitus seines Charakters*, eben noch nicht hat.

Ein dieser Situation entsprechender Untersatz wäre: ›Jetzt anzugreifen ist tapfer.‹ Hiermit würde die gewünschte Bestimmung geleistet, was Tapferkeit im vorliegenden Fall genauer umfasst, und da eben diese Bestimmung der Klugheit übertragen ist, träte somit wie gewünscht in jenem Untersatz die *Klugheit* auf. Zudem beträfe jener Untersatz auch wie gewünscht das konkrete adäquate *Mittel*, mit dem das abstrakt vorausgesetzte Ziel zu erreichen ist. Dieses Ziel-Mittel-Verhältnis wäre dabei ganz gemäß der Logik des Handelns geartet, nicht gemäß der Logik des Herstellens: Das Ziel der Tapferkeit ist kein *Zustand*, der durch geeignetes Verhalten hergestellt werden müsste (wie etwa das Ziel eines Sieges, für das folgerichtig die Kunst der Kriegsführung zuständig wäre). Das Ziel der Tapferkeit ist vielmehr eine *Vollzugsweise*, die im entsprechenden Handeln selbst realisiert werden muss (als Charakter jenes Handelns, das als solches Gegenstand der Klugheit ist). Entsprechend ist auch das Mittel zu jenem Ziel zu verstehen: Das Mittel, das im Untersatz gewählt wird, ist keine Handlung, die eine bestimmte Konsequenz zur Folge haben müsste. Das Mittel ist vielmehr jenes Handeln, das den geforderten Handlungscharakter, die vorgegebene Tugendhaftigkeit, in seinem eigenen Vollzug verwirklicht. Dieses Handeln herauszufinden, ist keine rein *faktische Aufgabe*. Es ist eine originär *moralische Aufgabe*, und genau sie ist der Klugheit übertragen.

Ergänzt man die beiden Vordersätze um die entsprechende Konklusion, so sähe eine plausible Deutung des praktischen Syllogismus nach Aristoteles wie folgt aus:

Beispiel für einen praktischen Syllogismus nach Aristoteles (Form I)

›Tapferkeit ist im Krieg das höchste Ziel.‹ *(Obersatz, Nennung der Tugend)*
›Jetzt anzugreifen ist tapfer.‹ *(Untersatz, Leistung der Klugheit)*
→ ›Ich muss jetzt angreifen.‹ *(Konklusion)*

In dieser Form ist der praktische Syllogismus freilich nur für einen Unerfahrenen relevant, d.h. für einen Menschen, bei dem noch keine moralische Gewöhnung stattgefunden hat. Die fragliche Charaktertugend (hier: Tapferkeit) ist im eigentlichen Sinne, als gefestigter Habitus der handelnden Person, noch nicht vorhanden. Sie tritt nur in einem vorläufigen Sinne, als geforderter Charakter der anstehenden Handlung, auf. Eben deshalb ist die Klugheit nötig, um diesen geforderten Handlungscharakter im anstehenden Handeln zu treffen.

Die Frage ist, ob es auch eine Form des praktischen Syllogismus für den Erfahrenen gibt, d.h. für einen Menschen, bei dem die moralische Gewöhnung mittlerweile erfolgt ist. Es dürfte nicht überraschen, wenn in dieser Konstellation die Aufgabe der Klugheit weitaus weniger bedeutsam wäre oder wenn ihr sogar überhaupt keine im engeren Sinne moralische Aufgabe mehr zukäme. Denn bei einem erfahrenen Menschen hat die Klugheit ihre wesentliche Leistung bereits erbracht und sich durch Gewöhnung in die benötigte Charaktertugend (hier: Tapferkeit) verwandelt. Jene Charaktertugend tritt nun im eigentlichen Sinne auf, als Habitus der Person, und kann das Handeln direkt bestimmen, ohne weiteres Zutun der Klugheit.

Für einen solchen erfahrenen Menschen könnte der Obersatz wie folgt lauten: ›Ein Angriff in Situationstyp X ist tapfer.‹ Wieder würde damit die fragliche *Charaktertugend* im Obersatz genannt. Auch erschiene mit ihr noch einmal das *Ziel* des Handelns im Obersatz. Nun würde aber auch *der konkrete Inhalt angegeben*, der dem geforderten Handeln zukommt. Und dies wäre genau deshalb möglich, weil der Erfahrene über jene Charaktertugend *im eigentlichen Sinne verfügt:* Er ist jetzt ein tapferer Mensch. Er hat jetzt die Tapferkeit als Habitus. Deshalb weiß er, dass er in Situationstyp X anzugreifen hat, ohne noch genauer überlegen zu müssen. Und er wird auch angreifen, weil die entsprechende Tugend ihn bestimmt, als Handlungsdisposition. In diesem Sinne kann man ihm nun den genannten Obersatz zusprechen. Dieser Obersatz ist quasi die *explizite Verbalisierung* seiner *verinnerlichten Haltung.*

Der Untersatz eines solchen erfahrenen Menschen könnte heißen: ›Jetzt liegt Situationstyp X vor.‹ Damit stünde einmal mehr eine Leistung der *Klugheit* im Untersatz. Und ebenso wäre mit dieser Einsicht wiederum das *Mittel* zum gewünschten Handeln gegeben. Allerdings handelte es sich nun in der Tat um keine *moralische Mittelwahl* mehr. Vielmehr ginge es allein noch um eine *faktische Situa-*

tionsbestimmung: Die Klugheit muss lediglich erkennen, dass eine Situation des Typs X vorliegt. Hierbei mag es zuweilen faktische Probleme geben, aber es ist keine moralische Aufgabe mehr zu lösen. Dies entspricht indessen genauer der Situation eines Erfahrenen. Bei ihm hat die Klugheit ihre moralische Aufgabe längst erfüllt, indem sie sich aufgrund früherer Schlüsse der obigen Form in den Habitus der Tapferkeit verwandelt hat. Dieser Habitus übernimmt nun im anstehenden Schluss alle moralische Entscheidung im Obersatz, während für die Klugheit nur noch eine faktische Situationsbestimmung im Untersatz verbleibt. Entsprechend ist sie nicht mehr als *Klugheit im eigentlichen Sinne*, d.h. als Fähigkeit des moralischen Abwägens gefordert, sondern nur noch als *Klugheit im nachlaufenden Sinne*, d.h. als Fähigkeit zur faktischen Situationseinschätzung.

Fügt man den beiden Vordersätzen die entsprechende Konklusion hinzu, so sähe eine nachvollziehbare Ausdeutung des praktischen Syllogismus für einen Erfahrenen folgendermaßen aus:

Beispiel für einen praktischen Syllogismus nach Aristoteles (Form II)

›Ein Angriff in Situationstyp X ist tapfer.‹ *(Obersatz, Nennung der Tugend)*
›Jetzt liegt Situationstyp X vor.‹ *(Untersatz, Leistung der Klugheit)*
→ ›Ich muss jetzt angreifen.‹ *(Konklusion)*

Womöglich gibt es also zwei verschiedene praktische Syllogismen, je nachdem ob es sich um einen unerfahrenen oder um einen erfahrenen Menschen handelt. Abwegig ist dies nicht, da Aristoteles' Modell zutiefst dynamisch ist und einen qualitativen Unterschied zwischen Lebensphasen vor und nach der moralischen Gewöhnung macht. Formal sind die beiden Schlussformen dabei einander recht ähnlich, insbesondere indem jeweils die Charaktertugend im Obersatz und die Klugheit im Untersatz erscheint. Inhaltlich sind die zwei Varianten allerdings sehr verschieden, wie man leicht erkennt.

So wechseln die Bedeutung der Charaktertugend und die Aufgabe der Klugheit stark: In Form I existiert die Charaktertugend im eigentlichen Sinne noch gar nicht. Sie erscheint nicht als verinnerlichte Disposition der handelnden Person, sondern bloß als *Charakter der geforderten Handlung.* In Form II hingegen hat sie ihre richtige Gestalt angenommen, als *Habitus des Handelnden selbst.* Somit bringt sie sich in einer stabilen Situationsbewertung zum Ausdruck. Dafür ist in Form II die Klugheit stark reduziert. Sie leistet nur noch eine *faktische Bestimmung der Situation,* ohne moralische Anteile. Demgegenüber ist sie in Form I im eigentlichen Sinne gefordert, indem sie die *Wahl des moralischen Mittels* vorzunehmen hat. Genau dies tut sie, um sich über die Gewöhnung in einen Habitus zu verwandeln.

Entsprechend unterschiedlich sind die Gründe für Fehlverhalten geartet: In Form I kann vor allem die *Klugheit* versagen. Sie kann ein falsches Mittel zum vorgegebenen Ziel wählen. Dass Tapferkeit das Ziel im Krieg ist, steht außer Frage, hierin wird kaum jemand irren, auch nicht der Unerfahrene. Aber möglicherweise scheitert seine Klugheit bei der moralischen Frage, was Tapferkeit in der gegebenen Situation inhaltlich fordert. In Form II hingegen kann vor allem die *Charaktertugend* versagen. Sie kann eine falsche Bewertung der fraglichen Situation vorgeben. Dass ein Situationstyp X vorliegt, wird selten in Zweifel stehen, insbesondere nicht, wenn es sich um einen Erfahrenen handelt. Aber möglicherweise war zuvor die Bildung seines moralischen Charakters nicht erfolgreich, so dass er aufgrund mangelnder Tapferkeit in jener Situation falsch reagiert.

Erst beide Syllogismen zusammen bringen den tugendethischen Ansatz von Aristoteles zum Ausdruck: Form I für sich allein genommen trägt eher deontologische Züge. Eine moralische Charakterdisposition gibt es hier noch überhaupt nicht. Stattdessen geht es um die Frage der Realisation eines Handlungstyps in einem Handlungsvollzug. Die erste Prämisse gibt einen Handlungscharakter vor, die zweite Prämisse ordnet eine bestimmte Handlung diesem geforderten Typ zu. Eben diese Realisation soll aber in eine feste Charakterdisposition überführt werden, so dass es zu Form II kommt. Und diese ist tatsächlich tugendethischer Art. Denn nun nimmt eben diese Charakterdisposition die entscheidende Stellung ein. Die erste Prämisse gibt den eingeübten Habitus wieder, die zweite Prämisse stellt nur noch fest, dass eine gegebene Situation ein konkreter Aktivierungsfall für jene bestehende Disposition ist.

(3) Auf den ersten Blick scheint das Schema des praktischen Syllogismus einem *generalistischen Moralverständnis* zu entsprechen. Immerhin geht jeweils ein allgemeiner Obersatz voran, der zusammen mit einem speziellen Untersatz die moralische Beurteilung einer einzelnen Handlung liefert. Bei näherem Hinsehen zeigt sich aber, dass dem Schema eher eine *partikularistische Tendenz* innewohnt. Die einzelnen Bestandteile des Syllogismus und das Zusammenwirken der beiden Formen laufen nicht darauf hinaus, dass sich moralische Einzelfallurteile aus allgemeinen Prinzipien herleiten würden.

So stellt zunächst in Form I der Obersatz ›Tapferkeit ist im Krieg das höchste Ziel‹ kein *Prinzip* dar: Er ist kein Satz der Art ›Q ist gut‹, der einem natürlichen Prädikat ›Q‹ den moralischen Wert ›gut‹ zuordnen würde. Er ist keine allgemeine Handlungsanweisung, die einen faktischen Handlungstyp mit einer normativen Beurteilung versähe. Dies liegt vor allem daran, dass Tapferkeit kein deskriptiver, sondern ein normativer Begriff ist. Eher dürfte dieser Obersatz daher als eine *Definition* zu lesen sein: Zwar ist er keine Definition der Art ›gut bedeutet Q‹, bei der ein moralischer Begriff fälschlich auf eine natürliche Eigenschaft reduziert würde. Aber er ist eine Definition des Typs ›T bedeutet das Gute im Bereich B‹, in der eine bestimmte Tugend korrekt als moralische Vorzüglichkeit in einem bestimmten Lebensbereich erläutert wird. Der Satz besagt nichts anderes als ›Tapferkeit ist die Tugend des Krieges‹, und das ist begrifflich richtig, so ist Tapferkeit als normative Qualität definiert, ohne dass hiermit im Mindesten eingegrenzt würde, durch welche faktischen Eigenschaften sie sich auszeichnet. Ganz ähnliche Definitionen, d.h. analytische Aussagen ohne synthetischen Gehalt, lassen sich für sämtliche Charaktertugenden finden und könnten in praktischen Syllogismen als entsprechende Obersätze erscheinen. Beispielsweise ist Freigiebigkeit das höchste Ziel beim Austausch von Geschenken, und Ehrbewusstsein ist das höchste Ziel beim Streben nach Ansehen. All diese Sätze sind keine Prinzipien, keine *inhaltlichen Auskünfte*, die angeben würden, wie man handeln soll, indem sie eine faktische Handlungsweise als normativ *geboten* (tapfer, freigiebig, ehrbewusst etc.) darstellen würden. Vielmehr sind es allesamt Definitionen, d.h. *begriffliche Festlegungen*, dass die jeweilige Charaktertugend (Tapferkeit, Freigiebigkeit, Ehrbewusstsein etc.) das höchste Ziel in dem gegebenen Lebensbereich *bezeichnet*, ohne dass damit vorweggenommen würde, was diese Tugend bzw. jenes Ziel genauer beinhaltet.

Aus eben diesem Grund ist jener *Obersatz* auch kaum hilfreich zur moralischen Handlungsorientierung: Er enthält keine allgemeine Regel, welchen natürlichen Handlungsformen ›Q‹ die moralische Qualität ›gut‹ zukommt. Er enthält nur eine begriffliche Festlegung, wie die fragliche Charaktertugend des vorliegenden Lebensbereichs heißt. Deshalb sagt er einem nicht, was man tun soll. Und genau aus diesem Grund ist alle relevante moralische Arbeit im *Untersatz* zu leisten: Hier muss nicht nur eine faktische Subsumtion unter eine normative Regel erfolgen, die sämtliche moralischen Vorgaben enthielte. Hier muss vielmehr die moralische Qualität der einzelnen Handlung für sich allein entschieden werden, ohne jeden Rückgriff auf allgemeine Grundsätze. Genau dies widerspricht einer generalistischen Auffassung von moralischen Urteilen und belegt die partikularistische Ausrichtung der aristotelischen Ethik. Wenn die Klugheit den Untersatz ›Jetzt anzugreifen ist tapfer‹ aufstellt, dann erkennt sie nicht, dass der fragliche Angriff eine natürliche Eigenschaft hat (›A ist Q‹) und daher gemäß einem übergeordneten Prinzip (›Q ist gut‹) eine moralische Qualität aufweist. Vielmehr erkennt sie in einem unmittelbaren Einzelfallurteil, dass der fragliche Angriff normativ richtig, d.h. im vorliegenden Zusammenhang eben tapfer ist (›A ist gut‹), ohne dass eine Regel im Obersatz ihr sagen würde, welche Handlungstypen allgemein Tapferkeit realisieren. Sie bewältigt hiermit eine inhärent moralische Aufgabe, genauer eine *partikulare Bestimmung* des moralischen Werts einer einzelnen Handlung. Denn eine *generelle Vorgabe*, welche allgemeinen Handlungstypen welchen moralischen Wert tragen, hat der Unerfahrene nicht, gerade weil ihm die Tugend der Tapferkeit noch fehlt.

Dies scheint sich in Form II zu ändern: Hier kommt der *Obersatz* ›Ein Angriff in Situationstyp X ist tapfer‹ durchaus mit dem Schema ›Q ist gut‹ überein. Er weist einem allgemeinen faktischen Geschehen, dem Angriff in einem bestimmten Situationstyp, eine bestimmte normative Qualität zu, eben die Tapferkeit. Mithin erscheint er als ein echtes Prinzip, das eine natürliche Eigenschaft mit einem moralischen Prädikat nach einer festen Regel verknüpft. Dies wirkt sich entsprechend auf den weiteren Verlauf aus: Wenn nun im *Untersatz* die Klugheit feststellt ›Jetzt liegt Situationstyp X vor‹, so muss sie allein noch die faktische Subsumtion des einzelnen Falles unter einen allgemeinen Handlungstyp leisten (›A ist Q‹). Und einzig aus der Wertigkeit dieses allgemeinen Handlungstyps (›Q ist gut‹) ergibt sich der Wert der einzelnen Handlung (›A ist gut‹). Die faktische Subsumtion im Untersatz hat keine eigentlich moralische Bedeutung mehr, alle wirklich normative Wegweisung ist im Obersatz mit seiner allgemeinen Regel erfolgt. Und eben diese allgemeine Regel ist der Inhalt der ethischen Tugend Tapferkeit, die der Erfahrene aufgrund seiner Gewöhnung besitzt. Er hat die Tapferkeit als Habitus, und ein Habitus *ist allgemein*, das Handeln unter ihm *ist regelhaft*. Der Erfahrene reagiert auf gleiche natürliche Situationen mit gleichen moralischen Handlungen, eben dies ist der Sinn seiner Disposition. Ganz ähnlich würde es sich bei anderen Tugenden wie Freigiebigkeit oder Ehrbewusstsein verhalten.

Dennoch greift diese Darstellung zu kurz: Auch der erworbene Habitus macht kein echtes *Prinzip* vorstellig. Er verweist auf keine primäre Größe, in der die moralischen Wertigkeiten allgemeiner Handlungstypen festgeschrieben wären. Er bildet keine ontologische Entität ab, aus der sich die normativen Qualitäten einzelner Fälle herleiten würden. Sein Status ist ein anderer: Er ist ein psychisches Derivat von unhintergehbaren *Einzelfallurteilen*. Er ist eine sekundäre Erscheinung, in der sich das moralische Urteil aufgrund entsprechender Erfahrung abkürzt. Er ist ein epistemologisches Phänomen, das sich unverändert auf die normative Qualität einzelner Fälle stützt. Daher ist auch die zweite Form des praktischen Syllogismus nicht wirklich generalistisch, sondern unverändert partikularistisch zu lesen. Nach wie vor haben die einzelnen Fälle ihren moralischen Wert ganz für sich allein, nach wie vor sind allgemeine Eigenschaften keine Träger moralischer Qualität. Die Charaktertugend, die aus der Klugheit entstanden ist, erspart es lediglich dieser Klugheit, jene einzelnen Fälle weiterhin separat in ihrer jeweiligen Wertigkeit bestimmen zu müssen. Damit repräsentiert jene Charaktertugend kein eigentliches *moralisches Prinzip*, das diese Fälle aufgrund geteilter natürlicher Eigenschaften miteinander verbinden würde, sondern nur eine Menge gleichsam *geronnener Einzelfallurteile*, in denen diese Fälle mit ihrer je eigenen moralischen Qualität versammelt sind.

Die Einstufung der aristotelischen Ethik als Partikularismus ist daher grundsätzlich nachvollziehbar, jedenfalls mit Blick auf die Struktur des praktischen Syllogismus: Moralischer Wert hat seinen eigentlichen Sitz in Einzelfällen (Form I), Regularität entsteht hieraus nur als Ableitung (Form II).

Manche Aspekte des praktischen Syllogismus scheinen einer *sensualistischen Moralauffassung* entgegenzukommen. Insbesondere mag dieser Eindruck entstehen, weil in jenem Schlussschema die Gewöhnung und Habitualisierung von tugendhaftem Verhalten durch moralische Erfahrung zentral ist. Letztlich dürfte aber die *rationalistische Ausrichtung* dominieren. Das Element der menschlichen Vernunft ist letztlich in beiden Formen des Syllogismus vorherrschend.

So ist die Form I des praktischen Syllogismus hochgradig rationalistisch: Eben weil hier die moralische Erfahrung noch fehlt, hängt alle Entscheidung an der Klugheit. Diese ist aber eine dianoetische Tugend, d.h. eine Tugend des denkendvernünftigen Seelenvermögens. Ihr moralisches Urteil ist somit keine Sache *sinnlicher Wahrnehmung*, sondern ein Geschäft *vernünftiger Überlegung*.

Demgegenüber erscheint die Form II des praktischen Syllogismus zunächst sensualistisch: Der moralisch Erfahrene ist möglicherweise ein Mensch, der Situationen in einer bestimmten Weise wahrnimmt, nicht zuletzt da seine ethische Tugend dem sinnlich-begehrenden Seelenvermögen zugehört, also in der Tat eine unmittelbare Weise des Wahrnehmens, des Empfindens und Verlangens darstellt. Zu beachten ist hierbei jedoch, dass moralische Erfahrung nichts anderes ist als Übung im rationalen Urteil. Entsprechend ist auch die hieraus entstehende Wahrnehmung das Resultat vernünftiger Überlegung, mithin keine *originäre Sensitivität*, sondern allein *sublimierte Rationalität.*

Die Einordnung der aristotelischen Ethik als Rationalismus dürfte damit ebenfalls gesichert sein, wenn man das Schema des praktischen Syllogismus in Blick nimmt: Moralisches Urteilen ist eine ursprüngliche Leistung der Vernünftigkeit (Form I), Sensitivität tritt nur als Produkt hiervon auf (Form II).

4.4 Thomas von Aquin: Antike Tugenden und christliche Tugenden

Die *partikularistische* Orientierung der tugendethischen Ansätze von Platon und Aristoteles hat sich in den obigen Ausführungen recht deutlich abgezeichnet: Ihre Ethiken enthalten kaum substanzielle Vorgestaltungen, die in Form von allgemeinen Lehrsätzen daherkämen, und es weist auch wenig darauf hin, dass sie die Existenz solcher Prinzipien annähmen. Genauere Eigenschaften eines tugendhaften Charakters oder präzisere Regeln für richtige Handlungen geben sie so gut wie nicht an. Insbesondere lassen ihre ethischen Grundideen viel Raum für situative Konkretisierungen, was ein moralisches Verhalten unter gegebenen Umständen jeweils beinhalten könnte. Platons Entscheidungen der Weisheit, Aristoteles' Wegweisungen der Klugheit können in ihren Maßgaben für Einzelfälle sehr unterschiedlich ausfallen.

Gewiss tauchen ein paar *formale* Vorgaben übergreifender Art in ihren Arbeiten auf: Nach Platon muss die Vernunft über das Mutartige die Begierden beherrschen, nach Aristoteles hat die moralische Tugend bzw. das gute Handeln eine rechte Mitte zu treffen. Dies sind durchaus moralische Regeln, die allgemeine Angaben darüber machen, durch welche natürlichen Eigenschaften sich ein tugendhafter Charakter bzw. ein richtiges Verhalten auszeichnet. Allerdings bleiben diese Vorgaben recht vage und setzen der Moralität nur sehr grobe Grenzen. Als Aufforderung zu einer gewissen Askese, als Absage an einen moralischen Extremismus geben sie nicht vor, welche Art von Beherrschung genauer gefordert ist bzw. wo die rechte Mitte im konkreten Fall tatsächlich liegen mag.

Nur vereinzelt lassen sich auch einige *inhaltliche* Grundsätze in ihren Theorien entdecken: Platon behauptet, dass der gerechte Mensch von Raub, Diebstahl, Verrat oder Vertragsbruch absehen werde, Aristoteles erklärt, dass die partikulare Gerechtigkeit sich an den Konzepten der arithmetischen bzw. der geometrischen Proportionalität zu orientieren habe. Hiermit liefern sie einige präzisere Aussagen allgemeiner Art über einen guten Charakter bzw. über gutes Handeln, indem sie bestimmte Verhaltensweisen ausschließen bzw. genauere Bemessungsgrundlagen angeben. Derartige Ausführungen bleiben allerdings eher punktuell und mögen zudem nicht jede weitere moralische Bestimmung überflüssig machen. Was beispielsweise nach Platon als Verrat oder als Vertragsbruch zu zählen hat, im Gegensatz zu legitimen Täuschungen seitens der politischen Herrscher, oder was bei Aristoteles als Verdienst zu werten ist, um entsprechend bei der Verteilung als Maßstab zu dienen, ist jeweils wohl keine rein faktische Frage, sondern bedarf seinerseits normativer Einschätzungen, für die es keine allgemeinen Regeln mehr gibt.

Auch das *rationalistische* Element beider Autoren ist in den vorangehenden Abschnitten hinreichend deutlich geworden: Bei Platon ist die Vernunft der höchste Seelenteil. Sie ist es, die mit ihrer Tugend der Weisheit das Handeln leiten muss, nicht ein Moralgefühl, das als solches nur in niederen Seelenteilen beheimatet sein könnte. Bei Aristoteles ist ganz ähnlich die Vernunft das oberste Seelenvermögen. Wiederum muss sie das Handeln leiten, nun mit ihrer Tugend der Klugheit, und zwar zu dem Zweck, sich in die Charaktertugenden der unteren Seelenvermögen zu transformieren.

Thomas von Aquin (1224/25–1274) ist der wohl wichtigste Vertreter der mittelalterlichen Scholastik. Als solcher ist er vor allem darum bemüht, antik-heidnische Philosophie und christlich-theologisches Denken miteinander zu vermitteln. Speziell Thomas' Moralphilosophie ist dabei wiederum stark tugendethisch ausgerichtet, greift insbesondere zahlreiche Elemente von Platon und Aristoteles auf und integriert sie in ein umfassendes System. Seine christlich-theologische Ausrichtung führt allerdings zu bestimmten Ergänzungen und auch gelegentlichen Verschiebungen gegenüber den klassischen Konzeptionen, nicht zuletzt in der Frage nach Partikularismus und Rationalismus.

Was den *Partikularismus* angeht, so verfügt Thomas als christlicher Gelehrter über einen gewissen Bestand an allgemeinen Prinzipien vor allem biblischen Ursprungs. Ein wesentliches Anliegen seiner ethischen Arbeit besteht darin, diesen Bestand mit anderen Lehrmeinungen der antiken wie auch der christlichen Tradition abzugleichen. Zwar spielt hierbei auch die Diskussion konkreter Einzelfälle eine Rolle. Insbesondere zeigt Thomas, wie das gesamte Mittelalter, ein zunehmendes Gespür dafür, dass überlieferte Lehrsätze sich nicht mechanisch auf die veränderten historischen Rahmenbedingungen anwenden lassen, sondern einer geeigneten Anpassung an die neuen sozialen Umstände bedürfen. Aber hierdurch entsteht kein eigentlicher Partikularismus, der die Bedeutung allgemeiner moralischer Regeln ernsthaft bestreiten würde. Eher führt es in eine elaborierte Kasuistik, die sich darum bemüht, gegebene Einzelfälle den einschlägigen Prinzipien stimmig zuzuordnen oder jene Prinzipien mit Blick auf die zunehmende Komplexität der gesellschaftlichen Gegebenheiten geeignet zu spezifizieren, ohne dabei die grundsätzliche Perspektive genereller Regeln aufzugeben.

Man darf allerdings fragen, ob diese generalistischen Passagen bei Thomas nicht auch jenseits seiner tugendethischen Grundausrichtung liegen. Die aufgegriffenen Lehrsätze der Tradition sind meist deontologischer oder teleologischer Art, und entsprechend betreffen auch ihre Anwendungen bzw. Verfeinerungen eher die Wertigkeit von Handlungstypen oder Handlungskonsequenzen als die Formung des Charakters (beispielsweise wenn er diskutiert, ob Selbstverteidigung mit Todesfolge erlaubt ist [Thomas von Aquin, *ST*, II–II, Quaestio 64, Art. 7]). Dort wo Thomas demgegenüber den tugendethischen Kern seiner Moralphilosophie entwickelt, treten allgemeine Regeln ähnlich in den Hintergrund wie bei Platon oder Aristoteles. Stattdessen scheint auch bei ihm die Vernunft, zumindest innerhalb gewisser Grenzen, mit der unmittelbaren Beurteilung einzelner Situationen betraut zu sein (weshalb er insbesondere die Tugend der Billigkeit für unverzichtbar hält, um der Verschiedenheit der Einzelfälle gerecht zu werden [Thomas von Aquin, *ST*, II–II, Quaestio 120, Art. 1]).

Was den *Rationalismus* anbelangt, so tritt bei Thomas als theologischem Autor der Gedanke der Angewiesenheit auf die göttliche Gnade hinzu. Die menschliche Vernunft allein ist nicht zu einer tugendhaften Prägung der menschlichen Seele fähig. Vielmehr bedürfen die vernünftigen wie auch die unvernünftigen Seelenkräfte des Einwirkens Gottes, um sich zur vollen Tugendhaftigkeit zu entfalten. In diesem Sinne kann man bei Thomas eine gewisse Aufweichung des antiken Rationalismus erkennen. In einen direkten Sensualismus münden diese Relativierungen freilich nicht. Insbesondere ändern sie nichts an der grundsätzlichen Hierarchie der menschlichen Seele, in welcher die rationalen Kräfte nach wie vor über den sensuellen Fähigkeiten stehen.

Seelenmodell und Wille

Thomas entfaltet seine Tugendethik vor allem in seinem Hauptwerk, der *Summa Theologica* (ca. 1265/66–1273). Wie bereits die Entwürfe von Platon und Aristoteles beruht sein Ansatz wiederum auf einem Seelenmodell, auf dessen Grundlage er die einzelnen Tugenden definiert. Auch in der genaueren Ausführung sucht er offen Anschluss an die beiden Klassiker, übernimmt wesentliche Strukturen von deren Seelenkonzeptionen und greift ihre Interpretationen der einzelnen Tugenden auf. Unmodifiziert geschieht dies allerdings nicht, und nicht zuletzt Thomas' christlich-theologische Ausrichtung führt sowohl bei den Seelenvermögen als auch bei den Tugendtypen zu charakteristischen Ergänzungen.

(1) Die Philosophie Platons war in der christlichen Spätantike von Beginn an stark rezipiert worden. Insbesondere die platonische Ideenlehre sowie die These von der Unsterblichkeit der Seele schienen sich mit christlich-theologischen Auffassungen einer überirdischen Jenseitigkeit bzw. einer Erlösung des Menschen vom Tod verbinden zu lassen. Das Denken Aristoteles' hingegen war im christlichen Abendland zunächst in großen Teilen vergessen worden. Erst im Mittelalter hat der Westen es sich vor allem aus arabischen Quellen wieder erschlossen, und namentlich zu Thomas' Lebenszeiten kam es zu einer verstärkten Rezeption aristotelischer Gedanken.

Thomas selbst zeichnet sich durch vielfältige und ausdrückliche Rückgriffe auf Aristoteles aus: Nicht zufällig nennt er ihn in seinen Schriften meist schlicht ›den

Philosophen‹. Weite Strecken von Thomas' Philosophie sind Bekräftigungen und Auslegungen aristotelischer Konzepte, Leitgedanke ist ihre Synthese mit theologischen Vorgaben. Namentlich in der Ethik finden sich zahlreiche Parallelen: So spricht auch Thomas bevorzugt von verschiedenen Vermögen (*potentia*), die der einen Seele zukommen, weniger von einzelnen Teilen (*pars*), aus denen die Seele zusammengesetzt wäre [Thomas von Aquin, *ST*, I, Quaestio 77, Quaestio 78]. Zudem begreift er die ethischen Tugenden als charakterliche Dispositionen (*habitus*), die eine rechte Mitte (*medium*) zwischen zwei falschen Extremen halten [Thomas von Aquin, *ST*, I–II, Quaestio 55, Art. 1, Quaestio 64, Art. 1].

Ebenso tauchen allerdings Gedanken von Platon in Thomas' Ethik auf: So geht auch er davon aus, dass die höheren Seelenvermögen den Tod des Körpers überdauern, während die niederen Seelenvermögen mit dem Untergang des Leibes zerstört werden [Thomas von Aquin, *ST*, I, Quaestio 75, Art. 6, Quaestio 77, Art. 8]. Zudem bekennt er sich zum Kanon der vier Kardinaltugenden, wenngleich unter leichten Verschiebungen in Zusammenstellung und Inhalt [Thomas von Aquin, *ST*, I–II, Quaestio 61]. Bei all diesen Rückgriffen schlägt sich indessen auch der christlich-theologische Bezug auf beiden Ebenen nieder: Mit dem ›Willen‹ taucht ein neues Seelenvermögen auf, das in dieser Form weder bei Platon noch bei Aristoteles vorhanden ist. Schließlich gibt es mit den ›theologischen Tugenden‹ eine ganz neue Tugendkategorie, die das antike Modell um eine spezifisch christliche Perspektive erweitert.

(2) In seiner Seelenlehre greift Thomas zunächst deutlich aristotelische Vorgaben auf. Beispielsweise zählt er vegetative Vollzüge oder sinnliche Wahrnehmung zu den Seelenkräften, unterscheidet die drei Grundvermögen und ordnet sie den Lebensweisen von Pflanzen, Tieren bzw. Menschen zu [Thomas von Aquin, *ST*, I, Quaestio 78, Art. 1]. Die wesentlichen Ebenen seines eigenen Modells, insbesondere mit Blick auf seine Ethik, sind indes die folgenden: An der Spitze steht einmal mehr die Vernunft (*ratio* oder auch *intellectus* in einer ersten Bedeutung). Darunter befindet sich das Strebevermögen (*vis appetitiva* oder einfach *appetitus*) [Thomas von Aquin, *ST*, I, Quaestio 79, Art 1, Art. 8, Quaestio 80, Art. 1, I–II, Quaestio 58, Art. 3]. Letzteres wird weiter unterteilt: Das höhere Strebevermögen (*appetitus intellectivus*) bezieht sich auf das von der Vernunft Erkannte und ist nichts anderes als der Wille (*voluntas*). Das niedere Strebevermögen (*appetitus sensitivus*) ist auf das von den Sinnen Erfahrene gerichtet und beheimatet die Leidenschaften (*passiones*) [Thomas von Aquin, *ST*, I, Quaestio 80, Art. 2, Quaestio 82, Art. 5, I–II, Quaestio 22, Art. 3, Quaestio 23, Art. 4, Quaestio 59, Art. 4].

Jenes höhere Strebevermögen, der Wille, ist in der Tat eine neue Schicht des Seelenlebens, die in dieser Form weder bei Platon noch bei Aristoteles anzutreffen ist. In ihm schlägt sich ein Verständnis menschlichen Überlegens, Entscheidens und Handelns nieder, das in der Antike noch nicht systematisch erschlossen ist und sich erst mit der christlichen Spätantike und dem christlichen Mittelalter entfaltet.

Die Antike kennt zwar ein ›Wollen‹, d.h. eine Fähigkeit des Verlangens und Strebens, des Wünschens und Durchsetzens, das auf bestehenden Affekten aufbauen und vernünftigen Urteilen zugänglich sein mag. Als ein solches Strebevermögen ist Platons ›Mutartiges‹ (*to thymoeidēs*) oder Aristoteles' ›Begehrendes‹ (*to orektikon*) zu verstehen. Aber dies ist kein ›Wille‹ im heutigen Verständnis, d.h. kein Vermögen der Wahl und Entscheidung, der Abwägung und Selbstbestimmung, das Alternativen des Handelns gegeneinander stellt und sich selbst durch Entschluss eine Richtung gibt. Ein solches Entscheidungsvermögen ist in der Antike noch nicht thematisch, und entsprechend kennt die antike Philosophie auch keine Willensfreiheitsdebatte im modernen Sinn.

Dies ändert sich erst in Spätantike und Mittelalter. Insbesondere um vor dem Hintergrund von Gottes Allmacht, Allwissen und Allgüte die Versündigung des Menschen zu erklären, wird nun unter Bezeichnungen wie *arbitrium* oder *voluntas* der Wille als unabhängiges Vermögen der freien Entscheidung eingeführt. Er ist eine Fähigkeit zu Wahl und Selbstbestimmung, die sicherlich mit Affekten in Zusammenhang steht und Vorgaben der Vernunft aufnehmen kann, dabei aber als eine eigenständige Kraft autonomen Entschließens begriffen wird. Nicht zuletzt führt dieses neue Vermögen bei Thomas zu einer besonderen Deutung von Gerechtigkeit.

(3) Das niedere Strebevermögen ist seinerseits noch einmal untergliedert: Es zerfällt in das Überwindungsvermögen (*vis irascibilis* = ›die erzürnbare Kraft‹), das dazu dient, Hindernisse zu bewältigen und Bedrohungen abzuwehren, und in das Begehrungsvermögen (*vis concupiscibilis* = ›die verlangensfähige Kraft‹), das darauf ausgeht, Zuträgliches zu suchen und Schädliches zu meiden [Thomas von Aquin, *ST*, I, Quaestio 81, Art. 2].

Diese neuerliche Einteilung des niederen Strebevermögens erinnert in Bezeichnung und Inhalt stark an Platons Unterscheidung der beiden Seelenteile ›Mutartiges‹ und ›Begierden‹. Damit bestätigt sich hier noch einmal, dass Platons ›Mutartiges‹ nicht mit Thomas' ›Willen‹ gleichzusetzen ist, der seinerseits über der Ebene der Leidenschaften steht.

In Aristoteles' System würden beide Ebenen des niederen Strebevermögens dem ›sinnlich-begehrenden‹ Seelenvermögens zugehören. Auch dies belegt noch einmal, dass Aristoteles' ›Begehrendes‹ nicht mit Thomas' ›Wille‹ übereinkommt, der eine eigenständige Ebene jenseits der Leidenschaften bildet.

Tugendliste und Gott

Auch in Thomas' Tugenddefinitionen, die auf jenem Seelenmodell aufbauen, erkennt man platonische und aristotelische Einflüsse. Grob gesprochen ist die Haupteinteilung aristotelisch aufgebaut, während die Teilstrukturen platonisch orientiert sind. Darüber hinaus kommt es zu weiteren Anleihen und Ergänzungen auf verschiedenen Ebenen. Außerdem tritt eine neue Tugendgruppe mit dezidiert christlich-theologischem Hintergrund hinzu.

(1) Der Vernunft (*ratio, intellectus* in erster Bedeutung) ordnet Thomas die dianoetischen Tugenden (*virtutes intellectuales*) zu. Damit folgt er der aristotelischen Einteilung, und zwar nicht nur in der Bezeichnung, sondern auch im In-

halt, indem er die fünf Verstandestugenden von Aristoteles weitestgehend unverändert übernimmt.

Für das Erkennen (des Notwendigen, Unveränderlichen), d.h. die Kontemplation, sind Wissenschaft (*scientia*), Einsicht (*intellectus* in zweiter Bedeutung) sowie Weisheit (*sapientia*) zuständig. Das Tätigsein (gegenüber dem Kontingenten, Veränderlichen), in seinen beiden Hauptformen des Herstellens (*facere*) und des Handelns (*agere*), wird durch Kunst (*ars*) bzw. Klugheit (*prudentia*) geleitet [Thomas von Aquin, *ST*, I–II, Quaestio 56, Art. 3, Quaestio 57, Art. 2–5].

(2) Dem Strebevermögen (*vis appetitiva, appetitus*) sind die ethischen Tugenden (*virtutes morales*) zugeordnet. Auch dies entspricht der aristotelischen Vorgabe. Nicht zuletzt sind diese Tugenden wieder als Habitus zu verstehen. Zudem stehen sie mit der Klugheit in Zusammenhang und bilden jeweils eine rechte Mitte zwischen zwei falschen Extremen [Thomas von Aquin, *ST*, I–II, Quaestio 55, Quaestio 58, Quaestio 60, Art. 4, Quaestio 64, Art. 1]. Indessen fließen auch platonische Vorstellungen ein. So definiert Thomas die einzelnen Tugenden weniger als sittliche Vortrefflichkeiten in verschiedenen Bereichen des sozialen Lebens, wie Aristoteles, sondern eher als jeweilige Vorzüge der einzelnen Seelenkomponenten und ihrer zugehörigen Objekte, wie Platon. Insbesondere formuliert er sie auf einer ersten Ebene als einen Satz von vier Kardinaltugenden. Diese entsprechen weitgehend Platons Katalog, machen aber auch wieder Anleihen bei Aristoteles [Thomas von Aquin, *ST*, I–II, Quaestio 61, Art. 2].

Die Tapferkeit (*fortitudo*) ist die Kardinaltugend des Überwindungsvermögens (*vis irascibilis*) und der dort beheimateten Leidenschaften wie Zuversicht oder Furcht. Diese Zuweisung erfolgt wie bei Platon, wo die Tapferkeit ebenfalls dem ›Mutartigen‹ zugehört. Ihr Inhalt ist aber gemäß Aristoteles als eine rechte Mitte zu verstehen [Thomas von Aquin, *ST*, II–II, Quaestio 123].

Die Besonnenheit (*temperantia*) ist die Kardinaltugend des Begehrungsvermögens (*vis concupiscibilis*) und der dort verorteten Leidenschaften wie Liebe oder Hass. Diese Zuordnung verläuft fast wie bei Platon, wo die Besonnenheit genau genommen alle drei Seelenteile betrifft, aber zumindest vorrangig den ›Begierden‹ zukommt. Einmal mehr ist ihr Inhalt jedoch mit Aristoteles als eine rechte Mitte gefasst [Thomas von Aquin, *ST*, II–II, Quaestio 141].

Die Gerechtigkeit (*iustitia*) definiert Thomas als die Kardinaltugend des Willens (*voluntas*), der kein Ort von Leidenschaften ist und stattdessen in direkter Wahl die äußeren Handlungen bestimmt. Gerechtigkeit betrifft also nicht, wie bei Platon, die gesamte Seele, indem ihr zufolge jeder Seelenteil das Seinige täte. Vielmehr wird sie einem einzelnen Seelenvermögen, dem Willen, zugeordnet, als dessen besondere Tugend. Den Inhalt der Gerechtigkeit bestimmt Thomas dabei wieder in Anlehnung an Aristoteles: Als allgemeine Gerechtigkeit (*iustitia generalis/legalis*) bezeichnet sie den Vollbesitz aller ethischen Tugenden, in Ausrichtung auf andere Menschen und gemäß den Vorgaben entsprechender Gesetze. Als partikulare Gerechtigkeit (*iustitia particularis*) ist sie eine ethische Spezialtugend, die sich in die ausgleichende Gerechtigkeit (*iustitia commutativa*) und in die austeilende

Gerechtigkeit (*iustitia distributiva*) aufgliedert und ihre rechte Mitte jeweils gemäß der arithmetischen bzw. der geometrischen Proportionalität bestimmt [THOMAS VON AQUIN, *ST*, II–II, Quaestio 58, Quaestio 61].

Die Klugheit (*prudentia*) schließlich ist die Kardinaltugend der Vernunft (*ratio*) und ihrer Leitung des Handelns. Nicht Weisheit ist also die vierte Kardinaltugend, nämlich die moralische Tugend der Vernunft, wie bei Platon. Sondern Klugheit ist die vierte Kardinaltugend, weil allein sie unter den verstandhaften Tugenden auf das Handeln geht, wie bei Aristoteles. Damit ist die Klugheit bei Thomas doppelt eingeordnet: Ihrer Wesenheit nach (d.h. mit Blick auf ihren psychischen Sitz) ist sie Verstandestugend, wie bereits oben erwähnt wurde. Ihrem Tätigkeitsfeld nach (d.h. in Hinsicht auf ihre spezifische Aufgabe) ist sie Charaktertugend, weil sie die rechte Mitte im einzelnen Handeln zu bestimmen und in diesem Sinne das geeignete Mittel zum vorgegebenen Ziel der jeweiligen Tugend herauszufinden hat [THOMAS VON AQUIN, *ST*, I–II, Quaestio 58, Art. 3, Quaestio 61, Art. 1, II–II, Quaestio 47, Art. 1–7].

Die vier Kardinaltugenden lassen sich nach Thomas entweder als übergeordnete Tugendtypen verstehen (unter die konkrete Einzeltugenden als genauere Realisationen fallen) oder als bestimmte Sondertugenden (die auf den wichtigsten Gegenstand in ihrem jeweiligen Wirkkreis gerichtet sind). Entsprechend sind sonstige Charaktertugenden wahlweise als Untergestalten oder als Nebenformen zu den vier Kardinaltugenden zu begreifen [THOMAS VON AQUIN, *ST*, I–II, Quaestio 61, Art. 3]. Auf diese Weise führt Thomas auf einer zweiten Ebene weitere Charaktertugenden ein, u.a. die noch fehlenden Tugenden der aristotelischen Liste. Deren Definition erfolgt teilweise anhand von sozialen Lebensbereichen (unterschiedlichen Tätigkeiten), also nach aristotelischem Muster, teilweise aufgrund einer genaueren Seelenuntergliederung (einzelnen Leidenschaften), also in platonischer Manier [THOMAS VON AQUIN, *ST*, I–II, Quaestio 60, Art. 5].

(3) Aristoteles hatte hervorgehoben, dass eine naturgegebene Charakterdisposition noch keine moralische Tugend darstellt. Mit wahrer Tugend hat man es erst zu tun, wenn eine charakterliche Disposition aufgrund vernunftgeleiteter Übung aus der Klugheit hervorgeht. Für Thomas ist indessen auch dieser Ursprung der Tugend noch unzureichend. Nicht die Übung gemäß Klugheit, sondern erst die Eingebung durch Gott kann eine wirklich zureichende moralische Tugend liefern [THOMAS VON AQUIN, *ST*, I–II, Quaestio 63, Quaestio 65, Art. 2–3].

Überdies gibt es bei Thomas spezielle theologische Tugenden (*virtutes theologicae*), die überhaupt nicht in der Natur angelegt und auch nicht durch Übung zu erwerben sind, sondern einzig von Gott eingegossen werden können. Auch haben sie Gott zum primären Gegenstand und werden durch die Offenbarung der Heiligen Schrift vermittelt. In diesem Sinne sind es eigentlich keine menschlichen Tugenden mehr, sondern göttliche Tugenden. Gleichwohl gelangt erst durch sie die menschliche Seele zu ihrer Vollendung [THOMAS VON AQUIN, *ST*, I–II, Quaestio 58, Art. 3, Quaestio 62, Art. 1–2, Quaestio 63, Art. 1].

Der Glaube (*fides*) betrifft zunächst die Existenz Gottes, hieran anschließend die weiteren Glaubensartikel der christlichen Lehre. Da diese Inhalte die Erkenntnis des

Wahren vollenden, hat der Glaube seinen Sitz in der Vernunft. Die Hoffnung (*spes*) betrifft ursprünglich das ewige Leben der eigenen Seele, nachgeordnet sonstige Güter Gottes oder das Heil anderer Menschen. Sie hat ihren Sitz im Willen, ist aber zudem auf das Überwindungsvermögen bezogen (quasi als übernatürliche Formung jener ›Hoffnung‹ (*spes*), die im Überwindungsvermögen als Leidenschaft wohnt). Die Liebe (*caritas*) betrifft wesentlich Gott selbst, hierauf aufbauend seine Schöpfung, darunter die eigene Person, den eigenen Leib, den Nächsten und den Feind. Sie hat ihren Sitz ebenfalls im Willen, ist aber zudem auf das Begehrungsvermögen bezogen (quasi als übersinnliche Gestaltung jener ›Liebe‹ (*amor*), die im Begehrungsvermögen als Leidenschaft wohnt) [Thomas von Aquin, *ST*, I–II, Quaestio 62, Art. 3, II–II, Quaestio 1, Art. 1, Quaestio 4, Art. 2, Quaestio 23, Art. 1, Quaestio 24, Art. 1, Quaestio 25, Art. 1, Art. 4–5, Art. 8, Art. 12].

Im individuellen Heilserleben des Menschen treten die drei theologischen Tugenden für gewöhnlich in dieser zeitlichen Reihenfolge auf: Man findet zunächst zum Glauben, schöpft hieraus Hoffnung und entwickelt daraus Liebe. Die normative Rangfolge der drei stellt sich allerdings umgekehrt dar: Die Liebe steht an höchster Stelle, denn erst durch sie werden Hoffnung und Glaube, ebenso wie alle anderen Tugenden, wirklich vollkommen [Thomas von Aquin, *ST*, I–II, Quaestio 62, Art. 4, Quaestio 65, Art. 4, Quaestio 66, Art. 6, II–II, Quaestio 23, Art. 6–8].

Seele und Tugenden bei Thomas von Aquin	
4 Seelenvermögen	Vernunft (*ratio, intellectus*) Strebevermögen (*vis appetitiva, appetitus*) a) Wille (*appetitus intellectivus, voluntas*) b) Leidenschaften (*appetitus sensitivus, passiones*) (i) Überwindungsvermögen (*vis irascibilis*) (ii) Begehrungsvermögen (*vis concupiscibilis*)
5 Verstandestugenden (dianoetische Tugenden)	Wissenschaft (*scientia*), Einsicht (*intellectus*), Weisheit (*sapientia*): Erkennen Kunst (*ars*), Klugheit (*prudentia*): Tätigsein
4 Kardinaltugenden (ethische Tugenden)	Klugheit (*prudentia*): Kardinaltugend der Vernunft Gerechtigkeit (*iustitia*): Kardinaltugend des Willens Tapferkeit (*fortitudo*): Kardinaltugend des Überwindungsvermögens Besonnenheit (*temperantia*): Kardinaltugend des Begehrungsvermögens
3 theologische Tugenden	Glaube (*fides*): theologische Tugend der Vernunft Hoffnung (*spes*): theologische Tugend des Willens, zudem bezogen auf das Überwindungsvermögen Liebe (*caritas*): theologische Tugend des Willens, zudem bezogen auf das Begehrungsvermögen

4.5 Rückkehr des Aristotelismus

Die Tugendethik ist der früheste moralphilosophische Ansatz der westlichen Philosophie. Sie entsteht in der Antike und erstreckt sich bis ins Mittelalter, ist der vorherrschende Ethiktyp dieser beiden Epochen und findet in jener Zeit ihre bedeutendsten Konzeptualisierungen. Auch die einflussreiche griechisch-römische Strömung der Stoa formuliert als moralisches Ziel ein bestimmtes Charakterideal. Dessen wesentliche Komponenten sind Leidenschaftslosigkeit (*apatheia*), Unerschütterlichkeit (*ataraxia*) und Selbstgenügsamkeit (*autarkeia*), d.h. eine weitestgehende Unabhängigkeit der menschlichen Seele von äußerem Schicksal. Das christliche Denken ist seiner Grundanlage nach ebenfalls stark affin zu Fragen des Seelenzustands. Es kennt zwar Handlungsregeln, deren Befolgung aber vor allem die Nähe zu Gott sicherstellen soll, und es bedenkt zwar Handlungsfolgen, deren Eintreten aber letztlich in Gottes Hand liegt, so dass die Prägung und Hebung der menschlichen Seele das moralische Hauptanliegen bleibt.

In der Neuzeit, im Zuge einer allgemeinen Abwendung von antiken und mittelalterlichen Vorgaben, tritt auch die Tugendethik zunächst stark in den Hintergrund. Stattdessen beherrschen deontologische und teleologische Ansätze das moralphilosophische Denken. Erst seit den 1950er-Jahren wendet sich das Interesse auch wieder der Tugendethik zu. Insbesondere sucht eine Reihe von Autoren Anschluss an Aristoteles, oft verbunden mit expliziten Absagen an kantianische oder utilitaristische Modelle als den wichtigsten deontologischen bzw. teleologischen Gegenentwürfen. Erste Orientierungen in dieser Richtung deuten sich bei Elizabeth Anscombe (1919–2001) und Bernard Williams (1929–2003) an. Explizite Vertreter des modernen Aristotelismus sind Philippa Foot (1920–2010), Alasdair MacIntyre (*1929), Rosalind Hursthouse (*1943) oder Martha Nussbaum (*1947).

(1) Diese Rückbesinnung auf die Tugendethik erfolgt natürlich unter veränderten Vorzeichen. Insbesondere werden die Tugenden in der Regel nicht mehr auf der Grundlage von mehr oder weniger spekulativen Seelenmodellen formuliert. Gern aufgegriffen wird demgegenüber der aristotelische Ansatz, sie bestimmten Lebensbereichen zuzuordnen. Gerade die Anbindung der Tugenden an konkrete Interaktionsformen oder grundlegende Erfahrungsdimensionen wird oft als Vorzug gegenüber deontologischen oder teleologischen Ansätzen gesehen, deren abstrakte Formulierung von Handlungsregeln bzw. Zustandsvorgaben sich zu sehr von der moralischen Lebenswirklichkeit entferne.

Damit ein solcher Ansatz tatsächlich als Tugendethik gelten kann, ist freilich wichtig, dass die fraglichen Charakterdispositionen als die originären ethischen Größen angesehen werden, deren Ausbildung das eigentliche moralische Ziel ist. Sie dürfen nicht allein als instrumentelle Bedingungen betrachtet werden, deren Bestehen andere moralische Belange befördern mag. Insbesondere darf es nicht lediglich darum gehen, dass die Vermittlung tief verinnerlichter Tugenden das psychologisch verlässlichste Mittel sein mag, um sicherzustellen, dass Menschen sich an gewisse Regeln halten oder bestimmte Zustände herbeiführen. In diesem

Fall stünden doch wieder deontologische bzw. teleologische Aspekte im Zentrum der ethischen Bewertung, und die Tugenden kämen allein aus pragmatischen Gründen ins Spiel, weil man davon ausginge, dass eine solche charakterliche Verankerung stabiler wäre als die unmittelbare Vorgabe der eigentlich relevanten Handlungskonzepte oder Folgenkalküle.

Wenn es wirklich um eine Tugendethik gehen soll, müssen die Tugenden um ihrer selbst willen geschätzt werden. Ihr Vorliegen muss ein moralischer Selbstzweck sein, nicht ein pädagogisches Mittel für erstrebenswerte Regelbefolgungen oder wünschenswerte Zustandserreichungen. Das gute Leben muss in der tugendhaften Charakterformung selbst bestehen, so wie es bei Platon, Aristoteles und Thomas von Aquin der Fall ist. Handlungen oder Folgen können ihrerseits nur Wege hierzu bzw. Ausfluss hiervon sein.

Einige zeitgenössische Autoren legen in diesem unmissverständlichen Sinn den Fokus auf die Charakterbildung, so dass sie korrekt als Tugendethiker einzustufen sind. Sie unterscheiden sich aber erheblich dahingehend, wie sie diesen Ansatz genauer ausformulieren. Insbesondere gibt es Differenzen, ob und wie sie die Tugenden in der menschlichen Kultur bzw. Natur verankern. Dies hat Auswirkungen auf weiterführende Fragen, etwa nach der Möglichkeit von moralischer Kritik oder nach der Deutung des modernen Menschen.

(2) Alasdair MacIntyre geht in seinem Buch *After Virtue. A Study in Moral Theory* (1981) davon aus, dass die Tugenden in der *menschlichen Kultur* wurzeln. Sie sind spezifischen sozialen Rollen zugeordnet, die wiederum in historisch gewachsene Traditionen eingebettet sind. Moralisches Leben konstituiert sich als Ausfüllung einer bestimmten Position in einer gegebenen Gemeinschaft, beispielsweise als Familienmitglied, Bürger oder Priester in einer Sippe, Nation oder Religion. Moralische Normen haben die Gestalt von Tugenden bzw. Charakteren, in denen diese verschiedenen Positionen mit einer entsprechenden Persönlichkeit verbunden sind [MacIntyre 1981, 46–51, 54, 85, 341–345].

Mit dieser Grundauffassung fügt sich MacIntyres Ethik in die Denkrichtung des *Kommunitarismus* ein: Dieser Strömung zufolge lässt sich Moral nicht unabhängig von kulturellen Prägungen entwerfen, als Satz von Handlungsregeln oder Zielvorgaben, deren Richtigkeit sich abstrakten ethischen Überlegungen erschließen könnte (etwa zu den Ansprüchen und Bedürfnissen ebenso abstrakt gedachter Individuen). Vielmehr ist Moral stets an konkrete Lebensformen gebunden, an geteilte Praxen und diesen inhärente Güter, die eine ethische Perspektive überhaupt erst begründen (wie auch die Identität des Individuums von seiner konkreten sozialen Einbettung abhängt) [MacIntyre 1981, 230f., 250–256, 293–297]. Entsprechend wohnt MacIntyres Ethik ein gewisser *Relativismus* inne (vgl. Abschnitt 3.3): Zwar ist dies kein skeptizistischer Relativismus, dem zufolge moralische Normen bloß kollektive Gepflogenheiten ohne tatsächliche objektive Gültigkeit darstellten. Aber es ist ein positivistischer Relativismus, dem zufolge die objektive Gültigkeit moralischer Normen einer entsprechenden kulturellen Verwirklichung entspringt [MacIntyre 1981, 169f.].

MacIntyres Überlegungen gewinnen in diesem Zusammenhang eine stark konservative Tendenz: Moralische Normen gründen in einer jeweiligen Kultur, aus der allein sich ihr Inhalt und ihre Verbindlichkeit herleiten. Diese Kultur aber ist ein geschichtliches Produkt, das wesentlich aus gewachsenen Traditionen besteht. Folglich lassen sich die Tugenden nicht von diesen Traditionen trennen. Eine Emanzipation von bestehenden Sitten und Bräuchen würde unweigerlich in die sittliche Leere führen. Entsprechend ist es in letzter Konsequenz auch nicht möglich, moralische Normen einer externen Kritik zu unterziehen. Es gibt keinen moralischen Standpunkt außerhalb einer gegebenen Kultur, von dem aus sich ihre Auffassungen und Gewohnheiten sinnvoll bewerten ließen. Kritisieren lässt sich lediglich, wenn eine Gesellschaft grundsätzlich unfähig zur Ausbildung von Tugenden wird. Und eben dieser Fall ist nach MacIntyre in den modernen westlichen Gesellschaften eingetreten [MacIntyre 1981, 15, 349f.].

MacIntyre vertritt hinsichtlich der Gegenwart eine ausgesprochen kulturpessimistische Position: Nach seiner Einschätzung hat die Moderne die gelebten Traditionen aufgegeben, womit notwendig auch das Erbe der moralischen Tugenden verloren gegangen ist. Speziell die Aufklärung hat versucht, sich von der konkreten, traditionsvermittelten Tugendethik der Lebensformen zu befreien und abstrakte, kulturunabhängige Begründungen von Moral zu liefern. Dieses Projekt ist aber notwendig gescheitert, da es eine solche autarke Moral jenseits gewachsener Lebensformen gar nicht gibt. Das Ergebnis jenes Scheiterns ist nach MacIntyre gleichermaßen auf der Ebene des moralischen Lebens wie auch auf der Ebene der ethischen Reflexion spürbar [MacIntyre 1981, 57–74]. Das moderne Individuum hat keine moralische Identität mehr, ist haltlos und verwahrlost und ohne jedes Verständnis für die wahre Bedeutung sittlicher Begriffe. Der gepriesene Pluralismus moderner Gesellschaften erweist sich als Untergang jeden konstruktiven Dialogs, eine vernünftige Einigung in moralischen Fragen ist aufgrund eines Mangels an sittlicher Übereinstimmung nicht mehr möglich. Die modernen Ethikentwürfe deontologischen und teleologischen Typs, die ohne Anbindung an die Tugend auskommen und stattdessen auf Rechte oder Nützlichkeit rekurrieren wollen, sind Versuche, die verlorenen moralischen Gehalte der Lebensformen zu rekonstruieren, enden aber in Fehlschlägen, da sie sich von der maßgeblichen historischen Einbettung dieser Lebensformen losmachen. Die zeitgenössische Metaethik des epistemologischen oder sprachanalytischen Nonkognitivismus, die Normen nur als Ausdruck subjektiver Präferenzen ohne objektiven Gehalt versteht, hat insofern recht, als sie hiermit die Verfallsform der gegenwärtigen Moral korrekt beschreibt, hat aber unrecht, wenn sie damit das Wesen jeglicher Moral zu erfassen meint [MacIntyre 1981, 19–40, 50–56, 89–101, 151, 161f., 325–339].

(3) Martha Nussbaum hebt in Aufsätzen wie *Non-Relative Virtues: An Aristotelian Approach* (1993) hervor, dass die Tugenden in der *menschlichen Natur* gründen. Sie beziehen sich auf Erfahrungen und Fähigkeiten, die in ihrem fundamentalen Wesen sämtlichen Menschen gemeinsam sind. Hierzu gehören etwa Sterblichkeit, Körperlichkeit, Sozialität, das Empfinden von Freude oder Schmerz,

kognitive Vollzüge sowie praktische Vernunft. Die relevanten Tugenden lassen sich als angemessene Haltungen in solchen Erfahrungs- und Fähigkeitsbereichen rekonstruieren [NUSSBAUM 1993, 257–260].

Mit dieser Deutung bekennt sich Nussbaum zu einem *Essenzialismus* humaner Vollzüge: Zwar mögen menschliche Erfahrungen in ihrer konkreten Beschaffenheit durch die jeweilige Kultur geprägt sein. Aber die grundlegenden Dimensionen solcher Erfahrungen sind durch die menschliche Natur in kulturübergreifender Weise vorgegeben [NUSSBAUM 1993, 230–234]. Auf dieser Basis vertritt Nussbaum in ihrer Ethik einen *Universalismus* moralischer Normen (vgl. Abschnitt 3.3): Die Inhalte der Tugenden lassen zwar Raum für Spezifikationen gemäß den jeweiligen kulturellen Gegebenheiten und lokalen Erfordernissen. Sie haben jedoch einen allgemeingültigen Kern aufgrund ihres Bezugs zur übergreifenden natürlichen Ausstattung des Menschen [NUSSBAUM 1993, 227–230, 246–253].

Nussbaums Theorie nimmt vor diesem Hintergrund eine durchaus progressive Haltung ein: Nicht die Bewahrung, sondern die Verbesserung vorgegebener Traditionen wird zum erklärten Ziel. Da die wesentlichen Normen nicht an eine kontingente Kultur gebunden sind, sondern sich für jede soziale Gemeinschaft aus der menschlichen Natur ergeben, lässt sich ein moralischer Fortschritt fordern, in dem sich die verschiedenen Kulturen jenen allgemeingültigen Normen annähern sollten. Nicht zuletzt befürwortet Nussbaum politische Programme, die es den Menschen in sämtlichen Gesellschaften ermöglichen, ihre Fähigkeiten in den genannten Bereichen vollumfänglich zu entwickeln und in diesem Sinne ein gutes Leben zu führen. In der konkreten Umsetzung mag dies je nach den regionalen Umständen unterschiedliche Maßnahmen verlangen, aber die grundsätzliche Zielsetzung ist nach Nussbaum für alle Gesellschaften gleich [NUSSBAUM 1993, 260–262].

Nussbaum schlägt dabei insgesamt einen eher kulturoptimistischen Tonfall an: Menschen trachten in ihrer Entwicklung danach, das Gute zu erreichen statt nur das Hergebrachte zu bewahren. Die Geschichte lässt sich daher als Suche nach dem richtigen Umgang in den fundamentalen Lebensbereichen, d.h. nach einer verbesserten Ausdeutung der einzelnen Tugenden verstehen [NUSSBAUM 1993, 253–257]. Eine gewisse Sensitivität für den jeweiligen Kontext, die kantianische oder utilitaristische Ansätze vermissen lassen, ist dabei gewährleistet. Grundsätzlich aber sind die Vorschläge für die Tugenden, die in verschiedenen Kulturen erarbeitet werden, in ihren Inhalten vergleichbar, und gerade ihre Konkurrenz ermöglicht fundierte Kritik und stetige Fortentwicklung [NUSSBAUM 1993, 234–239].

Fragen und Aufgaben

1. Platons Definitionen der vier Kardinaltugenden sind im ersten Zugang verständlich und nachvollziehbar, können aber bei genauerem Hinsehen gelegentliche Deutungsprobleme aufwerfen. Dies zeigt sich vor allem, wenn man Kon-

stellationen durchspielt, in denen nicht alle vier Tugenden vorliegen, sondern eine oder mehrere fehlen. Wie wären die folgenden Fälle am ehesten zu verstehen, d.h. um was für Charaktere handelt es sich, und warum sind sie nicht gerecht? Wo ist die Interpretation klar, wo ergeben sich Schwierigkeiten, und weshalb? *Eine Person ist: (a) nicht weise, aber tapfer und besonnen; (b) nicht tapfer, aber weise und besonnen; (c) nicht besonnen, aber weise und tapfer; (d) nur weise, aber weder tapfer noch besonnen; (e) nur tapfer, aber weder weise noch besonnen; (f) nur besonnen, aber weder weise noch tapfer.*

2. Aristoteles behauptet in seinen Erläuterungen zur ›ausgleichenden Gerechtigkeit‹, dass bei Verbrechen der Täter stets einen Vorteil habe. Ist das bei allen Verbrechen einleuchtend? Wo ja, wo nicht? Aristoteles fordert weiter, dass dieser Vorteil seitens des Täters durch den Richter wieder ausgeglichen werden müsse. Was könnte dies in konkreten Fällen wie Diebstahl oder Mord bedeuten? Erscheint eine derart bemessene Strafe womöglich zu milde oder zu streng, ließe sich das Prinzip vielleicht anders auslegen?
3. Aristoteles vertritt in seiner Theorie der ›austeilenden Gerechtigkeit‹ das Prinzip der Meritokratie, d.h. der Verteilung gemäß Verdienst. In seinem Anwendungsfeld, der öffentlichen Anerkennung von bürgerlichen Leistungen, ist dies naheliegend. Gilt dies auch für das moderne Verständnis von Verteilungsgerechtigkeit, als Bereich der Versorgungsleistungen und Unterstützungsmaßnahmen? Wenn nein, welche Verteilungskriterien erscheinen Ihnen hier erwägenswert und plausibel?
4. Rekonstruieren Sie die Komponenten und Formen des praktischen Syllogismus bei Aristoteles anhand des Beispiels der Besonnenheit.
5. Verdeutlichen Sie an konkreten Beispielen, wie die drei theologischen Tugenden Glaube, Hoffnung und Liebe bei Thomas von Aquin zur Vollendung der vier Kardinaltugenden Klugheit, Gerechtigkeit, Tapferkeit bzw. Besonnenheit beitragen können.

5. Deontologie – Das richtige Handeln

Deontologien richten das moralische Urteil in der Hauptsache an der vollzogenen Handlung als solcher aus – nicht so sehr an der Motivationslage, der sie entsprungen sein mag, und nicht so sehr an dem Konsequenzenspektrum, das sich aus ihr ergeben kann. Das heißt nicht, dass diese beiden Komponenten des Verhaltens gänzlich bedeutungslos wären. Aber es heißt, dass das Hauptaugenmerk bei der Bewertung auf der Handlung selbst liegt. Deontologische Normen, in ihrer simpelsten Form, haben die Gestalt von direkten Handlungsregeln wie ›Lügen ist falsch‹ oder ›Hilfeleistung ist geboten‹ – gleichgültig aus welchem Antrieb oder mit welchen Folgen.

Möglicherweise müssen derartige Handlungsregeln verfeinert werden, um sinnvolle Ausnahmen zuzulassen. Wenn diese Verfeinerungen jedoch innerhalb des deontologischen Ansatzes verbleiben sollen, müssen auch sie mit Blick auf den Handlungstyp formuliert werden, nicht mit Blick auf Motivation oder Konsequenz. Will man also als Deontologe etwa Lügen in dringenden Notfällen zulassen oder von Hilfeleistung bei unzumutbarer Selbstgefährdung absehen, so darf man diese Ausnahmebestände nicht im Vokabular von Gesinnungslagen oder Erfolgsspektren fassen. Vielmehr muss man sie in die Beschreibung der Handlung aufnehmen. Dies ist grundsätzlich möglich, da sich der Begriff der Handlung sehr weit verstehen lässt: Er kann Komponenten umfassen, die sich in anderer Darstellung als Motivation oder als Konsequenz konzeptualisieren ließen. Er kann nicht nur das ergriffene Mittel, sondern auch verfolgte Zwecke und hingenommene Nebeneffekte einschließen. Deontologen werden bevorzugt solche weiten Auffassungen von ›Handlung‹ zugrunde legen, um entsprechend differenzierte Normen formulieren zu können. Auf diese Weise haben sie die Möglichkeit, plausible Notlügen zu gestatten oder unzumutbare Hilfeleistungen zu erlassen, ohne von Charakterdispositionen oder Handlungsfolgen sprechen und damit die deontologische Grundposition aufgeben zu müssen. Sie können sehr spezifische Fallkonstellationen betrachten und recht komplexe Ausnahmeregeln aufstellen, ohne auf ›die vollkommene Seele‹ oder ›das gute Leben‹, ›die erstrebenswerte Welt‹ oder ›das fremde Wohl‹ Bezug zu nehmen, allein mit den deontologischen Grundbegriffen von Pflichten und Geboten.

Als Hauptvertreter einer deontologischen Ethik gilt Immanuel Kant. Tatsächlich ist er der erste Denker, bei dem sich eine subtil ausgearbeitete Deontologie findet, und entsprechend steht er in diesem Kapitel im Vordergrund. Spätere Deontologen sehen sich zumeist in seiner Nachfolge und vertreten mehr oder weniger ausdrücklich eine ›kantianische Position‹, in Abgrenzung zu ›aristotelischen Strömungen‹ in der modernen Tugendethik und zu ›utilitaristischen Traditionen‹ in der zeitgenössischen Teleologie. Zwei wichtige Beispiele moderner Deontologien werden zum Abschluss kurz vorgestellt.

5.1 Die Universalisierbarkeit von Handlungen

Deontologische Ansätze haben gegenüber Tugendethiken und Teleologien den Nachteil, dass sie weder an der motivationalen Ausstattung von Menschen noch an den wahrscheinlichen Konsequenzen von Handlungen anknüpfen. Auf diese Weise nehmen sie leicht einen rigoristischen Zug an. Insbesondere können ihre Vorgaben reale Menschen mitunter überfordern und zuweilen brisante Folgen entstehen lassen. Im Extremfall laufen sie auf die Auffassung hinaus: *Fiat iustitia, pereat mundus* (›Gerechtigkeit soll walten, auch wenn die Welt darüber zugrunde geht‹). Dies muss zwar nicht immer der Fall sein. Zumindest aber formulieren sie ihre Inhalte nicht in unmittelbarer Rücksicht auf die menschliche Natur oder auf wünschenswerte Weltzustände. Entsprechend besteht eine ernsthafte Möglichkeit, dass sie diese Bestände ignorieren.

Deontologien haben indessen auch einen großen Vorteil gegenüber den beiden alternativen Ethikansätzen. Sie können nämlich leicht eine zentrale moralische Intuition aufgreifen, die tugendethisch oder teleologisch kaum einzufangen ist. Dies ist der Gedanke, dass eine menschliche Handlung genau dann erlaubt, verboten bzw. geboten ist, wenn es akzeptabel, inakzeptabel bzw. erforderlich wäre, dass jeder diese Handlung vollzieht. Im Alltag äußert sich dieser Gedanke für gewöhnlich in der Mahnung: *Wenn jeder das täte ...* (meist in dem Sinne, dass es nicht hinnehmbar wäre, wenn jeder die fragliche Handlung vollzöge, und dass genau dies der Grund dafür ist, weshalb man selbst sie auch nicht vollziehen sollte). Diese Regel kann zuweilen etwas schulmeisterlich daherkommen, verfügt aber über einen ernst zu nehmenden ethischen Kern. Als Handelnder darf man sich womöglich in der Tat nicht etwas herausnehmen, von dem klar ist, dass es nicht vertretbar wäre, wenn jeder so handelte. Dies gilt unabhängig davon, aus welchen Motiven oder mit welchen Folgen man selbst diese Handlung vollziehen würde.

(1) Es ist wichtig, diesen Gedanken der Universalisierbarkeit von Handlungen nicht mit dem Grundsatz des Universalismus von Normen zu verwechseln. Letzterer ist nur ein abstraktes metaethisches Prinzip, Ersterer hingegen ist ein konkreter moralischer Maßstab.

Der *Universalismus moralischer Normen* besagt allein, dass *moralische Normen* – von welcher charakteristischen Gestalt sie auch sein mögen – für alle Menschen gleichermaßen *verbindlich* sind. Dies ist kein spezifisch deontologischer Grundsatz: Auch Tugendethiker können fordern, dass bestimmte Charakterdispositionen von allen Menschen ausgebildet werden sollten. Auch Teleologen können verlangen, dass bestimmte Weltzustände von allen Menschen anzustreben sind. Immerhin *folgt* aus diesem Universalismus moralischer Normen die Universalisierbarkeit der *entsprechenden Verhaltenskomponente*, die von der fraglichen Norm erfasst wird: Sofern eine Norm für alle Menschen gilt, muss menschliches Verhalten des jeweiligen Typs genau dann erlaubt, verboten bzw. geboten sein, wenn es akzeptabel, inakzeptabel bzw. erforderlich wäre, dass dieses Verhalten von sämtlichen Menschen geübt wird. Ist beispielsweise eine bestimmte Charakterformung, Handlungsweise oder Zielsetzung nicht verallgemeinerbar, so kann sie aus universalistischer Sicht auch nicht erlaubt sein, denn wäre sie erlaubt, so müsste sie gemäß einer universalistischen Perspektive von allen Menschen verfolgt werden dürfen. (Die Umkehrung gilt nicht: Man kann die Universalisierbarkeit einer menschlichen Verhaltenskomponente fordern, *ohne* einem Universalismus moralischer Normen anzuhängen. Man kann die Verallgemeinerbarkeit von Motivationen, Handlungen oder Konsequenzen verlangen, aber nicht bei *allen* Menschen, sondern nur bei bestimmten Gruppen oder Einzelpersonen.)

Die *Universalisierbarkeit menschlicher Handlungen* besagt genauer, dass *menschliche Handlungen* danach zu beurteilen sind, ob – in einem noch zu präzisierenden Sinne – gewollt werden kann, dass alle Menschen diese Handlungen *vollziehen*. Hier geht es nicht mehr um den abstrakten Geltungsbereich irgendwelcher Normen, sondern um eine konkrete Norm deontologischen Typs: Der moralische Maßstab besteht darin, wie es zu beurteilen wäre, wenn alle das täten, was der jeweils Handelnde sich zu tun anschickt. Hieran soll sich der moralische Status entscheiden, der einer gegebenen Handlung zukommt. Es ist diese *handlungsbezogene Moralintuition*, die im vorliegenden Zusammenhang artikuliert wird, und sie ist es auch, die in fast *allen* deontologischen Ethikentwürfen gegenwärtig ist, oft sogar an zentraler Stelle: Universalisierbarkeit von Handlungen ist in vielen deontologischen Ansätzen die wichtigste moralische Norm. Häufig werden deontologische Ethiken sogar explizit von dem Gedanken her entwickelt, dass sich die Moralität von Handlungen an ihrer Verallgemeinerbarkeit entscheidet. (Wieder ist Vorsicht geboten: Zwar geht diese Forderung nach Universalisierbarkeit *meist* mit einem Universalismus bezüglich jener Forderung einher. Aber die Verbindung ist nicht *notwendig*, man kann die Verallgemeinerbarkeit von Handlungen auch nur bei einigen Menschen verlangen, ohne diese Norm auf alle Menschen zu erstrecken.)

Dass Handlungen sich durch Verallgemeinerbarkeit auszeichnen sollten, ist eine verbreitete Auffassung, nicht nur in elaborierten deontologischen Ethiken, sondern auch in der gewohnten alltäglichen Moral. Genauer kann diese Auffassung in zweierlei Richtungen artikuliert werden.

Meistens wird die Figur in *negativer* Weise entfaltet: Es wird aufgezeigt, dass es (aus welchen genauen Gründen auch immer) *inakzeptabel* wäre, wenn ein bestimmtes Tun oder Unterlassen verallgemeinert würde. Hieraus wird gefolgert, dass es (in strikt moralischem Sinne) *verboten* ist, dieses Tun oder Unterlassen zu üben. Beispielsweise würde der Wald zerstört werden, wenn alle Menschen ihre Abfälle darin abladen würden. Dies kann nicht gewollt werden. Eben deshalb darf auch der einzelne Mensch seine Abfälle nicht im Wald abladen. Dies gilt auch dann, wenn seine individuelle Verschmutzung kaum Schaden anrichten würde (verbotenes Tun). Ähnlich würden die Sozialsysteme zugrunde gehen, wenn sämtliche Bürger ihre Steuern nicht mehr zahlen würden. Dies wäre nicht hinnehmbar. Genau darum darf auch der einzelne Bürger seine Steuern nicht schuldig bleiben. Dies gilt auch dann, wenn sein eigener Fehlbeitrag kaum ins Gewicht fiele (verbotenes Unterlassen). In *indirekter* Weise ergibt sich aus solchen Verboten natürlich, dass das jeweils umgekehrte Verhalten *geboten* ist. Ein verbotenes Tun impliziert ein gebotenes Unterlassen, ein verbotenes Unterlassen impliziert ein gebotenes Tun. Man kann also aus den bisherigen Argumenten sofort schließen, dass es geboten ist, seine Abfälle nicht zu vergraben (gebotenes Unterlassen) bzw. seine Steuern zu entrichten (gebotenes Tun). Und dieser Schluss ist insofern konsistent, als sich zeigen lässt, dass jene invertierten Verhaltensweisen *ihrerseits verallgemeinerbar* und damit zumindest *erlaubt* sind.

Seltener wird die Linie in *positiver* Hinsicht verfolgt: Dann wird demonstriert, dass es (in welcher genauen Bedeutung auch immer) akzeptabel und sogar *erforderlich* wäre, dass ein bestimmtes Tun oder Unterlassen verallgemeinert würde. Hieraus wird geschlossen, dass es (in streng moralischem Sinne) erlaubt und sogar *geboten* ist, dieses Tun oder Unterlassen zu üben. Beispielsweise würden sich die politischen Verhältnisse in totalitären Staaten verbessern, wenn alle Menschen sich an entsprechenden Protesten beteiligen würden. Dies wäre wünschenswert. Dann sollte aber auch der einzelne Mensch solchen Protest äußern. Und zwar sollte er dies selbst dann tun, wenn er mit seiner Aktion allein bleibt und entsprechend keinen Effekt erzielt (gebotenes Tun). Ähnlich würde sich die ökologische Situation im globalen Ausmaß entspannen, wenn sämtliche Personen nicht länger unnötige Energie verbrauchen würden. Dies wäre erstrebenswert. Dann sollte aber auch die einzelne Person keine Energie mehr verschwenden. Und zwar sollte sie dies selbst dann unterlassen, wenn sie jenen Verzicht allein übt und daher keinen Effekt bewirkt (gebotenes Unterlassen). Hier wird also in *unmittelbarer* Form eine ganz bestimmte Handlung *vorgeschrieben*, während in der negativen Darstellungslinie zunächst lediglich bestimmte Handlungen zurückgewiesen wurden. Indessen impliziert ein gebotenes Tun ein verbotenes Unterlassen, und ein gebotenes Unterlassen impliziert ein verbotenes Tun. Man kann also aus den obigen Argumenten sofort schließen, dass es verboten ist, den Protest nicht zu äußern (verbotenes Unterlassen) bzw. die Energie zu verschwenden (verbotenes Tun). Und dieses Ergebnis ließe sich auch der negativen Argumentationsweise entnehmen, indem man zeigte, dass jene invertierten Verhaltensweisen tatsächlich *nicht verallgemeinerbar* und damit *verboten* sind.

(2) Die Forderung nach Universalisierbarkeit von Handlungen ist insbesondere in Fällen plausibel, die ihrer Struktur nach der Situation des ›Schwarzfahrens‹ oder ›Trittbrettfahrens‹ gleichkommen: Hier nimmt eine Person eine gemeinschaftliche Einrichtung in Anspruch, ohne ihren Anteil an den entsprechenden Aufwendungen zu erbringen. Typischerweise ist dabei das einzelne Schwarzfahren für sich

allein genommen nicht weiter schädlich: Der Zug würde ohnehin verkehren und wird durch die heimlich mitfahrende Person auch kaum zusätzlich belastet, so dass dem Bahnunternehmen kein nennenswerter Verlust entsteht. Zudem ist die fehlende Einnahme durch das nicht bezahlte Ticket marginal, so dass dem Bahnunternehmen auch nur ein vernachlässigbarer Gewinn entgeht. Dennoch besteht weitgehender Konsens, dass solch ein Vorgehen falsch ist: Man gönnt sich Vorteile auf Kosten anderer. Man nutzt das redliche Verhalten seiner ehrlichen Mitmenschen aus.

Diese Konstellation ist insbesondere in politischen Zusammenhängen vertraut und wird dort als Problem der ›Asozialität‹ bzw. als ›Tragedy of the Commons‹ angesprochen: Grundsätzlich hat niemand einen rationalen Antrieb, zu gemeinschaftlich genutzten Gütern beizutragen. Der Grund hierfür ist klar: Beteiligt man sich selbst nicht an diesen gemeinsamen Ressourcen, so kann man sie doch immer noch in nahezu unvermindertem Umfang nutzen. Es besteht daher kein durchschlagender Anreiz, an ihrer Erhaltung mitzuwirken. Ebenso eindeutig ist aber die Intuition, dass solch ein Verhalten verfehlt ist: Es stellt eine Bereicherung an der Gemeinschaft dar. Es profitiert von den Leistungen anderer und verweigert die eigene Gegenleistung.

Diese moralische Bewertung lässt sich leicht rekonstruieren, wenn man dem deontologischen Konzept der Verallgemeinerbarkeit von Handlungen folgt. In all den skizzierten Fällen hätten die fraglichen Handlungen inakzeptable Resultate, falls sie von sämtlichen Beteiligten vollzogen würden: Wenn *jeder* schwarz führe, ginge das Bahnunternehmen zugrunde. Wenn *jeder* sich asozial verhielte, gingen die Gemeinschaftsgüter verloren. Es ist recht plausibel, dass diese Ergebnisse nicht hinnehmbar wären. Nicht zuletzt könnte der Handelnde selbst sie nicht wünschen, da er das Unternehmen bzw. die Güter ja seinerseits in Anspruch nehmen will. Eben dies scheint aber der Grund zu sein, weshalb sein Verhalten als verwerflich, als ausnutzend und bereichernd angesehen wird: Es ist unmoralisch, in bestimmter Weise zu handeln, wenn es verheerend wäre, dass jeder so handelte. Es ist unmoralisch, in einer Form zu agieren, die voraussetzt, dass die anderen nicht so agieren. Fehlende Universalisierbarkeit von Handlungen dürfte genau der Hintergrund der moralischen Verurteilung sein, die das geschilderte Verhalten gemeinhin trifft. Eine deontologische Ethik, die verallgemeinerbare Handlungen vorschreibt, scheint damit am besten der nachvollziehbaren Intuition zu entsprechen, dass derartiges Verhalten tatsächlich falsch ist.

Demgegenüber ist es kaum möglich, diese moralische Beurteilung trennscharf in einem tugendethischen oder einem teleologischen Ansatz zu reproduzieren. Denn die fraglichen Handlungen können mit Gesinnungen und Folgen verbunden sein, die keinen unmittelbaren Anlass zu moralischer Kritik liefern. Für eine *Tugendethik* wäre das Problem, dass man womöglich nicht in allen geschilderten Fällen eine böse Motivation ausfindig machen kann: Gewiss ist man versucht, bei Schwarzfahren oder Asozialität dem Handelnden Egoismus vorzuwerfen. Fragt man allerdings weiter, worin dieser Egoismus genauer besteht, so bleibt wohl nur die Antwort, dass er eben in der Bereitschaft liegt, sich eine Handlung herauszunehmen, die nicht in akzeptabler Weise von allen Menschen vollzogen werden könnte. Damit wäre dieser Egoismus aber kein ursprünglich tugendethisches Konzept, sondern eine bloße Ableitung aus einer deontologischen Perspektive. Das Charakterdefizit, das er bezeichnete, reduzierte sich darauf, die Handlungsvorschrift der Universalisierbarkeit zu verletzen. Für eine *Teleologie* läge die Schwierigkeit darin, dass es in den skizzierten Beispielen überhaupt nicht zu schlechten Konsequenzen kommen muss: Schwarzfahren und Asozialität hätten zwar negative Folgen, wenn jeder sich zu ihnen hinreißen ließe. Aber der einzelne Akt selbst, den der Handelnde in seiner konkreten Situation erwägt, mag völlig folgenlos bleiben. Man könnte zwar darauf bestehen wollen, dass auch der einzelne Akt für sich allein genommen fernerliegende bedenkliche Effekte erwarten lasse, etwa weil er schwer zu verheimlichen wäre, voraussichtlich von anderen nachgeahmt würde oder Ähnliches. Dies sind indessen Hilfskonstruktionen, bei denen empirisch fragwürdig ist, ob die behaupteten Folgen ernsthaft zu befürchten wären, und die normativ unbefriedigend bleiben, da sie am eigentlichen Problem vorbeigehen.

Kurzum, es geht in Beispielen der geschilderten Art nun einmal um die Handlung als solche. Diese Handlung erscheint jeweils verwerflich, weil sie nicht universalisierbar ist. Von den dahinterstehenden Motivationen oder den tatsächlichen Konsequenzen ist gar nicht die Rede. Folglich steht deren moralische Bewertung auch nicht zur Diskussion.

Dies ist ein großer Vorteil für den deontologischen Ethikansatz. Die Forderung nach Universalisierbarkeit von Handlungen ist offenbar eine wichtige Grundintuition. Sie prägt das moralische Denken, sie leitet das moralische Urteil. Und sie ist erkennbar deontologischer Art.

(3) Es ist vor diesem Hintergrund nicht überraschend, dass Tugendethiker und Teleologen gelegentlich versuchen, die Plausibilität der Forderung nach Universalisierbarkeit von Handlungen zu unterlaufen. Insbesondere führen sie zuweilen Beispiele an, die jene Grundintuition ad absurdum führen sollen.

So stelle man sich vor, eine Person erwäge, von Beruf Bauer zu werden. Gemäß dem obigen Gedankengang scheint sie folgende Überlegung anstellen zu müssen, um über die Moralität ihres Plans zu entscheiden: ›Ich möchte Bauer werden. Wenn jeder Bauer würde, gäbe es allerdings bald keine Ärzte mehr, und viele Menschen würden an schlimmen Krankheiten sterben. Solch ein Elend kann nicht gewollt werden, insbesondere wäre es meinem eigenen Lebensplan abträglich. Bauer zu werden, ist also nicht universalisierbar, und damit ist es moralisch verwerflich.‹ Dieses Ergebnis ist offenbar Unsinn. Nicht zuletzt müsste auf diese Weise auch jede andere Berufswahl moralisch zurückgewiesen werden: Tendenziell neutrale Berufe wie Schuster und sogar sozial wünschenswerte Berufe wie Arzt würden durchweg an der gleichen Argumentationslinie scheitern, dass es stets inakzeptabel wäre, wenn sämtliche Menschen diese Berufe ausübten. Der Gedankengang erscheint somit hochgradig unplausibel. Überdies wäre nicht nur der fragliche Vorsatz, Bauer zu werden, sondern auch seine direkte Negation, nicht

Bauer zu werden, nicht verallgemeinerbar: Denn wenn niemand Bauer würde, gäbe es bald keine Landwirtschaft mehr, und alle Menschen müssten an unzureichender Ernährung sterben. Das Argument ist also obendrein inkonsistent, indem das betrachtete Tun ebenso verboten wäre wie das entsprechende Unterlassen.

Ähnlich stellt sich der folgende Fall dar, in dem eine Person überlegt, ob sie in ihrer Freizeit zu einem bestimmten Termin in einer bestimmten Gegend Sport treiben soll. Das obige Problem hinsichtlich der Moralität eines solchen Vorhabens kehrt nahezu unverändert wieder: ›Ich möchte heute Abend um 18 Uhr in den Rheinauen Fußball spielen. Wenn jeder heute Abend um 18 Uhr in den Rheinauen Fußball spielen würde, wären allerdings sieben Milliarden Menschen zugleich dort versammelt. Solch ein Chaos kann nicht gewollt werden, letztlich lässt sich ein derartiger Zustand gar nicht denken. Mein Sportvorhaben ist also nicht universalisierbar, und damit ist es moralisch verwerflich.‹ Auch dieses Resultat ist offensichtlich Unfug. Nicht zuletzt wäre gemäß dieser Argumentation auch keine andere Zeit und kein anderer Ort für das Fußballspielen moralisch erlaubt: Stets würde sich die gleiche Konstellation reproduzieren. Schon dies erscheint absurd. Zudem müsste eine vergleichbare Begründung auch jede andere Freizeitbeschäftigung und sogar ausgesprochen wertvolle Verrichtungen treffen: Selbst das nobelste Ehrenamt lässt sich nicht von allen Menschen simultan ausüben. Man käme also zu dem abwegigen Resultat, dass sogar überaus lobenswerte Tätigkeiten mit einem Mal nicht mehr erlaubt erschienen.

Ganz sicher sind diese Beispiele kein Beleg dafür, dass Universalisierbarkeit von Handlungen kein sinnvoller moralischer Grundsatz sein kann. Sie lenken aber die Aufmerksamkeit darauf, dass dieser Grundsatz präziser formuliert werden muss, um widersinnige Ergebnisse zu vermeiden. Insbesondere muss geklärt werden, wie die fraglichen Handlungen genauer zu fassen sind, damit ihre Universalisierbarkeit gefordert werden kann. Offenbar dürfen sie nicht zu eng mit Blick auf ihre konkrete Realisation beschrieben werden, etwa als spezieller Beruf oder mit präziser Zeit- und Ortsangabe. Sonst ist in der Tat keine Handlung verallgemeinerbar, nicht einmal Essen oder Atmen, weil nicht alle Menschen denselben Bissen schlucken bzw. dasselbe Luftquäntchen aufnehmen können. Stattdessen wird man Handlungen in etwas abstrakterer Gestalt darstellen müssen. Beispielsweise wird man davon sprechen, dass jemand einen Beruf wählt, den er für attraktiv hält, im Rahmen eines freien Arbeitsmarktes und innerhalb bestimmter staatlicher Vorgaben. Oder man wird davon reden, dass jemand seine Freizeit so gestaltet, wie er es wünscht, unter Rücksichtnahme auf andere Menschen und innerhalb üblicher städtischer Regelungen. Dies sind nachvollziehbare Handlungsbeschreibungen. Und Handlungen in diesem Sinne können allemal verallgemeinerbar sein.

Allzu abstrakt darf diese Beschreibung freilich auch nicht werden. Insbesondere darf sie nicht den Handlungscharakter selbst preisgeben und sich auf andere Verhaltenskomponenten verlagern. Tapferkeit zu entwickeln oder die Glückssumme zu maximieren, sind keine Handlungsbeschreibungen. Entsprechend hat es nichts mit der Universalisierbarkeit von Handlungen zu tun, wenn man prüft, ob gewollt werden kann, dass jeder Tapferkeit ausbildet oder jeder die Glückssumme steigert. Solche Betrachtungen mögen tugendethisch bzw. teleologisch relevant sein. Sie kommen aber nicht mit jener Grundintuition überein, die sich in den eingangs geschilderten Beispielen abzeichnete und die hier rekonstruiert werden soll. Bei dieser Intuition geht es nicht darum, ob hinnehmbar ist, wenn alle Menschen gewisse Tugenden ausprägen oder irgendein Gutes anstreben. Bei ihr geht es darum, ob gewollt werden kann, dass alle Menschen bestimmte Handlungsweisen vollziehen. Dies ist der zu fassende Gedanke, und er ist deontologischer Art. Deshalb muss er mit Rekurs auf Handlungsregeln eingefangen werden, und für die ist ein angemessener Grad von Konkretheit bzw. Abstraktheit zu finden, eine mittlere Ebene zwischen zu spezifischer und zu unspezifischer Beschreibung.

Wie wichtig die adäquate Kennzeichnung der zu beurteilenden Handlungen ist, zeigt sich nicht zuletzt an der sogenannten ›Goldenen Regel‹. Dieses Moralprinzip ist aus unterschiedlichsten Menschheitsepochen überliefert und in verschiedensten Kulturkreisen verbreitet. Oft tritt es in negativer Gestalt auf, etwa in der Spruchweisheit: ›Was du nicht willst, das man dir tu, das füg auch keinem andern zu.‹ Es gibt aber ebenso positive Formulierungen, etwa in der Gestalt: ›Behandle den anderen stets so, wie du selbst wollen würdest, dass du behandelt wirst.‹ Auch die Goldene Regel ist ein primär deontologisches Konzept: Es geht in ihr um das Handeln als solches, nicht um vorausliegende Motivationen und auch nicht um nachfolgende Konsequenzen des eigenen Tuns oder Unterlassens. Zudem deutet sich in ihr wieder der Gedanke der Universalisierbarkeit von Handlungen an: Einmal mehr geht es wesentlich darum, ob es nicht hinnehmbar bzw. ob es wünschenswert wäre, wenn andere ebenso handeln würden, wie man selbst sich zu handeln anschickt.

Die Regel legt dabei ein genaueres Verständnis davon zugrunde, in welchem Sinne zu prüfen sei, ob solch eine Verallgemeinerung inakzeptabel bzw. erforderlich wäre, indem sie speziell fragt, ob der Handelnde seinerseits *wollen* könnte, dass er *selbst* durch andere Menschen entsprechend behandelt würde. Und einmal mehr kann die Regel ad absurdum geführt werden, wenn man bei der Handlungscharakterisierung eine unangemessene Beschreibungsebene wählt. So betrachte man als Beispiel, dass Lisa Peter umbringt, indem sie ihm einen Apfel zu essen gibt, gegen den Peter eine tödliche Allergie hat, während Lisa diesen Apfel ohne Gefahr und sogar mit Genuss essen könnte. Konfrontiert man Lisa mit der Goldenen Regel, so könnte sie sich in folgender Weise verteidigen wollen: ›Ich hätte nichts dagegen, wenn mir jemand diesen Apfel zu essen gibt. Im Gegenteil, ich esse diesen Apfel gern. Also habe ich Peter keineswegs etwas zugefügt, das ich nicht selbst erfahren wollte, sondern habe ihn exakt so behandelt, wie ich selbst behandelt werden wollte. Daher habe ich nicht gegen die Goldene Regel verstoßen, sondern bin ihr sogar gefolgt.‹ Diese Rechtfertigung ist offenbar abwegig, sie wird dem Geschehen nicht gerecht. Und dies liegt vor allem daran, dass sie die fragliche Handlung nicht adäquat beschreibt: Lisas Handlung bestand nicht einfach darin, Peter einen Apfel zu essen zu geben (was sie sich in der Tat selbst durchaus gefallen lassen könnte). Vielmehr bestand Lisas Handlung darin, Peter vorsätzlich zu vergiften (auf welche genaue Weise auch immer). Und dies würde sie sicherlich nicht selbst von anderen erfahren wollen. Folglich hat sie gegen die Goldene Regel verstoßen.

In den folgenden Abschnitten wird der deontologische Ethikansatz vor allem am Entwurf von Immanuel Kant entfaltet. Auch Kant greift die Grundintuition der Universalisierbarkeit von Handlungen auf und weist ihr eine zentrale Stelle in seiner Moralphilosophie zu, nämlich in der ersten Formulierung des kategorischen Imperativs.

Dabei vertritt Kant eine spezielle Auffassung, in welcher Weise Handlungen adäquat zu beschreiben sind: Er fasst sie über die ihnen zugrunde liegenden Maximen, was sich als eine günstige Abstraktionsebene erweisen wird, um unplausible Resultate zu vermeiden. Zudem bietet er eine besondere Deutung an, was unter Universalisierbarkeit von Handlungen zu verstehen ist: Ihm geht es darum, ob die Verallgemeinerung einer Maxime überhaupt gedacht oder zumindest gewollt werden kann, und zwar im Sinne eines festen eigenen Naturinstinkts oder aber einer verbreiteten sozialen Praxis.

5.2 Kant 1: Guter Wille und moralische Maximen

Immanuel Kant (1724–1804) deutet einige Eckpunkte seiner Moralphilosophie bereits in seinem Hauptwerk *Kritik der reinen Vernunft* (1781/87) an. Beispielsweise erläutert er darin, inwiefern menschliche Willensfreiheit auch neben einer umfassenden Naturkausalität angenommen werden kann. Auch formuliert er die praktische Grundfrage nach dem moralisch Richtigen genauer als die Frage ›Was soll ich tun?‹, und damit in erkennbar deontologischer Weise. Sie steht, als drittes menschliches Zentralproblem, neben der theoretischen Grundfrage nach dem faktisch Seienden ›Was kann ich wissen?‹ (die Kant damit genauer als erkenntnistheoretische Frage nach den Möglichkeiten und Grenzen menschlichen Wissens formuliert) sowie neben der religiösen Grundfrage nach dem legitim zu Erwartenden ›Was darf ich hoffen?‹ (wobei nach Kant theologische Inhalte, wie vor allem die Unsterblichkeit der Seele und die Existenz Gottes, ihrerseits nur in praktischer Hinsicht postuliert werden dürfen, d.h. als notwendige Voraussetzungen des moralischen Denkens anzunehmen sind).

Kant hat seine Ethik vor allem in drei weiteren Schriften ausgearbeitet. In der *Grundlegung zur Metaphysik der Sitten* (1785) leitet er in knapper Form sein moralphilosophisches Grundprinzip, den kategorischen Imperativ, her. In der *Kritik der praktischen Vernunft* (1788) stellt er seine ethische Theorie in umfassender Weise dar, indem er zusätzlich die unterschiedlichen Ansprüche von theoretischer und praktischer Vernunft gegeneinander abgrenzt, die Frage nach den Triebfedern moralischen Handelns behandelt sowie Unsterblichkeit, Freiheit und Gott als praktische Postulate begründet. *Die Metaphysik der Sitten* (1797) schließlich widmet sich verschiedenen moralischen Einzelfragen sowie wichtigen ethischen Klassifikationen, nicht zuletzt der Differenz von Rechtspflichten und Tugendpflichten, die sich dadurch unterscheiden, dass die Ersteren in gesetzliche Regelungen zu übersetzen sind, die Letzteren hingegen keiner zwangsbewehrten Durchsetzung offenstehen.

Es gehört zu Kants wesentlichen Thesen, dass *reine Vernunft*, d.h. die menschliche Vernunft ohne jeden empirischen Bezug, kein Recht im *theoretischen Bereich* hat, d.h. in der Frage nach dem Sein, nach dem, was der Fall ist: Dieses Feld des *Faktischen* wird durch *Naturgesetze* beherrscht, und entsprechend ist dort empirische Beobachtung, in Form von sinnlicher Anschauung und darauf aufbauender Erfahrung, unerlässlich. Reine Vernunft, die stets nach dem *Unbedingten* strebt, das jenseits aller Erfahrung läge, wird im theoretischen Bereich überschwänglich: Sie zieht voreilige Schlüsse, sie verwickelt sich in ausweglose Widersprüche, sie verliert sich in haltlosen Spekulationen über die Unsterblichkeit der Seele, die Freiheit des Willens oder die Existenz Gottes [vgl. KANT, *KrV*, B 396–398, B 432f.].

Indessen hat *reine Vernunft* sehr wohl ihr Recht im *praktischen Bereich*, d.h. in der Frage nach dem Sollen, nach dem, was Pflicht ist: In diesem Feld des *Moralischen* herrscht das *Sittengesetz*, und dies muss nach Kant in der Tat ohne jede Rücksicht auf empirische Verhältnisse gefasst werden. Die Moral hat den Charakter des *Unbedingten*, und deshalb ist sie, so Kant, streng unabhängig von allem Empirischen zu formulieren: Reine Vernunft, die sich von allen empirischen Vorgaben frei machen will, ist hier gerade richtig am Platz [vgl. KANT, *KpV*, A 29–31, A 72].

Diese Absage an alle empirischen Gesichtspunkte und Beweggründe im moralischen Denken und Wollen wird im weiteren Verlauf von großer Bedeutung sein, wenn Kant seine Ethik genauer ausformuliert. Entsprechend stellt er sie seiner *Grundlegung zur Metaphysik der Sitten* programmatisch in der Vorrede voran:

> »[...] so schränke ich die vorgelegte Frage nur darauf ein: ob man nicht meine, daß es von der äußersten Notwendigkeit sei, einmal eine reine Moralphilosophie zu bearbeiten, die von allem, was nur empirisch sein mag [...] völlig gesäubert wäre; denn daß es eine solche geben müsse, leuchtet von selbst aus der gemeinen Idee der Pflicht und der sittlichen Gesetze ein. Jedermann muß eingestehen, daß ein Gesetz, wenn es moralisch d.i. als Grund einer Verbindlichkeit gelten soll, absolute Notwendigkeit bei sich führen müsse [...]; daß mithin der Grund der Verbindlichkeit hier nicht in der Natur des Menschen oder den Umständen in der Welt [...] gesucht werden müsse, sondern *a priori* lediglich in Begriffen der reinen Vernunft, und daß jede andere Vorschrift, die sich auf Prinzipien der bloßen Erfahrung gründet, und sogar eine in gewissem Betracht allgemeine Vorschrift, sofern sie sich dem mindesten Teile [...] nach [...] auf empirische Gründe stützt, zwar eine praktische Regel, niemals aber ein moralisches Gesetz heißen kann.« [KANT, GMS, AA 389]

In dieser Passage zeichnet sich bereits die speziell deontologische Ausrichtung ab, die Kant seiner Ethik geben wird: Dass Moral mit dem Anspruch auf *unbedingte Gültigkeit* einhergeht, ist eine Auffassung, die auch tugendethische oder teleologische Autoren mit ihm teilen würden. Für Kant tritt diese Unbedingtheit aber genauer als *gesetzesartiger Charakter* der Moral entgegen. Jenes Unbedingte, das aller Moral eignet, verleiht ihr die Gestalt eines Gebotes, der moralischen ›Pflicht‹, des sittlichen ›Gesetzes‹. Dies ist eine deutlich deontologische Weichenstellung, in der sich zudem bereits das zentrale Konzept von Kants Moralphilosophie ankündigt: Die Moral ist ihrer Forderung nach *unbedingt, kategorisch*; das ist ihr Wesen für jeden Moralphilosophen, auch für Tugendethiker oder Teleologen. Sie ist darüber hinaus aber ihrer Gestalt nach ein *Gesetz*, ein *Imperativ*; das ist speziell die deontologische Einschätzung Kants, und deshalb heißt sein moralisches Zentralprinzip eben auch kategorischer Imperativ. Tugendethiker oder Teleologen würden demgegenüber andere Charakterisierungen des Moralischen vorziehen, etwa als Tugend, hervorragende Seelenbeschaffenheit, gutes Leben bzw. als Nutzen, erstrebenswertes Ziel, zu verwirklichender Weltzustand.

Tatsächlich weist Kant diese beiden konkurrierenden Ethikmodelle in der zitierten Passage mehr oder weniger explizit zurück: Der Grund der Verbindlichkeit ist ihm zufolge nicht in der ›Natur des Menschen‹ zu suchen; genau dies ist aber bei Tugendethikern der Fall, indem sie die Natur der menschlichen Seele analysieren und von dort aus Moralität als tugendhafte Ausgestaltung dieser Seele entwerfen. Auch darf nach Kant das Moralische nicht in den ›Umständen in der Welt‹ verankert werden; eben dies tun aber Teleologen, indem sie etwa das Glück in der Welt registrieren und Moralität als Beförderung solchen Glücks verstehen. Beide großen konkurrierenden Ethikansätze werden also von Kant abgelehnt. Und zwar geschieht dies exakt aus dem Grund, dass ihre jeweiligen Ansatzpunkte, ›Natur des Menschen‹ bzw. ›Umstände in der Welt‹, Kant zufolge zu sehr Rücksicht auf Empirisches nehmen: Wenn man sich an der menschlichen Natur orientiert, um sie zur Tugend zu führen, wenn man sich auf die realen Umstände einlässt, um das Glück darin zu mehren, werden der Moral bestimmte kontingente Bedingungen auferlegt. Hierdurch wird sie in ihrem kompromisslosen Anspruch relativiert, hierdurch verliert sie die ihr eigentlich zukommende Unbedingtheit. Zwar muss die Moral von realen Menschen in der realen Welt *angewandt* werden, aber sie darf nicht schon mit Rücksicht auf die Natur des Menschen und die Umstände in der Welt *formuliert* werden.

Folglich ist es verkehrt, sich tugendethisch auf die Seelennatur des Menschen oder teleologisch auf die Beschaffenheit der Welt zu beziehen. Hiermit wäre die Moral, nach Kant, zu stark an empirischen Gegebenheiten ausgerichtet, zu sehr von kontingenten Verhältnissen abhängig. Um *unbedingt*, d.h. *kategorisch*, sein zu können, muss die Moral rein, d.h. unempirisch, entworfen werden. Und das heißt, sie muss deontologisch als *Gesetz* begriffen werden, als *Imperativ*, der sich unabhängig macht von Natur und Welt.

Der ›gute Wille‹

Kants Ethik ist in ihrem genauen Gehalt und ihrer deontologischen Anlage zuweilen schwer zu verstehen und auszubalancieren. Ein ernstes interpretatorisches Problem taucht gleich im ersten Satz des ersten Abschnitts aus der *Grundlegung zu Metaphysik der Sitten* auf:

> »Es ist überall nichts in der Welt, ja überhaupt auch außer derselben zu denken möglich, was ohne Einschränkung für gut könnte gehalten werden, als allein ein *guter Wille.*« [Kant, *GMS*, AA 393]

Einzig ein ›guter Wille‹ ist nach Kant Träger moralischer Qualität. Diese Behauptung mag nachvollziehbar sein. Sie erscheint aber auf den ersten Blick keineswegs deontologisch, sondern eher tugendethisch. Es ist daher ratsam, sich zunächst genauer Aufschluss darüber zu verschaffen, was Kant überhaupt unter einem ›guten Willen‹ versteht.

(1) Zunächst stellt Kant klar, dass seine Auffassung eines ›guten Willens‹ keinerlei teleologische Interpretationen zulässt:

> »Der gute Wille ist nicht durch das, was er bewirkt oder ausrichtet, nicht durch seine Tauglichkeit zu Erreichung irgend eines vorgesetzten Zweckes, sondern allein durch das Wollen, d.i. an sich gut und, für sich selbst betrachtet, ohne Vergleich weit höher zu schätzen als alles, was durch ihn [...] nur immer zu stande gebracht werden könnte. [...] wenn bei seiner größten Bestrebung dennoch nichts von ihm ausgerichtet würde, und nur der gute Wille [...] übrig bliebe: so würde er wie ein Juwel doch für sich selbst glänzen als etwas, das seinen vollen Wert in sich selbst hat. Die Nützlichkeit oder Fruchtlosigkeit kann diesem Werte weder etwas zusetzen noch abnehmen.« [Kant, *GMS*, AA 394]

Der äußere Erfolg des guten Willens ist unerheblich für seine moralische Beurteilung. Auch ein wirkungsloser Wille wäre immer noch ungemindert gut. Dabei geht es nicht allein darum, dass man gute Ziele durch unglückliche Umstände verfehlen kann (dies könnte eine teleologische Ethik jederzeit berücksichtigen). Es geht nicht allein darum, dass unverdientes Pech keinen moralischen Vorwurf nach sich ziehen darf (dies würde eine teleologische Ethik allemal einräumen). Vielmehr will Kant zum Ausdruck bringen, dass der gesamte teleologische Ansatz dem eigentlich moralischen Urteil nicht gerecht wird. Die Ausrichtung auf ein zu verwirklichendes Ziel, gleich ob zuletzt erreicht oder unglücklich verfehlt, ist grundsätzlich nicht das, was nach Kant einen ›guten Willen‹ ausmacht.

Bei genauerem Hinsehen zeigt sich indessen, dass Kants Deutung des ›guten Willens‹ auch keine tugendethische Perspektive entstehen lässt:

> »Verstand, Witz, Urteilskraft und wie die *Talente* des Geistes sonst heißen mögen, oder Mut, Entschlossenheit, Beharrlichkeit im Vorsatze, als Eigenschaften des *Temperaments*, sind ohne Zweifel in mancher Absicht gut und wünschenswert; aber sie können auch äußerst böse und schädlich werden, wenn der Wille, der von diesen Naturgaben Gebrauch machen soll [...], nicht gut ist. [...] Mäßigung in Affekten und Leidenschaften, Selbstbeherrschung und nüchterne Überlegung [...] scheinen sogar einen Teil vom *inneren* Werte der Person auszumachen; allein es fehlt viel daran, um sie ohne Einschränkung für gut zu erklären [...]. Denn ohne Grundsätze eines guten Willens können sie höchst böse werden [...].« [Kant, *GMS*, AA 393f.]

Hier geht es nicht allein darum, dass psychische Fertigkeiten sich gelegentlich zu schlechten Vorhaben missbrauchen lassen. Vielmehr geht es vor allem darum, dass moralische Qualität grundsätzlich nicht in der mentalen Ausstattung des Menschen zu suchen ist. Sie wohnt nicht in den ›Talenten des Geistes‹, wie Verstand oder Überlegung (in denen sich die dianoetischen Tugenden des aristotelischen Modells erkennen lassen). Sie besteht auch nicht in den ›Eigenschaften des Temperaments‹, wie Mut oder Mäßigung (in denen sich die ethischen Tugenden des aristotelischen Kanons andeuten). All diese tugendethischen Bestimmungen treffen nicht das eigentlich Moralische. Der ›gute Wille‹ liegt ganz außerhalb der seelischen Disposition.

(2) In den folgenden Passagen der Schrift wird klarer, dass der Begriff eines »guten Willens« nach Kant über den Begriff der »*Pflicht*« definiert ist [Kant, *GMS*, AA 397]. Der Wille ist nämlich genau dann gut, wenn er Handlungen wählt, die nicht nur »pflichtmäßig« sind, sondern überdies »*aus Pflicht*« geschehen [Kant, *GMS*, AA 397–399].

Solches Handeln ›aus Pflicht‹ schließt zunächst einmal aus, *geradewegs pflichtwidrig*, d.h. äußerlich regelverletzend, zu handeln (›pflichtwidrige‹ Handlungen, wie etwa die Verübung eines Verbrechens, können niemals ›aus Pflicht‹ geschehen, da sie der Pflicht direkt entgegengesetzt sind). Es schließt ebenfalls aus, zwar pflichtmäßig, d.h. äußerlich regelkonform, dabei aber *gegen die eigene Neigung* zu handeln (d.h. genauer ohne ›unmittelbare‹ Neigung zu der Handlung selbst, nur mit einer indirekten Neigung zu ihr, aufgrund von Eigennutz, etwa aus Angst vor Sanktionen oder aus Berechnung auf Profit). Aber bei Kant genügt es auch nicht, pflichtmäßig *aus eigener Neigung* zu handeln (d.h. aus einer ›unmittelbaren‹ Neigung zu der fraglichen Handlung, etwa aus Freundlichkeit oder Menschenliebe). Insbesondere hier zeigt sich noch einmal, dass Kant mit seinem Konzept eines ›guten Willens‹ keine tugendethische Perspektive verfolgt (denn für Tugendethiker bestünde Moralität gerade in der Herausbildung und Aktivierung solcher lobenswerter Neigungen).

Für Kant ist Handeln ›aus Pflicht‹ etwas ganz anderes als Handeln aus Neigung [Kant, *KpV*, A 144]. Und damit ist es insbesondere auch etwas ganz anderes als Handeln *aus guter Neigung*. Beim ›guten Willen‹ dürfen Neigungen *überhaupt keine Rolle* spielen. Er definiert sich ganz unabhängig von ihnen und hat stattdessen seinen Grund unmittelbar in der Pflicht selbst:

> »[...] gerade da hebt der Wert des Charakters an, der moralisch und ohne alle Vergleichung der höchste ist, nämlich daß er wohltue, nicht aus Neigung, sondern aus Pflicht.« [Kant, *GMS*, AA 398f.]

Das heißt, auch *gute Neigungen* zu entwickeln, genügt für Kant nicht. Freundliche Regungen zu kultivieren oder aus einem liebenswerten Gemüt heraus zu agieren, macht bei Kant den ›guten Willen‹, das moralische Handeln nicht aus. Handeln ›aus Pflicht‹ kann für ihn nur heißen, *nicht durch Neigung* bestimmt zu handeln. Daher entsteht hier keine Tugendethik, auch wenn es zunächst den Anschein haben mag.

Stattdessen ist der ›gute Wille‹ dadurch gekennzeichnet, dass er sich unmittelbar vom *moralischen Gesetz* bestimmen lässt [Kant, *KpV*, A 139]. Handeln ›aus Pflicht‹

meint nicht Handeln aus einem speziellen Habitus oder zu einem besonderen Ziel, wie lobenswert oder wünschenswert diese auch erscheinen mögen. Vielmehr meint es, dass der Wille sich direkt am moralischen Gesetz orientiert, wenn er *seine Handlungswahl trifft.* Damit ist es aber auch eben die Moralität jener Handlung, die der gute Wille erkennt, von der er sich in seiner jeweiligen Entscheidung leiten lässt und die ihm vom moralischen Gesetz angezeigt wird:

> »Das Gute oder Böse wird also eigentlich auf Handlungen, nicht auf den Empfindungszustand der Person bezogen; und sollte etwas schlechthin [...] gut oder böse sein oder dafür gehalten werden, so würde es nur die Handlungsart [...], nicht aber eine Sache sein, die so genannt werden könnte.« [Kant, *KpV*, A 105f.]

Ursprüngliches Objekt des moralischen Urteils mag der ›gute Wille‹ sein. Aber dieser gute Wille, der als solcher ›aus Pflicht‹ handelt, zeichnet sich gerade dadurch aus, dass er sich in seiner jeweiligen Handlungswahl *unmittelbar* vom moralischen Gesetz bestimmen lässt. Jenes Gesetz gibt also *seinerseits* eine Handlung vor. Damit ist das Modell unzweifelhaft eine Deontologie.

(3) Kants Absagen an die Neigungen als Bestimmungsgrund des Willens erscheinen teilweise überaus radikal. Einige Passagen erwecken den Eindruck, als läge wahrhaft moralisches Handeln gerade oder sogar nur dann vor, wenn es ohne eigene Neigung oder sogar gegen die eigene Neigung erfolgt: Gewiss darf es nicht in dem Sinne gegen die eigene Neigung gerichtet sein, dass man es eigentlich am liebsten unterlassen würde und nur eine ›indirekte‹ Neigung zur Handlung verspürt, aufgrund von Eigennutz. Aber allem Anschein nach darf es auch keine ›unmittelbare‹ Neigung zur Handlung geben, etwa aufgrund von Freundlichkeit oder Menschenliebe.

Entsprechend erteilt Kant Regungen wie Mitleid oder Teilnahme als moralischen Beweggründen eine klare Absage [Kant, *KpV*, A 213]. Stattdessen zeichnet er das Idealbild eines vom Temperament her kalten und gefühllosen Charakters, dem sein Handeln offenbar gleichgültig oder gar zuwider ist:

> »Wohltätig sein, wo man kann, ist Pflicht, und überdem gibt es manche so teilnehmend gestimmte Seelen, daß sie, auch ohne einen anderen Bewegungsgrund der Eitelkeit oder des Eigennutzens, ein inneres Vergnügen daran finden, Freude um sich zu verbreiten, und die sich an der Zufriedenheit anderer, sofern sie ihr Werk ist, ergötzen können. Aber ich behaupte, daß in solchem Falle dergleichen Handlung, so pflichtmäßig, so liebenswürdig sie auch ist, dennoch keinen wahren sittlichen Wert habe [...]; denn der Maxime fehlt der sittliche Gehalt, nämlich solche Handlungen nicht aus Neigung, sondern *aus Pflicht* zu tun. Gesetzt also, das Gemüt jenes Menschenfreundes wäre vom eigenen Gram umwölkt, der alle Teilnehmung an anderer Schicksal auslöscht, [...] fremde Not rührte ihn nicht, weil er mit seiner eigenen genug beschäftigt ist, und nun, da keine Neigung ihn mehr dazu anreizt, risse er sich doch aus dieser tödlichen Unempfindlichkeit heraus und täte die Handlung ohne alle Neigung, lediglich aus Pflicht, alsdann hat sie allererst ihren echten moralischen Wert. Noch mehr: wenn die Natur diesem oder jenem überhaupt wenig Sympathie ins Herz gelegt hätte, wenn er [...] von Temperament kalt und gleichgültig gegen die Leiden anderer wäre, [...] wenn die Natur einen solchen Mann [...]

> nicht eigentlich zum Menschenfreunde gebildet hätte, würde er denn nicht noch in sich einen Quell finden, sich selbst einen weit höheren Wert zu geben, als der eines gutartigen Temperaments sein mag? Allerdings!« [Kant, *GMS*, AA 398]

Selbst die christlichen Konzepte der Nächsten- und Feindesliebe deutet Kant in diesem Zusammenhang nicht als Formen der Zuneigung, wie sie in der Empfindung anzutreffen wären, sondern als Wohltun aus Pflicht, wie es allein dem Willen entspringen kann [Kant, *GMS*, AA 399]. Die verbreitete Vorstellung von Menschenliebe geht demgegenüber für ihn am Moralischen vorbei:

> »Es ist sehr schön, aus Liebe zu Menschen und teilnehmendem Wohlwollen ihnen Gutes zu tun oder aus Liebe zur Ordnung gerecht zu sein, aber das ist noch nicht die echte moralische Maxime unseres Verhaltens, die unserem Standpunkte unter vernünftigen Wesen *als Menschen* angemessen ist, wenn wir uns anmaßen, [...] uns mit stolzer Einbildung über den Gedanken von Pflicht wegzusetzen und, als vom Gebote unabhängig, bloß aus eigener Lust das tun zu wollen, wozu uns kein Gebot nötig wäre.« [Kant, *KpV*, A 146f.]

Diese Ausführungen erscheinen in ihrem moralischen Rigorismus recht befremdlich und haben oft zur Abkehr von der kantischen Ethik geführt. Man darf indessen fragen, ob sie nicht doch einen plausiblen Kern haben bzw. ob der Eindruck jenes Rigorismus nicht bei geeigneter Interpretation schwindet. Insbesondere geht es darum, welches genaue Verhältnis zwischen moralischen Handlungen und eigener Neigung Kant annimmt. Im Wesentlichen sind drei Positionen zu dieser Frage möglich.

Erste Position: Kant lässt in der Tat keinerlei Neigungen in moralischen Zusammenhängen zu, und mit dieser Einschätzung hat er auch völlig recht. Eine Handlung kann nicht moralisch sein, wenn sie *mit Neigung* vollzogen wird. Denn Moralität hat stets etwas *mit Leistung* zu tun, mit Überwindung, mit Selbstlosigkeit, mit Aufgabe. Und eine solche Leistung wird nicht erbracht, wenn man mit Freude, mit Vergnügen, mit Lust, mit Interesse agiert.

Moral, ihrem ureigensten Wesen nach, beginnt da, wo es mühselig wird. Daher können Handlungen, an denen man sich erfreut, aus welcher Gemütslage oder Temperamentausstattung heraus auch immer, nicht moralisch sein. Erst Kants Misanthrop ist im eigentlichen Sinne ein moralischer Mensch. Allein er erbringt eine moralische Leistung, indem er ohne bzw. gegen seine Neigung Gutes tut.

Zweite Position: Diese Auffassung ist unplausibel, und sie entspricht auch nicht Kants Intention. Man kann sicherlich auch moralisch handeln, wenn man *mit Neigung* handelt, etwa mit Freundlichkeit, Sympathie, Menschenliebe. Wichtig ist aber, dass man dabei nicht *aus Neigung* handelt, d.h. nicht von diesen Regungen bestimmt wird. Vielmehr muss man, wie Kant hervorhebt, allein aus Pflicht handeln, d.h. nur durch das moralische Gesetz bestimmt werden.

Man kann also gewiss moralisch sein, indem man Dinge tut, *die* einen erfreuen. Aber man ist nicht moralisch, wenn man sie tut, *weil* sie einen erfreuen. Der Punkt ist nicht, dass der gute Wille nicht *mit* Neigung handeln dürfte, dass er nicht von Gefühlen der Freundlichkeit *begleitet* sein dürfte. Der Punkt ist, dass der gute

Wille nicht *aus* Neigung handeln darf, dass er sich nicht von jenen Gefühlen *bestimmen* lassen darf, sondern allein vom Bewusstsein der Pflicht.

Das Beispiel des Misanthropen dient vornehmlich dazu, diesen Zusammenhang deutlich zu machen: Man ist durchaus bereit zuzugestehen, dass jener frustrierte bzw. kühle Charakter, der dennoch anderen Menschen Wohltätigkeiten erweist, moralisch handelt. An dieser Gestalt wird also plausibel, dass Pflicht nichts mit Neigung zu tun hat, da er seine Pflicht eben ohne bzw. entgegen seinen Neigungen befolgt. Das heißt aber nicht, dass Kant meint, *nur* ein solcher neigungsloser Charakter handle moralisch. Man *erkennt* lediglich an seinem Beispiel, dass es nicht die freundliche Neigung sein kann, die eine Handlung gut macht, weil er eine solche Neigung gar nicht hat. Man sieht ein, dass allein Pflichterfüllung dazu führen kann, dass eine Handlung moralisch ist, denn er handelt nur aus Pflichterfüllung. Das bedeutet nicht, dass ein Handeln mit Neigung nicht zuweilen auch aus Pflicht geschehen könnte.

Außerdem darf man im Fall des Misanthropen am ehesten mutmaßen, dass er wirklich aus Pflicht und damit moralisch handelt: Wenn jene Wohltätigkeiten seiner eigenen Neigung gleichgültig sind bzw. ihr sogar zuwiderlaufen, muss man wohl annehmen, dass er sich wirklich vom moralischen Gesetz hat bestimmen lassen. Schließlich ist ein anderer Beweggrund bei jenem vergrämten bzw. distanzierten Charakter gar nicht sichtbar. Das heißt wiederum nicht, dass Handlungen, die mit der eigenen Neigung konvergieren, nicht zuweilen *auch* aus Pflicht geschehen und damit moralisch sein könnten. Aber bei ihnen lässt sich dies nicht mit solcher Sicherheit *behaupten*. Der entscheidende Test ist, ob jemand auch bei vorübergehendem oder dauerhaftem Verlust seiner freundlichen Neigungen noch seine Pflicht erfüllt. Dann erst wird nachweislich, dass er wirklich aus Pflicht und somit moralisch handelt.

Dritte Position: Auch diese Einschätzung ist unzutreffend, und sie gibt Kants Absicht wiederum nicht richtig wieder. Denn es ist völlig unvermeidlich, dass man immer *auch aus Neigung* handelt, selbst wenn man moralisch handelt. Wichtig ist indessen, dass man dabei nicht *nur aus Neigung* handelt. Vielmehr muss man, wie Kant fordert, zudem aus Pflicht handeln, d.h. zusätzlich durch das moralische Gesetz bestimmt werden.

Eine jede Handlung, als Phänomen in der Welt aufgefasst, unterliegt kausaler Bestimmung. Insbesondere geht sie aus gewissen psychischen Antrieben, d.h. aus einer Konstellation von Neigungen, hervor. Auch Handlungen aus Pflicht werden daher stets bei genauerer Nachforschung ergeben, dass sie solch eine Neigungs-Ursache haben. Diese kann sehr subtil sein, etwa ein verinnerlichtes Pflichtgefühl oder eine ausgeprägte Gewissenhaftigkeit, aber auch dies sind Neigungen, ebenso wie Vergnügen oder Menschenliebe.

Auch Kants Misanthrop ist hiervon nicht ausgenommen: Wenn er anderen Wohltaten erweist, muss er von irgendeiner Neigung hierzu bewegt werden. Es muss ein geeigneter Antrieb in ihm gewirkt haben. Es muss eine psychische Ursache hierfür geben. Aber welche Neigung dies auch immer sein mag, sie macht nicht die Moralität seiner Handlung aus. Vielmehr wird seine Handlung allein dadurch moralisch, dass sie nicht *nur* durch jene Neigung, sondern *zusätzlich* durch das moralische Gesetz bestimmt ist. Erst hierdurch handelt es sich um einen ›guten Willen‹.

Jede Handlung ist auch durch Neigung bestimmt: Sogar wer sich selbstlos für einen anderen opfert, hat hierfür eine psychische Ursache, d.h. eine Neigung in einem hinreichend weiten Sinne. Das heißt insbesondere, dass man nicht nur dann von einer guten Handlung sprechen kann, wenn sie dem Handelnden gleichgültig oder gar zuwider ist. Vielmehr darf und muss sie stets auch aus einer Neigung vollzogen werden, etwa aus Hingabebereitschaft gegenüber jenen, für die man sich opfert. Aber darin liegt nicht die Moralität der Handlung, auch nicht wenn es sich um eine solch edle Neigung handelt. Ihre Moralität liegt vielmehr auch in diesem Fall darin, dass *neben* dieser empirisch-psychologischen Verursachung *auch* eine direkt-moralische Bestimmung der Handlung besteht. Nur angesichts dieser zusätzlichen Bestimmung durch das moralische Gesetz geschieht die Handlung tatsächlich ›aus Pflicht‹.

Diese dritte Position geht nicht mehr von einer Konkurrenz zwischen Pflicht und Neigung aus, sondern zieht die Möglichkeit in Betracht, dass beide Bestimmungsformen gleichzeitig vorliegen können. Dieser Gedanke passt gut zu zentralen Konzepten von Kants Erkenntnistheorie, wie er sie in der *Kritik der reinen Vernunft* ausarbeitet. Dort führt er aus, dass jedes Ding, und damit auch der Mensch und seine Handlungen, stets auf doppelte Weise betrachtet werden kann, aus zwei grundsätzlich verschiedenen und gleichermaßen berechtigten Perspektiven.

So kann jedes Ding in der Welt entweder als ›Ding in der Erscheinung‹ (d.h. so wie es sich dem menschlichen Erkenntnisvermögen darstellt) oder als ›Ding an sich selbst‹ (d.h. so wie es unabhängig von menschlichen Erkenntnisstrukturen beschaffen sein mag) betrachtet werden. Wenn man es im ersteren Sinne, als *phaenomenon*, auffasst, darf man voraussetzen, dass es stets empirischen Bestimmungen, insbesondere natürlicher Kausalität unterliegt (da diese Bestimmungen Bedingungen der Möglichkeit dafür sind, dass es überhaupt Gegenstand der Erkenntnis werden kann). Wenn man es im letzteren Sinne, als *noumenon*, auffasst, ist hingegen nicht davon auszugehen, dass es solchen Bestimmungen gehorcht, insbesondere kann die Kausalitätskategorie nicht mehr berechtigt darauf angewandt werden (da es sich bei jenen Bestimmungen nachweislich nur um vorausliegende Strukturen des Erkenntnisvermögens handelt, nicht um Eigenschaften des Gegenstands als solchem).

Diese Unterscheidung von ›Ding in der Erscheinung‹ und ›Ding an sich selbst‹ betrifft auch den Menschen: Auch er kann einmal als *homo phaenomenon* angesehen werden, und in dieser Perspektive unterliegt er unweigerlich kausalen Bestimmungen, u.a. dem psychischen Spiel der Neigungen. Er kann aber ebenso wohl als *homo noumenon* angesehen werden, und in dieser Perspektive entzieht er sich derartiger Bestimmung, darf also als frei angesehen werden [Kant, *GMS*, AA 451–453, AA 456–458; Kant, *KpV*, A 10 Anm., A 72, A 169–171, A 174f.]:

> »Man kann also einräumen, daß, wenn es für uns möglich wäre, in eines Menschen Denkungsart [...] so tiefe Einsicht zu haben, daß jede, auch die mindeste Triebfeder dazu uns bekannt würde, imgleichen alle auf diese wirkenden äußeren Veranlassungen, man eines Menschen Verhalten auf die Zukunft mit Gewißheit sowie eine Mond- oder Sonnenfinsternis, ausrechnen könnte, und dennoch dabei behaupten, daß der Mensch frei sei. Wenn wir nämlich noch eines anderen Blicks [...] fähig wären, so würden wir doch inne werden, daß diese ganze Kette von Erscheinungen [...] von der Spontaneität des Subjekts als Dinges an sich selbst abhängt, von deren Bestimmung sich gar keine physische Erklärung geben läßt.« [Kant, *KpV*, A 177f.]

Gleiches gilt für die einzelne Handlung: Sie kann zum einen als Ereignis in der Erscheinungswelt betrachtet werden, und dann muss sie sich unweigerlich als kausales Produkt darstellen, u.a. von psychischen Neigungen. Oder sie kann zum anderen als Intelligibles betrachtet werden, und dann unterliegt sie keiner solchen Beschränkung, sondern darf als freies Geschehen gedacht werden [Kant, *GMS*, AA 453; Kant, *KpV*, A 84, A 187]:

> »So würde denn Freiheit und Natur, jedes in seiner vollständigen Bedeutung, bei eben denselben Handlungen, nachdem man sie mit ihrer intelligiblen oder sensiblen Ursache vergleicht, zugleich und ohne allen Widerstreit angetroffen werden.« [Kant, *KrV*, B 569]

Dies ist im Wesentlichen Kants Antwort auf die Frage nach der Freiheit des Willens: Es besteht kein Entweder–Oder von Willensfreiheit und Naturnotwendigkeit. Vielmehr lässt sich beides zugleich annehmen, indem jede Handlung sowohl als unfrei wie auch als frei betrachtet werden kann, je nach der gewählten Perspektive.

Vor diesem Hintergrund lässt sich wohl erst richtig deuten, was Kant mit der guten Willensbestimmung durch das moralische Gesetz meint: Ein guter Wille besteht nicht in irgendeiner psychisch-kausalen Formung des Charakters, und daher steht er auch nicht in Konkurrenz zu den Neigungen (diese bestimmen den Menschen immer und unumgänglich, sofern man ihn als empirisches Wesen betrachtet). Der gute Wille liegt vielmehr im nichtempirisch-intelligiblen Bereich der Freiheit, und dort kann er neben aller Kausalität der Neigungen bestehen (wenn man den Menschen als intelligibles Wesen betrachtet, kann er sich als durch das moralische Gesetz bestimmt erweisen).

Hierzu passt auch, dass nach Kant ein guter Wille in seinem *Auftreten* niemals sicher erkennbar ist [Kant, *GMS*, AA 407, AA 419]: Durch das moralische Gesetz bestimmt zu sein, ist kein empirisch-psychologisches Phänomen, sondern ein intelligibler Zustand, und als solcher ist er durch keine Erfahrung zu belegen, nicht einmal seitens des Handelnden selbst.

Sehr wohl lässt sich nach Kant aber erfassen, was ein guter Wille seinem *Inhalt* nach wäre [Kant, *GMS*, AA 412, AA 425]: Die ethische Reflexion kann bestimmen, was das moralische Gesetz verlangt, welche Prinzipien also leitend sind, wenn menschliches Handeln aus Pflicht geschieht und damit der praktischen Vernunft und nicht allein den Neigungen folgt.

Die ›moralischen Maximen‹

Der ›gute Wille‹, der ›aus Pflicht‹ handelt, zeichnet sich dadurch aus, dass er sich bei seiner Handlungswahl durch das moralische Gesetz leiten lässt. Ganz deontologisch schreibt jenes moralische Gesetz mithin eine *Handlung* als richtige vor, und deren moralischer Wert liegt genauer in der *Maxime*, die ihr zugrunde liegt und die in ihr verwirklicht ist:

> »[...] eine Handlung aus Pflicht hat ihren moralischen Wert *nicht in der Absicht*, welche dadurch erreicht werden soll, sondern in der Maxime, nach der sie beschlossen wird, hängt also nicht von der Wirklichkeit des Gegenstandes der Handlung ab, sondern bloß von dem *Prinzip des Wollens*, nach welchem die Handlung unangesehen aller Gegenstände des Begehrungsvermögens geschehen ist.« [Kant, *GMS*, AA 399f.]

Sehr unmissverständlich werden hier noch einmal alle teleologischen Moralauffassungen zurückgewiesen. Der Wert von Handlungen, die tatsächlich aus Pflicht geschehen und damit moralische Handlungen eines guten Willens sind, gründet nicht in zu erreichenden Absichten oder zu verwirklichenden Gegenständen. Stattdessen liegt ihr Wert in der Maxime. Dieser Begriff der ›Maxime‹ muss erläutert werden, um den deontologischen Charakter von Kants Ethik genauer zu verstehen, insbesondere um zu begreifen, auf welcher Ebene Kant schließlich den Grundsatz der Universalisierbarkeit verankern wird.

(1) Eine ›Maxime‹ ist zunächst einmal ein Grundsatz, der den Willen bei seiner Handlungswahl bestimmt. Eine ›Maxime‹ ist ein »*Prinzip des Wollens*«, ein »*Prinzip des Willens*«, eine allgemeine Richtschnur oder Regel, die der Wille bei einer konkreten Entscheidung befolgt [Kant, *GMS*, AA 400]. Dies stimmt auch mit dem üblichen Sprachgebrauch weitgehend überein: Man handelt nach Maximen, man orientiert sich an ihnen bei der Handlungswahl, man folgt ihnen bei der Willensbestimmung.

Hiermit fließen weder tugendethische noch teleologische Aspekte in die moralische Bewertung ein: Wenn die Moralität von Handlungen sich an ihren Maximen entscheidet, geht es ausdrücklich weder um »Triebfedern«, d.h. psychische Motivationen, noch um »Wirkungen«, d.h. äußere Konsequenzen [Kant, *GMS*, AA 400]. Die ›Maxime‹, das Prinzip des Willens, ist weder tugendethisch als charakterliche Disposition noch teleologisch als angestrebtes Ziel zu interpretieren. Vielmehr kennzeichnet sie, ganz deontologisch, allein den wahren Charakter der Handlung selbst.

(2) Um nämlich eine Handlung in ihrem wahren Charakter zu begreifen, darf man sich nicht auf ihren rein äußerlichen Vollzug beschränken, sondern muss ihren tieferen Sinn erfassen. Wenn ein Mensch einen anderen bei einem Raubüberfall vorsätzlich mit einer Schusswaffe umbringt, besteht seine Handlung nicht lediglich in einem ›Schießen‹, sondern in einem ›Morden‹ (vgl. Abschnitt 3.5). Eben dieser wahre Charakter einer Handlung liegt aber genau in der Maxime begründet, nach der sie beschlossen wird: Die Maxime, d.h. das bestimmende *Prinzip des Willens* bei seiner Handlungswahl, ist gerade das, was den wahren *Charakter der Handlung* definiert.

Das Prinzip, nach dem eine Handlung gewählt wird, der Grundsatz, der den Willen bei seiner Entscheidung bestimmt, legt den wahren Charakter der gewählten Handlung fest: Ob eine Handlung ein ›Morden‹ oder ein ›Totschlagen‹, eine ›Notwehr‹ oder ein ›Racheakt‹ ist, bemisst sich nach der in jenem Akt befolgten Regel. Was jemand wirklich getan hat, welche Handlung eigentlich von ihm vollzogen wurde, lässt sich nicht an den physischen Ereignissen ablesen, aus denen sie besteht, sondern ergibt sich aus der intentionalen Struktur, die ihr zugrunde liegt und die in ihr verwirklicht ist. Diese wird aber gerade durch die Maxime festgelegt, nach der jene Handlung gewählt wurde, sie ist im Prinzip des Willens angelegt, dem er bei seiner Wahl gefolgt ist.

Wenn Lisa Peter absichtlich umbringt, indem sie ihm einen Apfel anbietet, gegen den er eine tödliche Allergie hat, so besteht Lisas Handlung nicht einfach darin, Peter einen Apfel zu essen zu geben. Vielmehr besteht Lisas Handlung, richtig beschrieben, darin, Peter vorsätzlich zu vergiften (vgl. Abschnitt 5.1). Dieser wahre Charakter ihrer Handlung definiert sich aber gerade durch das Prinzip des Willens, dem sie in der Wahl ihrer Handlung gefolgt ist: Sie *wollte* Peter vergiften, indem sie ihm den Apfel gab, und eben deshalb *hat* sie Peter vergiftet, indem sie diesen Akt vollzog.

Genauer besteht eine Maxime in einer Handlungsregel, der man bei einem konkreten Akt folgt, und legt damit den allgemeinen Handlungstyp fest, unter den eine einzelne Handlung fällt und aus dem sich ihr moralischer Wert ergibt: Lisas Maxime mag beispielsweise gewesen sein, unliebsame Konkurrenten durch tödliches Gift zu beseitigen. Dies war das Prinzip, dem ihr Wille bei dem fraglichen Akt gefolgt ist, die allgemeine Handlungsregel, von der sie sich hat leiten lassen. Und eben deshalb bezeichnet diese Maxime auch das, was sie getan hat, als sie Peter den Apfel gab, ihre konkrete Handlung, wie man sie korrekt beschreiben muss, den Handlungstyp, dem ihre Einzelhandlung richtigerweise zuzuordnen ist, nämlich das Vergiften eines Konkurrenten.

Oben ist klar geworden, dass speziell ein *guter Wille* vorliegt, wenn der Wille aus Pflicht handelt: Gut ist er nicht durch eine charakterliche Neigung oder durch ein angestrebtes Resultat. Gut ist er vielmehr, wenn er in seiner Handlungswahl durch das moralische Gesetz bestimmt wird. Nun ist genauer deutlich geworden, dass solch ein guter Wille einer *moralischen Maxime* folgt: Er macht sich ein gutes Prinzip zu eigen, wenn er seine Handlungswahl trifft. Er lässt sich von einem sittlichen Grundsatz bestimmen, wenn er sich für eine Handlung entscheidet.

Diese Maxime definiert aber gerade den wahren Charakter der so vollzogenen *Handlung:* Sie besagt, was wirklich getan wurde. Sie legt fest, unter welchen allgemeinen Handlungstyp die konkrete Handlung fällt. Deshalb ist dieser Ansatz eindeutig eine *Deontologie:* Die Maxime, das Prinzip, dem der Wille bei seiner Handlungswahl folgt, bezeichnet keine Motivation und keine Konsequenz, sondern enthält allein die korrekte Beschreibung eben jener Handlung, die er wählt. Die Maxime benennt nichts anderes als den Handlungstyp, für den der Wille sich unter ihrer Leitung entscheidet, und wenn er sich von ihr als Prinzip in seiner Wahl bestimmen lässt, so ist seine moralische Qualität eben durch den derart festgelegten Charakter der von ihm gewählten Handlung erklärt.

(3) Den wahren Charakter von Handlungen durch ihre Maximen angeben zu lassen, d.h. durch die allgemeinen Handlungsregeln, die bei ihrer Wahl vom Willen befolgt werden, liefert eine sehr günstige Abstraktionsebene der Handlungsbeschreibung: Die konkrete Einzelhandlung wird auf diese Weise einem allgemeinen Handlungstyp zugeordnet und erhält durch ihn ihre Benennung. Dies hat den Effekt, dass es zu keinen abwegigen Resultaten führt, wenn nun im weiteren Verlauf die Universalisierbarkeit der derart beschriebenen Handlungen gefordert wird: Die korrekte Bezeichnung der fraglichen Handlungen ist so abstrakt, dass offenbar unbedenkliche Handlungen in aller Regel verallgemeinerbar sind.

So betrachte man das eingangs diskutierte Beispiel, dass jemand von Beruf Bauer werden möchte (vgl. Abschnitt 5.1): ›Bauer werden‹ ist gewiss keine Maxime. Die fragliche Person *will* zwar Bauer werden, aber Bauer zu werden ist nicht das *Prinzip* ihres Willens. Das Prinzip ihres Willens, bei ihrer Entscheidung, dürfte eher sein, sich berufliche Betätigungen gemäß den eigenen Vorlieben und den gesellschaftlichen Optionen auszusuchen. *Das* ist ihre Maxime, und damit auch der wahre Charakter ihrer *Handlung*. Eine solche Handlung dürfte indessen durchaus verallgemeinerbar sein, jedenfalls unter normalen Umständen. Entsprechend entsteht hier keine Absurdität, indem Bauer zu werden angeblich nicht verallgemeinerbar und damit verboten wäre. Die korrekte Beschreibung der Handlung ist nicht ›Bauer werden‹, sondern ›freie Berufswahl‹. Und diese Handlung, gekennzeichnet gemäß der Maxime des Willens, ist universalisierbar.

Ähnlich steht es mit dem Beispiel, dass jemand in seiner Freizeit zu einem bestimmten Termin in einer bestimmten Gegend Sport treiben möchte (vgl. Abschnitt 5.1): ›Heute Abend um 18 Uhr in den Rheinauen Fußball spielen‹ ist keine Maxime. Die fragliche Person *will* zwar zu jener Zeit und an jenem Ort Fußball spielen, aber dieses konkrete Vorhaben ist nicht das *Prinzip* ihres Willens. Das Prinzip ihres Willens, bei ihrer Entscheidung, ist wohl eher, ihre Freizeit gemäß dem eigenem Gutdünken und den öffentlichen Möglichkeiten zu verbringen. *Das* ist ihre Maxime, und damit auch der wahre Charakter ihrer *Handlung*. Und eine derartige Handlung dürfte wiederum universalisierbar sein, zumindest unter üblichen Bedingungen. Einmal mehr ergibt sich also keine Absurdität, weil Sport zu treiben womöglich nicht universalisierbar und folglich unmoralisch wäre. Die angemessene Beschreibung der Handlung ist nicht ›heute Abend um 18 Uhr in den Rheinauen Fußball spielen‹, sondern ›selbstgestaltete Freizeit‹. Und diese Handlung, als Realisation jenes Handlungstyps verstanden, ist verallgemeinerbar.

Im Einzelfall ist es gewiss nicht immer leicht, die Maxime einer Handlung angemessen zu identifizieren: Es kann strittig sein, welchem Handlungstyp eine Einzelhandlung zugehört und wie sie daher korrekt zu beschreiben ist. Hierdurch kann es in der Anwendung zu gelegentlichen Unwägbarkeiten kommen, insbesondere in der Frage nach der Erlaubtheit oder Verbotenheit bestimmter Handlungen. Kant selbst setzt sich mit diesem Problem möglicherweise nicht hinreichend auseinander, und seinen eigenen Zuordnungen in einzelnen Beispielen muss man nicht durchweg folgen.

In Spezialfällen kann es zudem dazu kommen, dass scheinbar harmlose Maximen tatsächlich nicht verallgemeinerbar sind: In Kriegs- oder Katastrophenzeiten etwa sind freie Berufswahl und selbstgestaltete Freizeit nicht universalisierbar, also gemäß dem vorliegenden Ansatz moralisch nicht vertretbar. Aber das ist auch völlig plausibel, da es in der Tat moralisch verkehrt erschiene, Birnen zu ernten oder Tore zu schießen, wenn stattdessen Verletzte zu versorgen oder Häuser zu schützen sind. Wiederum entstehen also keine abwegigen Schlussfolgerungen, sondern das Modell bleibt nachvollziehbar.

5.3 Kant 2: Die Gesetzesformel des kategorischen Imperativs

Ein *guter Wille* definiert sich nicht durch eine bestimmte Motivation (d.h. tugendethisch, in Kants Terminologie durch gute ›Neigungen‹), und auch nicht durch ein bestimmtes Ziel (d.h. teleologisch, in Kants Terminologie durch gute ›Absichten‹). Vielmehr definiert er sich allein dadurch, dass dieser Wille *aus Pflicht* handelt, d.h. dass er in seiner jeweiligen Handlungswahl vom moralischen Gesetz bestimmt wird. Damit ist seine moralische Qualität ganz deontologisch festgelegt, durch eben diese gute Handlungswahl.

Maximen sind die *Prinzipien des Willens* bei dieser Handlungswahl (etwa: ›Ich sage immer die Wahrheit‹), und als solche legen sie zugleich den *Charakter seiner Handlungen* fest (etwa: ›Ich habe jetzt die Wahrheit gesagt‹). Ein *guter Wille* folgt einer *moralischen Maxime*, lässt sich von ihr bestimmen, wählt also eine gute Einzelhandlung, eben weil er ihren allgemeinen Handlungstyp als geboten anerkennt. Er wird von einer moralischen Maxime geleitet, als seinem Prinzip, und diese Maxime bestimmt den wahren Charakter seiner Handlung, die er folglich eben wegen jenes Charakters wählt, etwa: ›Ich will die Wahrheit sagen‹.

Nun stellt sich die Frage, wie ein guter Wille, der dergestalt aus Pflicht handelt, genauer aussieht, d.h. was moralische Maximen und damit moralische Handlungen wesentlich ausmacht. Diese Fragestellung führt zum kategorischen Imperativ als dem Zentralkonzept von Kants Ethik, in dem sich der Gehalt des moralischen Gesetzes ausdrückt.

Kant gibt mehrere Formulierungen des kategorischen Imperativs an, insbesondere die sogenannte ›Gesetzesformel‹ und die sogenannte ›Zweckformel‹. Die anderen Formulierungen sind geringfügige Varianten dieser beiden Grundfassungen, aber auch die beiden Grundformeln selbst sind nach Kant äquivalent.

Die ›Gesetzesformel‹ ist nach dem Gesagten leicht zu gewinnen. Insbesondere formuliert sie unmittelbar den Gedanken der Universalisierbarkeit, der ja für deontologische Ethiken kennzeichnend ist, nun freilich in speziell kantischer Weise, d.h. mit Bezug auf Maximen.

Herleitung, Interpretation, Anwendung

Wenn Kant sein Zentralprinzip ›kategorisch‹ nennt, dann geht es ihm um den vertrauten Grundgedanken, dass die Forderungen der Moral unbedingt sind, d.h. sich in ihrem Gültigkeitsanspruch nicht von den Zielsetzungen des Handelnden abhängig machen: Moral fordert nicht ›hypothetisch‹, sondern ›kategorisch‹ (vgl. Abschnitt 1.2). Wirklich unbedingt kann die Moral nach Kant aber nur sein, wenn sie als Gesetz, d.h. als ›Imperativ‹ auftritt: Unbedingtheit kann für Kant nicht in tugendhaften Seelenprägungen oder in erstrebenswerten Weltzuständen liegen, da diese allesamt zu empirisch orientiert sind, sondern allein in Gestalt eines Gesetzes entgegentreten, das als solches ganz rein zu fassen ist (vgl. Abschnitt 5.2).

Bei den hypothetischen Imperativen unterscheidet Kant noch einmal zwei Formen: »*Regeln* der Geschicklichkeit« hängen in ihren Forderungen von den »*möglichen*« Absichten des jeweils Handelnden ab, d.h. von seinen kontingenten Plänen, die je nach seinem individuellen Lebensentwurf so oder anders ausfallen können (wenn er etwa einem bestimmten Berufswunsch oder Freizeitbedürfnis anhängt, sollte er entsprechende Ausbildungen oder Umfelder suchen). Diese Imperative nennt Kant auch »*problematisch*-[...]praktisch[...]« oder »*technisch*«. »*Ratschläge* der Klugheit« hingegen machen sich in ihren Appellen von den »*wirklichen*« Absichten des Handelnden abhängig, d.h. von jenem notwendigen Ziel, das er als endliches Vernunftwesen unabweislich hat, nämlich der eigenen Glückseligkeit (weil er diese Glückseligkeit unumgänglich anstrebt, sollte er beispielsweise nicht seine morgigen Bedürfnisse vernachlässigen). Diese Imperative nennt Kant auch »*assertorisch*-praktisch[...]« oder »*pragmatisch*« [Kant, *GMS*, AA 414–417].

Der kategorische Imperativ ist demgegenüber nach Kant von ganz anderer Art: Er macht sich frei von den »*beliebigen* Zwecken« der Geschicklichkeit wie auch von dem »*ein[en]* Zweck« der Klugheit. Er betrachtet die Handlung nicht »als Mittel zu einer anderen Absicht«, sondern gebietet sie »unmittelbar« als an sich selbst richtig. Er fragt nach dem »Prinzip« der Handlung und formuliert damit erst »*Gebote (Gesetze)* der Sittlichkeit«. Allein dieser kategorische Imperativ, in seiner Unabhängigkeit von allen kontingent-individuellen wie auch notwendig-gattungsbezogenen Zielsetzungen des Handelnden, ist »*apodiktisch*-praktisch[...]« bzw. »*moralisch*« [Kant, *GMS*, AA 414–417].

(1) Der kategorische Imperativ muss also von allen nichtreinen Elementen, von allen empirischen Bezügen frei sein. Das moralische *Gesetz*, das er vorstellig macht, kann sich nicht auf Absichten, Antriebe, Ziele, Zweck-Mittel-Relationen oder Ähnliches beziehen. Was dieses Gesetz dann aber allein noch fordern kann, ist bloße *Gesetzmäßigkeit*. Der gute Wille ist nicht durch einen bestimmten Gegenstand geprägt, den er verwirklichen will, und auch nicht durch eine bestimmte Disposition, der er entspringt. Die moralische Maxime, die ihn leitet, zeichnet sich nicht durch irgendwelche besonderen *Inhalte* aus, wie das Glück in der Welt oder die Tugend der Seele. Vielmehr wird diese Maxime allein dadurch moralisch, dass sie der bloßen *Form* nach gesetzhaft ist [Kant, *KpV*, A 48f., A 55].

Nicht der Antrieb zur Handlung oder der Gegenstand der Handlung macht den Willen gut. Gut macht ihn die bloße Gesetzhaftigkeit der Handlung, die er wählt, bzw. der Maxime, die ihn bestimmt. Er muss in seiner Handlungswahl von allen *materialen Bestimmungsgründen* unabhängig sein, d.h. von allen Neigungen und allen Zielen. Stattdessen muss er sich durch ein rein *formales Prinzip* bestimmen lassen, durch die allgemeine Gesetzesform, die seine Handlung auszeichnet, nicht durch einen konkreten Gesetzesinhalt, dem seine Maxime folgen würde. Auch der gute Wille, auch die moralische Maxime *hat* zwar unweigerlich eine *Materie*, einen Gegenstand des Handelns (etwa eigene Tugend oder fremdes Glück). Aber diese Materie darf den Willen nicht *bestimmen*, sondern bestimmen muss ihn allein die *Form* jener Maxime (welche ihrerseits durchaus die Ausbildung eigener Tugend oder die Beförderung fremden Glücks befehlen mag) [Kant, *KpV*, A 58–61, A 71]:

> »Was kann das aber wohl für ein Gesetz sein, dessen Vorstellung, auch ohne auf die daraus erwartete Wirkung Rücksicht zu nehmen, den Willen bestimmen muß, damit dieser schlechterdings und ohne Einschränkung gut heißen könne? Da ich den Willen aller Antriebe beraubt habe, die ihm aus der Befolgung irgend eines Gesetzes entspringen könnten, so bleibt nichts als die allgemeine Gesetzmäßigkeit der Handlungen überhaupt übrig, welche allein dem Willen zum Prinzip dienen soll, d.i. ich soll niemals anders verfahren als so, *daß ich auch wollen könne, meine Maxime solle ein allgemeines Gesetz werden.* Hier ist nun die bloße Gesetzmäßigkeit überhaupt (ohne irgend ein auf gewisse Handlungen bestimmtes Gesetz zum Grunde zu legen) das, was dem Willen zum Prinzip dient und ihm auch dazu dienen muß, wenn Pflicht nicht überall ein leerer Wahn und chimärischer Begriff sein soll [...].« [Kant, *GMS*, AA 402]

Dies ist ein ebenso ungewöhnlicher wie raffinierter Gedanke: Moralität muss stets den Charakter eines Gesetzes, eines Imperativs haben. Damit dieses Gesetz wirklich moralisch, damit dieser Imperativ tatsächlich kategorisch ist, muss es aber ganz rein, ganz unempirisch sein. Es darf keinerlei inhaltliche, materiale Bestimmungen enthalten, sondern muss eine völlig abstrakte, formale Forderungsstruktur vorgeben. Der kategorische Imperativ wird den Maximen also nicht *ein bestimmtes Gesetz* vorschreiben, im Sinne eines konkreten Inhalts (etwa Tugend oder Glück), sondern wird lediglich von ihnen verlangen, *überhaupt als Gesetz* tauglich zu sein, ihrer bloßen Form nach (welchen genauen Inhalt sie dabei auch immer haben mögen). Eben dann entsprechen sie dem moralischen Gesetz, das seinerseits ein ganz *formales Gesetz*, d.h. rein, unempirisch ist. Alle moralische Qualität liegt somit in der *gesetzhaften Form*, die einer Handlung bzw. Maxime zukommen muss, damit der Wille in seiner Wahl gut ist.

Aus dieser Forderung nach Gesetzhaftigkeit ergibt sich aber unmittelbar der Grundsatz der Universalisierbarkeit: Denn Allgemeingültigkeit *ist* gerade der rein formale Charakter von Gesetzen. Ein Gesetz zu sein, wenn man von allen materialen Aspekten absieht, *heißt* nichts anderes, als unter allen Umständen und für alle Handelnden verbindlich zu sein. Folglich ist Tauglichkeit zur Verallgemeinerung der oberste Grundsatz aller Moral. Und hiermit ist der Gedankengang, der zum kategorischen Imperativ führt, abgeschlossen. Damit der Wille gut ist, damit eine Handlung moralisch ist, muss die Maxime, die als Prinzip den Willen bestimmt und den Charakter der Handlung definiert, *gesetzhaft* sein, in rein *formaler* Hinsicht. Und das heißt, diese Maxime muss *verallgemeinerbar*, *universalisierbar* sein:

> »Der kategorische Imperativ ist also nur ein einziger und zwar dieser: *handle nur nach derjenigen Maxime, durch die du zugleich wollen kannst, daß sie ein allgemeines Gesetz werde.*« [Kant, *GMS*, AA 421; vgl. Kant, *KpV*, A 54]

Die wichtige moralische Primärintuition der *Universalisierbarkeit von Handlungen* erhält bei Kant mithin auf besondere Weise Einzug: Sie ergibt sich aus dem Gedanken der rein formalen Gesetzhaftigkeit von Moralität. Verallgemeinerbarkeit ist geboten, weil Allgemeingültigkeit die Form eines Gesetzes überhaupt ist. Genauer wird jene Universalisierbarkeit, vor dem Hintergrund von Kants Konzeption eines guten Willens, mit *Rekurs auf Maximen* verlangt: Die Maxime der Handlung muss tauglich zum allgemeinen Gesetz sein. Mit dieser abstrakteren Beschreibungsebene entgeht der kategorische Imperativ absurden Folgerungen, die entstehen können, wenn die Forderung nach Verallgemeinerbarkeit auf allzu konkrete Handlungsbeschreibungen angewandt wird.

Die *konzeptuelle Unterscheidung* von Form und Materie unterstellt dabei keine *ontologische Trennung:* Eine Form tritt immer an einer Materie auf, Form ohne Materie existiert nicht. Entsprechend gibt es auch im Moralischen nicht etwa ›formale Maximen‹ und ›materiale Maximen‹, von denen die Ersteren richtig und die Letzteren falsch wären. Vielmehr haben auch gute Maximen stets eine Materie, die ihrerseits eine bestimmte Form aufweist. (Dies zeigt sich schon daran, dass sie oftmals schlichtweg Verneinungen von bösen Maximen sind. Verneinung lässt aber keine Materie einfach verschwinden, sondern nimmt lediglich eine invertierte Stellung zu ihr ein und versieht sie so mit einer anderen Form.) Indessen findet die *moralische Qualität* von Maximen nicht an ihrer Materie, sondern an ihrer Form ihre *relevante Bemessung:* Insbesondere geht es nicht darum, dass bestimmte Motivationen oder gewisse Konsequenzen in sich böse oder schlecht wären. Es geht allein darum, dass diese Antriebe oder Ziele ihrer Gestalt nach zu beanstanden sind, wenn die Handlungen nicht verallgemeinerbar sind, die ihnen entspringen bzw. die ihnen dienen. In diesem Sinne muss sich auch der gute Wille nicht von der Materie, sondern allein von der Form bestimmen lassen. (Wenn der Wille aus Pflicht handelt, orientiert er sich nur an der Form der Handlung. Das heißt nicht, dass seine Handlung keine Materie mehr hätte.)

Das moralische Gesetz nimmt in Kants Konzeption damit die Gestalt einer *Prüfinstanz* an: Der kategorische Imperativ testet gegebene Maximen dahingehend, ob sie verallgemeinerbar sind, und verwirft sie im negativen Falle. Er stellt selbst aber keine eigenen Maximen auf, formuliert sie nicht, entwickelt keine positiven Vorgaben. Dies hat zu gelegentlicher Kritik geführt, dass Kants Moral *nicht orientierend* wirke: Indem sie stets von vorliegenden Handlungsvorsätzen ausgehe, statt ihrerseits Vorschläge für gute Handlungsprinzipien zu machen, liefere sie keine Handhabe zum richtigen Handeln. Indem sie sich aller inhaltlichen Festlegung enthalte, um sich auf eine rein formale Prüfung zu beschränken, helfe sie nicht bei der moralischen Entwicklung.

Mitunter wird auch der Vorwurf geäußert, der dezidierte Formalismus von Kants Ethik sei normativ *völlig leer*, insofern sich ihm keinerlei Wegweisung, weder in positiver noch in negativer Hinsicht entnehmen lasse: Jede Maxime, wie verwerflich sie in ihrem Inhalt auch sei, könne ihrer Form nach als allgemeines Gesetz auftreten, so dass sie die Prüfung durch den kategorischen Imperativ überstehe. Die Forderung nach Gesetzhaftigkeit sei somit moralisch belanglos, weil auch sehr schlechte Handlungsregeln ohne jeglichen Widerspruch allgemeine Gültigkeit entfalten könnten. (Man denke nur an rassistische oder sexistische Regeln, die zweifellos unmoralisch sind, sich aber offenbar als *allgemeine* Handlungsanweisungen, also augenscheinlich in *gesetzhafter* Gestalt formulieren lassen. Schließlich können sie *jedem* erlauben bzw. *allen* vorschreiben, eine bestimmte Ethnie oder ein bestimmtes Geschlecht zu benachteiligen.) Für Kant selbst ist dies indes bei genauerem Hinsehen nicht der Fall, was wiederum mit seinem Konzept der *Maxime* zusammenhängt: Böse Maximen sind für ihn in der Tat dadurch gekennzeichnet, dass man sie nicht als allgemeines Gesetz wollen kann. Dies wird deutlich, wenn man sie korrekt formuliert, d.h. bei der Handlungsbeschreibung den richtigen Abstraktheitsgrad wählt. (Beispielsweise stehen hinter rassistischen oder sexistischen Regeln Maximen, die sich ihrem Sinn nach gegen *fremde* Ethnien bzw. gegen das *andere* Geschlecht richten. Folglich müssten sie sich, bei Befolgung durch *alle* Menschen, unwillkürlich auch gegen den Verfechter *selbst* wenden und können somit kaum von ihm als allgemeines Gesetz gewollt werden.)

(2) Die obige Formulierung des kategorischen Imperativs bedarf einiger Erläuterungen und Klärungen. Diese sind insbesondere hilfreich, um die Logik der Gesetzesformel besser zu verstehen und um charakteristische Merkmale verschiedener Falltypen herauszuarbeiten, die Kant voneinander unterscheidet.

Erstens irritiert ein wenig der Duktus der Relativsatzkonstruktion: ›[...] nach derjenigen Maxime, *durch die* du zugleich wollen kannst [...].‹ Mitunter wird gemutmaßt, dass dieser Ausdruck auf eine antiquierte Sprache zurückgehe und dass die Passage in moderner Fassung heißen sollte: ›[...] nach derjenigen Maxime, *von der* du zugleich wollen kannst [...].‹ Dies ist allerdings ein Irrtum: Zwischen ›durch die‹ und ›von der‹ besteht ein inhaltlicher Unterschied, und nur die von Kant gewählte Variante gibt seinen Gedanken korrekt wieder.

Zunächst sei daran erinnert, dass Maximen Prinzipien des Willens sind. Daher ist die Formulierung, dass man ›durch sie‹ etwas will, schon einmal grundsätzlich nicht verkehrt: Der Wille wird *durch Maximen* bestimmt, entsprechend will man *durch Maximen* gewisse Dinge. Der kategorische Imperativ prüft nun genauer, ob eine gegebene Maxime den Forderungen der Moral gemäß ist, d.h. ob sie gesetzhaft bzw. verallgemeinerbar ist. Und bei dieser Prüfung geht es in der Tat darum, ob man ›durch sie‹ wollen kann, dass sie ein allgemeines Gesetz werde: Es geht darum, ob *sie selbst* ihrer eigenen Verallgemeinerung zustimmen oder nicht zustimmen kann, ob sie bei ihrer Universalisierung *mit sich* im Einklang oder in Widerspruch steht. Wenn man ›von ihr‹ etwas wollte, würde irgendeine *andere Quelle* der Willensbestimmung eingeführt und geprüft, ob diese *andere Quelle* die Verallgemeinerung der fraglichen Maxime wollen könnte. Der kategorische Imperativ untersucht aber die vorliegende Maxime auf ihre reflexive Konsistenz hin, d.h. er prüft eine gegebene Maxime auf ihre *eigene Zustimmung* zu ihrer *etwaigen Verallgemeinerung.*

Zweitens fragt der kategorische Imperativ genauer, ob man ›wollen kann‹, dass die fragliche Maxime ein allgemeines Gesetz werde. Dabei ist nicht unmittelbar klar, welcher Maßstab herangezogen werden soll, um zu entscheiden, was man ›wollen kann‹ und was nicht. Insbesondere wird zuweilen der Verdacht geäußert, diese Passage sei ein Einfallstor für ungenannte und unbewiesene Moralannahmen in der kantischen Ethik: Mit ihr ließen sich, über die Figur des kategorischen Imperativs, nach Belieben ungewünschte Maximen ausschließen, indem man schlicht erklärte, dass ihre Verallgemeinerung angeblich nicht gewollt werden könne.

Es wird sich allerdings zeigen, dass Kant sehr klare Vorstellungen davon hat, was man ›wollen kann‹ und was nicht. Genauer gibt es zwei Arten von Maximen, deren Verallgemeinerung man nach Kant nicht ›wollen kann‹, und zwar ohne dass hierbei versteckte externe Moralauffassungen eingeführt würden: Im ersten Fall lässt sich jene Verallgemeinerung gar nicht *denken,* da sie einen logischen Widerspruch in der Welt bedeuten würde, eine unmögliche Natur oder Interaktion. Und was sich in diesem Sinne nicht vernünftig denken lässt, das kann nach Kant auch nicht sinnvoll gewollt werden, scheidet also aus diesem Grund aus dem Bereich dessen aus, was man ›wollen kann‹. Im zweiten Fall kann jene Verallgemeinerung zwar gedacht werden, steht aber in logischem Widerspruch zu dem Bestreben, das in der fraglichen Maxime *selbst* zum Ausdruck kommt. Mithin kann eine solche Verallgemeinerung ebenfalls nicht gewollt werden, nämlich nicht ›durch die‹ untersuchte Maxime selbst, wie es der kategorische Imperativ fordert, in dem oben hervorgehobenen Sinne. Die Unterscheidung dieser beiden Fälle führt Kant zu einer wichtigen Differenzierung, was die Dringlichkeit der jeweils begründeten Normen betrifft: Wenn die Verallgemeinerung nicht einmal *denkbar* ist, handelt es sich nach Kant um eine Verletzung *strengerer Pflichten,* wenn sie lediglich nicht *wollbar* ist, um eine Verletzung *weniger strenger Pflichten.*

Drittens umfasst die Frage nach der Tauglichkeit als ›allgemeines Gesetz‹ nicht nur jene Form von Verallgemeinerbarkeit, um die es normalerweise in deontologischen Ethiken geht. Üblicherweise bezeichnet Universalisierbarkeit die Eigenschaft, dass eine gegebene Handlungsweise von allen Menschen vollzogen werden und in diesem Sinne ein ›allgemeines Gesetz‹ werden könnte. Auch in Kants kategorischem Imperativ geht es teilweise um genau dieses Problem, ob gewollt werden kann, dass *alle anderen Menschen* ebenfalls gemäß der untersuchten Maxime handeln. Manchmal aber geht es Kant auch darum, ob gewollt werden kann, dass die fragliche Maxime *beim Handelnden selbst* ein dauerhaftes Verhaltensprinzip, ein fester Naturinstinkt, ein unumgängliches Naturgesetz würde.

Hieraus entsteht eine weitere wichtige Einteilung moralischer Pflichten bei Kant. Denn die Art der fehlenden bzw. gegebenen Verallgemeinerbarkeit hat Auswirkungen darauf, welchen Charakter die entsprechenden Verbote oder Gebote annehmen: Wenn nicht gewollt werden kann, dass *alle Menschen* gemäß der untersuchten Maxime handelten, so liegt ein Widerspruch in der *Interaktion* vor. Entsprechend würde diese Maxime gegen eine Pflicht verstoßen, die man anderen gegenüber trägt. Wenn nicht gewollt werden kann, dass *der Handelnde selbst* einem entsprechenden dauerhaften Instinkt unterworfen wäre, so besteht ein Widerspruch in der *eigenen Natur.* Folglich würde die fragliche Maxime einer Pflicht widersprechen, die man sich selbst gegenüber hat. Beide Pflichtenarten gibt es nach Kant, und sie lassen sich gemäß der in Frage stehenden Verallgemeinerbarkeit unterscheiden: Geht es darum, wie es wäre, wenn *alle Menschen* der untersuchten Maxime folgten, so handelt es sich um eine *Pflicht gegen andere*, geht es darum, wie es wäre, wenn man selbst die Maxime als *dauerhafte Naturausstattung* hätte, so handelt es sich um eine *Pflicht gegen sich selbst.*

(3) Im Folgenden diskutiert Kant vier Beispiele von Handlungen und zugehörigen Maximen, die durch den Prüftest des kategorischen Imperativs fallen. Entsprechend sind sie aus seiner Sicht als moralisch schlecht einzustufen. Aus diesen Verboten lassen sich im Umkehrschluss sofort Gebote für entsprechend invertierte Handlungen formulieren, die folglich als moralisch richtig zu betrachten wären. Und ebenso leicht lässt sich zeigen, dass deren Maximen den Test der Verallgemeinerbarkeit tatsächlich bestehen würden.

Die von Kant gewählten Beispiele betreffen weite Gebiete menschlichen Handelns bzw. Fehlverhaltens und demonstrieren daher in umfassender Weise, wie sich der kategorische Imperativ anwenden lässt. Zudem decken sie alle oben genannten Falltypen ab und zeigen somit in systematischer Hinsicht auf, was die wesentlichen Binnendifferenzierungen von Kants Moralprinzip sind. Es kommen strengere und weniger strenge Pflichten vor, Pflichten gegen andere und Pflichten gegen sich selbst, und zwar in allen vier Kombinationen, die sich aus diesen beiden Einteilungen bilden lassen. Entsprechend sind die Beispiele hilfreich, um den gesamten Horizont von Kants Moraltheorie abzustecken.

Indem Kant die vier diskutierten Handlungen bzw. Maximen durchweg ablehnt, dürfte er sich in weitgehender Übereinstimmung mit den verbreiteten Moralauffassungen seiner eigenen Epoche befinden. Dies entspricht Kants ethischer Grundhaltung: Er hält die Überzeugungen der Alltagsmoral für grundsätzlich richtig, in ihrem konkreten Inhalt wie auch in ihrer fundamentalen Logik. Sein kategorischer Imperativ soll keine Revision dieser Alltagsmoral leisten, sondern allein eine Rekonstruktion ihres Gehalts und ihrer Basis. Es geht Kant in seiner Ethik nicht darum, revolutionäre neue Moralprinzipien zu entwickeln. Vielmehr will er die wesentlichen Aspekte und die tieferen Wurzeln menschlicher Moral kenntlich machen. Dass sein kategorischer Imperativ in wichtigen Fällen mit alltäglichen Urteilen konform geht, ist daher für ihn ein gutes Zeichen: Es belegt, dass sein ethisches Grundprinzip die verbreiteten Moralvorstellungen und deren maßgebliche Grundlagen korrekt wiedergibt, und das ist alles, was Kant behaupten will.

Indessen bereitet Kants Diskussion der vier Beispiele auch einige Probleme. Insbesondere aus moderner Sicht wirken seine moralischen Positionen teilweise nicht mehr zustimmungsfähig: Gleich die ersten beiden Beispiele, in denen er ein striktes Verbot des Selbstmords sowie ein kompromissloses Verbot jeder Lüge zu befürworten scheint, stellen sich zumindest aus gegenwärtiger Sicht befremdlich dar. Entsprechend könnten diese Fälle nun geradewegs als Gegenargumente herangezogen werden, um die moralische Einschlägigkeit des kategorischen Imperativs in Zweifel zu ziehen. Allerdings lassen die Beispiele auch andere Antworten zu: Vielleicht sind die Fälle von Kant bei genauerem Hinsehen enger konzipiert, indem er etwa nicht jegliche Form von Selbsttötung ablehnt, sondern nur bestimmte Arten, die in der Tat moralisch fragwürdig sein mögen. Vielleicht können die Fälle innerhalb von Kants Argumentation abweichend gelöst werden, so dass etwa eine Lüge unter gewissen Umständen durchaus erlaubt oder gar geboten wäre, auch gemäß dem kategorischen Imperativ, wenn man diesen in anderer Weise anwendet. Nicht zuletzt vor diesem Hintergrund lohnt es sich, die vier Beispiele einzeln durchzugehen und hierdurch die Logik von Kants Moralprinzip genauer zu erproben und besser zu verstehen.

Verstöße gegen engere Pflichten: Selbstmord und Lügen

Die ersten beiden Beispiele, Selbstmord und Lügen, stellen nach Kant Verstöße gegen ›engere Pflichten‹ dar. Denn bei ihnen kann nicht einmal gedacht werden, dass die entsprechenden Maximen als allgemeine Gesetze gelten.

(1) Im Fall des Selbstmords geht es genauer darum, dass eine Person aufgrund äußeren Unglücks einen tiefen Überdruss am Dasein empfindet und daher erwägt, sich das Leben zu nehmen. Die in Frage stehende Maxime besteht nach Kant in einem Prinzip der Selbstliebe, nämlich in dem Grundsatz, das eigene Leben abzukürzen, wenn es in der bevorstehenden Zeit mehr Übel als Annehmlichkeiten erwarten lässt.

Diese Maxime ist auf ihre Gesetzestauglichkeit hin zu prüfen. Kant fordert entsprechend dazu auf, sich eine Natur vorzustellen, in der dieses Prinzip ein unerschütterliches Gesetz wäre. In ihr würde unausweichlich ein Selbstmord erfolgen, wann immer eine negative Bilanz der geschilderten Art aufträte. Nach Kant würde dies bedeuten, dass eine Empfindung, die eigentlich das Leben befördert, nämlich Selbstliebe, gesetzhaft Leben zerstören würde, durch Selbstmord. Eine Kraft des Lebenserhalts wäre nicht nur gelegentlich, sondern gesetzmäßig zugleich eine Kraft der Lebensvernichtung. Für Kant würde eine solche Natur sich selbst widersprechen, wäre also nicht möglich. Folglich kann *nicht gedacht* werden, dass die fragliche Maxime ein allgemeines Gesetz wird. Und wenn es nicht gedacht werden kann, kann es auch *nicht gewollt* werden, wie vom kategorische Imperativ gefordert [Kant, *GMS*, AA 421f.].

Man erkennt deutlich, dass sich der fragliche Widerspruch nicht erst dann einstellen soll, wenn alle *anderen Menschen* der gleichen Maxime anhängen würden. Vielmehr soll jener Widerspruch bereits dann entstehen, wenn man sich die *eigene Natur* des potentiellen Selbstmörders mit einem entsprechenden Gesetz versehen vorstellt. Entsprechend handelt es sich beim Selbstmord nach Kant nicht um eine Pflichtverletzung *gegenüber anderen*. Dann müsste man abweichend argumentieren, indem man zeigte, dass der Selbstmörder seine Maxime nicht bei anderen Menschen denken oder wollen könnte, etwa weil durch deren Selbstmorde seine Selbstliebe frustriert würde. Selbstmord bedeutet nach Kant jedoch eine Pflichtverletzung gegen *sich selbst*. Der Selbstmörder kann seine Maxime nicht als Gesetz der eigenen Natur denken, und deshalb auch nicht wollen, denn eine Natur mit einem solchen Gesetz wäre widersprüchlich, ist also unmöglich.

Freilich gibt es Grund zum Zweifel, ob Kants Behandlung dieses Beispiels in jeder Hinsicht überzeugt: Erstens mag man fragen, ob eine Natur mit der fraglichen Maxime als allgemeinem Gesetz tatsächlich einen *Widerspruch* enthielte. So könnte man verschiedene Lebenskräfte genauer unterscheiden, statt, wie Kant, nur eine *undifferenzierte Selbstliebe* anzunehmen. Auf dieser Grundlage könnte zwar eine gewisse Spannung zwischen dem üblichen Selbsterhaltungstrieb eines lebenden Naturwesens und seinem etwaigen Selbsttötungsinstinkt bei übergroßer Hoffnungslosigkeit verbleiben. Aber ein strenger Widerspruch, dem zufolge eine derartige Natur schlichtweg unmöglich wäre, erschiene womöglich übertrieben. Zweitens ließe sich fragen, ob die fragliche *Maxime* überhaupt angemessen rekonstruiert wird. So scheint es bei einem Selbstmord kaum je um eine derart nüchterne Bilanzierung aus *bloßer Selbstliebe* zu gehen, wie Kant sie annimmt. Üblicherweise dürfte die fragliche Maxime viel subtiler, viel komplexer sein. Nicht zuletzt gibt es sehr unterschiedliche Maximen, die Menschen zum Selbstmord bestimmen können, darunter wohl auch durchaus verständliche oder sogar ehrenhafte, die allemal verallgemeinerbar sein könnten.

Diese Kritiken liefern aber auch Anhaltspunkte dafür, dass Kants Diskussion des Beispiels womöglich genauerer Deutung bedarf: Möglicherweise formuliert er die fragliche Maxime *bewusst eng*. Möglicherweise wendet sich Kant nicht *gegen jeden* Selbstmord, z.B. nicht gegen einen Selbstmord bei unerträglichen Schmerzen ohne Heilungsaussicht, nicht gegen einen Selbstmord zum Schutz anderer Personen. Vielleicht spricht er sich eben nur gegen den kühlen Bilanzselbstmord aus, der bei jeglichem Übergewicht von befürchtetem Übel gegenüber erhofftem Wohl begangen wird. Und vielleicht ist eine derartige Maxime in der Tat moralisch falsch und auch ernsthaft nicht gesetzesfähig. Letzteres müsste zwar nicht daran liegen, dass eine Natur mit einem solchen Gesetz *strikt widersprüchlich* und deshalb aus geradezu wissenschaftstheoretischen Gründen unmöglich wäre. Aber es könnte daran liegen, dass ein Wesen mit einer solchen Natur *nicht überlebensfähig* und in diesem eher pragmatischen Sinne nicht denkbar wäre. Fast jede Person hat schon einmal an dem Frustrationspunkt gestanden, künftighin mehr Leid als Freude zu erwarten. Wenn ein Mensch sich an diesem Punkt gesetzhaft umbringen würde, könnte er gar nicht existieren, und in dieser Hinsicht ließe sich behaupten, dass die betrachtete Maxime kein allgemeines Gesetz bzw. kein fester Instinkt der eigenen Natur sein könnte.

(2) Das Beispiel des Lügens betrifft genauer die Situation, dass eine Person in finanzielle Not gerät und überlegt, sich Geld zu leihen, unter dem dafür unumgänglichen Versprechen, es zurückzuzahlen, obwohl sie weiß, dass sie diese Zusage nicht wird einhalten können. Die zur Debatte stehende Maxime identifiziert Kant wiederum als ein Prinzip der Selbstliebe, nämlich als den Grundsatz, sich bei Geldnot die nötigen Mittel zu borgen und deren Rückgabe zuzusagen, auch wenn man sicher ist, dieses Versprechen nicht einlösen zu können.

Erneut muss diese Maxime auf ihre Gesetzestauglichkeit hin untersucht werden. Es ist also eine Gesellschaft vorzustellen, in der dieses Prinzip ein umfassendes Gesetz wäre. In einer solchen Gesellschaft würde nicht nur man selbst, sondern jedermann, der sich in Not wähnte, den anderen Mitgliedern gegenüber falsche Versprechen abgeben, mit dem Ziel, seine Lage zu verbessern. Der Effekt wäre offensichtlich, dass in jener Gesellschaft niemand mehr den Versprechen glauben würde, mit denen man ihn um Hilfe ersuchte. Folglich wäre es auch gar nicht möglich, sich mit einem derartigen Versprechen die gewünschte Unterstützung zu verschaffen. Die fragliche Maxime würde sich folglich selbst widersprechen, wenn sie verallgemeinert würde, insofern die erwogene Handlung sich gar nicht durchführen ließe, wenn sie verbreitet wäre. Die Maxime kann als allgemeines Gesetz *nicht gedacht* werden, denn wenn man sich vorstellt, dass jeder ihr gemäß handeln würde, zeigt sich, dass tatsächlich niemand mehr nach ihr handeln könnte. Und wenn die Maxime als allgemeines Gesetz nicht gedacht werden kann, kann sie als solches auch *nicht gewollt* werden, wie es der kategorische Imperativ verlangt [Kant, *GMS*, AA 422].

In dieser Argumentation entsteht der Widerspruch, sobald man überlegt, was geschehen würde, wenn alle *anderen Menschen* ebenfalls der untersuchten Maxime folgten. Wenn alle Menschen nach dem Grundsatz handelten, sich durch falsche Versprechen aus Schwierigkeiten zu befreien, könnte tatsächlich niemand mehr nach diesem Grundsatz handeln, weil niemand mehr seine Probleme durch falsche Zusagen zu lösen imstande wäre. Diese Begründung ist ganz auf Interaktion bezogen, und folglich handelt es sich beim Lügen um eine Pflichtverletzung *gegenüber anderen.* Es wird keine Unstimmigkeit in der *eigenen Natur* behauptet, wenn falsches Versprechen zu einem festen Instinkt bei einem selbst würde. Und wahrscheinlich wäre hier auch kein Selbstwiderspruch zu finden. Lügen ist entsprechend keine Pflichtverletzung gegen *sich selbst.*

Auffällig hierbei ist: Kant wählt als Beispiel zunächst einen *speziellen Fall* der Lüge, nämlich das falsche Versprechen zum Geldborgen. Seine Argumentation passt aber letztlich auf *jede Art* von Lüge, auf jedes falsche Versprechen zu jedem beliebigen Zweck. Das Beispiel des Selbstmords war vorzugsweise in einem engen Sinne zu verstehen, als nüchterner Bilanzselbstmord. Nur dann erschien Kants Rekonstruktion der fraglichen Maxime angemessen, und nur dann konnte seine moralische Ablehnung dieses spezifischen Selbstmords überzeugen. Das Beispiel der Lüge hingegen kann durchaus in einem weiten Sinne aufgefasst werden, als bewusste Täuschung zu irgendeinem Ziel. Denn Kants Begründung greift in all diesen Fällen, und sie macht ein moralisches Problem jeglicher Lüge deutlich. Insbesondere ist Lügen nicht nur dann nicht verallgemeinerbar, wenn es mit erkennbar bedenklichen Absichten geschieht, wie bei dem betrügerischen Geldleihen. Vielmehr ist Lügen auch dann nicht universalisierbar, wenn es anscheinend guten Zwecken dient, und entsprechend ist es nach Kant auch in diesen Fällen nicht zu vertreten.

Das bedeutet: Auch die Arztlüge, um einen Patienten zu trösten, wäre nach Kant nicht verallgemeinerbar. Denn kein Patient würde derartigen Beteuerungen glauben, wenn es sich verbreitete, dass Ärzte lügen, um ihren Patienten Mut zu machen. Ebenso ist die Notlüge, die einen Ahnungslosen schützen soll, nicht universalisierbar. Denn keine Person würden solchen Bekundungen trauen, wenn es üblich wäre, dass in Notlagen gelogen wird, um Personen vor Unheil zu bewahren. Es ist unerheblich, dass es in diesen Fällen um anscheinend lobenswerte Absichten oder Zwecke geht. Auch diese wären nicht zu realisieren, wenn jeder bei Bedarf lügen würde, um sie zu verwirklichen. Nach Kant ist Lügen daher grundsätzlich nicht verallgemeinerbar, und deshalb auch generell moralisch falsch. Die Frage, inwieweit diese Haltung plausibel ist und ob sich dieser Schluss womöglich relativieren lässt, wird im nächsten Unterabschnitt genauer erörtert.

(3) Die ersten beiden Beispiele, Selbstmord und Lügen, unterscheiden sich also dadurch, dass im ersten Fall eine Pflicht gegen sich selbst verletzt wird, im zweiten Fall hingegen eine Pflicht gegen andere. Dies ist jedenfalls ihre Einstufung gemäß den Begründungen, die Kant in den dargestellten Passagen für ihre Unmoralität liefert: Die Maxime des Selbstmords würde einen Widerspruch in der eigenen Natur bedeuten, wenn sie zum festen Instinkt würde. Die Maxime des Lügens hingegen kann nicht allgemeines Gesetz werden in dem Sinne, dass alle anderen Menschen ihr ebenfalls folgen.

Gemeinsam ist beiden Fällen, dass die Verallgemeinerung der fraglichen Maxime nach Kant gar nicht gedacht werden kann: Als allgemeines Gesetz vorgestellt wäre sie ein strikter Widerspruch in der eigenen Natur bzw. in der sozialen Interaktion. Angesichts dieser logischen Unmöglichkeit kann sie als allgemeines Gesetz auch nicht sinnvoll gewollt werden und entspricht damit nicht dem kategorischen Imperativ. Dass die Universalisierung jener Handlungen noch nicht einmal vorstellbar ist, dass »ihre Maxime ohne Widerspruch nicht einmal als allgemeines Naturgesetz *gedacht* werden kann«, impliziert dabei nach Kant einen besonders schweren Verstoß, nämlich die Verletzung einer »vollkommene[n]« bzw. »engeren (unnachlaßlichen) Pflicht« [Kant, *GMS*, AA 421, AA 424].

Dies wird in den beiden nachfolgenden Beispielen anders sein: Bei ihnen kann die Verallgemeinerung durchaus gedacht werden. Sie kann allerdings nicht vernünftig gewollt werden, womit wiederum der kategorische Imperativ verletzt wird. Da in diesem Fall jedoch keine Unmöglichkeit im Denken entsteht, da es lediglich unmöglich ist »zu *wollen*, daß ihre Maxime zur Allgemeinheit eines Naturgesetzes erhoben werde«, handelt es sich nach Kant um einen weniger schwerwiegenden Verstoß, nämlich lediglich um die Verletzung einer »unvollkommene[n]« bzw. »weiteren (verdienstlichen) Pflicht« [Kant, *GMS*, AA 421, AA 424].

Pointe, Rückfragen, Radikalität

Bevor die beiden folgenden Beispiele behandelt werden, ist es angebracht, ein paar Aspekte der bisherigen Betrachtungen zu vertiefen. Insbesondere das Lügenbeispiel ist sehr instruktiv, um die Logik von Kants kategorischem Imperativ besser zu begreifen. Es fordert außerdem dazu heraus, sich einige Konzepte und Argumente von Kants Gedankengang noch einmal eingehend zu vergegenwärtigen. Da es indessen nicht zuletzt auch irritiert, insofern man womöglich nicht jedes Lügen in derart kompromissloser Weise als unmoralisch verwerfen wollte, drängt sich die Frage auf, ob sich nicht auch innerhalb von Kants Konzeption des kategorischen Imperativs ein anderes Ergebnis zu diesem Thema gewinnen ließe.

(1) Die Pointe von Kants Argumentation, namentlich im Fall der Lüge, ist nicht, dass eine Welt, in der jeder bei Bedarf lügen würde, *in sich schlecht wäre*. Um ein solches moralisches Urteil über jene fiktive Welt zu sprechen, bräuchte man irgendwelche externen Maßstäbe, womöglich tugendethischer oder teleologischer Art. Kant geht es aber nicht um die verkommenen Charaktere oder die bedenklichen Folgen, die zu konstatieren wären, wenn die Lügen-Maxime verallgemeinert würde. Kant geht es darum, dass eine solche Universalisierung der Lügen-Maxime überhaupt nicht *möglich* wäre.

Man *kann* nicht durch Lügen seine Zwecke erreichen, wenn jeder bei Bedarf lügt. Denn in einer solchen Umgebung setzt niemand mehr die Wahrhaftigkeit von Aussagen voraus. Und daher wird man in jener Umgebung seine Absichten auch nicht durch Lügen verwirklichen können. Das gilt selbst dann, wenn aus freundlichen Motiven oder mit wünschenswerten Zielen gelogen wird, wie bei der Arztlüge oder der Notlüge, und daher auch, wenn eine solche Welt zunächst einmal *gar nicht so schlimm* erschiene.

Eine fiktive Welt mit der Maxime des Lügens als allgemeinem Gesetz wäre nicht *unerträglich*, sondern *unmöglich*. Denn die Maxime des Lügens setzt gerade voraus, dass es nicht jeder tut. Lügen ist darauf angewiesen, dass nicht jeder lügt. Mit Lügen kann man seine Zwecke nur erreichen in einer Umgebung der Ehrlichkeit – auch wenn es auf den ersten Blick lobenswerte Zwecke zu sein scheinen.

Lügen ist gewissermaßen ein *Parasit*, der auf der Ehrlichkeit als seinem *Wirt* lebt. Lügen als allgemeines Gesetz wäre wie ein wuchernder Parasit, der seinen eigenen Wirt und damit zuletzt sich selbst vernichten würde. Es würde die Institution des Versprechens aufheben, die es gerade ausnutzt, es würde jene Grundlage untergraben, von der seine eigene Existenz abhängt. In diesem Sinne würde Lügen als allgemeines Gesetz sich selbst widersprechen, und allein darin liegt nach Kant seine Unmoralität – ganz unabhängig davon, welche Antriebe dahinterstehen und welche Effekte es nach sich zieht.

Entsprechend deutet Kant auch an, dass für eine Orientierung am kategorischen Imperativ kein differenzierter Folgenkalkül notwendig sei [Kant, *GMS*, AA 403]: Dass die Institution des Versprechens bei Verallgemeinerung des Lügens vernichtet wird, ist unmittelbar einsichtig. Für diese Erkenntnis bedarf es keiner detaillierten Konsequenzenberechnung, welche genauen Folgen bei verallgemeinertem Lügen zu erwarten wären. Es genügt eine kurze Reflexion darauf, wie Versprechen und Lügen grundsätzlich zueinander stehen.

Kant bemerkt sogar, dass es in einer Welt mit dem Lügen als allgemeinem Gesetz letztlich gar kein Versprechen mehr gäbe [Kant, *GMS*, AA 403]: Versprechen können als solche nur in einem Umfeld grundsätzlich erwarteter Ehrlichkeit existieren. Und genau genommen gäbe es in einer solchen Welt auch keine Lügen mehr. Denn Lügen definiert sich allein vor dem Hintergrund vorausgesetzter allgemeiner Ehrlichkeit.

(2) Sobald dies geklärt ist, lassen sich einige Rückfragen an Kants Argumentation, insbesondere für den Fall der Lüge, klären. Dabei wird vor allem noch einmal die besondere Stellung von Maximen in seinem Entwurf deutlich.

Erste Frage: Ist die *Maxime* des Lügens wirklich nicht verallgemeinerbar? Wäre es nicht vorstellbar, dass diese Maxime allseits und allzeit vorhanden ist, als allgemeines Gesetz, solange lediglich sichergestellt bleibt, dass nicht jedermann immerfort ihr gemäß *handelt*?

Antwort: Eine Maxime gibt nun einmal den *Charakter der Handlung* an, die auf ihre Moralität hin geprüft wird (es heißt: »*handle* nur nach derjenigen Maxime [...]«). Und wenn eine solche Maxime ein allgemeines Gesetz würde, bedeutet dies entsprechend auch, dass alle Menschen in allen Situationen ihr gemäß handeln würden (es heißt: »[...] daß sie ein allgemeines *Gesetz* werde« [Kant, *GMS*, AA 421, m.H.]). Eine Maxime ist nicht nur ein Wunsch, nicht nur eine Gesinnung, nicht nur eine Disposition, die als solche auch unrealisiert bleiben könnte. Eine Maxime ist ein *Prinzip des Willens* bei seiner Handlungswahl. Wenn sie vorliegt, wählt der Wille ihr gemäß, und es erfolgt die entsprechende Handlung.

Zweite Frage: Ist wirklich das *Lügen* nicht verallgemeinerbar, oder ist lediglich nicht verallgemeinerbar, dass man durch Lügen seine *Ziele* erreicht? Lässt sich nicht eine Welt vorstellen, in der jeder *lügt*, um sich etwa in Notlagen Geld zu leihen, nur dass er eben keines mehr *bekommen* würde?

Antwort: Zum einen formuliert Kant die fragliche Maxime nun einmal so, dass sie nicht nur den Akt der Lüge, sondern genauer eine *Zielerreichung durch Lügen* umfasst (es heißt: »[...] wenn ich mich in Geldnot zu sein glaube, so will ich Geld *borgen* und versprechen, es zu bezahlen, ob ich gleich weiß, es werde niemals geschehen«). Die Maxime beinhaltet also nicht nur den Versuch des Betrugs, sondern auch die Umsetzung der Absicht, und diese wäre in der Tat nicht mehr möglich, wenn jeder nach der Lügen-Maxime handelte (es heißt: »[...] würde das Versprechen und den *Zweck*, den man damit haben mag, selbst unmöglich machen, indem niemand glauben würde, daß ihm was versprochen sei« [Kant, *GMS*, AA 422, m.H.]). Zum anderen kann man nach den obigen Bemerkungen durchaus der Meinung sein, dass in der Tat bereits die Lüge als solche nicht allgemeine Praxis werden kann. Denn eine Lüge, eben als das *Vortäuschen von Wahrheit*, existiert überhaupt nur vor dem Hintergrund üblichen Wahrheitsagens. Man kann nicht lügen, im eigentlichen Sinne, wenn niemand mehr die Wahrhaftigkeit von Aussagen voraussetzt.

Dritte Frage: Ist eine Welt, in der jeder seine Ziele durch Lügen erreicht, wirklich *unmöglich*? Könnte man sich nicht eine Welt ausmalen, in der eine solche *Dummheit* herrscht, dass die Menschen einander ständig erfolgreich hintergehen?

Antwort: Man muss sich vergegenwärtigen, dass in einer solchen Welt nicht etwa eine Gruppe von ehrlichen Menschen immerfort auf die Lügen einer anderen Gruppe von unehrlichen Menschen hereinfiele (dies wäre bereits erstaunlich genug, da kaum jemand derart unbelehrbar sein kann). Vielmehr würden *sämtliche Menschen* bei Bedarf lügen, weil die Lügen-Maxime allgemeines Gesetz wäre, und eben *dieselben Menschen* müssten ihrerseits immerfort auf jene Lügen hereinfallen, damit diese Lügen wie angenommen durchweg ihre Ziele erreichen könnten (damit wären sie nicht nur sensationell dumm, sondern unbegreiflich schizophren). Dieser völlig unerfindlichen Spaltung des Geistes würde eine ebenso unfassliche Spaltung der Sprache korrespondieren. Jeder *gesprochene* Satz könnte als Lüge intendiert sein, jeder *gehörte* Satz hingegen müsste für Wahrheit genommen werden. Eine derart gebrochene Bedeutung jedes denkbaren Satzes lässt sich letztlich nicht innerhalb des Sinnrahmens einer Sprachgemeinschaft vorstellen.

(3) Kants Position, insbesondere im Fall der Lüge, zeichnet sich durch eine gewisse Radikalität aus. Dass er auch anscheinend vertretbare oder sogar möglicherweise gebotene Formen der Lüge strikt abzulehnen scheint, hat zur Folge gehabt, dass einige Philosophen sich von Kants Ethik abgewandt haben, wirft aber auch die Frage auf, ob sich dieses Ergebnis nicht vielleicht innerhalb von Kants Ansatz vermeiden lässt.

Kants Ablehnung des Selbstmords war wohl in einem engen Sinne zu verstehen: Die rekonstruierte Maxime bezeichnete allein einen nüchternen Bilanzselbstmord, der in der Tat moralisch zweifelhaft erscheint und dessen Prinzip ernsthaft nicht universalisierbar sein dürfte. Andere Selbstmordformen, die demgegenüber durchaus erlaubt oder sogar geboten anmuten, wurden von seiner Argumentation nicht erfasst. Dazu zählen etwa der Selbstmord bei tödlicher Krankheit und unerträglichen Schmerzen oder der Selbstmord zum Schutz Dritter, die durchaus moralisch legitim sein dürften und auch verallgemeinerbar zu sein scheinen. Es passt zu diesem Befund, dass Kant in der *Metaphysik der Sitten* (1797) eine Reihe von Selbsttötungen diskutiert, deren Legitimität er ausdrücklich offen lässt, die er also offenbar nicht als unbedingt abzulehnen gemäß dem kategorischen Imperativ einschätzt. Dazu zählt etwa die Selbsttötung, mit der man die eigene Person einer ungerechtfertigten Hinrichtung zu entziehen sucht. Es gehören auch Selbsttötungen dazu, mit denen man andere Menschen vor größerem Unheil bewahren will [Kant, *MS*, AA 423f.].

Kants Verbot der Lüge scheint demgegenüber in einem weiten Sinne intendiert zu sein: Das präsentierte Argument setzt zwar mit dem speziellen Fall eines Geldbetrugs an, erfasst aber seiner Logik nach jegliche Formen unwahrer Auskunft, auch solche, die zunächst einmal moralisch vertretbar oder sogar angezeigt erscheinen. Ein Beispiel wäre die Arztlüge, bei der man einem Schwerkranken eine schlechte Nachricht über ihn selbst oder jemand anderes vorenthält, um ihm unnötiges Leid zu ersparen oder seinen medizinischen Zustand nicht zu verschlechtern. Ein anderes Beispiel wäre eine Notlüge, bei der man einem Menschen eine Unwahrheit erzählt, um sich oder ihn selbst oder weitere Personen vor großem und unverdientem Unheil zu bewahren. Zwar enthält die *Metaphysik der Sitten* auch Passagen zur Lüge, in denen einige Fälle vorsätzlicher Unwahrhaftigkeit auf ihre Vertretbarkeit hin erwogen werden. Aber erstens erfolgt dies allein unter dem speziellen Gesichtspunkt, inwieweit eine Lüge auch eine Pflichtverletzung gegen sich selbst darstellen mag, nicht in ihrer Eigenschaft als Pflichtverletzung gegen andere, wie es primär zu diskutieren wäre. Und zweitens ist die Bilanz deutlich weniger offen, insofern lediglich eine Unwahrhaftigkeit aus Höflichkeit als möglicherweise tolerabel erörtert wird, nicht aber etwa der Fall, dass ein Dienstbote seinen Herrn auf dessen Wunsch hin bei Nachfrage verleugnet [Kant, *MS*, AA 429, AA 431].

Sehr unmissverständlich erteilt Kant der Lüge eine vollständige Absage in dem bekannten Aufsatz *Über ein vermeintes Recht aus Menschenliebe zu lügen* (1797): Dort bezeichnet er Wahrhaftigkeit in allen Erklärungen als unbedingtes Gebot, das auch ungeachtet möglicher Schäden für die eigene Person oder für andere Personen strikt einzuhalten sei [Kant, *VRML*, A 304, A 310f.]. Er expliziert diese kompromisslose Forderung an einem sehr eindrücklichen Beispiel: Nach Kant hat man sogar die Pflicht, einem Mörder aufrichtig Auskunft zu geben, wenn er fragt, ob der von ihm Verfolgte sich im eigenen Haus befinde, auch wenn man genau weiß, dass er ihn umzubringen beabsichtigt [Kant, *VRML*, A 302f.].

Diese Behauptung gilt gemeinhin als eine der befremdlichsten Thesen der kantischen Moralphilosophie. Zahlreiche Gegner führen sie als Beleg dafür an, dass Kants Konzeption der Verallgemeinerbarkeit grundsätzlich verfehlt sei. Befürworter versuchen demgegenüber meist, dieses fragwürdige Resultat zu umgehen, dabei aber innerhalb des kantischen Grundgerüsts zu verbleiben. Dafür bieten sich vor allem zwei Optionen an.

Ein erster Ansatz könnte behaupten, dass die *tatsächliche Maxime* einer vertretbaren Lüge, bei korrekter Formulierung und bei genauerem Hinsehen, sehr wohl verallgemeinerbar sei. Solche Maximen ließen nämlich ein grundsätzliches Wahrhaftigkeitsgebot gelten, das nur für *bestimmte Ausnahmesituationen* übergangen werde. Im Fall der Arztlüge oder der Notlüge etwa werde die Unwahrhaftigkeit nur dann akzeptiert bzw. gefordert, wenn eine mangelnde Stabilität des Patienten bzw. eine erhebliche Gefährdung Dritter vorliege. Solch eine Maxime könne durchaus universalisierbar sein, insbesondere da für den Adressaten der jeweiligen Lüge nicht eindeutig erkennbar sein muss, ob der Lügende den vorausgesetzten Ausnahmefall als eingetreten ansieht oder nicht. Mithin wären mit dieser Maxime die eigenen Zwecke allemal erreichbar, auch wenn sie ein allgemeines Gesetz würde, d.h. wenn sämtliche anderen Menschen sie ebenfalls befolgten, einschließlich des Belogenen selbst. Der Patient könnte die Lüge glauben, weil er sich über seinen Zustand nicht im Klaren ist, der Fragende könnte auf die Unwahrheit hereinfallen, weil er nichts von der Bedrängnis Dritter ahnt, auch wenn beide wissen, dass in den entsprechenden Situationen üblicherweise gelogen wird, und auch wenn beide ihrerseits dazu entschlossen wären, unter derartigen Umständen unwahr zu antworten.

Diese Lösung wäre wahrscheinlich nicht in Kants Sinne: Zwar diskutiert er selbst in der *Grundlegung zur Metaphysik der Sitten* die Lüge anhand eines speziellen Falles, nämlich des Geldbetrugs bei eigener finanzieller Not. Sein Resultat ist aber negativ, und es gibt keinen Hinweis darauf, dass er für andere konkrete Fälle ein positives Ergebnis erwarten würde: Wahrscheinlich würde für ihn in jedem gegebenen Sektor das dort jeweils notwendige Vertrauen zerstört, bei der Arztlüge das Vertrauen von Patienten, bei der Notlüge das Vertrauen der Fragenden, ohne dass das Konzept der Ausnahmeregeln dies verhindern könnte. Mithin ließen sich auch die speziellen Zwecke dieser besonderen Lügen nicht mehr realisieren, wenn sie verallgemeinert würden, ebenso wenig wie im Fall des Geldleihens, wo genauer das Vertrauen der Kreditgeber zerstört wird. In dem erwähnten Aufsatz *Über ein vermeintes Recht aus Menschenliebe zu lügen* beharrt Kant sogar ausdrücklich darauf, dass Wahrheitsagen in allen Bereichen und ohne Ausnahme »ein heiliges, unbedingt gebietendes, durch keine Konvenienzen einzuschränkendes Vernunftgebot« sei. Insbesondere müssen sich ihm zufolge auch Lügen in speziellen Fällen stets daran messen, was sie für die generelle Glaubhaftigkeit von »Aussagen [...] überhaupt« bedeuten [Kant, *VRML*, A 305, A 307, A 313f.]. Damit hält Kant den Bewertungshorizont letztlich auf der übergeordneten Ebene von Ehrlichkeit und Lüge in jeglicher Kommunikation, statt sich auf eine gesonderte Diskussion von abgegrenzten Teilbereichen einzulassen. Mithin würde jede Lüge, ganz gleich in welchem Sektor, den allgemeinen Glauben an die Wahrhaftigkeit von Aussagen überhaupt untergraben, könnte daher, wenn sie als solch unbegrenzte Unwahrhaftigkeit verallgemeinert würde, ihre eigenen Zwecke nicht mehr erreichen und wäre folglich unmoralisch.

Dennoch ließe sich der skizzierte Weg gehen, um Lügen in bestimmten Fällen auch innerhalb des kantischen Schemas zuzulassen oder sogar zu fordern. Zwei Probleme mögen sich hierbei allerdings stellen: Zum einen ist nicht offensichtlich, wie man legitime gegenüber illegitimen Ausnahmen vom Wahrhaftigkeitsgebot kennzeichnen könnte, ohne diese Grenzziehung aus anderen Moraltheorien importieren zu müssen. Wenn sich Ausnahmen für legitime Arztlügen oder Notlügen so formulieren lassen, dass deren Verallgemeinerung möglich wird (etwa indem man derartige Lügen nur bei akuter Lebensgefahr vorsieht, von deren Präsenz der Belogene womöglich nichts ahnt), droht das gleiche Manöver auch für illegitime Geldlügen durchführbar zu werden, da auch hier dem Adressaten der jeweilige Ausnahmefall verborgen bleiben könnte (etwa indem man solche Lügen nur bei extremem Geldmangel vorsähe). Dann könnte das Prinzip der Universalisierbarkeit aber nicht mehr den alleinigen moralischen Maßstab abgeben, wie es die kantische Theorie behauptet. Stattdessen müsste ein zusätzlicher Standard eingeführt werden, der festzulegen hätte, dass das skizzierte Manöver in manchen Fällen angebracht wäre, in anderen nicht. Beispielsweise müsste man erklären, dass Ausnahmen bei Freundlichkeit oder Dringlichkeit zuzulassen seien (Arztlüge, Notlüge), nicht hingegen bei Eigennutz (Geldlüge). Ein *originärer Unterschied* hinsichtlich der *jeweiligen Verallgemeinerbarkeit* wäre demgegenüber schwerlich erkennbar. Zum anderen mag man bemängeln, dass das Ergebnis dieses Ansatzes insgesamt zu eindeutig sei. Auch im Falle von Arztlüge oder Notlüge bleibe schließlich der berechtigte Eindruck, dass man etwas moralisch Fragwürdiges tue. Es handle sich allenfalls um ein notwendiges Übel, das man allein wegen eines wichtigeren Gegenbelangs hinnehme. Wenn die entsprechend korrigierte Maxime den kategorischen Imperativ jedoch *problemlos passiere*, erscheine sie unangebrachterweise als moralisch *völlig unbedenklich.*

Ein zweiter Ansatz könnte entsprechend davon ausgehen, dass tatsächlich *jede Lüge* grundsätzlich schlecht sei, wie es der kategorische Imperativ überzeugend kenntlich mache. Dieses generelle Verbot werde jedoch zuweilen durch eine *konkurrierende Pflicht* überwogen, die ihrerseits durchaus ebenfalls durch den kategorischen Imperativ begründet wäre. So könne man etwa im Fall der Arztlüge oder der Notlüge daran festhalten, dass die entsprechenden Unwahrhaftigkeiten nicht verallgemeinerbar und damit eigentlich abzulehnen seien. Ebenso wenig universalisierbar und damit gleichfalls zu verurteilen seien aber fehlende Schonung oder unterlassene Hilfe. Diese könnten in den gegebenen Fällen schwerer wiegen als das Gebot der Ehrlichkeit. Entsprechend wären sie moralisch vorzuordnen.

Auch diese Lösung entspräche wohl nicht Kants Intentionen: Zwar kennt Kant durchaus den Gedanken, dass verschiedene moralische Belange in Konflikt miteinander stehen können. Dies wird zuweilen bezweifelt, da Kant explizit keinen »*Widerstreit der Pflichten*«, keine »*Kollision* von *Pflichten*« zulässt. Hierbei handelt es sich jedoch um eine terminologische Festlegung, insofern die Begriffe Pflicht oder Verbindlichkeit bei Kant das unbedingte Gebotensein einer Handlung bezeichnen, also das Endergebnis einer moralischen Bewertung, das als solches eindeutig und konkurrenzlos sein muss. Demgegenüber räumt Kant ohne Weiteres ein, dass »*Gründe* der Verbindlichkeit« einander allemal »widerstreiten« können, so dass erst deren geeignete Abwägung die wahre Pflicht ergibt [Kant, *MS*, AA 224]. Zumindest im vorliegenden Fall würde Kant diesen Gedanken aber nicht fruchtbar machen wollen, um die Legitimität bestimmter Lügen, etwa von Arztlügen oder Notlügen, einzuräumen. Denn in seiner Systematik steht das Verbot der Lüge qualitativ höher als Gebote der Schonung oder der Hilfe: Die Verallgemeinerung der Lüge kann nicht einmal gedacht werden, womit Wahrhaftigkeit für Kant den Status einer ›engeren Pflicht‹ innehat. Die Universalisierung von mangelnder Schonung oder versäumter Hilfe kann demgegenüber lediglich nicht gewollt werden, so dass hier nach Kant allein ›weitere Pflichten‹ bestehen.

Trotzdem ließe sich der angedachte Pfad einschlagen, um Lügen unter gewissen Umständen auch innerhalb der kantischen Gesamtkonzeption zu erlauben oder sogar zu verlangen. Man müsste lediglich die erwähnte Stufung, von der Kant ausgeht, bestreiten oder sogar umkehren: Kant behauptet, dass der Widerspruch einer nicht denkbaren Welt moralisch gravierender sei als der Widerspruch einer nicht wollbaren Welt. Indessen gibt er hierfür keine Begründung an, und man muss seinen Standpunkt nicht teilen. Vielleicht ist *in ethischer Hinsicht* ein Widerspruch mit dem vorausgesetzten Willen (s.u.) ebenso bedenklich oder sogar bedenklicher als der Widerspruch einer unmöglichen Welt (s.o.). Vielleicht ist es *in praktischer Perspektive* ebenso problematisch oder sogar problematischer, wenn man etwas nicht wollen kann, weil es dem eigenen Willen widerstreitet (wie allgemein unterlassene Hilfe), als wenn man etwas nicht wollen kann, weil es nicht Wirklichkeit zu werden vermag (wie allgemein praktiziertes Lügen). Derartige Erwägungen können dazu führen, die Pflichten der Schonung oder der Hilfe als zumindest gleichberechtigt oder sogar als tendenziell vorrangig gegenüber den Pflichten der Wahrhaftigkeit anzusehen. Möglicherweise ist die Dringlichkeit von Pflichten letztlich erst anhand der jeweiligen Betroffenheitstiefe für die beteiligten Personen zu entscheiden. Der Preis dieser Betrachtung ist freilich, dass die Handlung gewissermaßen *aufgebrochen* wird. Arztlüge oder Notlüge etwa würden nicht mehr als einheitlicher Vollzug einer homogenen Maxime analysiert, welche ein Abweichen vom Grundsatz der Wahrhaftigkeit für Ausnahmefälle der Schonung oder der Hilfe vorsähe. Vielmehr würden in diesen Beispielen Lüge einerseits und Schonung bzw. Hilfe andererseits *separat* betrachtet, wie getrennte Vollzüge. Sie würden jeweils einzeln anhand des kategorischen Imperativs geprüft und dann in ein geeignetes Abwägungsverhältnis zueinander gebracht.

Verstöße gegen weitere Pflichten: Verkümmertes Talent und unterlassene Hilfe

Die folgenden Beispiele, verkümmertes Talent und unterlassene Hilfe, stellen nach Kant Verstöße gegen ›weitere Pflichten‹ dar. Denn bei ihnen kann zwar durchaus gedacht, aber immer noch nicht gewollt werden, dass die entsprechenden Maximen als allgemeine Gesetze gelten. Freilich stellt sich hier die Frage, in welchem genauen Sinne jene Verallgemeinerung jeweils ›nicht gewollt‹ werden kann. Nicht zuletzt drängt sich der Verdacht auf, dass Kant über diese Figur heimlich externe moralische Maßstäbe, womöglich sogar tugendethischer oder teleologischer Art, in sein Modell einfließen lassen könnte, um überhaupt inhaltliche Ergebnisse oder gezielt gewünschte Resultate zu erzeugen. Für Kant indessen entstehen in den fraglichen Fällen wiederum strenge faktische Widersprüche, die sich ohne Rekurs auf irgendwelche zusätzlichen moralischen Standards erkennen lassen. Und mit dieser Einschätzung dürfte er recht haben.

(1) Beim verkümmerten Talent geht es genauer darum, dass eine Person lieber dem Vergnügen nachgeht, als ihre Anlagen zu entwickeln. Die zu untersuchende Maxime besteht in dem Grundsatz, sich dem bloßen Genuss statt der Erweiterung und Verbesserung eigener Begabungen zu widmen.

Mit Blick auf die Gesetzestauglichkeit dieser Maxime stellt Kant zunächst fest, dass eine Natur mit einem entsprechenden Gesetz nicht unmöglich wäre. Er merkt sogar an, dass eine derartige, allein auf Freude und Müßiggang gerichtete Natur bei einigen Volksstämmen tatsächlich anzutreffen sei. Nichtsdestoweniger könne die fragliche Person selbst keinesfalls *wollen*, dass sie in dieser Weise nicht nur gelegentlich den Genuss suchte, sondern durch einen entsprechenden Naturinstinkt dauerhaft auf das Nichtstun fixiert wäre. Denn als vernünftiges Wesen wolle sie notwendig, dass alle ihre für die verschiedensten Vorhaben geeigneten Vermögen entwickelt werden, und dies wäre verhindert, wenn die von ihr erwogene Maxime tatsächlich ein unabweislicher Naturinstinkt würde [Kant, *GMS*, AA 422f.].

Zunächst ist festzuhalten, dass es Kant um die Frage geht, ob die untersuchte Maxime als fester Bestandteil der *eigenen Natur* gewollt werden kann. Dies ist angeblich nicht der Fall, wobei der genaue Grund hierfür noch zu erwägen sein wird. Man könnte alternativ überlegen, ob die fragliche Person möglicherweise auch nicht wollen kann, dass alle *anderen Menschen* ebenfalls der betrachteten Maxime folgen würden. Der Grund hierfür könnte sein, dass durch ein allseits verbreitetes Nichtstun der Wohlstand in ihrer sozialen Umgebung und dadurch auch das Niveau ihres eigenen Genusses allzu begrenzt bliebe oder sogar gefährdet wäre. Wenn man sich auf diese Weise auf die Perspektive der Interaktion bezöge, hätte man eine Pflicht *gegen andere* begründet. Kant hingegen, indem er sich in seiner Argumentation ganz auf den Handelnden selbst und die Beschaffenheit seiner Instinkte beschränkt, leitet wieder eine Pflicht gegen *sich selbst* her.

Die Frage ist, ob Kant dabei zu viel Unausgesprochenes in den Begriff der Vernunft investiert. Allem Anschein nach benutzt er dieses Konzept an der vorliegenden Stelle, um letztlich *beliebige Moralvorstellungen* zu importieren. Offenbar legt er mit seiner Hilfe ohne weitere Begründung fest, was ein vernünftiges Wesen angeblich wollen oder nicht wollen kann. Insbesondere scheint er tugendethische oder teleologische Maßstäbe heranzuziehen, wenn er behauptet, dass ein vernünftiges Wesen die eigene Verkümmerung nicht wollen könne, ohne dass er diese Maßstäbe aus seinem eigenen Modell heraus begründen würde. Bei genauerem Hinsehen zeigt sich indessen, dass dieser Eindruck täuscht und Kants Argumentation von jeglichen externen Moralvorgaben frei bleibt. Tatsächlich behauptet er nämlich, ein vernünftiges Wesen könne im *eigenen Interesse* nicht wollen, dass seine gelegentliche Genusssucht zu einem dauerhaften Gesetz würde. Denn hierdurch wäre es in jener Entwicklung gehemmt, die ihm die Verwirklichung von »*allerlei möglichen* Absichten«, welchen genauen Inhalts auch immer, erlauben könnte [Kant, *GMS*, AA 423, m.H.]. Und das bedeutet nicht zuletzt, dass eine solche Hemmung gerade jene Genusswünsche untergraben würde, von denen die betrachtete Person in ihrer momentanen Maxime bewegt wird.

Die fragliche Person fühlt sich verleitet, ihre Talente zu vernachlässigen, um dem Genuss zu folgen. Dies ist der Inhalt der Maxime, von der sie sich gegenwärtig bestimmen lassen könnte. Dann überlegt sie, ob dies moralisch ist, d.h. ob sie wollen kann, dass die fragliche Maxime als *allgemeines Gesetz* in ihr wirkt. Und das kann sie nicht wollen. Denn als allgemeines Gesetz, als Naturinstinkt würde jene Maxime dauerhaft ihre Entwicklung hemmen. Und dadurch würde sie ihr gerade *jenen Genuss* verschließen, den sie selbst aktuell fordert. Sie steht also mit sich selbst in Widerspruch, wenn sie zum Gesetz wird. Und deshalb ist sie unmoralisch.

(2) Bei der unterlassenen Hilfe handelt es sich genauer um die Konstellation, dass eine Person sich den anhaltenden Mühseligkeiten oder auch der plötzlichen Not anderer gegenübersieht, ihnen aber die mögliche Unterstützung versagt. Die zu beurteilende Maxime besteht in dem Grundsatz, aufgrund fehlender Lust weder fremdes Wohlbefinden zu befördern noch dringenden Beistand zu leisten.

In Hinsicht auf die Gesetzestauglichkeit dieser Maxime hält Kant zunächst fest, dass eine Gesellschaft mit einem derartigen Gesetz nicht undenkbar wäre. Insbesondere würde das Menschengeschlecht keineswegs untergehen, wenn der Verzicht auf die Beförderung fremden Wohls oder auf den Beistand in dringenden Notlagen darin zum üblichen Verhalten zählte. Allerdings sei es doch unmöglich zu *wollen*, dass ein solches Prinzip nicht nur bei einem selbst, sondern bei allen der maßgebliche Grundsatz wäre. Denn dadurch würde der fragliche Wille aller Liebe und Anteilnahme beraubt, derer er seinerseits mitunter bedarf, würde also sich selbst widerstreiten, wenn seine Maxime allgemeines Gesetz würde [KANT, *GMS*, AA 423].

Es ist sehr deutlich, dass es Kant an dieser Stelle nicht darum geht, ob die fragliche Maxime ein fester Instinkt der *eigenen Natur* werden könnte. Tatsächlich wäre auch kaum erkennbar, dass hierbei irgendein Widerspruch entstehen sollte. Entsprechend wird an dieser Stelle keine Pflicht gegen *sich selbst* begründet. Die Unstimmigkeit entsteht erst, wenn alle *anderen Menschen* ebenfalls nach der untersuchten Maxime handeln würden. Die fragliche Person kann nicht wollen, dass sie selbst von anderen Menschen gemäß ihrer eigenen Maxime behandelt würde, d.h. dass sie ebenso im Stich gelassen würde, wie sie aus ihrer eigenen Unlust heraus die anderen vernachlässigen will. Kants Argument ist auf Interaktion bezogen, und folglich begründet er eine Pflicht *gegen andere.*

Dabei braucht Kant wiederum keine *externen Moralauffassungen* zu bemühen. Es geht nicht darum, dass eine Welt, in der sich die Menschen nicht gegenseitig helfen, aus unabhängigen sittlichen Gründen schlecht wäre. Es geht nicht darum, dass ein Szenario, in dem allgemein kein Beistand gewährt wird, von einem relevanten ethischen Standpunkt aus abzulehnen wäre. Insbesondere ist unerheblich, ob solch ein Szenario gewissen tugendethischen oder teleologischen Maßstäben zuwiderlaufen könnte. Kants Argument beschränkt sich einmal mehr darauf, dass die Verallgemeinerung der untersuchten Maxime nicht mit *jenem Willen* überstimmen würde, der sich selbst von jener Maxime bestimmen lässt. Gerade der egoistische Wille, der zu keiner Hilfe für andere bereit ist, kann nicht wollen, dass alle anderen Menschen der gleichen Maxime anhingen, weil er dann ebenfalls in Notlagen ohne Hilfe bliebe. Gerade der egoistische Wille, der keinen Beistand leisten mag, kann nicht wollen, dass diese Haltung auch bei allen anderen Menschen vorläge, weil er dadurch aller »Hoffnung des Beistandes, den *er sich* wünscht« beraubt wäre [KANT, *GMS*, AA 423, m.H.]. Ausgerechnet jenes Lustdenken, das in der Maxime mangelnder Hilfsbereitschaft wirksam ist, würde unterlaufen, wenn diese Maxime verallgemeinert würde und es die gleiche fehlende Hilfeleistung zu erwarten hätte.

Der Faule will möglichst angenehm leben. Er nimmt sich vor, allein dem Genuss nachzugehen. Aber genau dieses *angenehme Leben* wäre ihm nicht möglich, wenn er einen festen Instinkt hätte, seine Talente verkümmern zu lassen. Daher geriete sein Wille mit sich selbst in Widerspruch, wenn seine Maxime verallgemeinert würde. Ähnlich will der Egoist möglichst unbeschwert leben. Er hat keine Lust, andere zu unterstützen. Und wieder bliebe ihm eben dieses *unbeschwerte Leben* verwehrt, wenn es ein allgemeines Gesetz wäre, dass alle anderen ebenfalls jede Hilfe unterließen. Daher stünde auch seine Maxime mit sich selbst in Widerstreit, wenn es zu ihrer Universalisierung käme.

(3) Auch in den Beispielen des verkümmerten Talents und der unterlassenen Hilfe bedarf es also keiner externen moralischen Maßstäbe, um festzustellen, dass man die fragliche Maxime nicht als allgemeines Gesetz wollen kann. Vielmehr tritt wieder ein unmittelbar faktischer Widerspruch ein, wenn man sich die vorausgesetzte Maxime als festen Naturinstinkt bzw. als verbreitetes Verhaltensmuster vorstellt. Diesmal ist es zwar kein Widerspruch im Sinne einer unmöglichen Welt, die durch die jeweilige Verallgemeinerung entstünde. Aber es ist ein Widerspruch im Sinne einer Unvereinbarkeit mit dem vorausgesetzten Willen selbst, der durch die betrachtete Maxime bestimmt wird.

Hier zeigt sich noch einmal eindrücklich, dass die Wendung ›durch die‹ statt ›von der‹ in der obigen Gesetzesformel des kategorischen Imperativs treffend ist: Man kann *durch die* Maxime der Talentverkümmerung, *durch die* Maxime der Hilfeverweigerung nicht wollen, dass sie ein allgemeines Gesetz werde. Denn die *darin beschlossene* Genusssucht, das *darin beschlossene* Lustdenken selbst sträubt sich gegen die eigene Verallgemeinerung. Hingegen könnte man *von der* jeweiligen Maxime womöglich durchaus wollen, dass sie ein allgemeines Gesetz werde. Denn es könnte *eine andere* Willensquelle geben, neben der eigenen Genusssucht, neben dem eigenen Lustdenken, die eine Natur ohne Talententwicklung, eine Welt ohne Hilfeleistung befürworten mag. Dies müsste zwar eine recht seltsame Willensquelle sein. Insbesondere stünde sie nicht allein dem fremden, sondern auch dem eigenen Wohl gleichgültig gegenüber. Aber unmöglich wäre sie nicht.

Kants Grundidee ist also: Gerade wenn der Wille von einer schlechten Maxime beherrscht wird, kann *er selbst* nicht wollen, dass diese Maxime ein allgemeines Gesetz wird. Die Verallgemeinerung seiner eigenen Maxime widerspräche dem, was er eben aufgrund dieser Maxime *selbst will*. In diesem strengen Sinne, im Sinne eines unmittelbaren Widerspruchs zum eigenen Wollen, kann man die Gesetzhaftigkeit der untersuchten Maximen nicht wollen. Die Verallgemeinerung schlechter Maximen wäre unverträglich mit der Willensbestimmung, die durch jene Maximen selbst hergestellt ist. Ungeachtet dessen sind die entsprechenden Pflichten nach Kant weniger gewichtig als in den ersten beiden Beispielen. Dort konnte man die Geltung als Gesetz gar nicht denken, und deshalb ergaben sich dort ›vollkommene, engere, unnachlassliche‹ Pflichten. Hier kann man die Geltung als Gesetz lediglich nicht wollen, und deshalb geht es hier nur um ›unvollkommene, weitere, verdienstliche‹ Pflichten.

Fazit

Moralität von Handlungen besteht bei Kant allein in Universalisierbarkeit. Richtig zu handeln bedeutet, seine Maximen dem Test der Verallgemeinerbarkeit zu unterziehen und sie, je nachdem ob sie in diesem Test bestehen oder durchfallen, beizubehalten oder zu verwerfen. Die Verallgemeinerbarkeit selbst ist indessen keine moralische Frage mehr. Sie ist eine bloß faktisch-logische Frage des Widerspruchs.

(1) Im ersten Fall kann jene Verallgemeinerung nicht einmal gedacht werden: Sie wäre ein Widerspruch in der eigenen Natur (wie beim Selbstmord) oder in der wechselseitigen Interaktion (wie beim Lügen). Entsprechend kann sie in diesem Fall auch nicht gewollt werden, wie es der kategorische Imperativ fordert. Denn was gar nicht gedacht werden kann, kann auch nicht sinnvoll gewollt werden (weder ›durch die‹ vorausgesetzte Maxime selbst, noch ›von ihr‹ durch irgendeine andere Willensbestimmung).

Im zweiten Fall kann jene Verallgemeinerung lediglich nicht gewollt werden: Der vorausgesetzte Wille, wie er durch die fragliche Maxime bestimmt wird, stünde selbst in Widerspruch dazu, dass seine Maxime ein fester Naturinstinkt (wie bei dem vernachlässigten Talent) bzw. eine allgemeingültige Konvention würde (wie bei der unterlassenen Hilfe). Die Verallgemeinerung jener Maxime kann damit zwar grundsätzlich gedacht werden, da sie keine natürliche oder interaktive Unmöglichkeit erzeugt, und bei entsprechend verkommenen Personen oder Gruppen mag eine solche Universalisierung auch tatsächlich vorkommen. Aber sie kann nicht gewollt werden, jedenfalls nicht durch die geprüfte Maxime selbst, wie es der kategorische Imperativ fordert (›von ihr‹ könnte die jeweilige Verallgemeinerung womöglich sehr wohl gewollt werden, aber nicht ›durch die‹ betrachtete Maxime selbst).

(2) In beiden Fällen findet mithin keine moralische Bewertung des kontrafaktischen Zustands statt, dass die fragliche Maxime ein allgemeines Gesetz wird. Es ist insbesondere kein tugendethischer oder teleologischer Maßstab involviert, der die vorgestellte Universalisierung beurteilen müsste. Man braucht keine Grundnorm, der zufolge bestimmte Charaktere unter den Menschen lobenswert sind oder das generelle Glück in der Welt befördert werden muss. Man braucht nicht zu wissen, ob es sich mit speziellen Tugenden verträgt, dass Menschen zuweilen lügen, oder ob entsprechende Ziele verlangen, einander Hilfe zu leisten.

Vielmehr wird jener fiktive Zustand ganz amoralisch beurteilt. Er bezeichnet entweder eine widersprüchliche Welt, eine unmögliche Natur bzw. Interaktion, oder er widerspricht dem vorausgesetzten Willen, in dem die fragliche Maxime am Werk ist. Und die Schlechtigkeit der Maxime liegt allein hierin, in dieser amoralischen Widersprüchlichkeit bei ihrer vorgestellten Verallgemeinerung. Allein aus dieser deontologischen Überlegung ergibt sich, dass man nicht lügen darf bzw. dass man anderen helfen soll.

Unmoralität enthält nach Kant also eine Art von Widerspruch: Gewiss entsteht kein Widerspruch, solange eine unmoralische Maxime isoliert auftritt, d.h. solange man nur *gelegentlich* unmoralisch agiert oder solange nur man *selbst* unmoralisch handelt. Aber wenn diese Maxime zum allgemeinen Gesetz wird, d.h. wenn sie *dauerhaft* wirkt oder wenn *alle* ihr folgen, tritt ein Widerspruch ein.

Auch hierin zeichnet sich eine verbreitete Grundintuition ab: Ihr zufolge steht das Unmoralische mit sich selbst in Widerstreit. Hingegen ist das Moralische mit sich selbst in Einklang.

Dieser Grundgedanke findet sich in ähnlicher Form auch in anderen Ethiken: In der Tugendethik erscheint die Seele des Guten meist als innerlich harmonisch, die des Bösen als ungeordnet und zerrissen. In der Teleologie geht es oft um eine Beförderung des Glücks, alles Antagonistische wäre dem sicherlich abträglich.

Hier bei Kant tritt dieser Gedanke in besonderer Gestalt auf: Schlechte Maximen heben sich selbst auf, wenn sie ein allgemeines Gesetz werden. Als dauerhafter Instinkt oder als verbreitetes Verhalten können sie entweder gar keinen Bestand haben oder widerstreiten den eigenen Zwecken.

(3) Die vier diskutierten Beispiele stehen in einer klaren systematischen Ordnung. Insgesamt stecken sie vier Typen moralischer Pflichten ab.

Erstens: Selbstmord und verkümmertes Talent verletzen *Pflichten gegen sich selbst.* Dies gilt jedenfalls auf der Basis jener Begründungen, die Kant in den dargestellten Passagen gibt: Die entsprechenden Maximen können nicht als dauerhafte Gesetze, nicht als feste Instinkte *des Handelnden selbst* gedacht bzw. gewollt werden. Lügen und unterlassene Hilfe hingegen verletzen *Pflichten gegen andere.* Bei ihnen stellt sich ein Problem der Interaktion: Es kann nicht gedacht bzw. nicht gewollt werden, dass diese Maximen *von allen Menschen* befolgt werden.

Zweitens: Bei Selbstmord und Lügen geht es um ein falsches *Tun.* Die entsprechenden Pflichten sind negativ, Unterlassungspflichten: Man soll sich *nicht* umbringen, man soll andere *nicht* betrügen. Bei verkümmertem Talent und unterlassener Hilfe hingegen geht es um ein falsches *Unterlassen.* Die entsprechenden Pflichten sind positiv, Tunpflichten: Man soll seine Naturanlagen *ausbilden*, man soll anderen Hilfe *leisten.*

Dies widerlegt die gelegentliche Behauptung, Kant kenne keine positiven, sondern nur negative Pflichten. Insbesondere hört man zuweilen, er kenne keine Hilfspflichten, sondern nur Unterlassungspflichten. Dies ist offenbar falsch: Im vierten Beispiel zeichnet er die Hilfe gegenüber anderen Menschen explizit als Pflicht aus.

Allerdings scheinen die positiven Pflichten bei Kant den negativen Pflichten systematisch nachgeordnet zu sein: Zumindest in den vier Beispielen, die er diskutiert, sind die negativen Pflichten ›enger‹, weil die Verallgemeinerung der ihnen zuwiderlaufenden Maximen nicht einmal denkbar ist, die positiven Pflichten hingegen ›weiter‹, weil die Verallgemeinerung der ihnen entgegenstehenden Maximen lediglich nicht gewollt werden kann. Wie oben erwähnt, muss man diese kantische Stufung, der zufolge nicht denkbare Universalisierung gravierender ist als nicht wollbare Universalisierung, nicht unbedingt teilen. Zudem ist nicht gesagt, dass sich in anderen Beispielen das Muster wiederholen müsste, dass also Unterlassungspflichten sich stets aus nicht denkbarer Universalisierung, Tunpflichten hingegen immer aus nicht wollbarer Universalisierung zu ergeben hätten.

Einordnung, Grundkonzept, Schlussform

Es ist aufschlussreich, Kants Ansatz an dieser Stelle noch einmal kurz in seinen wesentlichen Aspekten zusammenzufassen. Insbesondere seine metaethische Verortung, sein moralphilosophischer Grundgedanke sowie das darin implizite Schlussschema sollen kurz vergegenwärtigt werden.

(1) Kant ist zweifelsohne *Generalist:* Moral konstituiert sich für ihn wesentlich in allgemeinen Prinzipien des Typs ›Q ist gut‹. Denn der moralische Wert einer einzelnen Handlung bestimmt sich nach Kant aus ihrer Maxime. Und Maximen geben den *allgemeinen Handlungstyp* an, dem eine konkrete Einzelhandlung zugehört.

Zudem ist Kant fraglos *Universalist:* Jene allgemeinen Prinzipien des Typs ›Q ist gut‹ sind für alle Menschen gleichermaßen verbindlich. Denn Moral hat nach Kant Gesetzescharakter. Und dieser Gesetzescharakter schließt *strenge Allgemeingültigkeit* für alle vernünftigen Wesen ein.

(2) Kant fragt weiter nach dem wesentlichen Gehalt des moralischen Gesetzes, d.h. nach dem *kategorischen Imperativ.* Hierbei handelt es sich um das *höchste Prinzip*, von dem her sich alle weiteren Prinzipien herleiten müssen. Er ist ein *oberster Grundsatz* des Typs ›Z ist gut‹, aus dem jegliche nachgeordneten Grundsätze des Typs ›Q ist gut‹ zu entspringen haben. (Nicht jeder Generalist muss einen solchen *obersten Grundsatz* haben: Er kann auch einen irreduziblen Satz von mehreren Prinzipien aufstellen, die nicht mehr unter einer höheren Regel stehen. Kant jedoch glaubt an ein *einziges Prinzip* aller Moral: Für ihn muss das moralische Gesetz einheitlich und umfassend sein, mithin als ein höchster Grundsatz für alle Fälle gelten.)

Kants Leitgedanke bei dieser Untersuchung ist, dass jenes höchste Prinzip keinerlei *materialen Bezug* haben darf. Das moralische Gesetz muss ganz *formaler Art* sein, ohne empirische Verunreinigungen. Damit besteht die gesuchte Eigenschaft Z in dem obersten Grundsatz ›Z ist gut‹ aber im nackten Gesetzescharakter der untersuchten Handlungen als solchem, d.h. in der *bloßen Verallgemeinerbarkeit* der fraglichen Maximen. (Jeder Universalist muss von legitimem Verhalten *Verallgemeinerbarkeit verlangen:* Aus universalistischer Perspektive ist erlaubtes Verhalten jedem erlaubt, und folglich muss es verallgemeinerbar sein. Bei Kant aber wird diese Verallgemeinerbarkeit zum *wesentlichen Moralprinzip:* Er versteht die Moral als rein formales Gesetz, so dass nur jene Verallgemeinerbarkeit als allein maßgebliche Forderung übrig bleibt.)

(3) Ein praktischer Schluss, der zuletzt eine einzelne Handlung bewerten könnte, bestünde damit nach Kant im Wesentlichen aus zwei Teilen. Im ersten Teil würde das oberste Moralprinzip seiner Ethik, der kategorische Imperativ, auf eine bestimmte Maxime angewandt, indem deren Verallgemeinerbarkeit faktisch-logisch geprüft würde:

Beispiel für einen praktischen Schluss gemäß Kant (Teil I)

›Verallgemeinerbarkeit ist geboten.‹
(›Z ist gut‹, oberstes Moralprinzip für Maximen, kategorischer Imperativ)
›Wahrheitsagen ist verallgemeinerbar, Lügen ist es nicht.‹
(›Q ist Z‹, faktisch-logische Subsumtion von Maxime Q unter Maximentyp Z)
→ ›Wahrheitsagen ist geboten.‹
(›Q ist gut‹, Bewertung der Maxime)

Der zweite Teil würde die hiermit gewonnene Handlungsregel auf einzelne konkrete Handlungen anwenden. Dazu müsste die einzelne Handlung faktisch-inklusiv der jeweiligen Maxime zugeordnet, d.h. als ›ein Fall‹ des entsprechenden Handlungstyps erkannt werden:

Beispiel für einen praktischen Schluss gemäß Kant (Teil II)

›Wahrheitsagen ist geboten.‹
(›Q ist gut‹, generelle Bewertung einer Maxime, d.h. eines Handlungstyps)
›Dies stellt ein Wahrheitsagen dar, jenes nicht.‹
(›A ist Q‹, faktisch-inklusive Subsumtion von Handlung A unter Handlungstyp Q)
→ ›Dies ist zu tun.‹
(›A ist gut‹, Bewertung der Handlung)

5.4 Kant 3: Die Zweckformel des kategorischen Imperativs

Kant entwickelt noch eine zweite Formulierung des kategorischen Imperativs. Während die bisher behandelte ›Gesetzesformel‹ ein *Universalisierbarkeitsgebot* vorgibt, stellt die nun folgende ›Zweckformel‹ ein *Instrumentalisierungsverbot* auf. Nach Kant sind beide Formulierungen äquivalent: Sie unterscheiden sich allein in der Darstellung, nicht jedoch im Gehalt.

Ob diese Äquivalenz tatsächlich gegeben ist, wird kontrovers diskutiert. Sie gilt sicherlich nur unter bestimmten Annahmen der kantischen Philosophie, die gleich genauer dargestellt werden. Nicht zuletzt gibt es Ethiker, die den beiden Fassungen des kategorischen Imperativs sehr unterschiedlich gegenüberstehen: Während sie Herleitung und Fruchtbarkeit eines Gebots der *Universalisierbarkeit von Handlungen* eher skeptisch beurteilen, erachten sie das Verbot der *Instrumentalisierung von Menschen* als ein durchaus wohlbegründetes und ertragreiches Prinzip.

Begründung, Deutung, Umsetzung

Die beiden Formulierungen des kategorischen Imperativs bringen jeweils das moralische Gesetz zum Ausdruck. Dies geschieht allerdings in unterschiedlicher Weise: Die ›Gesetzesformel‹ gibt die *Form* moralischer Maximen an, nämlich ihre Verallgemeinerbarkeit zu universellen Gesetzen. Demgegenüber benennt die ›Zweckformel‹ die *Materie* moralischer Maximen, nämlich den Respekt vor vernünftigen Wesen [Kant, *GMS*, AA 436].

Der Übergang von der ›Gesetzesformel‹ zur ›Zweckformel‹ ist also im Wesentlichen der Übergang von einer formalen zu einer materialen Darstellung des kategorischen Imperativs. Sie bedeutet jedoch keinen Übergang von einer formalen zu einer materialen Bestimmung des menschlichen Willens: Die Willensbestimmung ist in beiden Fällen *formal*, da sie nur hierdurch nach Kants Auffassung *moralisch* sein kann (vgl. Abschnitt 5.3). Aber sie wird einmal in ihrer *strukturellen* Gesetzhaftigkeit, einmal in ihrer *inhaltlichen* Zweckausrichtung charakterisiert.

(1) Nach Kant ist der menschliche Wille immer auf einen Zweck ausgerichtet. Dies gilt auch für den guten Willen, der sich von moralischen Maximen bestimmen lässt. Die strukturelle Beschaffenheit dieses guten Willens wird in der ›Gesetzesformel‹ erfasst: Seine Maximen sind tauglich als allgemeine Gesetze. Die Ethik kann diesen guten Willen aber auch in seiner inhaltlichen Ausrichtung angeben, und dies geschieht in der ›Zweckformel‹: Sie klärt, durch welchen Zweck sich moralische Maximen auszeichnen.

Hierfür kommen freilich nicht jene subjektiven Zwecke in Frage, die auf den Triebfedern der psychischen Neigungen beruhen: Solche Zwecke, deren jeweilige Gegenstände immer nur relativ zu bestehenden Vorlieben anzustreben sind, können allein hypothetische Imperative begründen, in denen eine materiale Willensbestimmung vorliegt. Gesucht ist demgegenüber ein objektiver Zweck, der sich als Bewegungsgrund für die praktische Vernunft selbst auszeichnet: Allein ein solcher Zweck, der unabhängig von den psychischen Neigungen für die praktische Vernunft absolut gültig wäre, könnte einen kategorischen Imperativ ausmachen, in dem eine formale Willensbestimmung vorläge. Der *gute Wille* muss also einen *objektiven Zweck* als seinen letzten Bestimmungsgrund haben. Als *ein solcher objektiver Zweck* kommt aber letztlich nur etwas in Frage, das als *Zweck an sich selbst* existiert, d.h. das jenen Zweckcharakter in sich selbst trägt, unabhängig von externer Zwecksetzung:

> »Nun ist das, was dem Willen zum objektiven Grunde seiner Selbstbestimmung dient, der *Zweck*, und dieser, wenn er durch bloße Vernunft gegeben wird, muß für alle vernünftige Wesen gleich gelten. Was dagegen bloß den Grund der Möglichkeit der Hand-

lung enthält, deren Wirkung Zweck ist, heißt das *Mittel*. Der subjektive Grund des Begehrens ist die *Triebfeder*, der objektive des Wollens der *Bewegungsgrund*; daher der Unterschied zwischen subjektiven Zwecken, die auf Triebfedern beruhen, und objektiven, die auf Bewegungsgründe ankommen, welche für jedes vernünftige Wesen gelten. Praktische Prinzipien sind *formal*, wenn sie von allen subjektiven Zwecken abstrahieren; sie sind aber *material*, wenn sie diese, mithin gewisse Triebfedern zum Grunde legen. Die Zwecke, die sich ein vernünftiges Wesen als *Wirkungen* seiner Handlung nach Belieben vorsetzt (materiale Zwecke), sind insgesamt nur relativ; denn nur bloß ihr Verhältnis auf ein besonders geartetes Begehrungsvermögen des Subjekts gibt ihnen den Wert, der daher keine allgemeinen, für alle vernünftige Wesen und auch nicht für jedes Wollen gültige und notwendige Prinzipien, d.i. praktische Gesetze, an die Hand geben kann. Daher sind alle diese relativen Zwecke nur der Grund von hypothetischen Imperativen. Gesetzt aber, es gäbe etwas, *dessen Dasein an sich selbst* einen absoluten Wert hat, was, als *Zweck an sich selbst*, ein Grund bestimmter Gesetze sein könnte, so würde in ihm, und nur in ihm allein der Grund eines möglichen kategorischen Imperativs d.i. praktischen Gesetzes liegen.« [Kant, *GMS*, AA 427f.]

Ein solcher Zweck an sich selbst ist nach Kant aber gerade der Mensch, oder genauer jedes Vernunftwesen. Der Grund hierfür ist im Wesentlichen, dass der Mensch bzw. jedes Vernunftwesen ein *sich selbst Zwecke setzendes Wesen ist:* Er existiert nicht nur gemäß extern vorgegebenen Zwecken, etwa nach Naturzwecken wie Ernährung oder Fortpflanzung. Vielmehr ist er in der Lage, »sich überhaupt irgend einen Zweck zu setzen« [Kant, *MS*, AA 392], ist in diesem Sinne »das Subjekt aller Zwecke« [Kant, *GMS*, AA 431]. Damit existieren Vernunftwesen nicht bloß als Mittel zu anderen Zwecken, die ihnen über ihre Naturausstattung oder sonstige Vorgaben eingeschrieben wären. Vielmehr bedeutet ihre Fähigkeit zu autonomer Zwecksetzung, dass »ihre Natur sie schon als Zwecke an sich selbst [...] auszeichnet« [Kant, *GMS*, AA 428], dass »*die vernünftige Natur [...] als Zweck an sich selbst [existiert]*« [Kant, *GMS*, AA 429]. Und als eben solcher Selbstzweck müssen sie ihrerseits von der Vernunft respektiert werden.

Kant knüpft an diese Auffassung einige wichtige Begrifflichkeiten der ethischen Theoriebildung. Hierzu gehören insbesondere die Konzepte *der Person und der Würde:* Vernunftlose Wesen, da sie sich ihrer Natur nach als bloße Mittel darstellen, sind als »*Sachen*« einzustufen. Vernunftwesen hingegen, da sie ihrem Wesen nach Zwecke an sich selbst sind, müssen als »*Personen*« geachtet werden [Kant, *GMS*, AA 428]. Was als bloßes Mittel aufgefasst werden darf, ist dabei für den jeweiligen Zweck gegen anderes aufrechenbar, hat also einen relativen Wert, d.h. einen »*Preis*«. Was demgegenüber als Zweck an sich selbst zu behandeln ist, kann nicht wie ein bloßes Mittel gegen anderes verrechnet werden, hat also einen absoluten Wert, d.h. »*Würde*« [Kant, *GMS*, AA 434f.]. Vor allem führt diese Überlegung unmittelbar zur ›Zweckformel‹ des kategorischen Imperativs:

»Der praktische Imperativ wird also folgender sein: *Handle so, daß du die Menschheit, sowohl in deiner Person als in der Person eines jeden anderen, jederzeit zugleich als Zweck, niemals bloß als Mittel brauchst.*« [Kant, *GMS*, AA 429; vgl. Kant, *KpV*, A 156]

Die Äquivalenz von ›Gesetzesformel‹ und ›Zweckformel‹ liegt nach Kant darin begründet, dass in beiden Fällen statt einer *materialen* eine *formale* Willensbestimmung gefordert wird. Der Unterschied liegt lediglich darin, ob diese Forderung auf der *strukturellen* oder auf der *inhaltlichen* Ebene formuliert wird.

Im ersten Fall geht man entlang des *Gesetzesgedankens:* Moral tritt immer als Gesetz auf. Um das moralische Gesetz zu erhalten, muss man von allen materialen Gehalten absehen. So gelangt man zum Konzept einer bloßen Gesetzesartigkeit, einer rein formalen Gesetzmäßigkeit. Dies ist aber die Universalisierbarkeit bzw. Verallgemeinerbarkeit, der Maximen folglich zu entsprechen haben, um der Moral zu genügen.

Im zweiten Fall geht man entlang des *Zweckgedankens:* Der Wille hat immer Zwecke. Um einen guten Willen auszubilden, muss man diesen von allen relativen Bestimmungen befreien. So findet man zum Konzept eines absoluten Zwecks, eines Zwecks an sich selbst. Dies ist aber der Mensch bzw. das Vernunftwesen, das folglich niemals nur als Mittel gebraucht werden darf, also vor Instrumentalisierung zu schützen ist.

(2) Wenn Kant in der obigen Formulierung von ›Menschheit‹ spricht, so meint er nicht die Gesamtheit aller Menschen: Dies würde dem heutigen Wortgebrauch entsprechen, hieße bei Kant aber eher ›Menschengeschlecht‹ oder ›Menschengattung‹. Was er meint, ist das Menschsein als solches: Dieses *Menschsein* bzw. allgemeiner die *Vernunfthaftigkeit* ist es, die einer Person den Status eines Zwecks an sich selbst verleiht, und deshalb ist sie es auch, die als ein solcher Zweck zu respektieren ist.

Sehr deutlich erkennt man in dieser Fassung des kategorischen Imperativs wieder, dass es zwei verschiedene Arten von Pflichten gibt: Jenes Menschsein bzw. die Vernunfthaftigkeit ist ›in deiner Person‹ wie ›in der Person eines jeden anderen‹ anzuerkennen. Folglich sind, wie schon in der ersten Formulierung des kategorischen Imperativs, sowohl Pflichten gegen sich selbst als auch Pflichten gegen andere zu beachten: Zu vermeiden ist zum einen *Selbstinstrumentalisierung*, zum anderen *Fremdinstrumentalisierung*.

Eine solche verfehlte Instrumentalisierung liegt indessen offenbar nur dann vor, wenn man sich selbst oder den anderen ›*bloß* als Mittel‹ gebraucht. Es ist nicht problematisch, wenn man sich oder ihn ›*auch* als Mittel‹ gebraucht. Es ist also durchaus legitim, jemanden *teilweise* als Mittel zu bestimmten Zwecken zu benutzen, etwa einen Verkäufer, über den man eine gewünschte Ware bezieht. Illegitim ist es erst, jemanden *ausschließlich* als Mittel zu eigenen Zwecken zu benutzen, etwa einen Sklaven, den man sich für geeignete Dienste hält.

Schließlich fragt sich, in welchem genauen Verhältnis die beiden Teilformeln ›niemals bloß als Mittel‹ und ›jederzeit zugleich als Zweck‹ zueinander stehen. Auf den ersten Blick scheinen sie direkt komplementär und damit letztlich redundant zu sein: Wenn man jemanden *nicht nur* als Mittel gebraucht, so scheint man ihn notwendigerweise *zumindest anteilig* als Zweck zu gebrauchen. Auch Kant selbst macht keinen großen Unterschied zwischen den beiden Komponenten: Er widmet ihnen keine getrennten Erörterungen, und zumeist führt er beide Wendungen gemeinsam an. Dennoch können sie bei genauerem Hinsehen verschiedene Aspekte zum Ausdruck bringen.

So ist es durchaus möglich, jemanden *nicht nur als Mittel* zu behandeln, ohne ihn doch zugleich *zumindest anteilig als Zweck* zu behandeln: Dies wäre der Fall, wenn man ihn gar nicht behandelt, sondern komplett vernachlässigt, insbesondere in einer Situation, in der er auf Unterstützung angewiesen wäre. Lässt man beispielsweise eine andere Person sterben, die man retten könnte, so verwendet man sie zwar womöglich nicht als Mittel zu eigenen Zwecken, respektiert sie aber sicherlich auch nicht als Zweck an sich selbst. Mit seiner doppelten Formulierung könnte Kant daher zwei verschiedene Fälle als verfehlte Instrumentalisierung ausschließen wollen: Die Wendung ›niemals bloß als Mittel‹ würde sich gegen ein *falsches Tun* richten, bei dem man jemanden aktiv als Mittel ausnutzt (wobei angemahnt würde, dass er in solcher Aktivität zugleich als Zweck anzuerkennen ist). Die Wendung ›jederzeit zugleich als Zweck‹ würde sich überdies gegen ein *falsches Unterlassen* richten, bei dem man jemanden passiv nicht als Zweck respektiert (ohne dass behauptet werden könnte, dass man ihn in derartiger Passivität bloß als Mittel verwendete).

Damit würde die ›Zweckformel‹ beide Unterscheidungen explizit enthalten, die in der Diskussion der ›Gesetzesformel‹ stückweise erkennbar wurden: Erstens spräche sie *Pflichten gegen sich selbst* und *Pflichten gegen andere* an, zweitens verwiese sie auf *negative Pflichten* und auf *positive Pflichten.* In der ›Gesetzesformel‹ wurden Pflichten gegen sich selbst verletzt, wenn die Maxime sich nicht zum festen eigenen Naturinstinkt verallgemeinern ließ, hingegen Pflichten gegen andere, wenn sie nicht zur allgemeinen sozialen Praxis universalisierbar war. In der ›Zweckformel‹ ist unmissverständlich die Rede davon, dass das Menschsein bzw. die Vernunfthaftigkeit ›in deiner Person‹ wie ›in der Person eines jeden anderen‹ zu respektieren ist. In der ›Gesetzesformel‹ entstanden negative Pflichten wie auch positive Pflichten, wobei zumindest in Kants Beispielen bei den Ersteren die Verallgemeinerung nicht einmal denkbar und bei den Letzteren die Universalisierung lediglich nicht wollbar war. In der ›Zweckformel‹ mögen beide ausdrücklich angesprochen sein, indem man sich und andere ›niemals bloß als Mittel‹ und ›jederzeit zugleich als Zweck‹ behandeln muss.

(3) Kant spielt wieder die vier Beispiele durch, anhand derer er bereits die ›Gesetzesformel‹ des kategorischen Imperativs erläutert hat: Nach seiner Auffassung lässt sich zeigen, dass die entsprechenden Willensbestimmungen auch mit der ›Zweckformel‹ des kategorischen Imperativs kollidieren, was die Äquivalenz beider Fassungen bestätigen würde [Kant, *GMS*, AA 429f.].

So würde beim Selbstmord, zumindest in der von Kant diskutierten Variante, die *eigene Person* nur *als Mittel* gebraucht, nämlich als Mittel zu einem erträglichen Dasein. Sobald sie diesen externen Zweck nicht mehr erfüllte, würde man sich ihrer entledigen (Verletzung einer negativen Pflicht gegen sich selbst). Beim Lügen, und zwar in allen Formen des falschen Versprechens, würde eine *andere Person* nur *als Mittel* verwendet, nämlich der Belogene als Mittel zur Erreichung eigener Zwecke, gleichgültig ob diese mit guten oder mit bösen Absichten verbunden sind. Jener Belogene wird getäuscht, manipuliert, gesteuert, benutzt, um die eigenen Ziele umzusetzen, eben deshalb lügt man ihn an, während man seine Ziele ignoriert (Verletzung einer negativen Pflicht gegen andere).

Im Fall des verkümmerten Talents ist zwar nicht unmittelbar erkennbar, dass man sich selbst nur als Mittel gebraucht. Aber zumindest respektiert man die *eigene Person* auch nicht *als Zweck*, wenn man ihre Entwicklung dergestalt vernachlässigt und ihren Anlagen keine Beförderung zukommen lässt (Verletzung einer positiven Pflicht gegen sich selbst). Im Beispiel der unterlassenen Hilfe schließlich ist zwar nicht direkt einzusehen, dass der andere nur als Mittel benutzt wird. Aber zumindest wird die *andere Person* auch nicht *als Zweck* anerkannt, wenn man sie derart im Stich lässt und ihr Streben nach Glückseligkeit nicht unterstützt (Verletzung einer positiven Pflicht gegen andere).

Kant bekräftigt auch wieder, dass die beiden erstgenannten Beispiele schwerer wiegen als die beiden letztgenannten: Bei Selbstmord und Lügen geht es um Verstöße gegen »notwendige« oder »schuldige« Pflichten, bei verkümmertem Talent und unterlassener Hilfe lediglich um Missachtungen von »zufälligen« oder »verdienstlichen« Pflichten [Kant, *GMS*, AA 429f.].

In der ›Gesetzesformel‹ hing Kants Einstufung als Verletzung einer ›engeren‹ oder einer ›weiteren‹ Pflicht daran, ob die Verallgemeinerung der fraglichen Maxime nicht denkbar oder lediglich nicht wollbar ist. Dass negative Pflichten in die erste Gruppe gehören, positive in die zweite, war nicht notwendig, sondern kontingentes Ergebnis in den vier Beispielen. In der ›Zweckformel‹ mag Kants Einstufung als Verletzung einer ›notwendigen‹ oder einer ›zufälligen‹ Pflicht unmittelbar daraus entspringen, ob jemand aktiv als Mittel oder nur passiv nicht als Zweck behandelt wird. Dann wäre die Zuordnung negativer Pflichten zur ersten Gruppe, positiver Pflichten zur zweiten Gruppe, nunmehr unumgänglich, auch bei anderen Beispielen.

Ob Kant von einer solchen unverbrüchlichen Verknüpfung zwischen Pflichtenschwere und Instrumentalisierungsform ausgeht, ist nicht eindeutig erkennbar. Und wiederum müsste man sie nicht unbedingt akzeptieren. Jemanden aktiv als Mittel zu gebrauchen, muss nicht in jedem Fall schlimmer sein, als jemanden passiv nicht als Zweck zu behandeln. Einmal mehr könnte die Schwere von negativen oder positiven Pflichtverletzungen an anderen Parametern hängen, etwa an der jeweiligen Betroffenheitstiefe.

Gehalt, Reichweite, Abgrenzung

Die ›Zweckformel‹ des kategorischen Imperativs bringt, indem sie die Instrumentalisierung von Menschen verbietet, eine weitere wichtige Grundintuition zum Ausdruck: Es ist unmoralisch, sich selbst oder andere zu gebrauchen, auszunutzen, zu externen Zwecken zu verwenden, für eigene Ziele einzuspannen. Dieser Gedanke erscheint ebenso elementar und relevant wie die Grundintuition, dass eine

Universalisierbarkeit von Handlungen zu fordern sei, wie es die ›Gesetzesformel‹ thematisiert. Und es ist ein attraktives Merkmal der kantischen Ethik, dass sie beide Normen enthält und miteinander verbindet [Kant, *GMS*, AA 437f.].

Es ist auch keineswegs unplausibel, dass zwischen beiden Forderungen ein enger Zusammenhang bestehen sollte: Wenn man sich etwas herausnimmt, von dem nicht hinnehmbar wäre, wenn es immer geschähe oder wenn alle es täten, dann nutzt man sich selbst bzw. die anderen in gewissem Sinne aus. Folglich könnten Universalisierbarkeitsgebot und Instrumentalisierungsverbot in der Tat stark korrelieren, wie es sich auch in Kants vier Beispielen, ebenso wie bei Problemen des Typs ›Schwarzfahren‹ oder ›Asozialität‹, andeutet (vgl. Abschnitt 5.1). Jeweils werden erkennbar beide Normen gleichermaßen verletzt, indem erstens keine Verallgemeinerbarkeit besteht und zweitens Personen ausgenutzt werden.

(1) Es kann im Einzelfall problematisch sein, Instrumentalisierungen eindeutig zu identifizieren: Es ist schwer nachweisbar, ob jemand seinen Ehepartner nur wegen seines Geldes oder Ruhms geheiratet hat. Es ist schwierig zu erkennen, ob ein Kind nur aus Langeweile oder Prestigegründen gezeugt wurde. Es ist nicht leicht zu sagen, ob Arbeitskollegen oder Mitstreiter sich selbst oder einander nur als Mittel benutzen oder doch zugleich als Zweck respektieren. Derartige Instrumentalisierungen, deren Auftreten nicht mit Verlässlichkeit festzustellen ist, lassen sich entsprechend kaum rechtlich reglementieren.

Es gibt allerdings zahlreiche Fälle, in denen eine Instrumentalisierung völlig unzweifelhaft konstatierbar ist: Erpressung oder Raubmord, Sexualverbrechen oder Folter sind einschlägige Beispiele. Gewiss ist es denkbar, dass der Täter sein Opfer bei anderen Gelegenheiten auch als Zweck an sich selbst respektiert haben mag. Aber in den genannten Handlungen selbst gebraucht er es offenbar nur als Mittel, und um die Bewertung konkreter Handlungen anhand ihrer jeweiligen Maximen geht es in der kantischen Deontologie. Solche Instrumentalisierungen, deren Vorliegen kaum mit Unsicherheiten behaftet ist, sind entsprechend allemal juristisch regelbar.

Instrumentalisierung muss nicht physisch oder psychisch leidvoll sein: Menschen können ausgenutzt werden, ohne dass ihnen dabei ein Übel zugefügt wird, etwa wenn Familienmitglieder, Künstler, Showgrößen oder Politiker sich selbst oder einander für ihre jeweiligen Zwecke gebrauchen. Umgekehrt kann menschlicher Umgang frei von jeder Instrumentalisierung bleiben und dennoch merkliche Zumutungen mit sich bringen: In Erziehung, Ausbildung, Diskussion oder Beratung werden die jeweiligen Partner durchaus als Zwecke an sich selbst anerkannt, aber gerade deshalb auch spürbar beansprucht. Das Prinzip der Nichtinstrumentalisierung ist somit erkennbar ein anderes Konzept als das der Leidvermeidung.

Hierin wird der große Unterschied insbesondere zwischen einer Deontologie kantischer Ausrichtung und einer Teleologie utilitaristischen Typs deutlich: Zu vermeiden im kantischen Rahmen ist primär nicht das Unglück, das Menschen einander zufügen könnten, sondern eine Umgangsform, in der Menschen ausgenutzt werden. Diese Auffassung ist im Zweifelsfall durchaus nachvollziehbar: So dürfte es tatsächlich in der Regel moralisch falsch sein, seinen Ehepartner zu betrügen oder seinen Geschäftspartner zu hintergehen, auch wenn er keine Kenntnis davon erlangt und daher kein Leid empfindet. Ebenso dürfte es dem Grundsatz nach moralisch richtig sein, seinem Partner einen derartigen Fehltritt zu gestehen, auch wenn gerade dieses Geständnis ihm Kummer bereitet.

(2) In der ›Zweckformel‹ zeichnet sich eine charakteristische Rückbezüglichkeit der kantischen Ethik ab: Der primäre Gegenstand moralischen Handelns, der als solcher jederzeit auch als Zweck zu respektieren und niemals nur als Mittel zu verwenden ist, ist der Mensch bzw. jedes Vernunftwesen. Der Mensch bzw. jedes Vernunftwesen ist aber, eben wegen seiner Fähigkeit zur Vernunft, auch der einzige Adressat moralischer Normen. Objekt und Subjekt der Moral, Inhalt und Träger von Normen gelangen somit bei Kant vollständig zur Deckung.

Dies ist kein Zufall: Der Mensch bzw. jedes Vernunftwesen ist vor Instrumentalisierung für externe Zwecke genau deshalb zu schützen, weil er sich selbst Zwecke setzen kann. Man setzt sich aber nur dann wirklich *selbst* Zwecke (ist also ein freies Wesen), wenn man nicht (nur) von seinen Neigungen bewegt wird, sondern (zudem) der eigenen Vernunft folgt. Man gibt sich nur dann wirklich *selbst* das Gesetz (hat also einen autonomen Willen), wenn man nicht (allein) von externen Gesetzen bestimmt wird, die einem ihre jeweiligen Gegenstände vorgeben, sondern (auch) nach solchen Vorschriften handelt, die man selbst als Gesetze wollen kann [vgl. KANT, *GMS*, AA 432f., AA 440, AA 444]. Dies ist aber wiederum genau dann der Fall, wenn es zu einer moralischen Willensbestimmung kommt: Eben dann wird man nicht (nur) von psychischen Neigungen bestimmt, sondern handelt (zudem) aus praktischer Vernunft. Eben dann wird man nicht (allein) von Vorstellungen bewegt, deren materiale Objekte man als Wirkungen seines Handelns zu erreichen hätte, sondern folgt (auch) Maximen, die man lediglich ihrer formalen Beschaffenheit nach als Gesetze seines Handelns selbst wollen kann. Deshalb ist nur derjenige Zweck an sich selbst und damit in moralischer Hinsicht vor Instrumentalisierung zu schützen, der seinerseits zu freier Selbstgesetzgebung bzw. autonomer Zwecksetzung und mithin zu moralischem Handeln fähig ist [vgl. KANT, *GMS*, AA 435, AA 440, AA 444, AA 447].

Diese kantische Beschränkung moralischer Forderungen auf Menschen bzw. Vernunftwesen erscheint vielen Autoren zu eng: Ihnen zufolge mag der Mensch einziger Adressat moralischer Normen sein, aber nicht ihr einziger Gegenstand. Zumindest in gewissem Umfang müssten auch vernunftlose Tiere, vielleicht sogar pflanzliche Lebewesen oder die unbelebte Natur als bewahrens-, schützens- oder befördernswert gelten. Denn moralische Ansprüche seien nicht ausschließlich aus Vernunft- bzw. Moralfähigkeit abzuleiten, sondern auch aus Eigenschaften wie Empfindungsfähigkeit, Lebendigkeit oder Wohlgeordnetheit.

Diese Einwände haben einige Überzeugungskraft, ändern aber nichts daran, dass Kants Position zumindest in einer Hinsicht sehr plausibel ist: Ganz sicher sollten Menschen bzw. Vernunftwesen, angesichts ihrer Vernunft- bzw. Moralfähigkeit, einen ethischen Sonderstatus innehaben. Als einzige Adressaten moralischer Normen sind sie vielleicht nicht die *alleinigen*, aber doch wohl *besondere* Gegenstände moralischer Rücksichtnahme. Insbesondere ist nachvollziehbar, dass *nur* Menschen bzw. Vernunftwesen nicht *instrumentalisiert* werden sollten. Denn allein sie haben jene besondere Eigenschaft, angesichts derer sich speziell ihre Ausnutzung verbietet (wie es die ›Zweckformel‹ des kategorischen Imperativs festhält): Nur wer die Fähigkeit zur Selbstbestimmung hat, sollte niemals bloß als Mittel und stets auch als Zweck gebraucht werden. Vernunftlose Tiere, pflanzliche Lebewesen oder die unbelebte Natur weisen hingegen keine Eigenschaften auf, die es verfehlt erscheinen ließen, sie zu benutzen. Sie haben lediglich Merkmale, aufgrund derer es falsch sein dürfte, ihnen Leid, Schaden oder Zerstörung zuzufügen (wobei dies freilich aus anderen Moralprinzipien als der ›Zweckformel‹ zu begründen wäre).

(3) Es stellt sich womöglich die Frage, wie viele kategorische Imperative die kantische Ethik eigentlich enthält. Nach den bisherigen Darstellungen lässt sich hierauf eine Antwort geben, die allerdings verschiedene Ebenen zu berücksichtigen hat.

An oberster Stelle aller Moral steht nach Kant ein einziges Prinzip (›Z ist gut‹), nämlich der kategorische Imperativ. Er macht das moralische Gesetz vorstellig, in seiner geforderten Reinheit. Dieses oberste Prinzip hat mehrere Formulierungen, von denen zwei (›Gesetzesformel‹ und ›Zweckformel‹) besonders wichtig sind. Kant gibt noch weitere Formulierungen an, die sich von diesen beiden allerdings nur geringfügig unterscheiden (indem etwa die formale Tauglichkeit der »*Maxime deiner Handlung [...] zum allgemeinen Naturgesetze*« [Kant, *GMS*, AA 421] oder die materiale Zusammenstimmung »alle[r] Maximen [...] zu einem möglichen Reiche der Zwecke« [Kant, *GMS*, AA 436] gefordert wird). Bei alledem handelt es sich aber eben nur um verschiedene Formulierungen, die ein und dasselbe Prinzip zum Ausdruck bringen und entsprechend nach Kant allesamt äquivalent sind. In diesem Sinne existiert nur *ein einziger kategorischer Imperativ*, als oberstes Prinzip aller Moral.

In einer konkreten Situation oder für allgemeine Situationstypen gebietet oder verbietet die praktische Vernunft eine konkrete Handlung (›A ist gut‹) bzw. einen allgemeinen Handlungstyp (›Q ist gut‹). Deren Bewertung durch das moralische Gesetz ergibt sich aus einer Prüfung am kategorischen Imperativ. Darin muss sich zeigen, ob die jeweils untersuchte Maxime legitim ist (universalisierbar bzw. nichtinstrumentalisierend) oder nicht. Folglich gibt es viele moralisch gebotene bzw. verbotene Handlungen oder Handlungstypen (von denen Kant selbst in seinen Beispielen einige aufzählt). Und deren Gebotensein bzw. Verbotensein bringt sich in Imperativen zum Ausdruck, die moralischer Natur, also nicht hypothetisch, sondern kategorisch sind. In diesem Sinne gibt es *eine Vielzahl von kategorischen Imperativen*, einmal als konkrete Einzelfallurteile (›Du darfst jetzt nicht lügen, damit dir jemand Geld leiht‹), einmal als allgemeine Prinzipien (›Du darfst niemals lügen, damit dir jemand Geld leiht‹).

Zudem stellt Kant gelegentlich für besondere Moralbereiche eigenständige Leitprinzipien auf, etwa für Recht oder Politik. Diese Prinzipien stehen unter dem einen kategorischen Imperativ, den Kant für alle Moral formuliert, sind ihrerseits aber jeweilige kategorische Imperative, die auf den betrachteten Bereich und dessen Zusammenhänge zugeschnitten sind.

5.5 Neuansätze des Kantianismus

Kant darf als der erste philosophische Autor mit einer ausgearbeiteten deontologischen Ethik gelten. Entsprechend bleibt er auch für viele moderne Deontologen der zentrale historische Referenzpunkt: Mehr oder weniger ausdrücklich schätzen sie sich selbst als Kantianer ein und verfolgen seine Theorielinie gegenüber tugendethischen oder teleologischen Konzeptionen. Insbesondere grenzen sie sich mit dieser Selbsteinordnung von zeitgenössischen Aristotelikern und Utilitaristen ab.

Moderne deontologische Entwürfe haben u.a. John Rawls (1921–2002) und Jürgen Habermas (*1929) vorgelegt. Auch Alan Gewirth (1912–2004), Thomas Scanlon (*1940), Onora O'Neill (*1941) und Christine Korsgaard (*1952) reihen sich in diese Gruppe ein. Zwar verfolgen jene Autoren teilweise sehr eigenständige deontologische Begründungsfiguren, statt sich mit einer bloßen Neuformulierung des kantischen Denkens zu begnügen. Dennoch sehen sie sich meist in der Traditionslinie Kants, machen vereinzelte Anleihen bei seiner Argumentation und weisen merkliche Parallelen zu seinem Ansatz auf.

(1) Zeitgenössische Deontologen bringen ihr ethisches Grundverständnis oftmals in dem Motto ›Vorrang des Rechten vor dem Guten‹ bzw. ›Vorrang des Gerechten vor dem Guten‹ zum Ausdruck. Dieses Motto kann im Einzelfall unterschiedlich ausgedeutet werden, dient aber meist zur pointierten Abgrenzung gegenüber tugendethischen oder teleologischen Entwürfen.

Zunächst kann das Motto in *begründungstheoretischer* Hinsicht intendiert sein, also dahingehend dass alle Vorstellungen von Tugenden oder Zielen (dem ›Guten‹) allenfalls sekundäre Ableitungen aus primären Vorgaben richtigen Handelns sind (dem ›Rechten‹), statt dass umgekehrt Handlungsregeln Derivate von Tugendkatalogen oder Zielvorgaben wären. Sodann kann das Motto in *normhierarchischem* Sinne gemeint sein, dahingehend dass deontologische Pflichten (das ›Gerechte‹) im Konfliktfall unbedingten Vorzug vor allen tugendethischen Belangen eines gelungenen Lebens und allen teleologischen Bestrebungen nach einem maximalen Gesamtnutzen (dem ›Guten‹) erhalten sollten, statt dass umgekehrt Handlungsgebote gegenüber Tugendfragen oder Zielbestimmungen zurückstehen müssten.

Namentlich in der politischen Ethik läuft dieses deontologische Motto oftmals darauf hinaus, eine weitgehende *Neutralität* des Staates zu fordern: Er soll sich keinen tugendethischen Konzeptionen einer guten Lebensführung und keinen teleologischen Formulierungen gesellschaftlicher Zielzustände verschreiben. Diese fallen aus jenem engeren Normbereich heraus, den der Staat gehalten ist, von seinen Mitgliedern einzufordern. Sie bilden allenfalls nachrangige Werthaltungen, die zu verfolgen zwar jeder berechtigt, aber niemand verpflichtet ist.

Stattdessen ist vom Staat eine weitgehende *Liberalität* zu verlangen, im Sinne einer strikten Anerkennung zentraler Freiheiten und Ansprüche: Sein Geschäft sind prozedurale Regelungen des fairen Zusammenlebens, die Durchsetzung von deontologischen Rechtspflichten, positiver wie negativer Art, im individuellen Tun und Unterlassen. Enthalten soll er sich demgegenüber aller perfektionistischen Bestrebungen, in den Bürgern bestimmte Charakterdispositionen hervorzubringen, und aller optimierenden Vorsätze, mit der Gemeinschaft gewisse Wohlstandsziele zu erreichen. Sie mögen als Projekte von Einzelnen verfolgt werden, solange sie dabei nicht die Rechte anderer verletzen, und sie verdienen den Schutz des Staates, sofern sie sich innerhalb seiner Gebote bewegen, aber sie sind nicht Bestandteil dessen, was die Menschen einander schulden und zu dem sie entsprechend genötigt werden könnten.

(2) Jürgen Habermas stellt in zahlreichen Schriften wie den *Erläuterungen zur Diskursethik* (1991) eine politische Ethik in Form einer Diskurstheorie vor. Der oberste Grundsatz dieser Theorie ist das sogenannte Diskursprinzip ›D‹, dem zufolge gesellschaftliche Normen nur dann Geltung beanspruchen dürfen, wenn sie in einem praktischen Diskurs die Zustimmung aller Betroffenen finden bzw. finden könnten. Solch ein praktischer Diskurs ist als eine gemeinsame Beratung und Beschließung zu verstehen, bei der öffentlicher Zugang und gleichberechtigte Teilnahme gewährleistet sind und die Teilnehmer mit wahrhaftiger Intention normative Geltungsansprüche austauschen. Erst die herrschaftsfreie Durchführung einer solchen kooperativen Wahrheitssuche, in der allein der zwanglose Zwang des besseren Arguments zählt, kann gültige Normen liefern [Habermas 1991, 12–14, 132f., 154f., 161f.]. Üblicherweise geht es hierbei um einen *realen Diskurs*, der von den Beteiligten durchzuführen ist: Im Verlauf einer tatsächlichen Debatte ist zu klären, ob die fraglichen Normen allgemeine Zustimmung erfahren oder nicht. Falls jedoch einige Betroffene nicht in der Lage sind, sich an einem solchen Diskurs zu beteiligen, wie etwa sehr kleine Kinder, geistig schwer Behinderte, stark Demente oder künftige Generationen, muss ersatzweise ein *advokatorischer Diskurs* geführt werden: Hier werden die fraglichen Personengruppen von Vertretern repräsentiert, um auf diese Weise zu eruieren, ob sie zu den fraglichen Normen ihre Zustimmung geben könnten oder nicht [Habermas 1991, 46, 156].

Im Wesentlichen übernimmt bei Habermas der praktische Diskurs die begründungstheoretische Rolle, die in Kants Ethik der kategorische Imperativ innehat. Insbesondere ähneln sich beide Konzepte darin, dass sie nicht selbst bestimmte moralische Einsichten vorgeben, sondern allein unabhängig gegebene Vorschläge prüfen: So wie der kategorische Imperativ vorliegende Maximen auf ihre Gesetzestauglichkeit hin untersucht, so testet der praktische Diskurs eingebrachte Normvorschläge auf ihre Zustimmbarkeit hin [Habermas 1991, 34]. Der Unterschied ist indessen, dass jene Prüfung bei Kant *monologisch*, d.h. in der Reflexion des jeweils Handelnden allein erfolgen kann, während sie bei Habermas nur *dia-*

logisch, d.h. eben im Diskurs mit den anderen Teilnehmern vollziehbar ist: Erst die gemeinsame Wahrheitssuche im öffentlichen Diskurs kann nach Habermas moralische Einsichten entstehen lassen. Erst die geteilte Argumentation und das erzielte Einverständnis können moralische Normen hervorbringen [HABERMAS 1991, 11–14, 20f., 152–159, 164f.].

Deontologisch ist Habermas' Ansatz, weil die Normen, die in jenem Diskurs beraten und beschlossen werden, ausdrücklich Handlungsnormen sind. Namentlich die verbindlichen Bestimmungen des gemeinschaftlichen Zusammenlebens, die gemäß Habermas' Terminologie in ›moralischen Diskursen‹ erörtert werden, sind deontologische Prinzipien, in denen es um das richtige Handeln geht [HABERMAS 1991, 22f., 105, 124]. Sie haben systematischen Vorrang vor den vielgestaltigen Entwürfen kollektiver oder individueller Lebensführung, die demgegenüber in ›ethischen Diskursen‹ thematisch sind und ihrerseits tugendethischer oder teleologischer Art sein mögen. Es besteht somit eine grundsätzliche Priorität jener ›moralischen Normen‹, den universellen Rechten und Pflichten deontologischen Typs, die auf unparteiliche Weise eine gerechte Konfliktlösung anzielen, gegenüber den ›ethischen Überzeugungen‹, den privaten Wertentscheidungen und Lebensentwürfen, nach denen Einzelne oder Gruppen ihr gutes Dasein zu gestalten suchen [HABERMAS 1991, 34f., 39, 100–118, 123f., 151]. In diesem Sinne bekennt sich Habermas zu einem ›Vorrang des Gerechten vor dem Guten‹. Und in diesem Sinne stuft er seinen eigenen Ansatz als deontologisch ein [HABERMAS 1991, 7, 11, 87, 168f., 176–178, 198, 219].

Schließlich kehrt bei Habermas auch die typische deontologische Forderung nach Universalisierbarkeit von Handlungen wieder. Dies geschieht freilich in spezifisch diskurstheoretischer Gestalt: Jene moralischen Normen, die in praktischen Diskursen beraten und beschlossen werden, sind von Anfang an dahingehend konzipiert, dass sie universelle Geltung beanspruchen würden. Folglich werden sie von den Diskursteilnehmern auch dahingehend bewertet, dass sie, als öffentliche Regelungen des gemeinschaftlichen Zusammenlebens, von jedem zu befolgen wären. Unter dieser Voraussetzung werden sie aber nur dann Aussicht auf Zustimmung haben, wenn die Teilnehmer in ihrem Diskurs den sogenannten Universalisierungsgrundsatz ›U‹ beherzigen: Moralische Normen können nur dann auf jenes *ungeteilte Einverständnis*, das für ihre Legitimität gefordert ist, rechnen, wenn die Konsequenzen, die sich aus ihrer *allgemeinen Befolgung* für die Interessen jedes Einzelnen ergeben, allseits akzeptierbar sind. Universalisierbarkeit bildet damit nicht mehr, wie bei Kant, eine Fundamentalnorm: Sie ergibt sich nicht aus dem Wesen der Moral als solcher, d.h. aus der Einsicht, dass moralische Maximen rein formale Gesetzhaftigkeit aufweisen müssen, und es lässt sich aus ihr auch keineswegs der Gehalt aller Moral ableiten, indem man monologisch prüft, ob die Verallgemeinerung einer Maxime gedacht oder gewollt werden kann. Vielmehr ist der Universalisierungsgrundsatz bei Habermas allein eine Argumentationsregel: Verallgemeinerbarkeit von Normen ist notwendig, um dialogisch jenen Konsens erzielen zu können, der gemäß Diskursprinzip ›D‹ gefordert ist [HABERMAS 1991, 12, 31f., 133f.].

(3) John Rawls formuliert in seinem bekannten Hauptwerk *A Theory of Justice* (1971/99) eine politische Ethik in Gestalt eines Kontraktualismus. Im Zentrum seines Entwurfs steht das Gedankenexperiment eines ›Urzustands‹, dessen Teilnehmer dazu aufgefordert sind, die Grundsätze jener Gesellschaft zu wählen, in welcher sie künftig leben werden. Dieses fiktive Modell einer freien Prinzipienwahl soll Aufschluss liefern, wie eine gerechte Gestaltung realer Gesellschaften aussähe. Die normative Begründungskraft des Modells entsteht dabei im Wesentlichen aus zwei idealen Randbedingungen, die für jenen Urzustand gelten [Rawls 1971/99, 27–29, 74, 140]. Erstens sollen die Urzustandsteilnehmer jene Entscheidung allein in ihrem *rationalen Eigeninteresse* treffen: Sie sind weder von Altruismus noch von Missgunst gegenüber den übrigen Teilnehmern motiviert, ihnen unterlaufen keine Fehler oder Unachtsamkeiten in ihren Kalkulationen, sondern sie haben allein den Wunsch und die Intelligenz, ihre eigene Position zu optimieren. Zweitens werden jene fiktiven Urzustandsteilnehmer in eine *faire Ausgangssituation* versetzt: Sie kennen weder ihre natürliche Ausstattung noch ihre soziale Position in der künftigen Gesellschaft und sind mithin nicht imstande, ihre kluge eigennützige Wahl unmittelbar parteilich zum eigenen Vorteil zu gestalten [Rawls 1971/99, 28–32, 36, 152, 166–168].

In gewissem Sinne spielt das Urzustandsmodell bei Rawls jene begründungstheoretische Rolle, die in Kants Ethik durch den kategorischen Imperativ ausgefüllt wird. Insbesondere ähneln sich beide Ansätze darin, dass sie jegliche materialen Bestimmungsgründe ausschließen und eine rein formale Betrachtungsweise eröffnen: So wie bei Kant alle Gegenstände der Neigungen ausgeklammert bleiben, um die moralische Willensbestimmung von jeder empirischen Ausrichtung frei und damit autonom zu halten, so verbirgt bei Rawls ein sogenannter ›Schleier des Nichtwissens‹ den Teilnehmern alle Informationen über persönliche Fähigkeiten und Stellungen, aber auch über besondere Interessen und Lebensentwürfe, nach denen sie ihre Wahl ausrichten könnten [Rawls 1971/99, 29, 37, 159–166, 283–290]. Der Unterschied ist freilich, dass bei Kant die anstehende Entscheidung in *konsistenzlogischer* Hinsicht getroffen wird, dahingehend ob die fraglichen Maximen als allgemeine Gesetze denkbar bzw. wollbar sind, während bei Rawls ein *entscheidungstheoretischer* Kalkül greift, in dem es darum geht, angesichts des reduzierten Informationsstandes die eigenen Aussichten zu optimieren: Da es unter jenem ›Schleier des Nichtwissens‹ nicht möglich ist, die Wahl unmittelbar zum eigenen Vorteil zu gestalten, sind Prinzipien rationaler Entscheidung gefragt, die einem auch bei solcher Ungewissheit die besten Aussichten sichern können. Auf diese Weise bezieht die politische Gerechtigkeitstheorie von Rawls ihre Resultate wesentlich aus den Ergebnissen der rationalen Entscheidungstheorie [Rawls 1971/99, 35].

Deontologisch ist Rawls' Entwurf, weil die Grundsätze, die er aus seinem Urzustand ableitet, vorrangig prozeduraler Art sind. Zwar tauchen unter ihnen auch die Maßgaben auf, die Stellung der Schlechtestgestellten zu optimieren, Effizienz zu gewährleisten oder das Gesamtwohl zu befördern, aber diese ökonomischen

Zielvorgaben sind elementaren Freiheitsrechten systematisch nachgeordnet [Rawls 1971/99, 336f.]. Rawls erklärt daher, dass seine Theorie, auch in Fragen der gerechten Verteilung, dem Gedanken einer ›reinen Verfahrensgerechtigkeit‹ verpflichtet sei, indem sie allein die allgemeine institutionelle Struktur vorzeichne, die eine Gesellschaft einrichten solle, nicht aber die besonderen sittlichen Vorstellungen oder die genauen sozialen Verhältnisse, die sich innerhalb dieses Rahmens herausbilden mögen. Insbesondere stellten die im Urzustand gewählten Gerechtigkeitsgrundsätze primär unverletzliche Freiheitsrechte auf, innerhalb derer sich alle tugendethischen Formulierungen von Lebenszielen und alle teleologischen Maximierungen des Gesamtwohls bewegen müssten [Rawls 1971/99, 105–110, 274f., 308f., 360–367, 587–594]. In diesem Sinne prägt Rawls selbst die Wendung eines ›Vorrangs des Rechten vor dem Guten‹. Und in diesem Sinne fasst er seinen eigenen Entwurf als deontologisch auf [Rawls 1971/99, 46–52, 486–492].

Zuletzt findet sich auch bei Rawls die bekannte deontologische Forderung nach Universalisierbarkeit von Handlungen. Diese tritt allerdings in besonderer kontraktualistischer Form auf: Die fraglichen Grundsätze der künftigen Gesellschaft werden von Beginn an im Hinblick darauf betrachtet, dass sie universell anerkannt und befolgt werden. Folglich werden sie von den Urzustandsteilnehmern auch dahingehend gewählt oder abgelehnt, wie es zu beurteilen wäre, wenn sich jeder ihnen gemäß verhielte. Dieses Urteil wird indessen in jener Weise gefällt, die dem Modell einer Urzustandswahl entspricht: Es geht darum, ob ein solcher *allgemeiner Grundsatz* für fiktive Urzustandsteilnehmer, bei rationaler Optimierung des eigenen Wohls und in fairer Unkenntnis der eigenen Rolle, die *beste Lösung* wäre. Damit wird Universalisierbarkeit nicht, wie bei Kant, konsistenzlogisch beurteilt: Die Frage ist nicht, ob die jeweilige Verallgemeinerung überhaupt möglich wäre bzw. mit dem vorausgesetzten Willen zusammenstimmen könnte. Vielmehr wird der Universalisierbarkeitsaspekt bei Rawls entscheidungstheoretisch behandelt: Die Frage ist, ob eine gegebene Norm als allgemeines Gesetz eine optimale Wahl für kluge Entscheider wäre [Rawls 1971/99, 161, 168f.].

Fragen und Aufgaben

1. Zeigen Sie, dass ein Universalismus moralischer Normen (gleich ob tugendethischer, deontologischer oder teleologischer Art) die Forderung nach Universalisierbarkeit der entsprechenden Verhaltenskomponente (Motivation, Handlung bzw. Konsequenz) nach sich zieht. Weisen Sie also nach, dass unter universalistischer Voraussetzung folgende Beziehungen gelten: *(a) Das fragliche Verhalten ist genau dann erlaubt, wenn es verallgemeinerbar ist. (b) Das fragliche Verhalten ist genau dann verboten, wenn es nicht verallgemeinerbar ist. (c) Das fragliche Verhalten ist genau dann geboten, wenn es zu verallgemeinern ist.*
2. Wenn nach Kant u.a. Lügen und unterlassene Hilfe nicht universalisierbar und somit verboten sind, so läuft dies unmittelbar darauf hinaus, dass die entspre-

chend verneinten Handlungen, d.h. unterlassenes Lügen bzw. Hilfe, geboten sein müssen. Demonstrieren Sie, dass Kants Modell, zumindest in diesen Beispielen, insofern konsistent ist, als ein solches Unterlassen bzw. Tun seinerseits tatsächlich universalisierbar und folglich erlaubt ist.

3. Wie wären Diebstahl und Mord gemäß der ›Gesetzesformel‹ des kategorischen Imperativs zu beurteilen? Geht es hierbei insbesondere um Pflichten gegen sich selbst oder gegen andere, um engere oder um weitere Pflichten?
4. Wie wären Diebstahl und Mord gemäß der ›Zweckformel‹ des kategorischen Imperativs zu bewerten? Wie stellt sich hier der genaue Charakter der verletzten Pflichten dar, insbesondere mit Blick auf ihre Einstufung als negative oder als positive Pflichten?
5. Im Haupttext wurde skizziert, inwiefern Arztlügen oder Notlügen sich womöglich entlang der ›Gesetzesformel‹ rechtfertigen lassen könnten, wenn man entweder ihre jeweiligen Maximen als grundsätzliche Wahrhaftigkeitsgebote mit speziellen Ausnahmeregeln formuliert oder aber eine bestehende Kollision konkurrierender Verpflichtungsgründe in einer geeigneten Abwägung auflöst. Stellen Sie entsprechende Überlegungen zu Arztlügen oder Notlügen gemäß der ›Zweckformel‹ an.

6. Teleologie – Die erstrebenswerte Welt

Teleologien, als der dritte Haupttyp normativer Ethiken, richten das moralische Urteil primär an den Konsequenzen menschlichen Verhaltens aus. Dabei können sie allemal Rücksicht darauf nehmen, dass auf Seiten des Handelnden subjektive Unsicherheiten oder unverschuldete Unkenntnisse bestehen mögen, aufgrund derer er die Konsequenzen seiner Handlung nicht richtig vorherzusagen imstande ist, oder dass es von objektiven Zufälligkeiten oder äußeren Einflüssen abhängen mag, welche Konsequenzen sich aus seiner Handlung tatsächlich ergeben. All dies ändert indessen aus teleologischer Sicht nichts daran, dass Moralität sich über die Perspektive der Handlungsfolgen definiert. Handelnde sollten bestrebt sein, nach bestem Wissen und Gewissen gute Zustände herbeizuführen, Handlungen sollten danach beurteilt werden, inwiefern ihre bewirkbaren und erwartbaren Folgen positiv einzuschätzen sind.

Eine zentrale Stellung innerhalb der teleologischen Denklinie nehmen utilitaristische Ansätze ein. Ihnen zufolge muss moralisches Verhalten eine größtmögliche Gesamtmenge an Nutzen über alle Betroffenen hinweg anzielen. Dies ist offensichtlich eine teleologische Maßgabe, da sie menschliches Handeln anhand seiner voraussichtlichen Folgen bemisst. In der Tat ist der Utilitarismus in der Diskussion derart prominent, dass teleologische Ethik zuweilen geradewegs mit utilitaristischem Denken gleichgesetzt wird. Hierbei handelt es sich allerdings um eine Verkürzung, das utilitaristische Prinzip ist keineswegs die einzige Möglichkeit moralischer Folgenorientierung. Nicht zuletzt wird der Utilitarismus gelegentlich gerade dadurch in Frage gestellt, dass man konkurrierende teleologische Maßstäbe gegen ihn ins Feld führt. Speziell in der politischen Ethik etwa sollte es nach Auffassung einiger Autoren nicht um eine Maximierung des Gesamtnutzens, sondern um die Verringerung von Ungleichheit oder um die Linderung von Armut gehen. Auch dies sind teleologische Vorgaben, indem wiederum erreichte Zustände den wesentlichen Horizont des moralischen Urteils bilden.

In den folgenden Abschnitten stehen utilitaristische Konzepte und Theorien im Vordergrund des Interesses, während alternative teleologische Vorstellungen an geeigneten Stellen kontrastierend hinzugezogen werden. Da der Utilitarismus mit der Maximierung des Gesamtnutzens eine einfache und prägnante Zentralnorm vertritt, wird dieses Grundprinzip zunächst vorgestellt, in seinen einschlägigen Varianten erläutert, mit seinen hauptsächlichen Problemen konfrontiert und entlang verbreiteter Reaktionen konturiert. Anschließend werden die wichtigsten Argumente skizziert, welche die klassischen Utilitaristen, namentlich Jeremy Bentham, John Stuart Mill und Henry Sidgwick, für dieses Prinzip vorgetragen haben. Moderne Begründungen für utilitaristische Positionen kommen im nachfolgenden Abschnitt zu Wort. Zuletzt wird eine Argumentationsfigur vorgestellt, die von vielen Utilitaristen erwähnt wird und die möglicherweise die charakteristische Perspektive ausmacht, welche utilitaristischem Denken insgesamt zugrunde liegt. Dies ist das berühmte Begründungsmodell eines idealen Beobachters.

6.1 Varianten und Probleme des Utilitarismus

Der Utilitarismus definiert sich durch ein prägnantes Grundprinzip, das gelegentlich in einem eingängigen Motto zum Ausdruck gebracht wird. Im Verlauf der historischen Entwicklung sind unterschiedliche Varianten jenes Grundprinzips vorgeschlagen worden, die bis heute die wesentlichen Strömungen des utilitaristischen Denkens ausmachen.

Jenes Grundprinzip des Utilitarismus gibt unmittelbaren Anlass zu bestimmten Einwänden, die immer wieder gegen seine Perspektive vorgebracht werden und deren Einschlägigkeit unterschiedlich beurteilt wird. Umgekehrt gibt es utilitaristische Entgegnungen auf derartige Vorwürfe, über deren Stimmigkeit wiederum Uneinigkeit besteht.

Grundprinzip

Das Grundprinzip des Utilitarismus lautet wie folgt: Ein Handelnder sollte eine Handlung genau dann ausführen, wenn durch sie ein maximaler Gesamtnutzen über sämtliche Betroffenen hinweg erreicht wird. Dabei versteht sich, dass der Handelnde diesen Erfolg wegen subjektiver Irrtümer falsch einschätzen mag oder dass die Handlung jenes Ziel aufgrund objektiver Hindernisse verfehlen kann. Derartige Einschränkungen ändern aber nichts an der spezifischen Vorgabe, die der Utilitarismus für menschliches Verhalten formuliert: Das Bestreben des Handelnden sollte darauf gerichtet sein, einen größtmöglichen Nutzenbetrag zu erzielen. Handlungen sind in ihrer Moralität danach zu bewerten, ob sie eine optimale Nutzenbilanz erwarten lassen.

(1) Der Utilitarismus hat seinen Namen daher, dass er eben diese Beförderung des Nutzens (englisch *utility*, lateinisch *utilitas*) zum wesentlichen Prinzip moralischen Verhaltens erklärt (*principle of utility*). Dabei muss zunächst erläutert werden, was unter ›Nutzen‹ genauer zu verstehen ist. Hiermit ist die Frage nach der *Skala* aufgeworfen, auf der das Prinzip des Utilitarismus operiert.

Zumindest die frühen Vertreter des Utilitarismus identifizieren jenen Nutzen mit dem *Glück* (*happiness*) der Betroffenen. Dieses ›Glück‹ wiederum begreifen sie als einen bestimmten Empfindungszustand, nämlich als Differenz von positiven und negativen Empfindungen physischer oder psychischer Art, d.h. von Lust und Unlust, von Freude und Leid (*pleasure* und *pain*). Im Sinne einer Beförderung solcher Glücksempfindungen bezeichnen sie ihren obersten Moralgrundsatz häufig auch als *greatest happiness principle.*

›Utility‹ in diesem Sinne von ›happiness‹ meint ein grundsätzliches Wohlbefinden körperlicher oder geistiger Art. Es ist eine Art Nettobilanz von positiven und negativen Befindlichkeiten, die sich zumindest quasi-numerisch in einem Zahlenwert ausdrücken lassen soll. Utilitaristen sehen es als anthropologische Tatsache an, dass Menschen zu solchem Glücksempfinden fähig sind. Hierauf gründen sie die moralische Norm, dass dieses Glücksempfinden nach Möglichkeit befördert werden sollte, was zunächst schlicht als eine Form von Philanthropie erscheint.

Indessen können auch andere Lebewesen derartige Glücks- bzw. Unglücksempfindungen haben, vor allem hinreichend hoch entwickelte Tiere. Dies führt dazu, dass der Utilitarismus auf sehr einfache und unmittelbare Weise Tiere in seine Moralperspektive einbeziehen kann, leichter und direkter als andere Ethiken: Natürlich erscheinen sie auch in seinem Rahmen nicht als Pflicht*subjekte*, als moralische Adressaten, da ihnen hierfür mit großer Wahrscheinlichkeit die erforderlichen Vernunftfähigkeiten fehlen, insbesondere moralisches Reflexionsvermögen und ethisches Argumentationspotential. Aber er erkennt sie grundsätzlich als Pflicht*objekte*, als moralische Gegenstände an, da sie hierfür bei hinreichender Entwicklung die einschlägigen Empfindungsfähigkeiten mitbringen, insbesondere physisches oder psychisches Wohlbefinden bzw. Schmerzempfinden. Gerade moderne Utilitaristen formulieren daher zuweilen starke Forderungen nach verbessertem Tierschutz [vgl. Singer 1979/93, 82–114]. Und auch bei klassischen Utilitaristen finden sich gelegentlich Überlegungen zur moralischen Berücksichtigung aller empfindungsfähigen Naturwesen [vgl. Bentham, *PML*, Kap. XVII, 310f.; Mill, *Utilitarianism*, Kap. II, 21; Sidgwick, *ME*, IV.1, 414].

(2) Das Grundprinzip des Utilitarismus ist eindeutig teleologischer Art, indem es menschliches Verhalten nach seinen Konsequenzen für die Nutzenwerte der Beteiligten beurteilt. Genauer fordert es eine bestimmte Art von Auswirkung auf jene Nutzenwerte, indem es ein Maximum des Gesamtnutzens verlangt. Dies lenkt die Aufmerksamkeit auf das genaue *Kriterium*, das der Utilitarismus verwendet.

Zumindest im klassischen Utilitarismus soll eine möglichst große *Summe* (*sum*) jenes Nutzens über alle Betroffenen hinweg erzielt werden. Die Nutzenwerte (*utility* bzw. *happiness*) aller Individuen werden addiert, und diese Summe ist in ihr Maximum zu bringen. Diese Forderung wird gern in dem Motto *the greatest happiness of the greatest number* zum Ausdruck gebracht.

Dieser Slogan ist im ersten Zugang etwas verwirrend, da er zwei verschiedene Maximierungsziele zu benennen scheint, zum einen das größtmögliche Glück (*greatest happiness*), zum anderen die größtmögliche Anzahl (*greatest number*). Dies wäre nicht unproblematisch, da zwei verschiedene Maximierungsziele nicht immer gleichzeitig erreichbar sein müssen, womit sich die Frage stellen würde, welches von beiden im Konfliktfall Vorrang haben sollte. Tatsächlich zeigen die Textzusammenhänge aber, dass mit jener Formel in der Regel nur ein einziges Maximierungsziel gemeint ist, dessen Bereich lediglich explizit auf alle Betroffenen ausgedehnt wird. So bezeichnet *greatest happiness* eben die größtmögliche Glückssumme, wie sie das Grundprinzip des Utilitarismus fordert, während der Zusatz *greatest number* allein betont, dass tatsächlich alle Betroffenen in diese Summe einzurechnen sind und niemand dabei übergangen werden darf.

Die letztere Mahnung zielt vor allem darauf ab, das utilitaristische Kalkül nicht allein auf privilegierte Gruppen anzuwenden. In diesem Zusammenhang nimmt der Utilitarismus zuweilen ein stark sozialreformerisches Gepräge an: Sein erklärtes Ziel ist, sämtliche Gesellschaftsschichten am Gemeinwohl partizipieren zu lassen. Das Gebot, einen größtmöglichen Gesamtnutzen zu erreichen, ist nur dann konsequent umgesetzt, wenn keine Betroffenen bei dieser Rechnung übersehen werden. Vor allem klassische Utilitaristen agieren oftmals als politische Reformer, die im Namen der Glückssummen-Maximierung Verbesserungen in Wahl- oder Strafrecht, in Bildungs- oder Wirtschaftssystem mit speziellem Blick auf die unteren Gesellschaftsschichten einfordern [vgl. Bentham, *PML*, Kap. XIII–XIV, 170–188; Mill, *Utilitarianism*, Kap. II, 23, 27, Kap. III, 57, Kap. V, 110]. Aber auch moderne Utilitaristen sprechen solche Forderungen nach Sozialreformen mitunter aus, indem sie auf Grundlage der Gesamtnutzen-Maximierung etwa die Armut in Entwicklungsländern anprangern [vgl. Singer 1979/93, 278–314].

(3) Fragt man nach den historischen Wurzeln und den systematischen Bezügen des Utilitarismus, so ist einzuräumen, dass in vielen Arbeiten zur normativen Ethik der Gedanke auftaucht, das Glück von Menschen zu befördern. Einige Utilitaristen sehen sich deshalb dazu ermutigt, als Referenzen und Gewährsleute für ihr Grundprinzip einer Gesamtnutzen-Maximierung Quellen und Autoren anzuführen, die üblicherweise eher der Tugendethik oder der Deontologie zugerechnet werden. Tatsächlich sind solche Verweise aber unhaltbar. Insbesondere weichen das Verständnis von Glück und die Art seiner Behandlung jeweils deutlich von utilitaristischen Vorstellungen ab.

So kennt eine Tugendethik im Stile von Aristoteles zwar durchaus das höchste Gut der Glückseligkeit. Aber mit jener Glückseligkeit ist kein Zustand des Wohlbefindens oder der Zufriedenheit gemeint, den man bei anderen Menschen herbeiführen müsste, und schon gar nicht wird angeraten, die Summe solchen Glücks über alle Menschen hinweg zu maximieren. Vielmehr geht es bei jener Glückseligkeit um das gelungene Leben des Handelnden selbst, welches sich als tugendhafte Formung seines Charakters bestimmt.

Ähnlich kann eine Deontologie in der Nachfolge Kants zwar allemal fremde Glückseligkeit als moralisches Ziel gelten lassen. Aber dabei dient jene Glückseligkeit nicht als unmittelbarer Maßstab eines hierdurch moralisch verfassten Willens, und ganz sicher soll einmal mehr nicht die Summe solchen Glücks über alle Menschen hinweg maximiert werden. Vielmehr wäre jenes Glück allein der mögliche Gegenstand einer Maxime, die unabhängig konsistenzlogisch auszuweisen wäre, indem man zeigte, dass die von ihr definierte Handlungsweise universalisierbar wäre.

Wirklich utilitaristische Ansätze tauchen ab dem 18. Jahrhundert auf. Zumindest als Vorläufer, die das skizzierte Grundprinzip erkennen lassen oder das genannte Motto erwähnen, gelten Autoren wie Francis Hutcheson (1694–1746), Claude-Adrien Helvétius (1715–1771), Joseph Priestley (1733–1804) oder Cesare Beccaria (1738–1794). Die klassischen Vertreter, welche die Maximierung der Glückssumme ins Zentrum ihres Denkens rücken, sie zu begründen suchen und sie umfassend anwenden, finden sich vor allem im englischsprachigen Raum des 18. und 19. Jahrhunderts. Hierzu gehören namentlich Adam Smith, Jeremy Bentham, John Stuart Mill und Henry Sidgwick.

Varianten

Das obige Grundprinzip des Utilitarismus, die Maximierung des Gesamtnutzens, wird manchmal nicht in direkter Form bzw. nicht in den skizzierten Deutungen angewandt. Vielmehr taucht es innerhalb der utilitaristischen Tradition in verschiedenen Varianten auf, die im Folgenden einander gegenübergestellt werden.

(1) Eine erste Unterscheidung betrifft folgende Frage: Wird tatsächlich ein *Akt-Utilitarismus* befürwortet oder eher ein *Regel-Utilitarismus?*

Der Akt-Utilitarismus verwendet das Prinzip unmittelbar in der oben formulierten Gestalt: Er fragt bei einer gegebenen Handlung, ob *sie selbst* einen größtmöglichen Gesamtnutzen über alle Betroffenen hinweg *erzielt* bzw. ob sie zumindest der beste Weg zu sein verspricht, um dieses Ziel zu erreichen. Der Regel-Utilitarismus verwendet das Prinzip demgegenüber indirekt und in letztlich kontrafaktischer Weise: Er fragt bei einer gegebenen Handlung, ob *es* zum größtmöglichen Gesamtnutzen bei allen Betroffenen *führen würde*, wenn alle der Regel folgten, die in jener Handlung realisiert ist.

Akt- und Regel-Utilitarismus

Akt-Utilitarismus:
Eine Handlung ist genau dann richtig, wenn *diese Handlung selbst als einzelner Akt* einen maximalen Gesamtnutzen *erzielt*.

Regel-Utilitarismus:
Eine Handlung ist genau dann richtig, wenn *die entsprechende Regel bei allgemeiner Befolgung* einen maximalen Gesamtnutzen *erzielen würde*.

Der normative Unterschied zwischen beiden Konzeptionen wird an einfachen Beispielen schnell deutlich: Man stelle sich einen geringfügigen Betrug, einen unerheblichen Diebstahl vor, welcher dem Opfer nur einen unmerklichen Schaden zufügt (etwa weil die fragliche Person sehr wohlhabend ist und den entstehenden Verlust verschmerzen kann), während der Täter einen spürbaren Gewinn davonträgt (oder auch seine Kinder und Angehörigen, die möglicherweise in elenden Verhältnissen leben und keine ehrlichen Erwerbsmöglichkeiten haben). Dieser Akt für sich allein genommen könnte den Gesamtnutzen durchaus erhöhen, so dass ein Akt-Utilitarismus ihn erlauben oder sogar fordern müsste.

Die Bilanz sähe indessen anders aus, wenn alle Menschen betrügen oder stehlen würden: Hier dürfte der Schaden insgesamt den Nutzen überwiegen, vielleicht schon bei jeder Einzelperson (etwa weil jeder das Gewonnene gleich selbst wieder verlieren müsste oder auch die Erfolgsaussichten immer geringer würden), zumindest aber in der Gesamtgruppe (indem der Wohlstand insgesamt abnähme, die Wirtschaft allmählich ruiniert würde, übermäßige Ressourcen in öffentliche Schutzmaßnahmen fließen müssten, ein allgemeines Misstrauen die sozialen Verhältnisse untergraben könnte etc.). Die im Akt angelegte Regel würde also bei allgemeiner Befolgung den Gesamtnutzen verringern, so dass ein Regel-Utilitarismus ihn ablehnen müsste.

Der Regel-Utilitarismus beurteilt also sehr wohl eine einzelne vorgenommene Handlung. Er beurteilt sie aber nicht nach ihren tatsächlichen oder auch nur wahrscheinlichen Konsequenzen. Vielmehr beurteilt er sie nach den fiktiven Konsequenzen, die es hätte, wenn alle Menschen jener Regel folgten, die der fraglichen Handlung zugrunde liegt bzw. die in jener Handlung erkennbar ist (deshalb *Regel*-Utilitarismus). Genauer beurteilt er sie danach, ob eine solche allgemeine Befolgung der fraglichen Regel ein Maximum des Gesamtnutzens erzeugen würde (deshalb Regel-*Utilitarismus*).

Damit ist der Regel-Utilitarismus keine wirklich teleologische Theorie: Es geht ihm nicht um die wirklichen oder zu erwartenden Konsequenzen einer Handlung. Der Regel-Utilitarismus ist eher eine deontologische Theorie: Er beurteilt die Handlung als solche, anhand der in ihr wirksamen und ablesbaren Regel.

Zwar verfügt er über eine *teleologische Grundperspektive:* Er hat einen moralischen Maßstab, um Handlungskonsequenzen zu bewerten. Dies ist eben die Größe des Gesamtnutzens, der als Folge einer Handlung entsteht. Aber dieser Maßstab kommt nur zu einem quasi virtuellen Einsatz: Er bewertet die gegebene Handlung nicht an den realen Konsequenzen, die sie wirklich hat oder voraussichtlich haben wird. Vielmehr beurteilt er sie allein anhand der fiktiven Konsequenzen, die ihre allgemeine Befolgung durch alle Menschen hätte.

Dadurch entsteht letztlich ein *deontologisches Gesamtmodell:* Geprüft wird die Handlung als solche, anhand der in ihr realisierten Regel. Diese Regel wird zwar ihrerseits hinsichtlich der fiktiven Konsequenzen geprüft, wenn alle ihr folgen würden. Aber es werden keine realen Konsequenzen bewertet, weder tatsächliche noch auch nur wahrscheinliche: Die Handlung wird aufgrund ihres regelhaften Charakters beurteilt, gemäß ihren kontrafaktischen Resultaten bei allgemeiner Befolgung. Dies ist eine interne Eigenschaft der Handlung selbst, ungeachtet aller echten Wirkungen in der realen Welt.

Jene spezielle Konstellation von teleologischer Grundlage und deontologischer Ausführung macht den Regel-Utilitarismus zu einer interessanten Zwischenerscheinung. Dies schlägt sich u.a. darin nieder, inwieweit er der deontologischen Formel vom ›Vorrang des Rechten vor dem Guten‹ entspricht (vgl. Abschnitt 5.5). In *begründungstheoretischer* Hinsicht weicht er offenbar von dieser Formel ab: Bei ihm erhält das ›Rechte‹ (die verbindliche Handlungsregel) vom ›Guten‹ (dem utilitaristisch definierten Maximierungsziel) überhaupt erst seine inhaltliche Bestimmung. In *normhierarchischem* Sinne hingegen kann er diese Formel für sich geltend machen: Das so bestimmte ›Rechte‹ (die gewonnene Handlungsregel) hat gegenüber allem unmittelbar ›Gutem‹ (dem tatsächlichen oder wahrscheinlichen Handlungserfolg) unbedingte Priorität.

Seiner normativen Struktur nach ist der Regel-Utilitarismus also als deontologische Theorie einzustufen. Nicht zuletzt wohnt ihm sehr unmissverständlich der deontologische Grundsatz der Universalisierbarkeit von Handlungen inne (vgl. Abschnitt 5.1): Auch er befindet Handlungen als erlaubt, verboten bzw. geboten, wenn es akzeptabel, inakzeptabel bzw. erforderlich wäre, dass jeder diese Handlung vollzieht. Die letztere Frage klärt er freilich mit einem anderen Maßstab, als dies andere Deontologen tun, wie etwa Kant: Kant wendet einen *amoralischen*, genauer einen konsistenzlogischen Maßstab an, indem er prüft, ob die fragliche Maxime als allgemeines Gesetz überhaupt gedacht bzw. durch sie selbst gewollt werden kann. Der Regel-Utilitarismus wendet demgegenüber einen *prämoralischen*, genauer einen teleologischen Maßstab an, indem er prüft, ob die fragliche Regel bei allgemeiner Befolgung dem utilitaristischen Kriterium eines maximalen Gesamtnutzens entspricht.

Indem der Regel-Utilitarismus diesen Gedanken der Universalisierbarkeit von Handlungen implementiert, hat er in einigen Anwendungsfällen gewisse Plausibilitätsvorteile gegenüber dem Akt-Utilitarismus. Dies betrifft vor allem Beispiele des Typs ›Schwarzfahren‹ bzw. ›Asozialität‹: Da derartige Handlungen für sich allein genommen keine schlechten Folgen haben (d.h. in diesem Zusammenhang: da sie de facto nicht den Gesamtnutzen verringern), sind sie akt-utilitaristisch nicht zu beanstanden (was sehr befremdlich anmutet). Sie hätten allerdings schlechte Folgen, wenn jeder so handeln würde (d.h. in diesem Kontext: sie würden bei Verallgemeinerung den Gesamtnutzen senken), und deshalb können sie regelutilitaristisch beanstandet werden (was recht angemessen erscheint).

Nicht zuletzt aufgrund derartiger Überlegungen wenden sich einige Utilitaristen dem Regel-Utilitarismus zu. Dies kann unterschiedlich ausgeprägt sein: Manchmal handelt es sich lediglich um geringfügige Beimischungen, um beiläufige Bemerkungen ohne nachdrückliche Ausarbeitung. Manchmal handelt es sich tatsächlich um integrale Elemente, bis hin zu einer expliziten Hinwendung zu einem reinen Regel-Utilitarismus.

Andere Utilitaristen halten demgegenüber an einem reinen Akt-Utilitarismus fest. Dies mag seine Ursache darin haben, dass der Regel-Utilitarismus argumentativ instabil wirkt: Wenn doch eingeräumt wird, dass die fragliche Regel am Gesamtnutzen zu bemessen ist, so erscheint es seltsam, dass nicht letztlich auch der einzelne Akt nach diesem Maßstab zu beurteilen sein sollte. Wenn schon anerkannt wird, dass eine teleologische Grundlage nötig ist, um das moralische Urteil zu fällen, so erscheint es naheliegend, diese offenbar maßgebliche Urteilsbasis nicht nur als irreale Folie für fiktive Konsequenzen bei allgemeiner Befolgung zu verwenden, sondern letztlich auch als gültigen Standard für die realen Folgen einer gegebenen Handlung heranzuziehen.

Dass eine teleologische Bezugsperspektive verwendet werden soll, um Regeln zu bewerten, legt somit für einige Utilitaristen nahe, dass die teleologische Sichtweise letztlich dominierend bleiben muss. Mit Blick auf Probleme wie Schwarzfahren oder Asozialität ergibt sich hieraus zuweilen eine etwas verwirrende und schwer durchschaubare Positionierung: Zunächst wird die Bedeutung von universellen Geboten, wie sie der Regel-Utilitarismus aufstellt, ausdrücklich anerkannt, nicht zuletzt um mit ihrer Hilfe die genannten Schwierigkeiten zu bewältigen. Bald zeigt sich aber, dass auch diesem Zugeständnis eigentlich ein Akt-Utilitarismus zugrunde liegt, innerhalb dessen die fraglichen Gebote allein den Status von nachgeordneten Hilfsmitteln, von bloßen Faustregeln haben.

Typischerweise verläuft die Argumentation dann wie folgt: Schwarzfahren bzw. Asozialität sind in der Tat moralisch falsch. Aber dies sind sie nicht erst deshalb, weil sie schlechte Konsequenzen *hätten*, wenn alle der entsprechenden Regel folgten (wie der Regel-Utilitarismus meint). Vielmehr sind sie es deshalb, weil bereits der einzelne Akt eines solchen Typs mit großer Wahrscheinlichkeit schlechte Konsequenzen *hat*, wie man bei genauerem Hinsehen erkennt (ganz gemäß dem Akt-Utilitarismus).

Denn solch ein Schwarzfahren, solch eine Asozialität wird vermutlich weitere Kreise ziehen: Das entsprechende Verhalten ist schwer zu verheimlichen, andere Personen werden es voraussichtlich nachahmen. Es verdirbt leicht den eigenen Charakter, man wird sicherlich auch bei anderen Gelegenheiten rücksichtslos agieren. Da diese zu erwartenden Folgen offenbar negativ wären, verstößt solches Verhalten bereits gegen eine akt-utilitaristische Perspektive und ist allein deshalb auch verkehrt.

Die regel-utilitaristische Sichtweise ist demgegenüber nur ein sekundärer Behelf, ein brauchbares Rezept. Diesen Status hat sie vor allem deshalb, weil man sich gern über die wahrscheinlichen Folgen des eigenen Verhaltens täuscht. Man denkt nicht daran, dass andere es bemerken und imitieren könnten. Man rechnet nicht damit, dass es einen korrumpiert und egoistisch machen mag.

Weil man diese drohenden Folgen so rasch übersieht, ist es besser, sich an Regeln zu halten, die derartige Handlungen angesichts ihrer fehlenden Verallgemeinerbarkeit strikt verbieten. Entsprechende Regeln sind somit eine gute Richtschnur, wegen der Unbedachtheit der Handelnden und der Unwägbarkeit der Welt. Sie haben aber keinen *intrinsischen* Wert, weil es tatsächlich in sich schlecht wäre, nichtverallgemeinerbare Handlungen zu vollziehen. Sie haben allein einen *instrumentellen* Wert, insofern ihre strikte Befolgung das verlässlichste Mittel ist, um mit der eigenen Handlung einen maximalen Gesamtnutzen zu erzielen.

Freilich handelt es sich hierbei um eine prekäre Argumentation: Letztlich läuft sie darauf hinaus, dass Schwarzfahren bzw. Asozialität nicht moralisch falsch sind, wenn man sicher sein darf, dass sie isoliert bleiben, also allein vom Handelnden selbst vollzogen werden. Und die naheliegende Entgegnung, dass dieser Fall niemals eintreten könne bzw. für den Handelnden niemals erkennbar wäre, ist wenig zufriedenstellend. Erstens ist diese Annahme *empirisch unrichtig:* Manchmal kann man gewiss sein, dass die Ausnahme, die man sich gönnt, keine weiteren Kreise ziehen wird. Zweitens ist jene Antwort, selbst wenn sie empirisch haltbar sein sollte, *normativ ungenügend:* Das Problem wird hiermit nicht durch das fragliche moralische Prinzip bewältigt, das man vorschlägt, sondern allein durch bestimmte kontingente Umstände, auf die man sich verlässt.

Diese Konstellation wird im weiteren Verlauf wiederbegegnen, und zwar mit Blick auf sämtliche Varianten des Utilitarismus: Wird der Utilitarismus mit der Kritik konfrontiert, dass sein Prinzip moralisch kontraintuitive Verhaltensweisen gutheißen kann, so verweisen seine Befürworter gern auf angebliche empirische Gegebenheiten, die derartige Konstellationen ausschließen oder zumindest für die Entscheider unwägbar machen sollen. Eine solche Argumentation ist indessen immer einem doppelten Einwand ausgesetzt. Zum einen sind die angeführten Fakten oftmals *empirisch fragwürdig:* Es lassen sich vielfach glaubhafte Szenarien entwerfen, die nachweislich utilitaristisch optimal wären, aber moralisch höchst brisant sind. Zum anderen ist, selbst wenn man jene Fakten einräumen würde, der Hinweis auf sie *normativ verfehlt:* Wenn ein bestimmtes Verhalten moralisch inakzeptabel ist, dann muss eine ethische Theorie es aus ihrem eigenen Prinzip heraus notwendig verbieten, statt sich darauf zu verlassen, dass die entsprechende Situation, in der sie selbst es erlauben oder gar fordern würde, empirisch schon nicht eintreten werde.

Hierin zeigt sich ein wesentlicher Unterschied zwischen einer kantischen Ethik und dem utilitaristischen Moralansatz: Auch bei Kant ist es eine *faktische* Eigenschaft, nämlich die Universalisierbarkeit einer Maxime, anhand derer der kategorische Imperativ prüft, ob eine Handlung moralisch richtig oder falsch ist. Aber hierbei handelt es sich genauer um eine *logische* Eigenschaft, indem die Verallgemeinerung jener Maxime *widerspruchsfrei denkbar* bzw. durch sie selbst *widerspruchsfrei wollbar* sein soll (vgl. Abschnitt 5.3). Somit macht sich diese ethische Theorie von allen *empirischen* Gegebenheiten frei, die so oder anders ausfallen könnten, und formuliert einen völlig autarken Maßstab, den sie ihrerseits an solche Gegebenheiten anlegt.

Dies verhält sich im Utilitarismus anders: Dort ist es eine *empirische* Frage, ob eine Handlung den Gesamtnutzen maximiert und damit moralisch richtig oder falsch ist. Insbesondere ist es eine *kausale* Frage, welche Nutzenkonstellation ein Verhalten akt-utilitaristisch *herbeiführen wird* oder auch regel-utilitaristisch *herbeiführen würde* (vgl. Abschnitt 6.3). Hierdurch wird das moralische Urteil von *kontingenten* Umständen abhängig, statt eigenständig und notwendig zu erfolgen, und diese können in einer Weise beschaffen sein, dass jenes Urteil höchst unplausibel wird.

(2) Die zweite Unterscheidung betrifft die verwendete Skala: Geht es dem Utilitarismus unter dem Begriff des Nutzens um empfundenes *Glück* oder um befriedigte *Präferenz?*

Glück bezeichnet in diesem Zusammenhang etwas primär Affektives, einen Seelenzustand, eine Gemütsverfassung. Diese mag durch andere Dinge oder Ereignisse ausgelöst werden, besteht aber als solche für sich selbst, eben als gewisse Art von angenehmer Empfindung: Körperliches Wohlbefinden bzw. die Abwesenheit von körperlichem Schmerz *ist* eine Form von Glück. Geistiger Genuss bzw. die Abwesenheit von geistiger Frustration *ist* eine Form von Glück. Präferenz bezeichnet im Gegensatz dazu etwas stärker Kognitives, eine Willensausrichtung, eine Strebensbestimmung. Diese besteht nicht für sich allein, sondern ist stets auf andere Dinge oder Ereignisse bezogen, die erreicht werden sollen: Man hat eine Präferenz *für* ein bestimmtes Gut, etwa einen Wunsch nach körperlicher Gesundheit oder geistiger Bildung bzw. nach der Abwesenheit von Krankheit oder Stumpfheit, aber die Präferenz ist nicht das Gut selbst, sondern lediglich das Streben nach jenem Gut. Man hat möglicherweise auch eine Präferenz *für* einen bestimmten Glückszustand, etwa einen Wunsch nach körperlichem Wohlbefinden oder geistigem Genuss, aber wiederum ist die Präferenz nicht dieses Glück, nicht dieser Zustand selbst, sondern etwas davon Unterschiedenes, darauf Bezogenes.

Glücks- und Präferenz-Utilitarismus

Glücks-Utilitarismus:
Zu maximieren ist die Gesamtmenge an *empfundenem Glück.*
Präferenz-Utilitarismus:
Zu maximieren ist die Gesamtmenge an *befriedigter Präferenz.*

Diese konzeptuelle Differenz, die zwischen Glück und Präferenz besteht, kann zu inhaltlichen Abweichungen führen, je nachdem welche Größe der Utilitarismus zugrunde legt. Zwar werden in vielen Fällen beide Skalen in die gleiche Richtung wirken: Oft haben Menschen Präferenzen für Dinge oder Ereignisse, die ihnen Glück verschaffen. Beispielsweise wünschen sie gutes Essen oder anregende Unterhaltung (bzw. das Ausbleiben von Hunger oder Einsamkeit). Gelegentlich haben sie sogar eine unmittelbare Präferenz dafür, Glück als solches zu empfinden. Sie wünschen sich Lust oder Freude (bzw. die Abwesenheit von Unlust und Leid). In solchen Fällen können beide Skalen miteinander korrelieren, indem ein höheres Glück mit einer stärkeren Präferenz einhergeht. Selbst dann muss aber nicht gleichgültig sein, welche Größe man verwendet: Im Übergang zwischen beiden Skalen kann es zu nichtproportionalen Verschiebungen kommen, d.h. eine gegebene Erhöhung des Glücksgefühls kann eine ungleich starke Steigerung der Präferenzerfüllung bedingen. Wenn es dann genauer darum geht, den größtmöglichen Gesamtnutzen über *mehrere Betroffene* hinweg zu erzielen, können unterschiedliche Vorgaben daraus entstehen, je nachdem ob man die Gesamtmenge des empfundenen Glücks oder aber die Gesamtmenge der befriedigten Präferenzen maximieren will.

Solche inhaltlichen Abweichungen, die zwischen Glück und Präferenz zu beobachten sind, können sogar auf geradewegs gegensätzliche Anweisungen hinauslaufen, wenn man utilitaristisch entscheidet. Denn in manchen Fällen weisen beide Skalen in unmittelbar widerstreitende Richtungen: Mitunter haben Menschen Präferenzen für Dinge oder Ereignisse, die ihr Glück verringern. Ein Asket etwa kann Erfahrungen anstreben, die ihm unangenehme Gefühle bereiten, dafür aber seine geistige Entfaltung vorantreiben, ohne dass er hierin irgendeine Art von höherem Glück sehen müsste (es macht gerade den Asketen aus, dass er andere Werte als Glück sucht). Zuweilen haben Menschen sogar eine direkte Präferenz dafür, Unglück zu empfinden. Ein Büßer etwa kann sich bewusst entschließen, körperlichen Schmerz zu ertragen, um sich von einer Schuld zu reinigen, ohne dass er hieraus ein nachgeordnetes Wohlgefühl beziehen würde (anders als ein Masochist, der aus physischem Schmerz sexuelle Lust gewinnt). In solchen Fällen können beide Skalen antikorreliert sein, indem eine gesteigerte Präferenz geradewegs auf ein gesenktes Glück gerichtet ist. Offensichtlich ist es dann hochgradig bedeutsam, welche Größe man verwendet: Jede Erhöhung des Glücksgefühls bedingt eine Verringerung der Präferenzerfüllung. Schon wenn es dann darum geht, den jeweiligen Nutzen eines *einzigen Betroffenen* zu maximieren, entstehen gegenteilige Vorgaben daraus, je nachdem ob man sein empfundenes Glück oder aber seine befriedigten Präferenzen steigern will.

Zudem mag das Konzept des Glücks gewisse inhärente Qualitätsmaßstäbe mit sich bringen: Bestimmte Arten von Wohlbefinden könnten in sich höherwertige Formen von Glück darstellen, andere in sich minderwertige. Beispielsweise ließe sich behaupten, dass Genuss von Kunst oder Wissenschaft, seiner eigenen Natur nach, eine höhere Glücksgestalt bilde als Genuss von Nahrung oder Sexualität. Nicht zuletzt ist denkbar, gewisse Arten von Vergnügen, wenn sie sehr simpel oder gar boshaft sind, geradewegs aus dem Begriff des Glücks auszuschließen: Die Befriedigung primitiver Triebe, die Erfüllung sadistischer Wünsche mögen zwar angenehme Empfindungen verschaffen. Aber man könnte dafürhalten, dass derartige Empfindungen eben ›kein echtes Glück‹ seien.

John Stuart Mill kennt in diesem Sinne neben der quantitativen Bemessung von Glück, gemäß seiner Intensität und Dauer, auch eine qualitative Einstufung des Glücks, nach höheren und niederen Arten. Insbesondere sind laut Mill spezifisch menschliche Glücksformen *höherwertig*, allein tierische Glücksformen demgegenüber *minderwertig*. Der Mensch verfügt ihm zufolge über besonders hochrangige Fähigkeiten, nämlich geistige, deren Betätigung eine entsprechend hochrangige Form von Glück verschafft. Ein Tier hat demgegenüber lediglich niederrangige Fähigkeiten, nämlich körperliche, deren Ausübung nur eine entsprechend niederrangige Form von Glück entstehen lässt. Diese qualitative Stufung der Glücksformen geht sogar so weit, dass es nach Mill ein größeres Glück bedeutet, eine höhere Fähigkeitsebene zu erschließen, ohne darin Erfüllung zu finden, als auf einer niederen Fähigkeitsebene zu verharren, darin aber Befriedigung zu erfahren. Jener Gedanke gipfelt in Mills berühmtem Ausspruch, es sei besser, ein unzufriedener Mensch zu sein als ein zufriedenes Schwein, besser ein unzufriedener Sokrates als ein zufriedener Narr [Mill, *Utilitarianism*, Kap. II, 13–20].

Demgegenüber scheinen dem Konzept der Präferenz kaum irgendwelche inhärenten Bewertungsstandards anzuhängen: Ein Wunsch ist ein Wunsch, eine Wahl ist eine Wahl. Es ist nicht unmittelbar einleuchtend, wie derartige Bestrebungen aus sich selbst heraus, d.h. ohne explizite Hinzuziehung externer Maßstäbe, in höhere und niedere Präferenzformen einzuteilen sein sollten. Insbesondere wäre kaum verständlich, irgendwelche Bevorzugungen, selbst wenn sie noch so simpel oder boshaft sein sollten, rundweg aus dem Begriff der Präferenz auszuschließen: Ein Wunsch mag stärker oder schwächer sein, und zudem vielleicht unsinnig oder verfehlt in seinem Inhalt. Aber es lässt sich schwerlich behaupten, er stelle deshalb ›keine echte Präferenz‹ dar.

Peter Singer vertritt in diesem Sinne eine rein quantitative Auffassung von Präferenz. Zwar ist es in der Regel schlimmer, einen Menschen zu schädigen als ein Tier, aber das liegt allein daran, dass hierdurch beim Menschen üblicherweise *mehr* und *stärkere* Präferenzen frustriert werden als beim Tier. Der Mensch, oder genauer jedes rationale und selbstbewusste Wesen, verfügt über zahlreiche und erhebliche Präferenzen bezüglich künftiger Ereignisse und Erlebnisse, die allesamt unerfüllt blieben, wenn er getötet würde. Das Tier, jedenfalls wenn es sich auf einfachen Entwicklungsstufen bewegt wie etwa ein Fisch, hat demgegenüber allein wenige und moderate Präferenzen hinsichtlich seines aktuellen Zustands und Wohlergehens, die möglicherweise unbefriedigt blieben, wenn es getötet würde. Es geht somit nicht darum, dass menschliche Präferenzen als solche einen höheren Status hätten als tierische Präferenzen. Es geht lediglich darum, dass bei einem Menschen für gewöhnlich mehr und stärkere Präferenzen zu berücksichtigen sind als bei einem Tier [Singer 1979/93, 123–129].

Glück ist die eindeutig bevorzugte Nutzenskala des klassischen Utilitarismus. Insbesondere die frühen Hauptvertreter Bentham, Mill und Sidgwick verstehen die Nutzen-Maximierung stets als Glücks-Maximierung [Bentham, *PML*, Kap. I, 1f.; Mill, *Utilitarianism*, Kap. II, 13; Sidgwick, *ME*, I.1, 8, IV.1, 411].

Präferenz ist die meist verwendete Nutzenskala im modernen Utilitarismus. Namentlich neue Vertreter wie Peter Singer, Richard Hare und John Harsanyi haben dieses Konzept maßgeblich entwickelt und genauer ausdifferenziert [Singer 1979/93, 124–129; Hare 1981, 146–148, 151–165; Harsanyi 1982, 54f.].

(3) Die dritte Unterscheidung betrifft das zugrunde gelegte Kriterium: Will der Utilitarismus die *Summe* des Nutzens über alle Betroffenen hinweg maximieren oder den *Durchschnitt?*

Im ersten Fall werden einfach die Nutzenwerte, d.h. empfundenes Glück oder befriedigte Präferenz, aller Betroffenen addiert. Dann wird diejenige Handlung gewählt, bei der diese Summe möglichst groß ist. Im zweiten Fall wird jene Summe noch durch die Anzahl der Betroffenen dividiert. Sodann wird diejenige Handlung gewählt, bei der dieser Durchschnitt maximal wird.

Nutzensummen- und Durchschnittsnutzen-Utilitarismus

Nutzensummen-Utilitarismus:
Zu maximieren ist die *Summe* des Nutzens.
Durchschnittsnutzen-Utilitarismus:
Zu maximieren ist der *Durchschnitt* des Nutzens.

Falls die Anzahl der Betroffenen in den verschiedenen Szenarien, zwischen denen man zu entscheiden hat, gleich ist, macht es keinen Unterschied, ob man eine Summen- oder eine Durchschnitts-Maximierung des Nutzens anstrebt. Denn dann differieren Summe und Durchschnitt nur in einer Konstanten, und folglich ist das Szenario mit maximaler Summe auch das Szenario mit maximalem Durchschnitt. (Beispielsweise steht man vor der Wahl zwischen zwei Optionen A und B. Die Nutzensumme in A beträgt 100 Nutzeneinheiten, in B 80 Nutzeneinheiten. Wenn es in beiden Optionen gleich viele Betroffene gibt, etwa 20, so ist notwendig auch der Durchschnittsnutzen in A größer als in B, nämlich 5 gegenüber 4. Denn zu seiner Berechnung teilt man beide Summen lediglich durch dieselbe Zahl 20.)

Wenn indessen die Anzahl der Betroffenen in den verschiedenen Szenarien differiert, etwa weil man weitreichende politische Maßnahmen erwägt, die sich direkt oder indirekt auf die Bevölkerungszahl auswirken, so kann es sehr wohl einen Unterschied machen, ob man einen Nutzensummen- oder einen Durchschnittsnutzen-Utilitarismus befürwortet. Denn dann muss das Szenario mit maximaler Summe nicht zugleich das Szenario mit maximalem Durchschnitt sein. (Beispielsweise steht man vor der Wahl zwischen zwei Optionen C und D. In C gibt es 50 Betroffene jeweils mit Nutzenwert 4, in D gibt es 20 Betroffene jeweils mit Nutzenwert 5. Dann ist die Nutzensumme in C größer als in D, nämlich 200 gegenüber 100. Hingegen ist der Durchschnittsnutzen in C kleiner als in D, nämlich 4 gegenüber 5.)

Das Summenkriterium wird von den meisten Utilitaristen bevorzugt. Insbesondere die klassischen Vertreter Bentham, Mill und Sidgwick, aber auch moderne Autoren wie Singer oder Hare sprechen sich mehr oder weniger eindeutig für eine Maximierung der Nutzensumme aus [Bentham, *PML*, Kap. I, 3, Kap. IV, 30f., Kap. XIII, 170, Kap. XVII, 310; Mill, *Utilitarianism*, Kap. II, 20, 29f.; Sidgwick, *ME*, IV.1, 415 f.; Singer 1979/93, 30f., 40, 89; Hare 1989, 215].

Das Durchschnittskriterium wird eher von einer Minderheit vertreten. Auch unter modernen Utilitaristen gibt es nur wenige Autoren, die sich wie Richard Brandt oder John Harsanyi für die Maximierung des Durchschnittsnutzens als moralischen Maßstab aussprechen [Brandt 1967, 48, 53; Harsanyi 1982, 44–46].

Probleme

Das skizzierte Grundprinzip des Utilitarismus, gleich in welcher Variante es vertreten wird, ruft verschiedene Bedenken auf den Plan, inwiefern es überhaupt als moralischer Maßstab tauglich sein könnte. Es bietet sich an, diese Bedenken gleich zu Anfang genauer zu beleuchten, um auf diesem Wege ein genaueres Verständnis der utilitaristischen Logik zu entwickeln.

(1) Eine erste Gruppe von Einwänden, die gegen den Utilitarismus vorgebracht werden, betrifft die *Skala*, die er verwendet. Hier wird der Gedanke kritisiert, dass sich moralisches Handeln überhaupt am Konzept des Nutzens orientieren sollte, und zwar unabhängig davon, ob dieser genauer als empfundenes Glück oder als befriedigte Präferenz entworfen wird.

So wird zunächst in rein *technischem* Sinne bezweifelt, ob solch ein Nutzen eine verständliche Größe darstellen könne: Bereits auf *intrapersoneller Ebene* sei dieses Konzept nicht anwendbar. Eine Nettobilanz von positiven und negativen Empfindungen, einen Gesamtwert von Glücksgefühl oder Präferenzerfüllung, in dem alle Regungen und Strebungen eines Menschen abgebildet seien, gebe es überhaupt nicht. Damit lasse sich bereits das Nutzenniveau eines einzigen Menschen nicht angeben, schon gar nicht numerisch in einer Zahl. Vor allem aber sei der Nutzenbegriff nicht auf *interpersoneller Ebene* einsetzbar. Es existiere schlichtweg kein gemeinsames Bezugssystem, innerhalb dessen das Glücksgefühl oder die Präferenzerfüllung des einen Menschen mit den entsprechenden Regungen und Strebungen eines anderen Menschen in einem definitiven Verhältnis stünde. Damit aber ließen sich insbesondere Nutzensumme oder Durchschnittsnutzen, als utilitaristische Kumulationsgrößen über verschiedene Betroffene hinweg, überhaupt nicht berechnen.

Dieser Einwand ist bedenkenswert, muss aber von utilitaristischer Seite nicht unwidersprochen hingenommen werden: So sind in Psychologie und Soziologie verschiedentlich *wissenschaftliche Methoden* entwickelt worden, um Glück- und Präferenzwerte intrapersonell zu erheben und interpersonell zu vergleichen. Zwar sind diese Methoden in ihrer Glaubhaftigkeit nicht unumstritten, und zudem lassen sie sich nicht ohne Weiteres in alltäglichen Situationen anwenden. Aber sie legen jedenfalls nahe, dass Nutzen als solcher keine epistemologisch abwegige Größe sein muss. In konkreten Anwendungskontexten wiederum sollten zumindest *grobe Abschätzungen* dahingehend möglich sein, welche Werte Glück oder Präferenz bei verschiedenen Menschen annehmen. Es ist in der Regel durchaus erkennbar, wer von den Beteiligten fröhlicher oder trauriger ist, wessen Wünsche erfüllt und welche übergangen werden. Wie unscharf diese Angaben auch sein mögen, in vielen Fällen dürften sie ausreichend sein, um Nutzensumme oder Durchschnittsnutzen zu veranschlagen und entsprechend utilitaristisch zu urteilen.

Zuweilen wird in unmittelbar *moralkonzeptueller* Hinsicht angemerkt, dass Nutzen keinen ethisch adäquaten Bezugspunkt bilden könne: Nutzen sei per definitionem die Grundlage für eine rein *utilitäre Bemessung*. Anhand seiner würden Dinge und Ereignisse gemäß ihrer Brauchbarkeit, Erfolgsverwirklichung, Zweckdienlichkeit, Vorteilhaftigkeit beurteilt. Damit sei er erkennbar ein Konzept des ökonomischen Denkens, was sich insbesondere darin bestätige, dass der Nutzenbegriff im 18. Jahrhundert zunächst in den Wirtschaftswissenschaften eingeführt wurde, ehe er in die Moraltheorie einwanderte. Tatsächlich sei solch eine ökonomische Bemessung aber kategorial verschieden von einer *ethischen Beurteilung*. Darin müsse es um originär moralische Werte gehen, nicht um utilitäre Tauglichkeit. Schon in seinem Zentralbegriff zeige der Utilitarismus daher, dass er seiner ganzen Anlage nach zur Pragmatik optimierten Gewinns, nicht jedoch zur Ethik guten Handelns gehöre.

Auch diese Anmerkungen sind beachtenswert, müssen aber wiederum von utilitaristischer Seite nicht widerspruchslos hingenommen werden: Immerhin gibt es eine Reihe von unzweifelhaft *ethischen Grundintuitionen*, die den Nutzen von Menschen ins Zentrum der Beurteilung rücken, darunter die verbreiteten moralischen Pflichten des Wohltuns, des Helfens, des Nichtschadens, des Nichtverletzens, des Mitleids, der Hinwendung, der Rücksichtnahme, der Unterstützung. Dass Nutzen, in einem hinreichend weiten Sinne, prinzipiell nichts mit Moralität zu tun habe und somit nicht legitim durch die Ethik aufgegriffen werden könne, ist daher unplausibel. Namentlich Glück oder Präferenz von Menschen zu berücksichtigen, ist kein Zeichen von Ökonomismus, sondern ein Gebot der Philanthropie. Insbesondere geht es dem Utilitarismus keineswegs um die Beförderung des *eigenen Nutzens*, was in der Tat ein bloß utilitäres Prinzip wäre, sondern primär um die Beförderung des fremden Nutzens, worin sich ein höchst moralischer Standpunkt ankündigt. Zwar fließt auch der jeweils eigene Nutzen in die Rechnung ein, wenn Summe bzw. Durchschnitt bestimmt werden, aber dies zumeist in geradezu verschwindendem Umfang, gemessen an den üblichen Betroffenenzahlen in sozialer Interaktion. Nutzensumme oder Durchschnittsnutzen utilitaristisch zu maximieren, kommt daher in aller Regel gerade keinem Egoismus gleich, wie er in wirtschaftlichen Beziehungen als Prinzip walten mag, sondern eher schon einem fast perfekten Altruismus, der dem Handelnden erhebliche Opfer abverlangen kann.

(2) Die letztere Richtigstellung lenkt die Aufmerksamkeit bereits von der Skala, mit welcher der Utilitarismus operiert, auf das *Kriterium*, das er zugrunde legt. Dieses Kriterium, nämlich die Maximierung des Gesamtnutzens, ist indessen seinerseits einer zweiten Gruppe von Einwänden ausgesetzt, und zwar gleichgültig ob es darin genauer um die Maximierung von Nutzensumme oder von Durchschnittsnutzen geht.

So wird in Frage gestellt, ob sich dieses Kriterium in *kognitiver* Hinsicht überhaupt anwenden lasse: Niemand sei imstande, *sämtliche Konsequenzen* einer anstehenden Handlung abzusehen. Damit sei aber insbesondere auch niemand fähig, den Gesamtnutzen zu berechnen, der sich aus jener Handlung ergeben würde. Selbst wenn also Nutzenwerte als solche grundsätzlich erhebbar und vergleichbar sein sollten, seien ihre künftigen Größen bei sämtlichen Personen, die vom eigenen Tun oder Unterlassen betroffen sein könnten, nicht erkennbar. Folglich stelle das utilitaristische Prinzip eine *rationale Überforderung* für den Handelnden dar. Niemand könne die Folgen seiner Taten für alle Beteiligten und in alle Zukunft voraussehen. Entsprechend könne auch niemand der Vorgabe folgen, in seinem Handeln die Summe bzw. den Durchschnitt des Nutzens über alle Betroffenen hinweg zu maximieren.

Dieser Einwand hat einiges für sich, muss aber nicht ohne Entgegnung bleiben: So würde dieses Argument zunächst nicht allein den Utilitarismus, sondern *jegliche Teleologie* treffen. Wenn sich die Konsequenzen von Handlungen tatsächlich nicht hinreichend vorhersehen lassen, dann sind hiervon alle ethischen Ansätze erfasst, die auf die Folgendimension abstellen, auch wenn sie nicht den Gesamtnutzen maximieren wollen. Genauer sind nicht nur alle teleologischen Ansätze, sondern letztlich alle Ethiken betroffen, die überhaupt Handlungskonsequenzen berücksichtigen, auch wenn sie nicht den Urteilsschwerpunkt darauf legen. Und vielleicht ist es auch gar nicht unmöglich, die Konsequenzen einer Handlung abzuschätzen, jedenfalls in *hinreichender Näherung*. In den meisten Fällen lässt sich absehen, welche Personen in welcher Weise von einer Handlung berührt sein werden. Dies sollte im Allgemeinen genügen, um auch die Auswirkungen auf die Summe bzw. den Durchschnitt des Nutzens zumindest grob zu bestimmen und somit utilitaristisch zu entscheiden.

Zuweilen wird auf die Tatsache verwiesen, dass das Kriterium in *moraltheoretischem* Sinne verfehlt sei: Wie oben angemerkt wurde, ist der *eigene Anteil* in Nutzensumme bzw. Durchschnittsnutzen in aller Regel verschwindend gering. Die utilitaristische Maximierung jenes Gesamtnutzens ist daher zumeist alles andere als egoistisch, sondern eher schon hochgradig altruistisch. Mitunter kann sie dem Handelnden extreme Opfer abfordern, etwa die Fortgabe des eigenen Vermögens an Personen mit stärkerer Bedürftigkeit oder die Hingabe des eigenen Lebens für eine größere Menge von Bedrohten. Damit stelle das utilitaristische Prinzip aber eine *ethische Überforderung* für den Handelnden dar. Von niemandem könne verlangt werden, das eigene Glück bzw. die eigenen Präferenzen derart hintanzustellen, wie es der Utilitarismus vorsehe. Eine normative Ethik, die derartige Zumutungen enthalte, sei nicht nur psychologisch unrealistisch, sondern auch theoretisch verfehlt.

Auch diese Anmerkungen verweisen auf etwas Wichtiges, müssen aber nicht ohne Gegenwehr akzeptiert werden: Immerhin scheinen vergleichbare Zumutungen ebenso wohl in *anderen Ethiken* entstehen zu können. Auch der kategorische Imperativ nach Kant mag gelegentlich verlangen, das eigene Vermögen fortzugeben. Auch eine aristotelische Tugend wie die Tapferkeit mag zuweilen nötigen, das eigene Leben hinzugeben. Und selbst wenn der Utilitarismus in dieser Hinsicht tatsächlich mehr fordern sollte als andere Ansätze, muss man dies nicht als *wesentliches Argument* gegen ihn gelten lassen. Von einer Ethik erwartet man zunächst einmal, dass sie einen Ideal-Entwurf dahingehend formuliert, welches Verhalten moralisch richtig ist. Fragen der Zumutbarkeit sind ein anderes Thema, das zur Not durch eine eigens nachgeschobene, aber immer noch auf jenes Ideal bezogene Real-Ethik behandelt werden kann.

(3) Es soll hier nicht entschieden werden, wie durchschlagend die skizzierten Einwände gegen den Utilitarismus und wie angemessen die jeweiligen Entgegnungen auf jene Vorwürfe sind. Letztlich dürfte das zentrale Problem des Utilitarismus an anderer Stelle zu suchen sein.

So kann sein Vorsatz, den Gesamtnutzen über alle Betroffenen hinweg zu maximieren, zu erheblicher *Ungleichheit* zwischen den Beteiligten oder zu bedenklicher *Unterversorgung* mancher Beteiligter führen: Das Maximum von Nutzensumme oder Durchschnittsnutzen mag sich gerade dann einstellen, wenn einige Menschen sehr viel besser dastehen als andere oder wenn bestimmte Menschen völlig leer ausgehen. Dabei mag jene Ungleichheit bzw. Unterversorgung wiederum auf der vorausgesetzten Nutzenskala herrschen, d.h. mit Blick auf Glücksempfindungen oder Präferenzbefriedigungen, oder auch auf einer unmittelbaren Güterskala, etwa mit Blick auf finanzielle Mittel oder materielle Ressourcen. In jedem Fall kann ein maximaler Gesamtnutzen über alle Betroffenen hinweg genau dann entstehen, wenn extreme Ungleichheiten oder deutliche Unterversorgungen auftreten, sei es in Nutzenwerten oder sei es in Güterwerten, und derartige Verhältnisse, auch wenn sie utilitaristisch optimal sein mögen, scheinen alles andere als moralisch hinnehmbar zu sein.

Beispielsweise könnte man vor der Wahl stehen zwischen einer Option A, in der ein Betroffener den Nutzenwert 10 erreicht und ein zweiter Betroffener den Nutzenwert 0, und einer Option B, in der beide den Nutzenwert 4 erhalten. Der Utilitarismus würde Option A den Vorzug geben, da hier sowohl Summe als auch Durchschnitt (10 bzw. 5) höher sind als in Option B (8 bzw. 4). Dies erscheint allerdings recht unplausibel, da in Option A beide Parteien sehr ungleich bedacht sind und die zweite Partei sogar völlig unversorgt bleibt. Eher dürfte Option B angemessen sein, in der ein weitgehender Ausgleich erreicht ist und niemand gänzlichen Verzicht leisten muss.

Erörterungen dieser Art machen deutlich, dass es noch andere Kriterien gibt, neben der Maximierung des Gesamtnutzens, anhand derer sich Weltzustände beurteilen lassen. Beispielsweise könnte man eine möglichst gleiche Höhe in den Anteilen der Betroffenen anzielen (Egalitarismus), eine möglichst geringe Anzahl von Betroffenen unterhalb einer Versorgungsschwelle (Minimalversorgung) oder eine möglichst weitgehende Optimierung der Situation der Schlechtestgestellten (Maximinprinzip). All dies sind relevante Gegenvorschläge, die im Namen von Fairness, Solidarität oder Dringlichkeit gegen das utilitaristische Prinzip vorgebracht werden können. Dabei mögen sie ihrerseits auf der Skala der Nutzenwerte oder auch auf abweichenden Skalen irgendwelcher Güterwerte operieren.

Auf diese Weise wird der utilitaristische Ansatz unmittelbar mit gewichtigen Gegenintuitionen konfrontiert, die ebenfalls teleologischer Art sind: Auch sie beurteilen Handlungen nach ihren Konsequenzen, nun aber nicht mehr in Hinblick auf einen möglichst großen Gesamtnutzen, sondern in Hinblick auf Gleichheitseffekte oder Versorgungslagen. Insbesondere mit Blick auf Entscheidungssituationen wie die obige scheinen sie dabei einen Plausibilitätsvorzug gegenüber dem Utilitarismus zu haben. Diese Einschätzung kann sich allerdings auch umkehren, wenn man anders gelagerte Fälle betrachtet.

Beispielsweise könnte man vor der Entscheidung stehen zwischen einer Option C, in ein Betroffener den Nutzenwert 4 erzielt und ein zweiter Betroffener den Nutzenwert 10, und einer Option D, in der beide den Nutzenwert 4 bekommen. Der Utilitarismus würde Option C bevorzugen, da wiederum Summe und Durchschnitt (14 bzw. 7) größer sind als in Option D (8 bzw. 4). Der Egalitarismus hingegen würde Option D vorziehen, wegen der höheren Gleichheit, eine Minimalversorgung bliebe indifferent für den Fall, dass der Wert 4 oberhalb ihrer Versorgungsschwelle läge, und ein Maximinprinzip wäre in jedem Fall gleichgültig, da der Schlechtestgestellte jeweils bei dem Wert 4 auskäme. Hier dürfte indessen einiges für Option C sprechen, insbesondere da in Option D der zweite Betroffene eines Vorteils beraubt wird, den er genießen könnte, ohne dass der erste Betroffene einen Nachteil davon hätte.

Derartige Befunde können den Gedanken nahelegen, eine geeignete Kombination aus verschiedenen teleologischen Kriterien zu bilden, damit sie ihre jeweiligen Vorzüge und Nachteile gegeneinander ausgleichen. Ob dies in einer Form gelingen könnte, die tatsächlich für alle Fälle zufriedenstellend wäre, muss hier offen bleiben. Möglicherweise würde man auch tugendethische Maßstäbe einführen wollen, welche die Anteile gemäß den charakterlichen Vorzügen der Betroffenen vergeben, oder deontologische Aspekte hinzuziehen, in denen die Verteilung sich an den freien Aktionen der Beteiligten auszurichten hätte. In jedem Fall wäre das Ergebnis kein reiner Utilitarismus mehr, sondern eine geeignet gemischte Theorie.

Ein verwandtes Problem des Utilitarismus liegt darin, dass eine Maximierung des Gesamtnutzens mit eklatanten *Verletzungen* elementarer *Abwehrrechte* einhergehen kann: Die Summe oder den Durchschnitt der Nutzenwerte über alle Betroffenen hinweg zu maximieren, mag nur um den Preis zu erreichen sein, dass einige Betroffene massiv in ihren persönlichen Eingriffs- oder Handlungsfreiheiten beschnitten werden. In diesen Fällen geht es also nicht mehr darum, dass der Utilitarismus bestimmte Anspruchsrechte vernachlässigen kann, indem er Gleichheit oder Wohlversorgtheit missachtet, sondern darum, dass er fundamentale Abwehrrechte verletzen kann, um sein Maximierungsziel zu erreichen. Wiederum scheinen solche Aktionen jedoch, obgleich sie utilitaristisch optimal wären, moralisch indiskutabel zu sein.

So wäre es aus utilitaristischer Sicht erlaubt und sogar geboten, dass ein Arzt einen seiner Patienten umbringt, um mit dessen Organen zehn andere Patienten zu retten. Dies gilt jedenfalls dann, wenn man bei allen Beteiligten eine ähnliche Lebenserwartung und eine vergleichbare Nutzenverwertung annehmen darf. Ähnlich kann der Utilitarismus unter gewissen Umständen Mord oder Vergewaltigung rechtfertigen bzw. verlangen, kann Gesellschaften mit Sklaverei gutheißen oder die Zeugung von Kindern erzwingen. All diese bedenklichen Praktiken mögen, je nach den gegebenen Verhältnissen, zu einer Steigerung von Nutzensumme bzw. Durchschnittsnutzen führen.

Vergleichbare Bemerkungen gelten freilich auch für die alternativen teleologischen Kriterien, die oben angeführt wurden: Auch der Egalitarismus ist offenbar nicht vertretbar, wenn die angestrebte Gleichheit nur dadurch zu erzielen ist, dass man alle Menschen tötet. Ähnlich dürfen Minimalversorgung oder Maximinprinzip gewiss nicht dadurch umgesetzt werden, dass man einige Menschen in ihren fundamentalen Freiheiten beeinträchtigt oder behindert. Jeweils ist eine angemessene Balance von Anspruchs- und Abwehrrechten herzustellen.

Ob diese Balance allein innerhalb teleologischen Vokabulars formuliert werden kann, sei dahingestellt. Möglicherweise wird man zu jenem Zweck auch tugendethische Konzeptionen oder deontologische Regeln einbeziehen müssen. In jedem Fall dürfte ein reiner Utilitarismus unzureichend sein, um die fraglichen Belange sicherzustellen. Sein Maximierungsziel muss wohl zumindest durch elementare Abwehrrechte geeignet begrenzt werden.

Reaktionen

Die Konstruktion des utilitaristischen Grundprinzips verleitet indessen dazu, auf Problemfälle der geschilderten Art mit einem vorschnellen Ausweichmanöver zu reagieren: So liegt der Gedanke nahe, die skizzierten Schwächen unter Verweis auf den Nutzenbegriff beheben zu wollen. Statt also das utilitaristische Konzept aufzugeben oder durch externe Erwägungen alternativ-teleologischer oder sogar nichtteleologischer Art zu ergänzen bzw. zu begrenzen, verlässt man sich darauf, dass der übliche Verlauf von Nutzenwerten jene kontraintuitiven Fälle gar nicht entstehen lasse, die man dem Utilitarismus zum Vorwurf macht. Diese Reaktion ist allerdings kurzsichtig, und zwar aus zwei wesentlichen Gründen: Erstens ist empirisch fragwürdig, ob glaubhafte Nutzenfunktionen tatsächlich alle Fälle des diskutierten Typs ausschließen können. Zweitens ist es normativ verfehlt, auf diese Weise die Behebung ethischer Probleme dem Verlauf faktischer Nutzenfunktionen zu überlassen.

(1) Utilitaristen verweisen gern darauf, dass die Beschaffenheit üblicher Nutzenbewertungen Problemfälle der erwähnten Art nicht entstehen lassen könne. Bei genauerem Hinsehen zeige sich, dass derartige Missstände stets mit erheblichen Nutzeneinbußen einhergingen, vor allem bei den Benachteiligten, aber auch bei den Bevorteilten, und folglich keinen maximalen Gesamtnutzen über sämtliche Betroffenen hinweg erzeugen könnten.

Ungleichheit und Unterversorgung beispielsweise seien bereits durch das Phänomen des sogenannten ›abnehmenden Grenznutzens‹ ausgeschlossen: Gemäß diesem Konzept fällt der Nutzenzuwachs, den ein Betroffener durch eine hinzugefügte weitere Gütereinheit erfährt, umso geringer aus, je höher das bereits bestehende Güterniveau dieses Betroffenen ist. Indem man bei allen Beteiligten solch einen ›abnehmenden Grenznutzen‹ voraussetzen dürfe, erhöhten sich Nutzensumme und Durchschnittsnutzen zwangsläufig, wenn man Geld oder Ressourcen von den Reicheren und Gutversorgten auf die Ärmeren und Schlechtversorgten übertrage. Eine Maximierung des Gesamtnutzens führe daher von allein zu einer Gleichheit bzw. Wohlversorgtheit mit Gütern. Hinzu kämen weitere psychosoziale Effekte, die ebenfalls in diese Richtung wirkten, sei es auf der Nutzen- oder sei es auf der Güterskala: Der Neid der Ärmeren reduziere ihre ohnehin schon geringen Nutzenwerte und führe damit zu einer zusätzlich verschlechterten Nutzenbilanz. Das Mitleid der Gutversorgten senke deren eigentlich höhere Nutzenwerte und bedinge damit ebenfalls eine deutlich verringerte Nutzenbilanz. Schließlich müsse die Gesellschaft insgesamt mit Unruhen rechnen, wenn es zu derartigen Missständen komme, womit Nutzensumme bzw. Durchschnittsnutzen zusätzlich beeinträchtigt würden.

Ähnlich könnten keine eklatanten Verletzungen elementarer Abwehrrechte entstehen: Schon das Leid der Opfer wäre jeweils zu groß, als dass der Nutzengewinn der Profitierenden dies aufwiegen könne. Hinzu kämen die Skrupel der Täter, die deren ursprünglichen Nutzengewinn mit empfindlichen Beeinträchtigungen versähen. Schließlich würde sich Angst in der Bevölkerung verbreiten, wenn derartige Praktiken um sich griffen, mit weiteren nachteiligen Folgen, welche die Nutzenbilanz zusätzlich verderben müssten. Insgesamt seien die Nutzenbewertungen von Menschen folglich so beschaffen, dass ihre Summe bzw. ihr Durchschnitt niemals maximal werden könnten, wenn man derartige Rechtsverstöße vornähme: Im Utilitarismus könnten niemals Patienten geopfert werden, um andere Patienten zu retten. Er könnten niemals Mord oder Vergewaltigung stattfinden, niemals Sklaven gehalten oder Geburten erzwungen werden. All dies sei schlichtweg ungeeignet, ein Maximum des Gesamtnutzens über alle Beteiligten hinweg zu erzielen.

Diese utilitaristische Entgegnung ist jedoch ungenügend und kann die erhobenen Einwände nicht entkräften. Dies hat vor allem zwei Gründe.

Zum einen ist *empirisch äußerst zweifelhaft*, ob die faktischen Nutzenverläufe der Menschen tatsächlich alle Ungerechtigkeiten der skizzierten Art ausmerzen würden: Ein abnehmender Grenznutzen mag ein verbreitetes Phänomen sein, aber er muss durchaus nicht bei allen Betroffenen vorliegen. Und selbst wenn er bei jedem einzelnen Beteiligten zu beobachten ist, führt er nicht notwendig zu dem behaupteten Effekt, stets Gütertransfers von Reich zu Arm zu favorisieren. Vielmehr ist dies nur dann der Fall, wenn die entsprechenden Verlaufskurven bei allen Betroffenen hinreichend parallel sind, was keineswegs garantiert ist: Ein vergnügter Millionär mag durch einen geschenkten Hundert-Euro-Schein immer noch einen größeren Nutzenzuwachs verzeichnen als ein deprimierter Bettler, auch wenn jeder von beiden einen abnehmenden Grenznutzen aufweist. Ganz allgemein hängt es von der jeweiligen ›Nutzenverwertung‹ ab, wer unter dem utilitaristischen Kriterium wie viele zusätzliche Güteranteile erhält. Gute ›Nutzenverwerter‹ werden bevorzugt, gleichgültig wie ihre aktuelle Güterausstattung beschaffen ist, und es ist nicht gesagt, dass die Reicheren und Gutversorgten schlechtere Nutzenverwerter sein müssen als die Ärmeren und Schlechtversorgten.

Ähnliche Bemerkungen gelten für die weiteren psychosozialen Effekte, die angeblich dafür sorgen sollen, dass eine utilitaristische Maximierung keine ungerechten Praktiken entstehen lassen kann: Weder Ungleichheit und Unterversorgung noch die Verletzung von Abwehrrechten können hierdurch verlässlich ausgeschlossen werden. Neid, Mitleid und Unruhen mögen zu schwach sein oder völlig ausbleiben, wenn die Ärmeren hinreichend duldsam sind, die Gutversorgten ausreichend ungerührt bleiben bzw. die Gesellschaft insgesamt eine genügende Trägheit aufweist. Leid, Skrupel und Angst können zu geringfügig sein oder gänzlich fehlen, wenn man die Opfer geeignet manipuliert, die Täter sich entsprechend trainieren bzw. die Vorgänge vor der Allgemeinbevölkerung geheim gehalten werden. Dass derartige Bedingungen in sich moralisch untragbar wären, hilft dem Utilitarismus nicht, denn genau für dieses Urteil kann er selbst keinen Grund angeben. Er will sich darauf verlassen, dass die genannten Fälle faktisch nicht eintreten können, und dies ist offensichtlich falsch. Es lassen sich leicht Situationen entwerfen, auch völlig realistische, in denen der Gesamtnutzen maximiert wird, gerade indem eklatantes Unrecht entsteht.

Zum anderen ist es *normativ höchst unbefriedigend*, das utilitaristische Prinzip in der geschilderten Weise zu verteidigen: Möglicherweise stimmt es, dass die faktischen Nutzenbewertungen der betroffenen Personen keine Ungerechtigkeiten der genannten Art entstehen lassen. Dennoch gibt man eine unpassende Antwort auf die gestellte Herausforderung, wenn man über diesen Zusammenhang die skizzierten Probleme zu beheben versucht. Denn man überlässt damit die Lösung moralischer Schwierigkeiten den kontingenten Regungen und Strebungen der Beteiligten, statt jene Schwierigkeiten explizit und bewusst durch die eigene Theorie aufzunehmen und aufzuarbeiten: Man erkennt an, dass die geschilderten Fälle Ungerechtigkeiten beinhalten, aber man versäumt, diese Ungerechtigkeit innerhalb der eigenen Moralphilosophie als solche zu markieren und zu beseitigen. Ein normatives Problem verlangt jedoch eine normative Antwort. Ein bloßer Verweis auf günstige empirische Umstände genügt nicht.

Die genannten Probleme werden somit in falscher Weise behandelt: Wenn es ungerecht wäre, dass jemand sich in bestimmter Weise verhielte, genügt es nicht zu sagen, dass die entsprechende Situation, in der das eigene Prinzip dieses Verhalten billigen oder sogar verlangen müsste, empirisch schon nicht auftreten werde. Wenn das eigene Kriterium bei entsprechenden Nutzenwerten dazu führen würde, dass schweres Unrecht begangen wird, ist es unzureichend zu behaupten, dass die Skala der Nutzenwerte eine solche Lage kontingenterweise nicht entstehen lasse. Schließlich wäre immer noch denkbar, dass der Nutzenverlauf jenes Unrecht nicht verhindern könnte. Es wäre allemal möglich, dass es keinen abnehmenden Grenznutzen gäbe, dass weder Neid, Mitleid oder Unruhen noch Leid, Skrupel oder Angst ausreichend wären, die fraglichen Zustände zu verhindern. Auch in diesem kontrafaktischen Fall bliebe das Ergebnis jedoch unverändert ungerecht. Dann braucht man aber offenbar eine unabhängige normative Behandlung dieses Problems, keine bloße empirische Behauptung seines Nichteintretens.

Als Utilitarist sollte man daher nicht versuchen, offensichtliche normative Problemfälle dadurch zu beheben, dass man auf die Beschaffenheit der Skala vertraut, d.h. geeignete faktische Nutzenverläufe postuliert: Dieses Manöver erscheint zunächst attraktiv. Tatsächlich handelt es sich dabei aber um einen argumentativen Trick, der weder inhaltlich verlässlich noch strukturell angemessen ist. Stattdessen sollte man sich zwischen einer der beiden folgenden Positionen entscheiden.

Entweder man erkennt die entsprechenden Belange an, wie Gleichheit oder Wohlversorgtheit bzw. die Wahrung von Abwehrrechten. Dann sollte man sie explizit in die eigene Theorie integrieren, d.h. das Kriterium der Gesamtnutzen-Maximierung geeignet ergänzen bzw. begrenzen. Dies hat freilich zur Folge, dass man keinen reinen Utilitarismus mehr vertritt, sondern eine entsprechende Mischtheorie aufstellt.

Oder aber man hält am puren Utilitarismus fest. Dann muss man indessen erklären, dass Ungleichheit oder Unterversorgung, ebenso wie die erhebliche Verletzung von fundamentalen Abwehrrechten, in gewissen Fällen eben doch moralisch vertretbar oder sogar geboten sind, wie es das Kriterium der Gesamtnutzen-Maximierung behauptet. Die entsprechenden Unplausibilitäten sind dann in Kauf zu nehmen.

Konfrontiert man Utilitaristen mit skandalösen Beispielen des geschilderten Typs, etwa schwerer Ungleichheit oder möglicher Sklaverei, die utilitaristisch optimal wären, so changieren sie zuweilen zwischen den drei Reaktionen oder bewegen sich sogar in einem Zirkel zwischen ihnen: Zunächst erklären sie, dass derartige Fälle gar nicht eintreten könnten, wenn man sich die empirischen Gegebenheiten bewusst mache. Summe bzw. Durchschnitt realistischer Nutzenbewertungen könnten niemals maximal werden, wenn Ungleichheit oder Sklaverei praktiziert würden. Dies ist allerdings sachlich falsch, solche Konstellationen können sich durchaus einstellen und sind bei genauerem Hinsehen auch keineswegs selten. Zudem ist es systematisch verkehrt, moralische Kriterienfragen auf empirische Skalenmutmaßungen abzuwälzen.

Hierauf entgegen Utilitaristen gern, dass es bei der Beförderung von Glück oder Präferenz freilich nicht allein um die Maximierung des Gesamtnutzens gehe. Ebenso sei etwa eine gewisse Gleichheit der Nutzenwerte zu berücksichtigen, oder Nutzenbestände dürften nicht durch etwaige Übergriffe beeinträchtigt werden. In diesem Fall handelt es sich allerdings um keinen echten Utilitarismus mehr. Vielmehr wird nun zumindest eine gemischte Theorie vertreten.

Darauf erwidern Utilitaristen gelegentlich, dass es in derart ungewöhnlichen Fällen vielleicht doch, entgegen erster intuitiver Einschätzung, allein um die Maximierung von Summe oder Durchschnitt gehe. Wenn die Umstände so extrem beschaffen seien, dass tatsächlich mehr Glück erzeugt oder mehr Präferenz erfüllt würde, indem man Ungleichheit oder Sklaverei zulasse, so seien diese Praktiken, anders als zunächst angenommen, vielleicht doch erlaubt oder sogar geboten, worin sich allein zeige, dass eine ethische Theorie verbreitete Intuitionen gelegentlich korrigieren müsse. Dies ist freilich in den diskutierten Fällen höchst unplausibel, da es sich um erhebliche Missachtungen und beträchtliche Rechtsverletzungen handelt. Hierauf reagieren utilitaristische Denker dann nicht selten wieder mit der ersten Antwort, dass dergleichen Fälle ja auch empirisch so gut wie niemals eintreten würden, angesichts des kontingenten Verlaufs von menschlichen Nutzenwerten.

(2) Eine eng verwandte utilitaristische Argumentationslinie beruft sich darauf, dass in den Nutzenbewertungen der Beteiligten auch moralische Beurteilungen der jeweiligen Verhältnisse enthalten seien. Schließlich habe es einen Einfluss auf die Glücksempfindungen und Präferenzbefriedigungen der Betroffenen, ob etwa ihre Gerechtigkeits- und Fairnessvorstellungen erfüllt oder enttäuscht werden, und dieser simple Zusammenhang führe wiederum dazu, dass ungerechte oder unfaire Zustände niemals die Nutzensumme bzw. den Durchschnittsnutzen maximieren könnten.

Wenn es also beispielsweise zu Ungleichheit oder Unterversorgung käme, gleichgültig ob auf der Nutzen- oder auf der Güterskala, so wären die Menschen genau hierüber empört: Schließlich hege die Mehrheit der Menschen, Benachteiligte wie Bevorzugte, entsprechende Vorstellungen von Egalitarismus oder Minimalversorgung, die durch derartige Zustände frustriert würden. Solch eine Frustration bedeute aber verringerte Glücks- bzw. Präferenzwerte. Mithin werde die Nutzenbilanz, wenn man all diese Effekte einrechne, verschlechtert gegenüber Zuständen der Gleichheit oder Wohlversorgtheit. Entsprechend bräuchten die erwähnten Belange nicht durch eigenständige Kriterien aufgegriffen zu werden, sondern seien über die verwendete Skala immer schon im utilitaristischen Kalkül enthalten.

Analoges gelte für schwere Verletzungen basaler Abwehrrechte: Übergriffe auf Leben und Gesundheit, Beschränkungen von Eingriffs- oder Handlungsfreiheit würden das Gerechtigkeitsgefühl vieler Menschen, Beteiligter wie Beobachtender, zutiefst verletzen. Dieses Gerechtigkeitsgefühl gehöre aber zu den Glücks- bzw. Präferenzwerten, mit denen Menschen sich auf ihre Welt beziehen. Entsprechend würden sich derartige Verletzungen im allgemeinen Wohlbefinden niederschlagen und den Gesamtnutzen verringern. Einmal mehr bedürfe der angemessene Schutz wesentlicher Abwehrrechte daher keiner externen Gewährleistung neben dem utilitaristischen Kriterium, sondern werde auf natürliche Weise über die herangezogene Skala berücksichtigt.

Auch diese utilitaristische Argumentation kann jedoch nicht überzeugen. Die Gründe hierfür sind weitgehend parallel zu den obigen.

Erstens ist *empirisch überaus fragwürdig*, ob die Gerechtigkeitsempfindungen der Menschen geeignet sind, die skizzierten Fälle inakzeptabler Rechtsverletzungen sicher und durchweg auszuschließen: Viele Menschen haben zu schwache Moralvorstellungen, als dass sich die behaupteten Effekte einstellen müssten. Gleichgültigkeit und Desinteresse sind allzu verbreitet, um davon ausgehen zu dürfen, das Leid der Benachteiligten werde stets genügend Empörung auslösen, um hierdurch Nutzensumme bzw. Durchschnittsnutzen trotz der Vorteile der Bevorzugten zu verringern. Manche Menschen haben sogar völlig fehlgeleitete Moralvorstellungen, die derartige Missstände weiter begünstigen mögen. Es gibt auch Aggressivität und Böswilligkeit, bei Beteiligten wie bei Beobachtern, die ihrerseits entsprechende Glücks- und Präferenzbewertungen in die Bilanz einbringen würden, welche das entsprechende Unrecht weiter bestärken könnten.

Die Reaktion ist somit inhaltlich nicht überzeugend: Nicht alle Menschen sind Egalitaristen oder Minimalversorger. Und diejenigen, die solche Vorstellungen hegen, sind vielleicht zu wenige an der Zahl oder haben sie in zu geringer Stärke. Nicht alle Menschen sind erklärte Gegner eklatanter Rechtsverletzungen. Einige befürworten derartige Übergriffe sogar und beziehen aus ihnen besonderen Nutzen.

Zweitens ist es *normativ zutiefst verfehlt*, externe Moralgesichtspunkte über einen entsprechend aufgeladenen Nutzenbegriff importieren zu wollen: Wenn eingeräumt wird, dass Gleichheit oder Wohlversorgtheit bzw. die Beachtung von Abwehrrechten wesentliche Gerechtigkeitsaspekte bilden, dann müssen diese Einsichten explizit auf der Kriterienebene aufgegriffen werden. Sie lediglich implizit über die Skalenebene einzubeziehen, ist systematisch unzureichend. Die Probleme entstehen durch das Konzept der Gesamtnutzen-Maximierung, müssen also auch durch eine Ergänzung oder Begrenzung dieses Maximierungs-Kriteriums behoben werden. Sie allein über die Nutzenskala vermeiden zu wollen, ist ein Missbrauch dieses Instruments, nämlich der Versuch, Defizite der eigenen Theorie auszugleichen, ohne notwendige Änderungen an ihrer Gestalt vorzunehmen.

Ein solches Vorgehen ist strukturell unredlich: Fremde Moralvorstellungen, deren grundsätzliche Berechtigung offenbar eingeräumt wird, werden auf falscher Ebene importiert. Sie werden über die Bezugsskala eingeführt, ohne dass ihnen der systematische Status eingeräumt würde, der ihnen als autarken Kriterienvorschlägen eigentlich zusteht. Tatsächlich ist die somit erstellte Theorie nur noch ein Pseudo-Utilitarismus. Das Maximierungs-Kriterium ist eine bloße Hülle, in der Nutzenskala werden externe Gerechtigkeitsmaßstäbe verborgen, die als richtig vorausgesetzt, aber nicht offen anerkannt werden.

Natürlich wäre ein derartiger Utilitarismus auch unvollständig: Schließlich konstruiert er die benötigten Nutzenfunktionen, die Gleichheit oder Wohlversorgtheit bzw. den Schutz von Abwehrrechten garantieren sollten, nicht selbst, sondern verlässt sich hierbei auf die entsprechenden Vorlieben der beteiligten Personen. Auch begründet er jene Belange nicht, sondern übernimmt sie aus den Vorgaben anderer Moraltheorien. Zudem muss ein solches Verfahren nicht immer durchführbar sein: Es ist nicht garantiert, dass sich alle moralisch bedeutsamen Aspekte einer Situation als Maximierung eines geeignet postulierten Gesamtnutzens rekonstruieren lassen. Insbesondere bei prozeduralen Erfordernissen kann es hier zu konzeptuellen Hindernissen kommen.

Schließlich ist das skizzierte Vorgehen performativ unangemessen: Die Moralauffassungen anderer Menschen werden zu bloßen Nutzenbewertungen herabgestuft, statt dass sie als vollwertige Alternativvorschläge respektiert würden. Bestehende Gerechtigkeitsvorstellungen werden zu beliebigen Glücks- oder Präferenzwerten degradiert, neben sonstigen Vergnügungen und Bevorzugungen, statt dass man sie als möglicherweise wichtige Einsichten, als potentiell relevante Argumente anerkennt, die entsprechend aufzugreifen und zu diskutieren wären. Eine derartige Haltung ist diskursiv inadäquat: Forderungen nach Gleichheit oder Wohlversorgtheit, Hinweise auf die Unverletzlichkeit von Abwehrrechten stellen erwägenswerte Positionen dar, die Gegenentwürfe zum Utilitarismus geltend machen, und nicht allein psychosoziale Reaktionen, die wie andere Interessen oder Wünsche in die utilitaristische Bilanz einzurechnen wären. Sie vermitteln einen eigenständigen ethischen Gehalt, der als solcher zu debattieren und zu prüfen ist, und nicht allein ein empfindungsmäßiges Rohmaterial, auf welchem nun der angeblich alleinige ethische Standard der Gesamtnutzen-Maximierung operieren könnte.

Man stelle sich vor, dass jemand eine moralisch inakzeptable Handlung begeht und die betroffene Person hierüber schwer verletzt, enttäuscht, gekränkt ist. Utilitaristisch liegt es nahe, die Handlung aus eben diesem Grund abzulehnen: Denn jene Verletzung, Enttäuschung, Kränkung ist offenbar ein Unglücksgefühl, eine Präferenzfrustration. Damit führt sie, wenn sie hinreichend stark ist, zu einer Senkung des Gesamtnutzens und verstößt folglich gegen das utilitaristische Prinzip. Diese Darstellung verdreht jedoch die wesentlichen Zusammenhänge auf inakzeptable Weise: Die fragliche Handlung war nicht *falsch*, weil der Betroffene durch sie *verletzt* wurde. Vielmehr ist der Betroffene *verletzt*, weil die fragliche Handlung *falsch* war. Seine Kränkung ist nicht einfach ein einzurechnender Nutzenwert, so wie ein Schmerzempfinden oder eine Wunschversagung, welche dem überhaupt erst ethischen Prinzip des Utilitarismus einzuspeisen wäre. Vielmehr ist sie ihrerseits eine Form der ethischen Stellungnahme, ein Ausdruck moralischer Missbilligung, die entsprechende Anerkennung als vollwertiges Urteil verlangt.

Man stelle sich vor, der Täter entschuldige sich bei dem Opfer mit dem Hinweis, dass er wohl eine falsche Handlung begangen habe, wenn der andere eine derartige Enttäuschung empfinde. Diese Art der Entschuldigung ist völlig unangebracht: Sie ist anmaßend, herabwürdigend, demütigend, da sie sich weigert, den anderen als gleichwertigen Diskurspartner mit eigenständigen Normvorstellungen anzuerkennen. Sie ist wiederum zutiefst verletzend, und diese erneute Verletzung ist nicht etwa ein weiterer Nutzenwert, der in der Bilanz zu berücksichtigen wäre, sondern zeigt ihrerseits lediglich an, dass dem bereits begangenen Unrecht eine weitere Verfehlung hinzugefügt wird. Denn mit jener Begründung stellt sich der Täter in unzulässiger Weise über den Betroffenen: Er nimmt dessen *moralisches Urteil*, das seiner Verletztheit *zugrunde liegt*, nicht als einen ernsthaften Hinweis auf, dass er einen Fehler begangen haben könnte. Vielmehr betrachtet er jene Verletztheit allein als eine *emotionale Reaktion*, die er als solche hätte *vermeiden sollen*. Wenn dies indessen die einzige relevante ethische Forderung wäre, so stünde ihm hierfür eine Reihe anderer Wege offen, um das Problem zu beheben, die allesamt erkennbar irrig sind. Dann müsste es auch genügen, die Tat vor dem anderen geheim zu halten, seine Empfindungen geeignet zu manipulieren, stärkere Glücks- oder Präferenzwerte als er zu entwickeln etc.

Wenn man sich also dem Utilitarismus zuwendet, so sollte man zumindest davon absehen, fremde Moralauffassungen unter die üblichen Nutzenwerte zu zählen. Gewiss: Dieses Vorgehen ist verlockend, da sich hierdurch notorische Problemfälle auf einfache Weise in utilitaristischem Sinne beheben zu lassen scheinen. Aber es degradiert die moralischen Einschätzungen anderer Personen in unannehmbarer Form. Gerechtigkeitsvorstellungen hinsichtlich Gleichheit oder Wohlversorgtheit, bezüglich der Respektierung von Abwehrrechten etc. sind keine psychosozialen Daten, die man lediglich einzurechnen hätte. Es sind ethische Positionen, die man als solche ernst nehmen muss.

Dies bedeutet freilich nicht, jene Moralauffassungen kritiklos hinzunehmen. Im Gegenteil: Nutzenwerte nimmt man hin, oder man manipuliert sie. Moralurteile hingegen nimmt man ernst, und man kritisiert sie. Gerechtigkeitsvorstellungen sind nicht einfach zu akzeptieren, wie sonstige Nutzenwerte, sind nicht an sich selbst Rechtfertigungen für Handlungen, durch ihr Gewicht im Gesamtnutzen.

Vielmehr sind sie lediglich Anhaltspunkte für eine solche Rechtfertigung, nach kritischer Prüfung, und einige von ihnen sind sicherlich zu verwerfen, weil sie unhaltbar sind.

(3) Nach dieser Diskussion von typischen Einwänden gegen den Utilitarismus und häufigen Entgegnungen auf jene Vorwürfe sind nun die Argumente zu betrachten, die für den Utilitarismus vorgebracht werden. Schließlich werden seine Skala und sein Kriterium nicht allein vertreten, sondern auch begründet, und zwar mit einer Reihe von Überlegungen, von denen die wichtigsten im Folgenden vorgestellt werden.

Utilitaristische Autoren sind tendenziell zurückhaltend, inwieweit ihr zentrales Grundprinzip sich in striktem Sinne herleiten lässt: Oft liest man, ein strenger Beweis der utilitaristischen Formel sei nicht möglich. Die Gesamtnutzen-Maximierung bilde den obersten Grundsatz, der zur Begründung aller konkreteren Normen und zur Rechtfertigung jeder einzelnen Handlung diene. Daher könne sie ihrerseits nicht mehr aus einer höheren Norm abgeleitet werden, sei also selbst keiner Rechtfertigung fähig [vgl. Bentham, *PML*, Kap. I, 4; Mill, *Utilitarianism*, Kap. I, 8f., Kap. IV, 60; Sidgwick, *ME*, IV.2, 419].

Dieser Standpunkt ist nachvollziehbar: Wenn alle ethische Deduktion beim obersten Grundsatz der Gesamtnutzen-Maximierung beginnt, kann dieser selbst nicht mehr aus einem höheren Prinzip deduziert werden. Aber dann ist dieser Grundsatz eben in anderer Weise zu rechtfertigen. Auch oberste Prinzipien müssen begründet werden, im Utilitarismus ebenso wie in anderen Ethiken, selbst wenn dies nicht mehr über eine Deduktion gelingen kann, sondern andere Formen der Argumentation erfordert.

Tatsächlich bieten Utilitaristen auch Begründungen für ihr Prinzip an, etwa indem sie es gegen konkurrierende Auffassungen abwägen, aus vorgeordneten Annahmen herleiten oder mit anderen Normbereichen parallelisieren. Dabei kommt es allerdings immer wieder zu typischen Schwächen utilitaristischer Argumentation.

Erstens wird der Utilitarismus zuweilen dadurch begründet, dass die angeblich einzigen Alternativen zu ihm aufgelistet und abgewiesen werden. Nun darf man grundsätzlich fragen, ob eine solche negative Argumentation für moralische Überlegungen überhaupt angebracht ist: In der Mathematik ist sie sicherlich am Platze, da dort die fraglichen Alternativen vollständig benennbar und streng widerlegbar sind. Zudem lässt das Ergebnis dieser Argumentation in der Regel nichts zu wünschen übrig, weil die nachgewiesene Unmöglichkeit einer mathematischen Beziehung zumeist auch vollständig erklärt, weshalb der fragliche Zusammenhang gegenteiliger Art sein muss. In der Ethik hingegen ist diese Methode oftmals unbefriedigend, weil die Gründe, die gegen alternative Ansätze sprechen, selten wirklich Aufschluss darüber verschaffen, warum der eigene Ansatz richtig sein sollte. Überdies besteht eine merkliche Gefahr, dass die angeführten Alternativen nicht vollständig sind und auch nicht überzeugend widerlegt werden. Tatsächlich ist die Auswahl der vorgeblich einzigen Alternativen in utilitaristischen Texten mitunter seltsam eng. Oftmals taucht weder eine Tugendethik aristotelischen Typs noch eine Deontologie kantischer Provenienz auf, und selbst abweichende teleologische Konzepte wie Egalitarismus oder Minimalversorgung bleiben zumeist ungenannt.

Zweitens erstreckt sich die Argumentation häufig nur darauf zu zeigen, dass der Nutzen der Beteiligten zu befördern sei. Dass genauer die Summe oder der Durchschnitt dieses Nutzens über alle Betroffenen hinweg maximiert werden solle, wird demgegenüber nicht begründet: Viele Utilitaristen bemühen sich ausgiebig um den Nachweis, dass Glück bzw. Präferenz moralisch maßgebliche Größen sind. Sie appellieren nachdrücklich daran, Wohlbefinden zu vermehren oder Wünsche zu erfüllen. Sie beantworten bei genauerem Hinsehen aber nicht die Frage, weshalb die größtmögliche Summe bzw. der größtmögliche Durchschnitt dieses Glücks bzw. dieser Präferenz zu erreichen sein sollte. Dies ist indessen keineswegs selbstverständlich, man könnte ebenso gut etwa eine Gleichheit oder eine Mindestversorgung jenes Nutzens anstreben. Auf diese Weise begründen diese Autoren lediglich die Skala, nicht aber das Kriterium des Utilitarismus. Dies hindert sie indessen nicht, an anderer Stelle das vollständige Prinzip der Gesamtnutzen-Maximierung explizit zu vertreten.

6.2 Bentham: Gegen Asketizismus und Willkür

Jeremy Bentham (1748–1832) gilt gemeinhin als der eigentliche Stammvater des Utilitarismus. Nachdem einige Denker vor ihm das utilitaristische Prinzip (*greatest happiness principle*) und das zugehörige Motto (*the greatest happiness of the greatest number*) bereits angedeutet bzw. verwendet haben, ist Bentham der erste Autor, der den Utilitarismus systematisch erschließt und detailliert darstellt. Insbesondere in seinem Hauptwerk *An Introduction to the Principles of Morals and Legislation* (1789/1823) findet sich die erste umfassende Präsentation der utilitaristischen Ethik. Indessen leistet auch Bentham noch keine vollständige Begründung und vertiefte Erörterung der utilitaristischen Doktrin. Eher geht es ihm in seinen Publikationen darum, wesentliche Eckdaten dieses Ansatzes thetisch festzuhalten und dann als moralische Grundnorm für verschiedene politische Reformprojekte zu verwenden, etwa hinsichtlich des Wahlrechts und des Strafwesens. Speziell in den *Principles of Morals and Legislation* skizziert er eine utilitaristische Umgestaltung des englischen Rechtssystems.

Eine strenge Herleitung des Utilitarismus bietet Bentham also nicht an. Wohl aber bemüht er sich um eine gewisse Plausibilisierung des utilitaristischen Grundprinzips. Insbesondere gibt es nach Bentham angeblich nur zwei Alternativen zum Utilitarismus. Da beide untauglich seien, bleibe allein der utilitaristische Grundsatz als moralischer Maßstab übrig.

(1) Die erste Alternative ist Bentham zufolge ein Prinzip, das *stets* gegen den Utilitarismus gerichtet wäre: Gemäß diesem Prinzip sollte das Glück der Beteilig-

ten nicht befördert, sondern im Gegenteil vermindert werden. Bentham bezeichnet diesen Grundsatz als ›Prinzip des Asketizismus‹. Dieses werde zuweilen von philosophischer Seite vertreten, wo man gelegentlich zumindest die Freude verdamme. Manchmal tauche es auch mit religiösem Hintergrund auf, wo häufig sogar das Leid gepriesen werde.

Gegen das Prinzip des Asketizismus erhebt Bentham folgenden Einwand: Eine Verminderung *eigenen* Glücks oder die Zufügung *eigener* Schmerzen möge vielleicht noch als moralisch nachvollziehbar angesehen werden. Eine Verringerung des Glücks *anderer* Menschen oder das Zufügen von Schmerzen bei *anderen* Menschen könne indessen moralisch kaum überzeugen. Tatsächlich sei ein solcher Grundsatz auch niemals ernsthaft vertreten worden, insbesondere nicht als Richtschnur für das Leben in Gemeinschaften. Folglich könne der Asketizismus nicht als umfassendes moralisches Prinzip für das Verhalten gegenüber anderen Menschen oder gar das öffentliche Leben, sondern höchstens als begrenzte moralische Maxime für die Gestaltung des eigenen Daseins im privaten Bereich gelten.

Zudem gründet der Asketizismus laut Bentham mutmaßlich auf übereilten Schlussfolgerungen: Sein Hintergrund sei wahrscheinlich die Feststellung oder auch die Einbildung, dass bestimmte Freuden langfristig größeres Leid nach sich ziehen. Von dieser langfristigen Schädlichkeit *gewisser* Freuden werde dann übereilt auf die prinzipielle Schlechtigkeit *aller* Freuden geschlossen. Insbesondere liege der Kalkulation ursprünglich wohl das utilitaristische Bestreben zugrunde, eine bestmögliche Bilanz von Freude und Leid zu erzielen. Dieser eigentlich utilitaristische Ausgangspunkt werde dann aber vergessen bzw. fehlangewendet, so dass es zu einer generellen Verdammung von Freude und sogar einer gezielten Hinwendung zum Leid komme [Bentham, *PML*, Kap. II, 8–13].

(2) Die zweite Alternative ist Bentham zufolge ein Prinzip, das *manchmal* gegen den Utilitarismus gerichtet wäre: Gemäß diesem Prinzip wird das Glück der Beteiligten nicht unter allen Umständen, sondern nur nach eigenem Gutdünken befördert. Bentham nennt diesen Grundsatz das ›Prinzip von Sympathie und Antipathie‹. Handlungen werden hier gebilligt oder abgelehnt, je nachdem ob man eine gefühlsmäßige Neigung oder einen unmittelbaren Widerwillen ihnen gegenüber in sich vorfindet. Weitere Begründungen über diese persönliche Einschätzung hinaus werden nicht als notwendig erachtet.

Auch dieses Prinzip von Sympathie und Antipathie ist nach Bentham kein tragfähiger Moralgrundsatz: In ihm würden gegebene Vorlieben und Abneigungen nicht anhand von unabhängigen Gründen geprüft. Vielmehr würden sie umgekehrt selbst als hinreichende Gründe für das eigene Handeln angesehen. Damit handle es sich aber um überhaupt kein echtes *Prinzip*, im Sinne eines allgemeinverbindlichen Maßstabs. Stattdessen sei bloße *Willkür* am Werk, die unreflektierte Laune angesichts gegebener Handlungsalternativen.

Ein solches Entscheiden gemäß Sympathie und Antipathie verbirgt sich laut Bentham hinter sämtlichen Verweisen auf höhere Instanzen, aus denen sich Richtig und Falsch ergeben sollen: Unter anderem nennt er den Rekurs auf einen moralischen Sinn oder den gemeinen Menschenverstand, auf ein tieferes Verstehen oder eine unumstößliche Rechtsregel, auf Zweckmäßigkeit, natürliches Gesetz, Naturrecht, öffentliche Ordnung, Vernünftigkeit oder Natürlichkeit. Hinter all diesen angeblichen *Kriterien* für Richtig oder Falsch erkennt Bentham allein die individuelle *Laune*. Nicht zuletzt sieht er das englische Strafwesen durch derartige Willkür gekennzeichnet. Sanktionen würden ohne jede stichhaltige Begründung und lediglich aus gefühlsmäßigem Abscheu über die Tat verhängt, träten entsprechend oftmals in unangemessenen Fällen auf und fielen im jeweiligen Ausmaß häufig zu hart aus [Bentham, *PML*, Kap. II, 13–21].

(3) Indem beide Alternativen, Asketizismus wie Willkür, nach Bentham inakzeptabel sind, bleibt ihm zufolge allein der Utilitarismus als Moralprinzip übrig. Indessen zeigt sich bei genauerem Hinsehen rasch, dass diese Argumentation wenig stichhaltig ist.

Erstens ist Benthams Auswahl der diskutierten Alternativen völlig verengt: Zwar erweckt Bentham den Anschein einer vollständigen Einteilung, insofern nichtutilitaristische Prinzipien in der Tat nur entweder ›stets‹ oder ›manchmal‹ gegen den Utilitarismus gerichtet sein können. Betrachtet man jedoch, welche Optionen er unter diesen Titeln genauer anbietet, so zeigt sich, dass diese längst nicht das gesamte Spektrum möglicher Gegenpositionen abdecken: Noch verständlich mag sein, dass eine ›stets‹ gegen den Utilitarismus gerichtete Regel wohl auf eine asketizistische Verneinung jeglichen Glücks hinauslaufen müsste. Wenn immerfort eine maximale Glückssumme zurückgewiesen wird, gleichgültig in welcher Konstellation, dann soll Glück vermutlich verringert werden. Wenn niemals eine maximale Glückssumme befürwortet wird, nicht einmal falls man es nur mit einem Betroffenen zu tun hat, dann wird wahrscheinlich jedwedes Glück abgelehnt. Dass aber eine ›manchmal‹ gegen den Utilitarismus gerichtete Regel nur in einer willkürlichen Beurteilung von Handlungen nach persönlicher Sympathie und Antipathie bestehen könne, ist abwegig. Schließlich müssten an dieser Stelle so gut wie sämtliche Gegenentwürfe zur utilitaristischen Moral genannt werden, die in der normativen Ethik präsent sind. Tugendhafte Charaktere gemäß Platon, Aristoteles oder Thomas von Aquin auszubilden, dem kategorischen Imperativ gemäß Kant zu folgen, wird in manchen Fällen auf eine maximale Glückssumme hinauslaufen, in manchen Fällen zu gegenläufigen Resultaten führen. Dabei sind diese Vorgaben gewiss nicht durch unreflektierte Willkür geleitet, sondern führen ernst zu nehmende ethische Gründe an. Dass diese Entwürfe unerwähnt bleiben, ist irritierend. Möglicherweise will Bentham sie unter die oben genannten Positionen rechnen, die Richtig und Falsch etwa auf natürliche Ordnung oder vernünftige Einsicht gründen. Dann würde sich aber zeigen, dass auch diese Positionen keineswegs auf bloßer Laune beruhen, wie Bentham behauptet, sondern allemal auf wohldurchdachte Theorieansätze zurückgehen.

Es mag einen Grund dafür geben, weshalb Bentham dieser Verengung anheimfällt: Der Bezugspunkt seiner Erörterungen ist offenbar weniger die akademische Debatte der philosophischen Tradition als vielmehr die soziale Realität seiner zeitgenössischen Umgebung. Dort lassen sich indessen in der Tat zwei Strömungen identifizieren, die Benthams utilitaristischen Forderungen in der skizzierten Weise gegenüberstehen: Erstens gibt es im religiösen Denken des damaligen England eine Tendenz, Glück in seinen verschiedenen Erscheinungsweisen rundweg zu verdammen. Namentlich der englische Puritanismus weist Züge eines solchen Asketizismus auf, einer strikten Glücksverneinung, die in Benthams Sinne ›stets‹ dem Utilitarismus entgegengesetzt ist. Dabei wird diese Lehre der Glücksverurteilung nicht selten gezielt an die unteren Schichten adressiert, um sie von gesellschaftlichen Vorteilen auszuschließen. Zweitens besteht im politischen System des damaligen England eine Tendenz, Entscheidungen nicht nach einheitlichen Maßstäben zu fällen. Insbesondere das englische Common Law zu Benthams Zeiten neigt zu einer gewissen Willkür, berücksichtigt die Glücksbestrebungen von Menschen allein nach Sympathie oder Antipathie, so dass es ›manchmal‹ mit dem Utilitarismus konform geht und manchmal nicht. Gerade im Strafwesen wird nicht selten mit zweierlei Maß gemessen, indem vergleichbare Vergehen bei Angehörigen unterschiedlicher Schichten ein abweichendes Strafmaß nach sich ziehen. Wie eingangs erwähnt, zeichnen sich die klassischen Utilitaristen und insbesondere Bentham durch einen starken sozialreformerischen Impetus aus. Tatsächlich bildet der Utilitarismus im 18. und frühen 19. Jahrhundert die wesentliche gesellschaftliche Reformbewegung Englands, die sich religiösen Traditionen entgegenstellt und politische Veränderungen durchzusetzen versucht. Von daher ist Benthams vorrangiger Bezug auf die soziale Wirklichkeit und die gesellschaftliche Diskussion seiner Zeit erklärlich. Dies ändert freilich nichts daran, dass seine Auflistung von Gegenpositionen philosophisch unzureichend ist.

Zweitens reicht Benthams Überlegung ihrem argumentativen Gehalt nach nicht aus, um das utilitaristische Grundprinzip in seinem vollen Umfang herzuleiten: Die Ablehnung von Asketizismus und Willkür mag darauf hinauslaufen, Glück als moralisch relevante Größe anzuerkennen. Aber dass genauer die größtmögliche Summe an Glück über alle Betroffenen hinweg erreicht werden sollte, ist damit nicht gezeigt: Das Prinzip des Asketizismus will Glück in jedem Fall vermindern, das Prinzip von Sympathie und Antipathie will es nur gemäß jeweiliger Laune befördern. Wenn man Bentham zugesteht, dass dies die einzig relevanten Alternativen zur einen richtigen Theorie sind und dass beide Positionen aufgrund der genannten Defizite falsch sind, so legt dies allenfalls nahe, dass Glück dem Grundsatz nach immer zu befördern sei. Dass genauer die Summe jenes Glücks maximiert werden müsste, folgt hieraus nicht. Im Gegenteil, räumt man die moralische Bedeutung des Glücks ein, so könnte man dafürhalten, dass alle Betroffenen gleich viel von jenem Glück erhalten sollten oder dass kein Betroffener zu wenig Glück bekommen sollte.

Nicht zuletzt diese Anmerkung unterstreicht noch einmal, dass Benthams Alternativen zu eng gewählt sind: Er übersieht nicht nur tugendethische und deontologische Gegenentwürfe zum Utilitarismus, wie aristotelische Tugenden oder kantische Pflichten, sondern ebenso teleologische Alternativen, wie die Forderungen nach Gleichheit oder Mindestversorgung. Auch diese Alternativen sind indessen ›manchmal‹ gegen den Utilitarismus gerichtet und gehen ›manchmal‹ mit ihm konform: Wenn man auf der Güter- oder Nutzenskala dafür sorgt, dass alle Betroffenen gleiche Anteile erhalten oder kein Betroffener unter ein gewisses Mindestmaß fällt, so kann dies zuweilen ein Maximum der Glückssumme erzeugen, zuweilen nicht. Dabei sind auch diese Maßgaben gewiss nicht durch Willkür geprägt, d.h. durch eine unreflektierte Beurteilung von Handlungen gemäß persönlicher Sympathie und Antipathie. Zudem hätte Bentham jene Optionen von Egalitarismus und Minimalversorgung in seiner Argumentation nicht übersehen dürfen. Denn ihre moralischen Belange werden in der politischen Diskussion seiner Zeit durchaus vertreten, etwa im Sozialismus.

6.3 Mill: Der Beweis des Utilitarismus

John Stuart Mill (1806–1873) ist durch einen vergleichbaren sozialreformerischen Impetus geprägt wie Jeremy Bentham. Wesentliche politische Ziele seines Wirkens sind die Stärkung von Freiheitsrechten, vor allem von Meinungs- und Handlungsfreiheit, sowie die Gleichstellung der Geschlechter, namentlich das Wahlrecht für Frauen. Auch Mill vertritt diese Ziele mit ausdrücklichem Rekurs auf die utilitaristische Morallehre. Insbesondere Meinungs- und Handlungsfreiheit fordert Mill nicht, wie andere Liberalisten, weil einzelne Menschen unverbrüchliche Rechte auf diese Freiheiten hätten, sondern vielmehr, ganz gemäß dem Utilitarismus, weil weitestgehende Freiheiten seiner Ansicht nach den gesamtgesellschaftlichen Nutzen erhöhen.

Mills Hauptschrift zum Utilitarismus ist seine Abhandlung *Utilitarianism* (1861/71). Das Buch gilt gemeinhin als das wichtigste Werk der utilitaristischen Tradition, da es die erste philosophische Erläuterung und systematische Grundlegung der Theorie enthält. Die Darstellung bleibt zwar insgesamt recht knapp und überblicksartig, beleuchtet aber wesentliche Aspekte und setzt sich mit relevanten Einwänden auseinander. Unter anderem enthält sie ein neues Argument für das utilitaristische Prinzip, nämlich Mills berühmten Beweis des Utilitarismus.

Die Schritte des Beweises

Im vierten Kapitel von Mills *Utilitarianism* findet sich die folgende Begründung für das utilitaristische Prinzip. Sie gehört zu den meistdiskutierten Passagen in der ethischen Literatur:

> »Der einzige Beweis dafür, daß ein Gegenstand sichtbar [*visible*] ist, ist, daß man ihn tatsächlich sieht. Der einzige Beweis dafür, daß ein Ton hörbar [*audible*] ist, ist, daß man ihn hört. Und dasselbe gilt für die anderen Quellen unserer Erfahrung. Ebenso wird der einzige Beweis dafür, daß etwas wünschenswert [*desirable*] ist, der sein, daß die Menschen es tatsächlich wünschen. Wäre der Zweck, den sich die utilitaristische Theorie setzt, nicht schon in Theorie und Praxis als Zweck anerkannt, könnte einen nichts davon überzeugen,

daß dies wirklich der Zweck ist. Dafür, daß das allgemeine Glück [*general happiness*] wünschenswert ist, läßt sich kein anderer Grund angeben, als daß jeder sein eigenes Glück [*own happiness*] erstrebt, insoweit er es für erreichbar hält. Da dieses jedoch eine Tatsache ist, haben wir damit nicht nur den ganzen Beweis, den der Fall zuläßt, sondern alles, was überhaupt [...] dafür verlangt werden kann, daß Glück ein Gut [*a good*] ist: [...] daß das Glück jedes einzelnen für diesen ein Gut ist und daß daher das allgemeine Glück ein Gut für die Gesamtheit der Menschen ist.« [Mill, *Utilitarianism*, Kap. IV, 60f.]

Diese Argumentation wirkt in ihrer Dichte ein wenig unscharf. Bei genauerer Analyse scheinen sich immerhin zwei Schritte darin unterscheiden zu lassen.

(1) In einem *ersten Schritt* stellt Mill zunächst die Behauptung auf, dass jeder Mensch nach seinem eigenen Glück strebe. Hieraus schließt er, dass dieses jeweilige Glück des einzelnen Menschen für ihn gut sei.

Der Textzusammenhang zeigt dabei, dass dieses ›Glück jedes Einzelnen‹ (*each person's happiness*) für Mill in der Tat ein *moralisches Gut* darstellt. Der Zusatz ›für diesen‹ (*to that person*) bringt keine Relativierung jenes moralischen Status mit sich. Indem jeder Einzelne sein Glück erstrebt, ist dieses Glück des Einzelnen als ›wünschenswert‹ (*desirable*) im vollen moralischen Sinne ausgewiesen. Genauer bedeutet dies, dass jenes Glück zu befördern ist.

(2) In einem *zweiten Schritt* geht Mill von jener Behauptung aus, dass das Glück des Einzelnen für ihn gut sei. Hieraus folgert er, dass die Summe des Glücks für die Gesamtheit der Menschen gut sei.

Der Argumentationskontext zeigt dabei, dass Mill mit seiner Wendung ›allgemeines Glück‹ (*general happiness*) in der Tat diese *utilitaristische Summe* des Glücks meint. Die Nutzensumme bildet ein ›Gut‹ (*a good*), wiederum in moralischer Hinsicht. So wie mit Blick auf einen Einzelmenschen dessen Einzelglück ein moralisches Gut ist, so ist mit Blick auf eine Mehrzahl von Menschen die Summe ihres Glücks ›wünschenswert‹ (*desirable*) im vollen moralischen Sinne. Genauer heißt dies, dass jene Summe zu maximieren ist.

(3) Anders als Bentham liefert Mill hiermit keine negative Argumentation für die utilitaristische Norm, indem er Alternativen auflistet und ablehnt. Vielmehr bietet er einen positiven Gedankenhang an, der jene Norm unmittelbar begründen soll. Auch beschränkt Mill sich nicht wie Bentham auf den Nachweis, dass Glück zu befördern sei (dies ist das Resultat seines ersten Schrittes). Vielmehr kommt er zu dem ausdrücklichen Ergebnis, dass die Summe dieses Glücks zu maximieren sei (dies ist der Schluss in seinem zweiten Schritt).

Dennoch mutet Mills Beweis wenig überzeugend an. Probleme ergeben sich bei genauerem Hinsehen in beiden Schritten.

Kritik am ersten Beweisschritt

Mill beginnt mit der Tatsachenbehauptung, dass jeder einzelne Mensch nach seinem eigenen Glück strebt. Bereits dieses Faktum ist anthropologisch fragwürdig: Asketische Menschen streben nicht nach ihrem eigenen Glück, sondern nach anderen Werten. Selbstlose Menschen streben nicht nach ihrem eigenen Glück, sondern nach dem Glück anderer. Man könnte versucht sein, an dieser Stelle mit einem sehr weiten Glücksbegriff zu operieren, der auch eine asketische Beschränkung seiner selbst oder ein selbstloses Opfer für andere als subtile Spielformen von eigenem Glück gelten ließe. Solch eine Darstellung erschiene allerdings wenig glaubwürdig, da hiermit letztlich jeder Vorsatz eines Menschen zu einem Streben nach eigenem Glück umdeklariert werden könnte. (Helfen könnte an dieser Stelle allenfalls, vom Glücksbegriff zum Präferenzbegriff überzuwechseln: Dass man nach Erfüllung der eigenen Präferenz strebt, ist wohl tatsächlich richtig, auch bei Asketen, auch bei Selbstlosen. Allerdings hätte man es hierbei auch nicht mehr mit einer anthropologischen These zu tun, für deren psychologische Korrektheit man empirische Belege anführen müsste, wie es Mill im weiteren Verlauf versucht. Eher handelte es sich um eine definitorische Wahrheit, insofern Erstrebtes gar nichts anderes bedeutet als den Inhalt einer Präferenz.)

Selbst wenn man indessen diese Ausgangsthese akzeptiert, ist der erste Beweisschritt logisch brisant, und zwar in seinem Übergang von jener Tatsachenbehauptung zu einer Wertaussage: Auch wenn jeder Mensch sein Glück (bzw. seine Präferenz) verfolgt, heißt dies noch lange nicht, dass dieses Glück (bzw. diese Präferenz) gut ist.

(1) Allem Anschein nach gerät Mill bei seinem ersten Beweisschritt in eine sprachliche Falle. Er parallelisiert die Zuschreibung des Begriffs ›wünschenswert‹ (*desirable*) mit der Zuschreibung der Begriffe ›sichtbar‹ und ›hörbar‹ (*visible, audible*), übersieht dabei aber, dass es sich um Begriffe ganz unterschiedlichen Typs handelt, insbesondere dass ihre Anwendung einer völlig anderen Logik folgt: Dass etwas sichtbar (*visible*) oder hörbar (*audible*) ist, lässt sich in der Tat daraus ableiten, dass es gesehen bzw. gehört wird. Vielleicht kann man es nicht *nur* daraus ableiten, wie Mill schreibt, aber zumindest *auch* daraus. Denn ›sichtbar‹ bzw. ›hörbar‹ heißt eben ›*kann* gesehen werden‹ bzw. ›*kann* gehört werden‹. Und was tatsächlich gesehen bzw. gehört wird, kann offenbar gesehen bzw. gehört werden. Dass indessen etwas wünschenswert (*desirable*) ist, lässt sich nicht daraus ableiten, dass es gewünscht (*desired*) wird. Denn ›wünschenswert‹ heißt nicht ›*kann* gewünscht werden‹, sondern ›*sollte* gewünscht werden‹. Und dies folgt *nicht* daraus, dass etwas gewünscht *wird*. Genau dies behauptet Mill aber in seinem ersten Beweisschritt, in Anlehnung an die Logik von ›sichtbar‹ und ›hörbar‹.

Im Hintergrund dieser Beobachtungen steht eine Unterscheidung, die in Abschnitt 3.1 ausführlich besprochen wurde. Dass Wünschenswertsein nicht ohne Weiteres aus Gewünschtwerden zu folgern ist, liegt an der Differenz von Fakten und Normen: Dass jeder Mensch nach seinem Glück strebt (dass dieses Glück gewünscht, *desired*, ist), ist ein Faktum (wenn es stimmt). Dass dieses Glück des Einzelnen gut sei (dass jenes Glück wünschenswert, *desirable*, sei), ist eine Norm (wenn es richtig ist). Zwischen beiden Aussagen besteht keine direkte Ableitungsbeziehung. Wenn Mill Letztere aus Ersterer folgert, scheint ihm ein Sein-Sollen-Fehlschluss (nach Hume) bzw. ein naturalistischer Fehlschluss (nach Moore) zu unterlaufen.

Tatsächlich will George Edward Moore in Mills erstem Beweisschritt einen solchen naturalistischen Fehlschluss erkennen. Dies macht er zunächst anhand der von Mill benutzten Begriffe und ihrer unterschiedlichen Logik deutlich: Auf den ersten Blick scheint das Wort *desirable* analog zu den Wörtern *visible* und *audible* gebaut zu sein. Tatsächlich haben diese Wörter aber einen sehr unterschiedlichen Charakter. So ist *desirable* ein normativer Begriff, er bedeutet im Wesentlichen das Gleiche wie das moralische Wort ›gut‹. Hingegen sind *visible* und *audible* faktische Begriffe, sie bezeichnen lediglich empirische Dispositionen. Eben deshalb können *visible* und *audible* aus Fakten hergeleitet werden, nämlich daraus, dass etwas gesehen bzw. gehört wird. Aber das normative *desirable* kann nicht aus dem Faktum hergeleitet werden, dass etwas erstrebt wird. Möglicherweise erliegt Mill hierbei einer irreführenden Erscheinung der englischen Sprache, insofern ›desir*able*‹ aufgrund der ähnlichen Endung ein artgleicher Begriff zu sein scheint wie ›vis*ible*‹ bzw. ›aud*ible*‹, nämlich ein Dispositionsbegriff, der sich als solcher aus Tatsachenbehauptungen ableiten ließe. In der deutschen Sprache wäre ihm dieser Fehler womöglich nicht unterlaufen, da ›wünschens*wert*‹ deutlich ein anderer Worttyp ist als ›sicht*bar*‹ bzw. ›hör*bar*‹, nämlich eben ein normativer statt ein faktischer [Moore, *PE*, § 40, 111].

Damit liegt der Zusammenhang anscheinend auf der Hand: Mill schließt von dem Faktum, dass Glück gewünscht, erstrebt ist (*desired*), auf die Norm, dass Glück wünschenswert, gut sei (*desirable*). Dies entspricht genau dem bekannten Schema eines Sein-Sollen-Fehlschlusses nach Hume (vgl. Abschnitt 3.1):

Glück wird erstrebt (A ist Q)
→ Glück ist gut (A ist gut)

Ermutigt wird Mill hierzu, indem er irrtümlich *desirable* mit *visible* bzw. *audible* parallelisiert: Aus dem Faktum, dass ein Gegenstand gesehen oder gehört wird, kann man auf das Faktum schließen, dass er sichtbar bzw. hörbar ist. Aber aus der Tatsachenbehauptung, dass jeder einzelne Mensch nach seinem eigenen Glück strebt, kann man nicht das Werturteil folgern, dass dieses Glück ein Gut sei: Dies wäre ein unmittelbarer Schluss von einem bloßen Sein auf ein moralisches Sollen.

Nun wird ein solcher Schluss bekanntlich unproblematisch, sobald man ihm eine geeignete weitere Prämisse voranstellt: Nimmt man eine höhere Norm des Typs ›Q ist gut‹ an, so wird die Folgerung legitim. Im vorliegenden Fall müsste man also einfach die Norm ›Erstrebtes ist gut‹ hinzufügen, und es läge kein Fehlschluss mehr vor (vgl. Abschnitt 3.1):

Erstrebtes ist gut (Q ist gut)
Glück wird erstrebt (A ist Q)
→ Glück ist gut (A ist gut)

Diese weitere Prämisse wird zwar von Mill nicht explizit genannt, und vielleicht ist sie auch inhaltlich nicht sehr attraktiv: Manche Menschen scheinen immerhin recht böse Dinge zu erstreben. Allerdings könnte man Mill zuliebe annehmen, dass er diese fehlende Prämisse implizit voraussetzt, und wenn dies der Fall sein sollte, wäre ihm zumindest formal keinen Fehler mehr vorzuwerfen: Wenn Erstrebtes gut ist und wenn Glück erstrebt wird, dann ist Glück in der Tat gut.

Indessen verbirgt sich hinter dem Konzept eines naturalistischen Fehlschlusses noch ein subtilerer Gedanke: Ein naturalistischer Fehlschluss nach Moore liegt vor, wenn die fragliche oberste Prämisse nicht als synthetischer Satz über die Güte von Q, sondern als analytischer Satz über die Bedeutung von ›gut‹ auftritt. Im vorliegenden Fall entstünde er also, wenn nicht das Prinzip ›Erstrebtes ist gut‹ vorausgeschickt würde, sondern die Definition ›gut bedeutet Erstrebtes‹ (vgl. Abschnitt 3.1):

gut bedeutet Erstrebtes (gut bedeutet Q)
Glück wird erstrebt (A ist Q)
→ Glück ist gut (A ist gut)

Indem Moore also Mill einen naturalistischen Fehlschluss vorwirft, behauptet er eben dies: Mill wolle fälschlich den moralischen Begriff ›gut‹ über den faktischen Begriff ›erstrebt‹ definieren. Kein Problem entstünde demgegenüber, wenn Mill allein sagen wollte, dass das faktisch Erstrebte auch moralisch Gutes sei: Dies wäre inhaltlich zwar vielleicht eine gewagte Behauptung, formal läge aber kein normlogischer Fehler mehr vor [Moore, *PE*, § 40, 111, § 44, 118f.].

(2) Die entscheidende Frage ist somit: Begeht Mill jenen Fehlschluss, d.h. nimmt er tatsächlich an ›gut bedeutet Erstrebtes‹ (*desirable* heißt *desired*)? Oder begeht er ihn nicht, d.h. meint er lediglich ›Erstrebtes ist gut‹ (*desired* ist *desirable*)?

Diese Frage ist schwer zu entscheiden: Schließlich nennt Mill die fehlende Prämisse überhaupt nicht. Daher ist es eine diffizile Interpretationsfrage, ob er sie, wenn er sie nennen müsste, im Sinne einer Definition oder im Sinne eines Prinzips intendieren würde.

Für einen Fehlschluss gemäß Moore könnte die Beobachtung sprechen, dass Mill im weiteren Verlauf allen Nachdruck auf die zweite Prämisse legt: Für ihn hängt die Schlüssigkeit seines Beweises wesentlich davon ab, ob die psychologische Behauptung richtig ist, dass Menschen nach ihrem Glück streben. Genauer soll Glück sogar das einzige Ziel menschlichen Strebens sein, indem alle anderen Ziele, etwa Tugend, Geld, Macht oder Ruhm, ihrerseits entweder Teil des Glücks oder Mittel zum Glück seien (›Glück wird erstrebt, als Einziges‹) [Mill, *Utilitarianism*, Kap. IV, 61–67]. Die erste Prämisse scheint Mill demgegenüber für so selbstverständlich zu halten, dass er sie überhaupt nicht nennt. Dies mag man als Indiz dafür ansehen, dass er sie implizit für eine definitorische Wahrheit halten könnte (›gut bedeutet Erstrebtes‹).

Gelegentlich scheint Mill eine solche Definition des Guten auch explizit zu formulieren: So sind für ihn Fragen nach Zwecken und Fragen nach dem Wünschenswerten identisch. Es handelt sich um dieselben Fragen, nur mit anderen Wörtern (›Gutes bedeutet Bezwecktes‹) [Mill, *Utilitarianism*, Kap. IV, 60]. Nun versteht Mill an einigen Stellen unter ›Zwecken‹ etwas durchaus Normatives, nämlich die letzten, eigentlichen, gebotenen ›Endzwecke‹ menschlichen Handelns, womit sie als Definition des Guten durchaus tauglich wären. Womöglich unterläuft ihm dann aber der Fehler, jene wahren, normativen ›Endzwecke‹ des Handelns durch das wirklich, faktisch ›Bezweckte‹ zu ersetzen, womit das normativ Gute zuletzt mit dem faktisch Bezweckten, d.h. dem Erstrebten definitorisch ineins gesetzt würde (›gut bedeutet Erstrebtes‹).

Gegen einen Fehlschluss nach Moore mag angeführt werden, dass Mill, ähnlich wie bereits Bentham, starke Forderungen nach politischen Reformen vorträgt: Auch ihm geht es wesentlich um eine allgemeine Verbesserung der gesellschaftlichen Verhältnisse [MILL, *Utilitarianism*, Kap. II, 23, 27, Kap. III, 57, Kap. V, 110]. Diese sozialreformerische Zielsetzung könnte in dem schlichten Gedanken wurzeln, dass den Menschen grundsätzlich zu gewähren sei, was sie sich wünschen. In dieser Hinsicht wäre für Mill das Erstrebte gut, wäre *desired* auch *desirable* – nicht im Sinne einer fälschlichen Definition, sondern im Sinne eines moralischen Handlungsprinzips: Es ist ein moralisches Grundgebot der Rücksichtnahme, die Wünsche der Menschen zu erfüllen (›Erstrebtes ist gut‹). Und wenn sie sich das Glück wünschen, dann ist eben dieses Glück das moralische Gut.

Zudem zeigt Mill oftmals ein großes Grundvertrauen in das menschliche Urteilsvermögen: Seine Behauptung etwa, dass geistige Glücksempfindungen sich durch eine höhere Qualität auszeichnen als körperliche Glückszustände, stützt er auf das verbreitete Urteil von in beiden Bereichen erfahrenen Menschen [MILL, *Utilitarianism*, Kap. II, 15f., 19f.]. Mill scheint somit davon auszugehen, dass die Menschen im Allgemeinen durchaus wissen, was das Gute ist, und es auch erstreben, so dass man das moralisch Gute aus ihren üblichen Wünschen ablesen kann. In dieser Hinsicht wäre für Mill das Erstrebte gut, wäre *desired* auch *desirable* – nicht im Sinne einer irrtümlichen Definition, sondern im Sinne eines ethischen Erkenntnisprinzips: Es ist ein Grundsatz ethischer Einsicht, sich auf die Wünsche der Menschen zu verlassen (›Erstrebtes ist gut‹). Und wenn sie sich das Glück wünschen, dann ist eben dieses Glück das moralisch Gute.

(3) Am ehesten kommt die fehlende Prämisse wohl in Mills oben zitierter Behauptung zum Ausdruck, der einzige Beleg (*evidence*) dafür, dass etwas wünschenswert ist, sei, dass Menschen es tatsächlich wünschen [MILL, *Utilitarianism*, Kap. IV, 61]. Für sich allein genommen klingt dieser Satz eher nach einem synthetischen Zusammenhang, im Sinne eines ethischen Erkenntnisprinzips: Die faktischen Wünsche der Menschen scheinen hier als empirischer Hinweis darauf angeführt zu werden, dass eine Sache moralisch wünschenswert ist (und zwar genauer als einzig möglicher Hinweis darauf). Das Erstrebtsein wäre damit in Mills Sicht Kriterium, nicht Bedeutung des Guten (›Erstrebtes ist gut‹).

Dieser Eindruck wird jedoch unterlaufen durch Mills Parallelisierung mit der Aussage, der einzige Beweis (*proof*) dafür, dass etwas sichtbar ist, sei, dass Menschen es tatsächlich sehen [MILL, *Utilitarianism*, Kap. IV, 60]. Der letztere Zusammenhang könnte durchaus analytischer Art sein, im Sinne einer geeigneten Begriffsdefinition: Dass etwas sichtbar ist, folgt möglicherweise logisch, nicht empirisch daraus, dass es gesehen wird, weil Sichtbarkeit potentielles Gesehenwerden heißt, potentielles Gesehenwerden aber aus aktuellem Gesehenwerden begrifflich ableitbar ist (und angeblich auch aus keinen anderen Befunden gefolgert werden kann, so dass Sichtbarsein letztlich nichts anderes als Gesehenwerden bedeutet). Diese analytische Verbindung zweier Begriffe würde sich dann durch Mills Vergleich vom Sichtbarsein auf das Wünschenswertsein übertragen (›gut bedeutet Erstrebtes‹).

Kritik am zweiten Beweisschritt

Trotz aller aufgezeigten Probleme und Unwägbarkeiten mag man Mills ersten Beweisschritt akzeptieren. Dies betrifft zwar womöglich nicht die Herleitung, aber zumindest das Ergebnis: Die faktische Behauptung, dass jeder Mensch stets nach seinem eigenen Glück strebe (›Glück wird erstrebt‹), mag inhaltlich fragwürdig sein. Die normative Prämisse, dass Erstrebtes stets ein moralisches Gut sei (›Erstrebtes ist gut‹), mag man ebenfalls inhaltlich abweisen. Aber zumindest der Schlusssatz des ersten Beweisschrittes für sich allein genommen könnte glaubwürdig erscheinen. Dass man das Glück des Einzelnen grundsätzlich befördern sollte (›Glück ist gut‹), ist eine durchaus nachvollziehbare Norm. (Sie wäre sicherlich weniger überzeugend, wenn man statt des Glücksbegriffs den Präferenzbegriff verwendete: Präferenzen können sehr unerfreuliche Inhalte haben und müssen daher keineswegs per se befördernswert erscheinen. Bleibt man hingegen beim Glücksbegriff, ist die These eher einleuchtend, da das Konzept des Glücks, wie Mill selbst hervorhebt, neben quantitativen Bemessungen auch qualitative Maßstäbe impliziert und sich niedere Empfindungen somit aus diesem Begriff ausschließen lassen. Dass entsprechend verstandenes Glück zu befördern sei, ist eine recht plausible Auffassung, jedenfalls sofern man prinzipiell einer teleologischen Sichtweise zuneigt, indem sie sich als Ausdruck von Philanthropie, von Freundlichkeit interpretieren lässt und damit wichtigen Moralintuitionen des zwischenmenschlichen Umgangs entgegenkommt.)

Auch wenn man diese Grundforderung jedoch zugesteht, bleibt der zweite Beweisschritt problematisch, in dem der Übergang vom Einzelnutzen zur Nutzensumme erfolgt: Denn daraus, dass es geboten sein mag, jedem einzelnen Menschen zu seinem Glück (bzw. zu seiner Präferenz) zu verhelfen, folgt noch lange nicht, dass man bei mehreren Menschen die Summe ihres Glücks (bzw. ihrer Präferenzen) maximieren müsste.

(1) Der zweite Beweisschritt soll von der bisher gewonnenen Norm, dass das Glück des Einzelnen zu befördern sei, zur eigentlich utilitaristischen Norm führen, dass die Summe des Glücks für eine Mehrzahl von Menschen zu maximieren sei. Formal sieht dieser Schritt wie folgt aus:

Das Glück des Einzelnen ist für ihn gut (d.h. zu befördern)
→ Die Summe des Glücks ist für eine Mehrzahl von Menschen gut (d.h. zu maximieren)

Henry Sidgwick hat nachdrücklich darauf hingewiesen, dass Mills Beweis vor allem in diesem zweiten Schritt nicht überzeugt: Selbst wenn man Mill darin folge, dass das faktisch Erstrebte (*desired*) auch ein moralisch Gutes (*desirable*) sei, wie im ersten Schritt vorausgesetzt, könne der zweite Schritt nicht gelingen. Dass das Glück jedes Einzelnen gut bzw. zu befördern ist, besagt nicht, dass die Summe des

Glücks für eine Gesamtheit von Menschen gut bzw. zu maximieren ist. Entsprechend sei die utilitaristische Grundnorm auf diesem Wege nicht zu gewinnen [Sidgwick, *ME*, III.13, 388].

Mill scheint sich nicht einmal bewusst zu sein, dass in diesem zweiten Schritt eine erhebliche Lücke klafft: Er bemüht sich einigermaßen um eine Erläuterung des ersten Schrittes, durch die Parallelisierung von ›wünschenswert‹ mit ›sichtbar‹ und ›hörbar‹, aber den zweiten Schritt vollzieht er ohne weitere Begründung, indem er beide Aussagen mit einem lapidaren ›daher‹ (*therefore*) verknüpft. Womöglich will er diesen Übergang plausibel machen, indem er von einer ›Gesamtheit von Menschen‹ (*aggregate of all persons*) spricht, bei der es entsprechend naheliegend erscheinen könnte, allein noch die ›Summe des Nutzens‹ zu beachten. Diese suggestive Darstellung ist indessen unhaltbar, denn Menschen bilden kein ›Aggregat‹, in dem ihre individuellen Nutzenbewertungen zu einer umfassenden Summe verschmolzen wären, sondern immer nur eine Mehrzahl von Individuen, deren Nutzenwerte einander stets separat gegenüberstehen [Mill, *Utilitarianism*, Kap. IV, 61].

Auch trennt Mill in der gesamten Schrift beide Thesen nicht sorgfältig voneinander: Die Forderung, das Einzelglück zu befördern, und die Forderung, die Glückssumme zu maximieren, werden kaum je explizit unterschieden, sondern gleichermaßen als Zentraldoktrin des Utilitarismus präsentiert. Tatsächlich handelt es sich jedoch um zwei sehr verschiedene Vorschriften. Insbesondere kann das Glück einiger Einzelmenschen stark beeinträchtigt werden, wenn man die Summe an Glück für die Gesamtheit der Betroffenen maximiert.

An dieser Stelle wären nicht zuletzt alternative Verteilungsformen für das Glück zu erwägen: Wenn man das Glück der Einzelnen als ein moralisches Gut betrachtet, könnte man beispielsweise auch eine Gleichheit oder eine Mindestversorgung jenes Einzelglücks anzielen. Um dennoch zu zeigen, dass ein Maximum der Glückssumme angestrebt werden sollte, scheinen innerhalb von Mills Beweisstruktur lediglich zwei Optionen offen zu stehen. Und beide sind nicht überzeugend.

(2) Zum einen könnte Mill die Glückssummen-Maximierung, wenn man sich für eine alternative Lesart der zitierten Passage entscheidet, *in Parallele* zum ersten Schritt gewinnen wollen, nicht im Anschluss an dessen Ergebnis. Mill würde dann davon ausgehen, dass nicht nur das Glück des Einzelnen erstrebt werde und damit gut sei, sondern dass auch die Glückssumme bzw. ihr Maximum erstrebt werde und damit gut sei:

Erstrebtes ist gut
Die Glückssumme bzw. ihr Maximum wird erstrebt
→ Die Glückssumme ist gut bzw. zu maximieren

Jene zweite Prämisse ist indessen völlig unglaubwürdig: Es war bereits zweifelhaft genug, ob das Glück des *Einzelnen* tatsächlich stets Gegenstand seines Strebens sei. Ganz sicher aber ist die *Summe* des Glücks bzw. das Maximum jener Glückssumme kein ernsthaftes Objekt von irgendjemandes Wünschen. Menschen mögen ihr je eigenes Glück anzielen, solange sie nicht asketisch sind, oder auch das Glück bestimmter anderer Menschen, sofern sie selbstlos sind. Aber kaum jemand dürfte nach der Glückssumme bzw. nach ihrem Maximum streben.

Dieses Problem hebt Sidgwick sehr nachdrücklich hervor: Die tatsächlichen Wünsche (*actual desires*) sämtlicher Individuen beziehen sich auf je unterschiedliche Komponenten im allgemeinen Glück (*general happiness*). Daher gibt es in keinem Individuum einen glaubhaften Wunsch, dass diese Glückssumme ihrerseits maximal werden sollte. Wenn solch ein Wunsch aber nicht in irgendeinem Individuum existiert (*in any individual*), dann existiert er auch nicht in der Gesamtheit jener Individuen (*aggregate of individuals*), da es Wünsche eben nur in Individuen gibt, eine Gesamtheit als solche keine Wünsche hat. Folglich wird die Glückssumme bzw. ihr Maximum von niemandem erstrebt [Sidgwick, *ME*, III.13, 388].

Damit kann der zweite Schritt nicht in Parallele zum ersten Schritt vollzogen werden: Möglicherweise ist das faktisch Erstrebte stets ein moralisch Gutes. Aber die maximale Glückssumme ist kein faktisch Erstrebtes.

(3) Zum anderen könnte Mill die Glückssummen-Maximierung, wie es dem Textduktus wohl am ehesten entspricht, *im Anschluss* an den ersten Schritt herleiten wollen, wofür er allerdings eine weitere Prämisse hinzuziehen müsste. Mill würde also das Resultat des ersten Schritts aufgreifen, dass das Glück des Einzelnen gut sei, würde dann eine zusätzliche These anfügen, nämlich dass jene Einzelglücke in keiner Konkurrenz zueinander stehen, und könnte hieraus den Schluss ziehen, dass in der Tat die Glückssumme maximiert werden sollte:

Das Glück des Einzelnen ist zu befördern
Die Glücke der Einzelnen stehen in keiner Konkurrenz zueinander
→ Die Summe des Glücks ist zu maximieren

Dieser Schluss wäre wie folgt begründet: Wenn keine Konkurrenz zwischen den Glücksbilanzen der einzelnen Menschen besteht, dann bedeutet dies zunächst, dass man die Glückswerte *aller* Betroffenen *zugleich* maximieren kann. Wenn nun im Anschluss an den ersten Schritt gilt, dass das Glück jedes Einzelnen *gut* bzw. zu befördern ist, dann *sollte* man sicherlich all diese Einzelglücke maximieren, wenn die Gelegenheit dazu gegeben ist. Sobald man aber alle Einzelglücke maximiert, wird auch die Glückssumme maximal. Kann man alle Summanden einer Summe in ihr jeweiliges Maximum führen, so erreicht auch die Summe selbst in genau diesem Moment ihr Maximum.

Es ist durchaus glaubhaft, dass Mill jene zweite Prämisse vertreten könnte: Seine gesamte Schrift ist von einem gewissen sozialen Optimismus durchdrungen, dem zufolge es keine unauflösliche Konkurrenz zwischen den Glücksbilanzen verschiedener Menschen zu geben scheint. Namentlich die höheren, geistigen Glücksformen stehen nach Mill in keinem ernstlichen, unaufhebbaren Widerstreit miteinander. Zumindest in einer gut eingerichteten Gesellschaft ist daher die Situation vermeidbar, dass das Glück des einen sich nur dadurch befördern lässt, dass das Glück eines anderen reduziert wird. Die Verbesserung der politischen

Verhältnisse beseitigt nach Mill notwendig Schritt für Schritt die Ursachen von Interessengegensätzen in der Gesellschaft [MILL, *Utilitarianism*, Kap. II, 25, 29, Kap. III, 57].

Indessen ist diese These der Konkurrenzlosigkeit einmal mehr unhaltbar: Auch in einer perfekten Gesellschaft würde es unweigerlich Konkurrenzsituationen geben, aufgrund des unvermeidlichen Faktums begrenzter Ressourcen. Daher ist der zweite Schritt von Mills Beweis nicht zu retten, gleichgültig wie man zum ersten Schritt steht.

Aufbau, Einordnung, Schlussform

Insgesamt ist Mills Beweis für den Utilitarismus wenig schlüssig. Dies ist auch unter Utilitaristen weitgehend anerkannt. Einige Utilitaristen, wie etwa Henry Sidgwick, gehören sogar zu den prominenten Kritikern des Beweises. Entsprechend bietet Sidgwick eine andere Begründung an, die im folgenden Abschnitt vorgestellt wird.

Wahrscheinlich ist der zweite Schritt von Mills Beweis, wie er insbesondere von Sidgwick kritisiert wird, in der Tat das größere Problem: Man mag einverstanden sein, dass menschliches Glück der wesentliche Gegenstand moralischen Handelns ist. Aber damit ist immer noch nicht nachvollziehbar, weshalb die Summe dieses Glücks über alle Betroffenen hinweg maximiert werden sollte. In der Literatur wird indessen bevorzugt der erste Schritt von Mills Beweis, nicht zuletzt entlang von Moores Vorwurf eines naturalistischen Fehlschlusses, debattiert: Denn Nichtutilitaristen, insbesondere Tugendethiker oder Deontologen, weisen in der Regel bereits die Glücksorientierung zurück, weil mit ihr eine erste teleologische Weichenstellung erfolgt, die sie von Beginn an unterbinden wollen. Und Utilitaristen vermeiden zuweilen eine offene Diskussion des Summationsgrundsatzes, da diese Forderung in ihrem Inhalt weiter geht und entsprechend mehr Gegner auf den Plan ruft, nicht zuletzt andere Teleologen, die sich für Gleichheit oder Mindestversorgung aussprechen.

(1) Immerhin markiert Mills Beweis sehr deutlich die beiden wesentlichen normativen Eckpunkte, die für eine Begründung des utilitaristischen Prinzips notwendig wären. Erstens muss gezeigt werden, dass das Glück von Menschen zu befördern ist. Zweitens muss nachgewiesen werden, dass genauer die Summe dieses Glücks zu maximieren ist. Auch wenn man beide Komponenten nicht, wie Mill, in getrennten Schritten behandelt, muss man sie dennoch für eine vollständige Begründung des Utilitarismus herleiten.

(2) Zudem werden an Mills Ansatz einige metaethische Gesichtspunkte deutlich, die für den Utilitarismus insgesamt kennzeichnend sind. Deshalb sollen sie hier kurz zusammengefasst werden.

Erstens vertritt der Utilitarismus eine *generalistische* Position: In seinem Zentrum steht ein allgemeines Prinzip, nämlich der Grundsatz der Maximierung von Nutzensumme bzw. Durchschnittsnutzen. Jedes konkrete Einzelfallurteil muss zwar auf die faktische Konstellation von Glück bzw. Präferenz in einer gegebenen Situation rekurrieren, wird aber in normativer Hinsicht auf Grundlage jenes Prinzips getroffen.

Zweitens vertritt der Utilitarismus eine *universalistische* Position: Jenes allgemeine Prinzip der Nutzen-Maximierung ist ausnahmslos für sämtliche Menschen verbindlich. Glück bzw. Präferenz der betroffenen Individuen mögen in faktischer Hinsicht jeweils unterschiedlich gestaltet sein, aber die normative Vorschrift, jenen Nutzen in der Summe bzw. im Durchschnitt zu maximieren, ist für jeden Menschen gleichermaßen gültig.

(3) Schließlich lohnt es, sich auch im Fall von Mill zu vergegenwärtigen, wie ein praktischer Schluss, der zuletzt eine einzelne Handlung beurteilen sollte, auszusehen hätte. In einem ersten Teil würde ein solcher Schluss zunächst die wesentliche Grundnorm gewinnen, dass Glück zu befördern sei. Sofern man dabei Moores Kritik eines naturalistischen Fehlschlusses nicht teilt, diente hierbei als oberstes Prinzip der normative Grundsatz, dass Erstrebtes gut sei, im Sinne eines moralischen Handlungsprinzips oder eines ethischen Erkenntnisprinzips. Als zweite Prämisse ginge die faktisch-anthropologische Behauptung ein, dass das Glück erstrebt wird, genauer sogar der einzige Gegenstand menschlichen Strebens ist:

Beispiel für einen praktischen Schluss gemäß Mill (Teil I)

›Erstrebtes ist wünschenswert.‹
(›Z ist gut‹, moralisches Handlungsprinzip oder ethisches Erkenntnisprinzip)
›Glück wird erstrebt, als Einziges.‹
(›Q ist Z‹, faktisch-anthropologische Behauptung zur Strebenatur von Menschen)
→ ›Glück ist wünschenswert.‹
(›Q ist gut‹, wesentliche Grundnorm)

Aus dieser wesentlichen Grundnorm, dass Glück zu befördern sei, wäre dann zunächst der utilitaristische Grundsatz zu gewinnen, dass die Glückssumme zu maximieren sei. Dieser Übergang ist problematisch, wie u.a. Sidgwicks Kritik deutlich macht, soll aber hier als vollzogen angenommen werden, entweder in Parallele zum ersten Gedankengang oder aufgrund der Behauptung fehlender Konkurrenz. In einem zweiten Teil würde dann dieser utilitaristische Grundsatz auf einzelne konkrete Handlungen angewendet. Hierbei würde die einzelne Handlung faktisch-kausal jenem Grundsatz zugeordnet, d.h. als ›eine Ursache‹ für eine maximale Glückssumme erscheinen:

Beispiel für einen praktischen Schluss gemäß Mill (Teil II)

›Eine maximale Glückssumme ist wünschenswert.‹
(›Q ist gut‹, utilitaristischer Grundsatz, auf Glücksskala und in Summenvariante)
›Dies führt zu einer maximalen Glückssumme, jenes nicht.‹
(›A ist Q‹, faktisch-kausale Subsumtion von Handlung A unter Konsequenzentyp Q)
→ ›Dies ist zu tun.‹
(›A ist gut‹, Bewertung der Handlung)

6.4 Sidgwick: Intertemporale Summation und interpersonelle Summation

Henry Sidgwick (1838–1900) ist der philosophisch versierteste Autor unter den klassischen Vertretern des Utilitarismus. Unmittelbar politische Reformvorhaben verfolgt er in sehr viel geringerem Umfang als etwa Bentham oder Mill, neigt dabei auch nicht zu vergleichbar progressiven Ansichten, sondern bezieht eher konservative Positionen. Dafür ist Sidgwick wesentlich stärker in akademische Strukturen eingebunden, wo er sich für entsprechende Veränderungen einsetzt, u.a. für die Stärkung religiöser Freiheiten an der Universität sowie für den Zugang von Frauen zu höherer Bildung. Diese akademische Anbindung schlägt sich auch in Sidgwicks Schriften nieder, die weit weniger essayistisch und kursorisch geartet sind als diejenigen von Bentham oder Mill und sich stattdessen um eine strenge philosophische Darlegung und Verteidigung des Utilitarismus bemühen. Dies gilt insbesondere für Sidgwicks Hauptwerk *The Methods of Ethics* (1874/1907), das eine ebenso umfangreiche wie systematische Diskussion des Utilitarismus enthält. Entsprechend ist dieses Werk auch unter Nichtutilitaristen sehr geschätzt.

Auf den ersten Blick scheint Sidgwick einen ähnlichen Begründungsweg einzuschlagen wie Bentham: Er benennt zwei Alternativen zum Utilitarismus, die seiner Auffassung nach in moralischer Hinsicht unzureichend sind und daher dem utilitaristischen Prinzip zu weichen haben. Bei Bentham war diese negative Argumentation wenig überzeugend, insbesondere weil seine Auswahl der Alternativen zu eng blieb. Zudem entstand bei Bentham das Problem, dass seine Rechtfertigung gar nicht zum utilitaristischen Prinzip vordrang. Sie belegte allenfalls die Güte von Glück, nicht aber die Angemessenheit der Summen-Maximierung. Bei genauerem Hinsehen zeigt sich indessen, dass Sidgwicks Begründung in beiden Punkten anders geartet ist: Erstens weist Sidgwick nicht die angeblich einzigen Alternativen zum Utilitarismus strikt zurück, so dass nur der Utilitarismus übrig bliebe, sondern er diskutiert zwei wichtige Alternativen zum Utilitarismus, die bereits etwas Richtiges erkannt haben und lediglich zum Utilitarismus hin zu erweitern sind. Auf diese Weise entsteht eine positive Argumentation, die konzeptuell sehr interessant ist. Zweitens stößt Sidgwick dezidiert zum Summationskriterium vor. Seine Argumentation würde, wenn erfolgreich, tatsächlich zeigen, dass ein Maximum der Glückssumme herzustellen ist, sogar deutlicher und nachdrücklicher noch, als dies Mills Beweis leistet.

(1) Die erste Alternative zum Utilitarismus bezeichnet Sidgwick als *Intuitionismus* [Sidgwick, *ME*, I.8, 96–104, III.2, 217–228]: Hierunter versteht man üblicherweise eine metaethische Position, die den epistemologischen Zugang zu moralischen Wahrheiten betrifft. Ihr zufolge lassen sich die fundamentalen Grundsätze, die elementaren Einsichten der Moral nicht weiter begründen. Vielmehr handelt es sich bei ihnen um in sich evidente Wahrheiten, die als solche der unmittelbaren intuitiven Erkenntnis offenstehen (vgl. Abschnitt 3.4). Sidgwick indessen versteht unter Intuitionismus darüber hinaus und vor allem eine bestimmte normative Position, eine bestimmte inhaltliche Formierung solcher evidenter Wahrheiten bzw. intuitiver Erkenntnisse. Genauer vertritt der Intuitionismus in Sidgwicks Sinne die Moral des Common Sense: Er enthält die bei den Menschen üblichen, verbreiteten, bewährten Moralvorstellungen, nicht zuletzt Tugendauffassungen und Handlungsvorschriften, die als inhaltlich evident und intuitiv gewiss gelten (also etwa Wertschätzungen von Tapferkeit oder Ehrlichkeit, Forderungen nach Wahrhaftigkeit oder Gerechtigkeit).

Sidgwick vertritt die Ansicht, dass jene intuitive Alltagsmoral sich in positiver Weise aufgreifen lasse, nämlich indem man sie mit Hilfe des Utilitarismus präzisiere und systematisiere: Im Wesentlichen seien jene Alltagsüberzeugungen keineswegs falsch. Es sei lediglich erforderlich, sie genauer und stimmiger zu fassen. Beispielsweise müsse man die benutzten Begriffe klarer definieren, abweichende Formulierungen gegeneinander abgleichen, Ausnahmen und Qualifikationen benennen sowie ein Lösungsprinzip für Konfliktfälle angeben. Eben diese Erfordernisse seien indessen durch den Utilitarismus zu erfüllen. Denn gerade das Prinzip der Nutzensummen-Maximierung stehe letztlich hinter den Auffassungen der Alltagsmoral: Diese seien unbewusst utilitaristisch ausgerichtet, und entsprechend seien sie auch utilitaristisch auszudeuten bzw. abzuwägen [Sidgwick, *ME*, IV.2, 421f., IV.3, 453f.].

Diese These Sidgwicks ist gewagt: Dass sämtliche moralischen Überzeugungen des Common Sense letztlich und unbewusst utilitaristisch seien, ist wenig glaubhaft. Eher dürften verbreitete moralische Alltagsauffassungen ein Gemisch sehr unterschiedlicher ethischer Standpunkte abbilden. Sicherlich sind auch tugendethische und deontologische Überzeugungen darin zu finden, die sich nicht auf teleologische Konzeptionen zurückführen lassen. Speziell in politischen Fragen mögen nicht zuletzt Gleichheit oder Mindestversorgung als Maßstäbe präsent sein, die ihrerseits nicht auf das Prinzip des Utilitarismus reduzibel sind.

In diesem Zusammenhang erlaubt sich Sidgwick zuweilen eine etwas zu einfache Argumentationsstrategie: Die vereinzelten utilitaristischen Anteile des Common Sense nimmt er als Beleg dafür, dass dieser einem heimlichen Utilitarismus verpflichtet sei. Die nichtutilitaristischen Anteile des Common Sense hingegen akzeptiert er lediglich als Hinweis darauf, dass er auf einen reinen Utilitarismus hin zu berichtigen sei. Tatsächlich könnte man dieses Argument aber genauso gut umgekehrt anwenden, also die nichtutilitaristischen Aspekte der Alltagsmoral als Hinweis auf deren wahre Wurzeln und ihre gelegentlichen utilitaristischen Komponenten als Beleg für ihre verbliebene Korrekturbedürftigkeit betrachten. Sidgwicks Argument setzt an dieser Stelle den Vorrang der utilitaristischen Moral und die Irrtümlichkeit konkurrierender Ansätze wohl eher voraus, als dass es sie beweist [Sidgwick, *ME*, IV.3, 423–453, IV.4, 460–467].

(2) Als zweite Alternative zum Utilitarismus nennt Sidgwick den *Egoismus* [Sidgwick, *ME*, I.7, 89–95, II.1, 119]: Hierbei handelt es sich um den schlichten Grundsatz, lediglich das eigene Glück zu maximieren. Zunächst ist überraschend, dass Sidgwick diese Position überhaupt anführt. Schließlich scheint solch ein Egoismus jede Moralität unmittelbar zu verneinen und daher kaum als ernsthafter Bezugspunkt für eine ethische Untersuchung qualifiziert zu sein (sondern allenfalls einen psychischen Ausgangszustand vor der moralischen Belehrung zu markieren). Insbesondere wäre nicht mehr glaubhaft, dass auch dieser Egoismus, wie zuvor der Intuitionismus, sich bei geeigneter Präzisierung und Systematisierung als heimlicher Utilitarismus zu erkennen geben sollte. Schließlich grenzt der Utilitarismus in seinen inhaltlichen Forderungen eher an den Altruismus: Eine Maximierung der Glückssumme verlangt ein fast vollständiges Absehen von den eigenen Interessen, also geradezu das Gegenteil des Egoismus (vgl. Abschnitt 6.1).

Sidgwick ist jedoch der Meinung, dass sich auch die egoistische Position in positiver Weise aufgreifen lasse, nämlich indem man sie in Richtung des Utilitarismus erweitere: Zwar ist egoistisches Verhalten, auch wenn es rein formal einem teleologischen Konzept folgt, gewiss nicht unbewusst vom utilitaristischen Prinzip geleitet, wie es Sidgwick von der intuitiven Alltagsmoral behauptet. Aber ihm wohnt nach Sidgwick eine bestimmte Logik inne, die seine Überschreitung hin zum Utilitarismus plausibel macht. So will ein egoistischer Mensch nur sein eigenes Glück befördern, ohne auf fremdes Glück zu achten. Indessen lässt sich fragen, wie so ein egoistischer Mensch in zeitlicher Hinsicht eigenes jetziges und eigenes künftiges Glück gegeneinander abwägen wird. Diesbezüglich erklärt Sidgwick, ein kluger Egoist werde sein eigenes Glück zu verschiedenen Zeitpunkten so erfüllen, dass er insgesamt über seine Lebensspanne hinweg eine größtmögliche Gesamtsumme an Glück erzielt: Ein rationaler Egoist wird, nach Sidgwick, intertemporal die Glückssumme bei sich selbst maximieren [Sidgwick, *ME*, III.13, 381f.].

Dieser rationale Egoismus ist gewiss nicht *unmittelbar* maßgeblich für moralisches Handeln, eben weil er nur das eigene Glück beachtet. Dennoch kann man aus ihm etwas Wichtiges lernen, *wenn* man moralisch handeln und damit auch fremdes Glück einbeziehen will. Denn nach Sidgwick sollte man, um zum moralischen Prinzip zu gelangen, einfach das Konzept des klugen Egoisten übernehmen und es vom einzelnen Menschen auf die Gesamtheit ausdehnen: Wenn es rational ist, mit Blick auf *eigenes jetziges und eigenes künftiges Glück* die entsprechende

Summe *intertemporal* zu maximieren, dann ist es moralisch, mit Blick auf *eigenes und fremdes Glück* die entsprechende Summe *interpersonell* zu maximieren.

Dies bedeutet nicht, dass jeder Egoist in Wahrheit schon Utilitarist *wäre*. Vielmehr bleibt ihm ein erheblicher Schritt zu tun, von der bloß egoistischen Klugheit zum tatsächlich moralischen Verhalten, indem er neben dem eigenen Glück auch das fremde Glück berücksichtigt. Aber *wenn* er diesen Schritt geht, so ist nach Sidgwick klar, wie er aussehen muss: Wenn die Klugheit in der *zeitlichen Summen-Maximierung* für einen *selbst* besteht, dann besteht die Moralität in der *allgemeinen Summen-Maximierung* für *alle* [Sidgwick, *ME*, III.13, 379–384, IV.2, 418].

(3) In diesem Sinne werden beide Alternativpositionen, Intuitionismus wie auch Egoismus, von Sidgwick nicht eigentlich abgewiesen, sondern eher zugunsten des Utilitarismus überschritten [Sidgwick, *ME*, IV.2, 419f.]: Namentlich der kluge Egoist hat mit seiner zeitlichen Summen-Maximierung eigenen Glücks etwas grundsätzlich Richtiges erkannt. Wenn er jetzt außerdem moralisch wird, also das Glück anderer Menschen berücksichtigt, ist nach Sidgwick klar, wie dies zu geschehen hat. Er muss nur jenes Richtige, das er bisher für sein eigenes Leben zum Grundsatz gemacht hat, auch im Verhältnis zu anderen Menschen umsetzen. Denn genau diese Öffnung eigener Optimierung für die Bedürfnisse anderer Menschen macht nach Sidgwick den Übergang von Egoismus zu Moralität aus.

Für Sidgwick sind damit beide Ansätze, Egoismus und Utilitarismus, in ihren jeweiligen Gebieten gleichermaßen evident, im Geiste eines entsprechend vertieften Intuitionismus [Sidgwick, *ME*, III.13, 383]: Die egoistische Glückssummen-Maximierung als intertemporale Regel ist genauso einsichtig wie die utilitaristische Glückssummen-Maximierung als interpersonelle Regel. Beide haben das gleiche Maß an unmittelbarer Plausibilität, wie sie etwa auch einem mathematischen Axiom zukommt. Einmal geht es um die rationale Frage, wie man eigenes jetziges und eigenes künftiges Glück gegeneinander abwägen sollte, und hier ist nach Sidgwick die Summen-Maximierung evidentermaßen normativ, d.h. in diesem Fall klug. Einmal geht es um die moralische Frage, wie man eigenes und fremdes Glück gegeneinander abwägen sollte, und hier ist nach Sidgwick die Summen-Maximierung ebenso evidentermaßen normativ, d.h. in diesem Fall gut.

Ohne Zweifel handelt es sich hierbei um ein überaus interessantes Argument: Zwei normative Bereiche, Rationalität und Moralität, werden miteinander parallelisiert. Da die Summen-Maximierung im einen Bereich klug ist, muss sie im anderen Bereich gut sein.

Gleichviel entstehen auch bei diesem Argument gewichtige Probleme: Zum einen mag man an der Prämisse zweifeln. Zum anderen muss man den Schluss nicht akzeptieren.

Erstens (Infragestellung der Prämisse): Ist im intertemporalen Fall *wirklich* die Summen-Maximierung ein rationales Prinzip? Ist es tatsächlich in jedem Fall klug, im eigenen Leben die Glücksbilanz so zu gestalten, dass sich insgesamt eine größtmögliche Summe jenes Glücks einstellt?

Man stelle sich vor, jene maximale Gesamtsumme an Lebensglück sei genau dadurch zu erzielen, dass man lange Jahre als beliebter und wohlhabender Künstler oder Sportler verbringt, am Schluss jedoch zu Tode gefoltert wird. Es sei angenommen, dass diese Anordnung die größtmögliche Glückssumme biete, während alle anderen Entwürfe, zwischen den man wählen könne, auf eine niedrigere Glückssumme hinausliefen. Nun gibt es sicherlich Grund zum Zweifel, ob eine solche Lebensversion tatsächlich eine kluge Wahl wäre. Die Aussicht der Todesfolter am Lebensende erscheint überaus bedenklich, so dass man sich wohl nicht ohne Weiteres für diese Version entschließen würde. Die lebensfrohen Jahre zuvor dürften diesen Preis kaum aufwiegen, nicht zuletzt da man seine Wahl am Ende mit Sicherheit bereuen würde. Das Beispiel legt somit nahe, dass eine intertemporale Summen-Maximierung zumindest nicht unter allen Umständen als rationales Prinzip der eigenen Glücksanordnung gelten kann.

Aus utilitaristischer Sicht könnte man hierauf entgegnen, dass die Lebensversion mit der Todesfolter gar keine maximale Glückssumme liefern könne: Schließlich würde man über weite Strecken des eigenen Lebens hinweg beträchtliche Angst vor dem schrecklichen Ende empfinden. Diese Angst würde die Glücksbilanz auch der davorliegenden Jahre ruinieren und somit keine maximale Summe entstehen lassen. Genau dies wäre indessen einmal mehr eine unzureichende Antwort auf eine normative Herausforderung, wie sie für utilitaristische Argumentationen typisch ist und wie sie in Abschnitt 6.1 diskutiert wurde. Der Unterschied wäre allein, dass sie diesmal nicht im unmittelbar moralischen, sondern in einem vorgeordneten rationalen Bereich gegeben würde. Die Einwände gegen jene Reaktion blieben jedoch im Wesentlichen die gleichen: Zum einen ist *empirisch fragwürdig*, ob der fragliche Lebensentwurf nicht doch, je nach den angebotenen Alternativen, eine maximale Nutzensumme bieten könnte. Zumindest in einem fiktiven Szenario, bei dem man jenen Lebensverlauf zuerst auswählen könnte und dann die eigene Wahl vergessen würde, sollte dies allemal möglich sein. Zum anderen ist es *normativ verfehlt*, das in dem Beispiel sich abzeichnende Problem dadurch lösen zu wollen, dass man auf den mutmaßlichen Verlauf von kontingenten Nutzenwerten verweist. Der skizzierte Lebensverlauf macht einen rationalen Mangel der Summen-Maximierung deutlich, der nicht durch empirische Annahmen zu der verwendeten Skala aufgefangen werden kann, sondern allein durch die normative Ausarbeitung eines verbesserten Kriteriums.

Konkret legt das Beispiel nahe, dass man, statt einer schlichten Glückssummen-Maximierung über die gesamte Lebensspanne zu folgen, darauf achten sollte, dass das eigene Leben keine zwischenzeitlichen katastrophalen Glücks-Verarmungen enthält. In diesem Sinne wäre es rational, schreckliche Erlebnisse wie Folter während des eigenen Daseins grundsätzlich zu vermeiden. Übertrüge man diese Maxime auf den moralischen Bereich, wie es Sidgwicks Argument vorsieht, so würde hieraus ein ganz anderes Prinzip als der Utilitarismus entstehen, nämlich das Prinzip einer Mindestversorgung. Möglicherweise sollte man dem Lebensende sogar eine besondere Bedeutung im eigenen Lebensverlauf beimessen, also die

Glückszustände späterer Lebensabschnitte stärker gewichten als die Glücksempfindungen früherer Lebensphasen. In diesem Falle wäre es rational, schlimme Erlebnisse wie Folter speziell am Lebensende zu umgehen. Übertrüge man diese Regel in den moralischen Sektor, wie in Sidgwicks Begründung angelegt, so erhielte man einen recht ungewöhnlichen Grundsatz, nämlich entfernte Menschen gegenüber nahestehenden Menschen zu bevorzugen.

Zumindest die letztere Übertragung erscheint in ihrem Vollzug ein wenig zweifelhaft: So gibt es im zeitlichen Bereich zwei *qualitativ verschiedene* Arten von ›Entfernung‹ mit jeweils *eindeutiger quantitativer* Messbarkeit, nämlich in die Zukunft und in die Vergangenheit. Hingegen gibt es mit Blick auf andere Menschen nur eine einzige und überdies recht unscharfe Richtung der ›Entfernung‹, nämlich die persönliche Nähe aufgrund sozialer Beziehungen. Zudem ist das Ergebnis der Übertragung wenig überzeugend: Wenn man im moralischen Bereich tatsächlich nach persönlicher Bindung entscheidet, dann sind in der Regel *nahestehende* Menschen gegenüber *entfernten* Menschen zu bevorzugen, nicht umgekehrt. Insbesondere mag man gegenüber Familienangehörigen, Freunden, Vertragspartnern oder Kollegen besondere Pflichten haben, die gegenüber Fremden nicht relevant sind. Dass Sidgwicks Argument zu einem gegenteiligen Resultat finden könnte, macht es nicht sehr vertrauenerweckend. Möglicherweise zeigt sich an dieser Stelle, dass die normativen Logiken rationalen Entscheidens und moralischen Verhaltens nicht durchweg parallel geartet sind. Somit mag man zweifeln, ob Sidgwicks Vergleich beider Bereiche überhaupt zielführend ist. Dieser Zweifel betrifft freilich nicht mehr die Prämisse, sondern bereits den Schluss seines Arguments.

Zweitens (Infragestellung des Schlusses): Wieso hat die intertemporale Rationalität bei einem einzelnen Menschen überhaupt *irgendeine* Bedeutung für die interpersonelle Moralität zwischen mehreren Menschen? In den Problemstellungen beider Bereiche mag es gewisse strukturelle Parallelen geben, aber warum sollten die Lösungsansätze in beiden Bereichen dem gleichen inhaltlichen Konzept folgen?

Es mag zuweilen durchaus rational geraten sein, *eigenes früheres* Glück für *eigenes späteres* Glück zu opfern: Abwägungen dieses Typs zu treffen, ist sicherlich oftmals ein Gebot der Klugheit. Ohne derartige Aufrechnungen wäre man überhaupt nicht imstande, ein konsistentes Leben zu führen. Womöglich sollte man dabei nicht das ausschließliche Ziel einer intertemporalen Summen-Maximierung verfolgen, wie Sidgwick behauptet. Womöglich sollte man auch eine Mindestversorgung im Auge behalten oder spätere Momente mit einer besonderen Gewichtung versehen, wie oben erläutert. Aber in jedem Fall ist es zuweilen klug, bestimmtes eigenes Glück für anderes eigenes Glück hintanzustellen.

Doch deshalb ist es noch lange nicht moralisch erlaubt, das Glück *des einen Menschen* für das Glück *eines anderen Menschen* zu opfern: Hier geht es nicht mehr um das Glück einer einzelnen Person zu verschiedenen Zeitpunkten. Vielmehr geht es hier um das Glück verschiedener Personen mit ihren je separaten Bilanzen. Gewiss mag es in manchen Situationen geboten sein, einem Menschen zu helfen, indem man einen anderen Menschen beeinträchtigt. Doch lässt sich diese Abwägung nicht mit der gleichen Selbstverständlichkeit anstellen, wie wenn es sich um das Wohl ein und derselben Person handelt. Bei aller strukturellen Parallele besteht hier eine erhebliche inhaltliche Kluft, die es nicht naheliegend erscheinen lässt, ohne weiteres Zusehen die gleichen Kriterien für beide Fälle anzuwenden.

Genau das tut Sidgwick aber mit seinem Argument: Er zieht ein Kriterium für rationales Entscheiden bei einem einzelnen Menschen heran, um einen Standard für moralisches Entscheiden gegenüber verschiedenen Menschen zu gewinnen. Freilich räumt er ein, dass er, indem er nun die korrekte Einbeziehung fremden Glücks behandelt, *einen neuen normativen Bereich* betritt, nämlich eben den Bereich der Moralität. Dies ändert indessen nichts daran, dass er, indem er diesen Übergang zur Moralität vollzieht, *den gleichen normativen Maßstab* verwendet, also das Verhalten gegenüber anderen ebenso wie zuvor das Verhalten gegenüber sich selbst regelt: Er schließt aus der rationalen Summen-Maximierung bei einer Person auf die moralische Summen-Maximierung bei mehreren Personen. Eben dies führt zu der moralisch bedenklichen Erscheinung, dass die Glücksempfindungen des einen gegen die Glücksempfindungen eines anderen aufgerechnet werden, als handle es sich um die Bilanz einer Einzelperson. Das Glück des einen kann geopfert werden, um das Glück des anderen zu befördern, so wie man sein eigenes Glück opfert, um anderes eigenes Glück zu befördern, aus Gründen der Klugheit.

Sidgwick mag im Ansatz recht haben: Bei Problemen der Rationalität geht es um die Abwägung zwischen verschiedenen Glückszuständen einer Person, bei Problemen der Moralität um die Abwägung zwischen verschiedenen Glückszuständen mehrerer Personen. Zudem schreitet man von Egoismus zu Moralität weiter, wenn man neben *dem eigenen Glück* auch *das fremde Glück* berücksichtigt. Aber das heißt nicht, dass man dieses fremde Glück *in richtiger Weise* berücksichtigt, wenn man für es *das gleiche Kriterium* verwendet wie beim eigenen Glück: Im Gegenteil, es macht gerade einen moralischen Umgang mit mehreren Personen aus, dass man ihre jeweiligen Interessen nicht wie die einer einzigen Person behandelt. Selbst wenn es also rational wäre, über das eigene Leben hinweg eine maximale Glückssumme zu erzielen, so müsste es noch lange nicht moralisch sein, über verschiedene Leben hinweg eine maximale Glückssumme zu erzielen. Im Gegenteil, dieses Vorhaben könnte hochgradig unmoralisch sein.

6.5 Perspektiven des Utilitarismus

Teleologische Positionen sind unverändert ein wichtiger Bestandteil der normativen Ethik. Menschliches Verhalten an seinen jeweiligen Konsequenzen zu bemessen, gehört zu den naheliegenden Ansätzen moralischer Urteilsbildung. Nicht immer muss diese teleologische Perspektive sich in dem utilitaristischen Ansatz konkretisieren, die Summe bzw. den Durchschnitt des Nutzens über alle Betroffenen hinweg zu maximieren. Namentlich in der politischen Ethik gehören auch Gleichheit oder Mindestversorgung zu den plausiblen Zielen, auf die politisches Handeln möglicherweise ausgerichtet sein sollte.

Ungeachtet dessen bildet der Utilitarismus innerhalb der normativen Ethik die prominenteste Teleologie. Auch in jüngerer Zeit findet er zahlreiche Anhänger, vor allem im anglo-amerikanischen Raum, wo er seine Wurzeln hat. Autoren wie Richard Brandt (1910–1997), Richard Hare (1919–2002), John Harsanyi (1920–2000), John Smart (1920–2012), Derek Parfit (*1942) oder Peter Singer (*1946) gehören zu seinen wichtigsten neueren Vertretern. Nicht zuletzt ist er auch in der Ökonomie präsent, wo ein Maximum der Gesamtmenge an Gütern oder Nutzen oftmals als wesentlicher Parameter eines funktionierenden Wirtschaftssystems sowie als wahrscheinlicher Effekt einer freien Marktwirtschaft gilt.

Neue Begründungen und alte Probleme

Neue Begründungen des Utilitarismus setzen oftmals beim Gedanken der Unparteilichkeit an: Sie beginnen mit der Behauptung, dass angemessenes Verhaltens die jeweiligen Interessen sämtlicher Betroffener in gleichem Maße zu berücksichtigen habe. Hieraus soll dann zuletzt folgen, dass der Gesamtnutzen über alle Beteiligten hinweg zu maximieren sei. Tatsächlich lässt sich dieser Schluss allerdings einmal mehr nicht ziehen: Unparteilichkeit mag, innerhalb eines teleologischen Theorierahmens und einer nutzenbezogenen Argumentation, implizieren, dass Glück oder Präferenz aller Betroffenen gleichermaßen zu befördern sind. Aber die Maximierung von Nutzensumme oder Durchschnittsnutzen ergibt sich hieraus nicht notwendig.

(1) Für deontologische Ansätze war der Gedanke des *Universalismus* zentral (vgl. Abschnitt 3.3): Ihm zufolge sind moralische Normen für alle Menschen in gleicher Weise verbindlich. Speziell kantisch gewendet lief dieser metaethische Grundsatz darauf hinaus, dass die Universalisierbarkeit von Handlungen zur maßgeblichen Forderung und zum leitenden Prinzip wurde (vgl. Abschnitt 5.1): Bei Kant lag die Verallgemeinerbarkeit moralischer Maximen dem Konzept des kategorischen Imperativs zugrunde, auch bei Habermas und Rawls fanden entsprechende Überlegungen Eingang in ihre politischen Theorien.

Für teleologische Entwürfe ist demgegenüber der Gedanke der *Unparteilichkeit* leitend (vgl. Abschnitt 3.3): Ihm zufolge sollen moralische Normen alle Menschen in gleicher Weise berücksichtigen. Speziell utilitaristisch gedeutet läuft dieses metaethische Prinzip darauf hinaus, dass die gleichgewichtige Beförderung des Nutzens sämtlicher Betroffener zum Hauptgrundsatz wird (vgl. Abschnitt 6.1): Bei Bentham, Mill und Sidgwick, ebenso wie bei Singer oder Hare, sollen Glück bzw. Präferenz aller empfindungsfähigen Lebewesen gleichermaßen in die Betrachtung einbezogen werden.

Die entsprechenden Autoren reden in diesem Zusammenhang gelegentlich von ›Universalismus‹, aber tatsächlich geht es ihnen in jenen Forderungen um ›Unparteilichkeit‹: Thematisiert wird nicht der Subjektkreis, sondern der Objektkreis von

Normen. Dies lässt freilich unbenommen, dass der Utilitarismus zudem *universalistisch ist:* Jene vorausgesetzte Unparteilichkeit bzw. die Gesamtnutzen-Maximierung wird als allgemeingültige Norm für alle Handelnden angesehen.

Wichtig ist jedoch, dass sich aus jenem Konzept der Unparteilichkeit das Prinzip der Gesamtnutzen-Maximierung nicht *folgern lässt:* Alle Menschen gleichermaßen zu berücksichtigen, bedeutet nicht unbedingt, Nutzensumme oder Durchschnittsnutzen zu maximieren. Neuere Begründungen des Utilitarismus wollen dies aber suggerieren: Angeblich läuft Unparteilichkeit mehr oder weniger zwangsläufig auf Utilitarismus hinaus.

(2) So wählt Peter Singer in seinem Buch *Practical Ethics* (1979/93) als Ausgangspunkt den Grundsatz, »über unsere eigenen persönlichen Interessen hinauszugehen« und »den Interessen anderer dieselbe Bedeutung beizumessen wie den eigenen«. Singer bringt jenen Grundsatz unterschiedslos mit dem Gedanken eines »universalisierbaren Urteil[s]« wie auch mit dem Standpunkt eines »unparteiischen Betrachters« in Zusammenhang, trennt also an dieser Stelle nicht sorgfältig zwischen Universalismus und Unparteilichkeit [Singer 1979/93, 27f.]. Tatsächlich geht es bei jenem Grundsatz jedoch um Unparteilichkeit: Gefordert wird, alle Interessen in gleichem Maße zu berücksichtigen.

Singer fährt fort, dass zwar viele Ethiken mit jenem Grundsatz der Unparteilichkeit verträglich seien, dass sich hieraus aber eine »überzeugende, wiewohl nicht letztgültige Begründung« speziell für eine »utilitaristische Position im weiteren Sinne« gewinnen lasse. Wenn man nämlich unparteilich anerkenne, »daß meine eigenen Interessen nicht einfach aus dem Grund, weil sie meine eigenen sind, mehr zählen als die Interessen anderer«, so laufe dies letztlich auf die Forderung des Utilitarismus hinaus, »den Handlungsverlauf [zu] wählen, der per saldo für alle Betroffenen die besten Konsequenzen hat« [Singer 1979/93, 29f.]. Singer räumt zwar ein, dass dieser Schluss auf den Utilitarismus nicht zwingend ist. Die utilitaristische Summen-Maximierung sei aber das nächstliegende Prinzip, allen nichtutilitaristischen Alternativvorschlägen sei eine entsprechende Beweislast aufgebürdet.

Singer spricht auch von einem »Prinzip der gleichen Interessenabwägung«, dem zufolge den Interessen aller Betroffenen »gleiches Gewicht« einzuräumen sei. Dies ist einmal mehr lediglich eine Formulierung von Unparteilichkeit. Jenes Prinzip soll indessen unweigerlich fordern, dass, wenn zwei Personen »X und Y« von einer fraglichen Handlung betroffen wären »und X dabei mehr zu verlieren als Y zu gewinnen hätte«, jene Handlung moralisch falsch sei. Dieser angeblich unausweichliche Schluss ist nicht gültig und ergibt sich allein auf speziell utilitaristischer Grundlage [Singer 1979/93, 39].

So bezeichne man mit U_X und U_Y die Nutzenniveaus der beiden Personen X und Y, mit der Zahl 1 den Vollzug der fraglichen Handlung und mit der Zahl 2 den Verzicht auf die fragliche Handlung. Dass X nach Voraussetzung bei der Handlung mehr zu verlieren als Y zu gewinnen hat, bedeutet offenbar, dass der Nutzengewinn von X beim Unterlassen (2) größer ist als der Nutzengewinn von Y beim Tun (1), d.h. $U_x(2) - U_x(1) > U_Y(1) - U_Y(2)$. Singer hält es für ein selbstverständliches

Gebot der Unparteilichkeit, dass in diesem Fall die Handlung unterbleiben sollte, aber das ist keineswegs zwingend: Wenn beispielsweise X vor der Handlung sehr gut ausgestattet ist, Y hingegen sehr schlecht, könnte man die Handlung sehr wohl als geboten ansehen, um etwa eine größere Gleichheit zwischen X und Y oder auch eine Mindestversorgung von Y zu erreichen. Singer macht sich hingegen ganz unabhängig davon, wie die Nutzenwerte von X und Y vor der Handlung aussahen, und fordert in jedem Fall die Unterlassung. Der Grund hierfür kann nur ein bereits akzeptierter Utilitarismus sein.

Dies wird einsichtig, wenn man die obige Ungleichung umformt zu $U_x(2) + U_Y(2) > U_x(1) + U_Y(1)$. Nun stehen einander nicht mehr die Nutzendifferenzen der beiden Individuen, sondern die Nutzensummen der beiden Optionen gegenüber, und da die Nutzensumme des Unterlassens (2) größer ist als die Nutzensumme des Tuns (1), sollte für einen Utilitaristen die Handlung unterbleiben, wie Singer auch folgerichtig fordert. Eine unabhängige Begründung für dieses Unterlassen gibt es indessen nicht, und daher kann der Utilitarismus auf diese Weise auch nicht *hergeleitet* werden, wie Singer meint, sondern ist vielmehr immer schon *vorausgesetzt*. Unparteilichkeit allein impliziert diese Wahl keineswegs: Auch Egalitarismus oder Minimalversorgung sind unparteiliche Grundsätze, und in ihrem Sinne könnte man das Tun (1) durchaus befürworten. Schließlich könnte es sein, dass hierdurch die Nutzendifferenz beider Individuen abnimmt, d.h. dass $|U_x(1) - U_Y(1)| < |U_x(2) - U_Y(2)|$ gilt, oder dass allein hierdurch beide ein hinreichendes Nutzenniveau sichern können, d.h. dass $U_x(1) > S$, $U_Y(1) > S$ mit einem geeigneten Schwellenwert S gilt.

Singer erklärt, sein Prinzip der gleichen Interessenabwägung folge dem Gedanken einer »Waagschale«, in der Interessen »unparteiisch abgewogen« werden. Hiergegen ist nichts einzuwenden, jedenfalls solange man unparteiliches Verhalten in der gegebenen Situation für adäquat erachtet (und nicht einem Beteiligten aufgrund besonderer Verbindlichkeiten erhöhte Aufmerksamkeit schuldet) und man dieses gemäß einer teleologischen Grundauffassung auf befriedigte Interessen bezieht (und nicht beispielsweise auf persönliche Haltungen oder gebotene Vollzüge). Dann aber fährt Singer fort, »[e]chte Waagen« bevorzugten stets die Seite, »auf der das Interesse stärker ist oder verschiedene Interessen sich zu einem Übergewicht über eine kleinere Anzahl ähnlicher Interessen verbinden«. Dies ist eine speziell utilitaristische Verwendung einer Waage, die sich aus den zuvor angestellten Überlegungen keineswegs mit Notwendigkeit ergibt [Singer 1979/93, 40].

(3) Ähnlich setzt Richard Hare in seinem Buch *Moral Thinking: Its Levels, Method, and Point* (1981) bei der »Universalisierbarkeit« von »Moralurteile[n]« an. Damit meint er genauer, dass, wenn man die Behauptung aufstelle, »einer bestimmten Person gegenüber etwas bestimmtes tun« zu sollen, man auf die Auffassung festgelegt sei, dass »genau das gleiche auch mir gegenüber getan werden sollte«, sofern die Umstände der Situation und die Merkmale der Person hinreichend übereinstimmen [Hare 1981, 167f.]. Entgegen Hares Wortgebrauch geht es hierbei einmal mehr nicht so sehr um Universalisierbarkeit als vielmehr um

Unparteilichkeit: Verallgemeinert wird im weiteren Verlauf nicht der Subjektkreis, sondern der Objektkreis moralischer Normen.

Auch Hare erklärt zwar zunächst, dass jene Unparteilichkeit eine Eigenschaft jedweder moralischer Urteile sei, behauptet dann aber, dass »die Forderung der Universalisierung unserer Vorschriften« letztlich »zum Utilitarismus führt«. Entscheidend bei der unparteilichen Abwägung sei nämlich allein, wessen »Wunsch« stärker und welcher »schwächer« sei [Hare 1981, 171]. Um dies zu demonstrieren, diskutiert auch Hare ein einfaches Beispiel mit zwei Beteiligten. Nach seiner Auffassung liefert es ein überzeugendes Argument für den Utilitarismus und lässt sich auf Situationen mit mehr Personen problemlos übertragen.

In Hares Beispiel will Person X ihr »Auto« parken und müsste dafür das »Fahrrad« von Person Y zur Seite rücken. Der Wunsch von X nach der Parkmöglichkeit ist dabei stärker als die Aversion von Y gegen das Fortrücken. In einer solchen Situation sollte man Hare zufolge, nachdem man »von den Präferenzen des anderen vollständig Kenntnis« genommen hat, so handeln, wie wenn es »zu einem Konflikt zwischen unseren eigenen Präferenzen kommt«. Da man aber in diesem Fall das Fahrrad gewiss fortrücken würde, um gemäß seinem eigenen stärkeren Wunsch das Auto zu parken, sei diese Entscheidung auch die moralisch gerechtfertigte Wahl, wenn es um einen Konflikt zwischen verschiedenen Menschen geht [Hare 1981, 169].

Einmal mehr hat es den Anschein, als entspreche dieses Vorgehen bloßer Unparteilichkeit. Indem Person X den Wunsch von Person Y wie ihren eigenen behandelt und dann den stärkeren Wunsch befriedigt, scheint sie lediglich unparteilich zwischen beiden Wünschen abzuwägen. Tatsächlich ist dies aber keineswegs selbstverständlich: Bei eigenen Wünschen mag es einleuchten, dem stärkeren den Vorzug vor dem schwächeren zu geben, aber wenn es um die Wünsche verschiedener Personen geht, ist dies keine notwendige Vorgabe unparteilichen Verhaltens. Bezeichnet man mit U_X und U_Y wieder die Nutzenwerte der beiden Personen, mit 1 das Stehenlassen des Fahrrads und mit 2 das Fortrücken des Fahrrads, so lautet die Bilanz, genau wie im obigen Beispiel von Singer, $U_x(2) - U_x(1) > U_Y(1) - U_Y(2)$. Wenn dies unbedingt für das Fortrücken (2) sprechen soll, unabhängig davon, wie hoch die Nutzenniveaus der Beteiligten ursprünglich sind, so hat dies einmal mehr nichts mit bloßer Unparteilichkeit zu tun, sondern kann nur darin gründen, dass die Aktion mit der größtmöglichen Nutzensumme gewählt werden soll, gemäß $U_x(2) + U_Y(2) > U_x(1) + U_Y(1)$.

Es erscheint zunächst unverfänglich, d.h. allein unparteilich, dass nach Hare der stärkere Wunsch den Ausschlag geben soll, also die größere der beiden Differenzen $U_x(2) - U_x(1)$ und $U_Y(1) - U_Y(2)$. Tatsächlich gibt es hierfür aber nicht die mindeste Begründung, sofern man nicht bereits utilitaristisch eingestellt ist, also die maximale Summe an befriedigter Präferenz erreichen will, d.h. $U_x(2) + U_Y(2)$ gegenüber $U_x(1) + U_Y(1)$. Insbesondere kann das Beispiel nicht dazu dienen, den Utilitarismus *herzuleiten*, wie Hare behauptet, sondern setzt ihn vielmehr immer schon *voraus*. Strebt man demgegenüber nach Gleichheit oder nach Mindestversorgung, so könnte man durchaus den schwächeren Wunsch bevorzugen: Womöglich ließe sich hierdurch das Nutzenniveau der beiden Personen egalisieren oder ein Minimalniveau für beide Beteiligten herstellen. Das Stehenlassen (1) könnte dafür sorgen, dass eine geringere Differenz der erreichten Nutzenniveaus entsteht, also $|U_x(1) - U_Y(1)|$ kleiner wäre als $|U_x(2) - U_Y(2)|$, oder erforderlich sein, damit beide Nutzenniveaus über einen entsprechenden Schwellenwert gelangen, also $U_x(1)$ und $U_Y(1)$ jenseits von S liegen.

Es mag richtig sein, dass man für moralische Entscheidungen davon absehen muss, welche »*Individuen*« jeweils welche »Rolle[n]« einnehmen, im Beispiel also davon, ob man der Autofahrer mit dem Wunsch nach einer Parkmöglichkeit oder der Fahrradfahrer mit dem Wunsch nach dem Stehenlassen ist. Dies gilt jedenfalls, sofern Unparteilichkeit im gegebenen Zusammenhang tatsächlich angezeigt ist (man also nicht gegenüber einem Beteiligten aufgrund spezieller Sozialbeziehungen besondere Verpflichtungen trägt) und zudem die spezifische Perspektive einer Teleologie gewählt wird (man also nicht etwa auf Dispositionen oder Freiheiten abstellt). Es ist indessen eine ganz andere Forderung, so zu entscheiden, als handle es sich um die Wünsche ein und derselben Person, im Beispiel also so, als habe man selbst sowohl den »Wunsch, daß [...] ich mein Auto parken können sollte« als auch den »Wunsch, mein Fahrrad stehen zu lassen«. Erst in dieser Perspektive jedoch, wo ein und dieselbe Person jene zwei Wünsche hat, mag es einleuchten, unbedingt dem stärkeren Wunsch den Vorzug zu geben, d.h. stets gemäß dem Utilitarismus zu entscheiden [Hare 1981, 170f.].

Die Auflösung der Persongrenzen

Vor allem die Diskussion der Argumente bei Sidgwick und Hare lenkt die Aufmerksamkeit auf ein eigentümliches Charakteristikum des Utilitarismus: Beide Begründungen machen wesentlich von dem Gedanken Gebrauch, ein Handlungsprinzip für einen einzelnen Menschen als Moralprinzip gegenüber verschiedenen Menschen zu verwenden. Die Maximierung der intertemporalen Glückssumme, die Bevorzugung des stärkeren Wunsches werden zunächst als rationaler Grundsatz für die Abwägung eigener Interessen angeführt, um dann als moralischer Grundsatz für die Abwägung verschiedener Interessen verwendet zu werden. Eben dieser Übergang ist jedoch fragwürdig: Es ist nicht direkt einsichtig, weshalb ein Prinzip, das für einen einzelnen Menschen vernünftig sein mag, für mehrere Menschen verbindlich sein sollte. Es ist nicht unmittelbar klar, dass der Begriff der Unparteilichkeit fordern sollte, die Interessen verschiedener Menschen nicht nur gleichermaßen zu berücksichtigen, sondern wie die Interessen eines einzigen Menschen zu behandeln.

(1) Eben dies wird dem Utilitarismus häufig von seinen Kritikern vorgeworfen: Indem er ein rationales Entscheidungsprinzip für einen Einzelmenschen als moralisches Entscheidungsprinzip für eine Gemeinschaft heranziehe, nehme er die Verschiedenheit der Menschen nicht ernst, sondern fasse mehrere Menschen zusammen, als handelte es sich um eine einzige Person [Rawls 1971/99, 45, 214].

Indem er die Wünsche des einen für die Wünsche des anderen opfere, um den größtmöglichen Gesamtnutzen zu erzielen, behandle er die Menschheit wie eine Superperson, deren maximale Bedürfnisbefriedigung ein moralisches Gebot wäre [Gauthier 1963, 126]. Für eine Einzelperson sei die Gesamtnutzen-Maximierung einigermaßen plausibel: Vielleicht könne man sie in Situationen intertemporaler Abwägung vertreten, wie Sidgwick behauptet, zumindest biete sie sich für das Handeln im jeweiligen Augenblick an, wie Hare dafürhält. Grundsätzlich sei es jedenfalls klug, für sich selbst mit seinem Handeln die größte Netto-Befriedigung anzustreben. Der Utilitarismus nehme einfach diese rationale Regel für eine einzelne Person als moralische Regel für das Verhalten gegenüber verschiedenen Personen. Denn er beachte deren Getrenntheit nicht und tue stattdessen so, als hätte er eine gewaltige Gesamtperson vor sich.

Letzteres erschiene freilich als eine bedenkliche Haltung: Erstens gibt es solch eine kollektive Gesamtperson in einem relevanten ontologischen Sinne überhaupt nicht, sondern immer nur separate Einzelpersonen. Zweitens lässt nur diese Getrenntheit der Einzelpersonen wesentliche moralische Fragen überhaupt erst entstehen, die sich mit der Existenz einer Superperson gar nicht stellen würden. Speziell für die Ethik wäre jene Perspektive daher höchst irreführend: Nur weil Bedürfnisse, Interessen, Glück, Präferenz verschiedener Personen einander gegenüberstehen, treten viele moralische Probleme überhaupt erst auf. Wenn der Utilitarismus dies ignorierte und stattdessen so verführe, als hätte er eine einzige Person vor sich, hieße dies letztlich, dass er jene Probleme gar nicht wahrnähme. Wer indessen ein gegebenes Problem nicht wahrnimmt, wird auch kaum eine geeignete Lösung dafür anbieten können. Wer viele Menschen wie einen einzigen Menschen behandelt, ohne dies seinerseits zu begründen, gibt keine moralische Antwort, sondern übersieht die moralische Frage.

(2) Die Auflösung der Grenzen zwischen den Einzelpersonen, die Verschmelzung der Individuen zu einer Gesamtperson ist kein aus der Luft gegriffener Vorwurf. Vielmehr lässt sich diese Perspektive bei vielen Utilitaristen nachweisen, als wesentlicher Bezugspunkt ihrer Argumentation.

Schon in Mills Beweis wird diese Auffassung spürbar: Der zweite Schritt seiner Begründung fällt überraschend knapp aus. Das Einzelglück für einen einzelnen Menschen ist zu befördern, *deshalb* ist die Glückssumme für mehrere Menschen zu maximieren. In diesem unkommentierten Übergang wird eine Mehrzahl von Menschen mit ihrem je separaten Glück betrachtet, als handelte es sich um einen einzelnen Menschen mit der Summe jenes Glücks.

Sidgwick spricht diese Vorstellung in seinem Argument unverhohlen aus: Kluges Verhalten eines einzelnen Menschen über die Zeit hinweg wird zum expliziten Paradigma für moralisches Verhalten gegenüber einer Mehrzahl von Menschen. Wenn der Egoist moralisch wird, also neben dem eigenen Glück auch fremdes Glück beachtet, dann behandelt er dieses fremde Glück *wie* sein eigenes Glück, er summiert es mit auf. Insbesondere kann er fremdes Glück für das *interpersonelle* Wohl so opfern, wie er eigenes Glück für ein *intertemporales* Optimum opfert.

Auch an anderen Stellen bekennt sich Mill zu jener Auflösung der Persongrenzen: Ihm zufolge besteht die moralische Haltung darin, die eigenen Zwecke mit denen anderer Menschen zu *identifizieren*, die Interessen der anderen als eigene Interessen zu erfahren. Insbesondere ist es gleichgültig für die Nutzenbilanz, ob gegebenes Glück bei ein und derselben Person oder bei verschiedenen Personen anfällt [Mill, *Utilitarianism*, Kap. III, 56, Kap. V, 108].

Hare lässt in seiner Arbeit ebenfalls jene Verschmelzung zu einer Gesamtperson erkennen: Der moralische Standpunkt liegt darin, die Präferenzen der anderen *als* eigene Präferenzen anzunehmen, so dass Moralität gegenüber anderen der Klugheit gegenüber einem selbst gleichkommt. Der *interpersonelle* Konflikt wird ausdrücklich so aufgelöst, als ob es sich um einen *intrapersonellen* Konflikt handelte [Hare 1981, 169f.].

(3) Nun lässt sich gerade hinter dieser Auflösung der Persongrenzen, hinter jener Verschmelzung zu einer Gesamtperson zuweilen ein besonderer ethischer Impetus erkennen. Sie erscheint dann nicht so sehr als eine unbegründete Annahme, aufgrund derer das moralische Problem gar nicht wahrgenommen würde, sondern eher als eine bewusste Perspektive, die ihrerseits mit moralischem Nachdruck eingenommen wird.

So spricht Mill oftmals von einem »Gefühl der Einheit mit unseren Mitgeschöpfen«, von einem »Verlangen nach Einheit mit unseren Mitgeschöpfen«, die im menschlichen Wesen angelegt seien und die der utilitaristischen Moral zugrunde lägen [Mill, *Utilitarianism*, Kap. III, 47, 54]. Der Mensch erfahre sich als »Glied eines Ganzen«, er sei zu einem »Gefühl der Einheit mit den andern« fähig, und diese Wahrnehmungen und Empfindungen führten ihn zum Prinzip des Utilitarismus [Mill, *Utilitarianism*, Kap. III, 55, 57].

Dieses emphatische Einheitsgefühl wird erkennbar als moralische Haltung präsentiert. Auf den ersten Blick ist seine moralische Qualität allerdings zwiespältig.

Einerseits erscheint eine solche Einheitsperspektive überaus lobenswert: Es mutet als höchst moralische Auffassung an, sich eins zu erfahren mit anderen Wesen und fremde Wünsche so unmittelbar zu erleben wie die eigenen. Eine Moral der Selbstentgrenzung, der Selbstlosigkeit, der Selbstaufgabe kündigt sich darin an. Insbesondere wurzelt hierin offenbar die oben erwähnte altruistische Komponente des Utilitarismus: Wenn man sich eins wähnt mit den anderen, so verschwinden die eigenen Bedürfnisse nahezu im umfassenden Gesamtnutzen. Wenn man diesen Gesamtnutzen maximiert, so gibt man sich an die Allgemeinheit geradezu hin.

Andererseits erscheint jener Einheitsstandpunkt durchaus brisant: Denn die anderen Wesen und ihre jeweiligen Wünsche werden dadurch ebenfalls miteinander verschmolzen. So wie man sich selbst in der Gesamtheit auflöst, geht auch jedes andere Individuum darin unter. Diese Problematik wird in der utilitaristischen Bilanz sehr deutlich: Man gibt nicht nur die eigenen Wünsche für den Gesamtnutzen auf, sondern auch die fremden Wünsche jedes Einzelwesens. So wie man sich selbst für das Maximum jenes Gesamtnutzens opfert, so opfert man auch jeden anderen dafür.

Eine unmittelbare Beurteilung des Utilitarismus und seines Verschmelzungsgedankens fällt damit ambivalent aus. Ironischerweise erinnert diese Konstellation ein wenig an Benthams Stellungnahme zum Asketizismus (vgl. Abschnitt 6.2): Bentham erklärt, dass der Asketizismus, d.h. das Prinzip der Glücksverminderung, allenfalls für einen selbst als moralische Haltung denkbar sei, keinesfalls aber mit Blick auf fremdes Glück. Hier entsteht nun der analoge Eindruck, dass der Utilitarismus, d.h. das Prinzip der Gesamtnutzen-Maximierung, womöglich für einen selbst als moralische Haltung nachvollziehbar wäre, kaum jedoch mit Blick auf andere Menschen.

Der ideale Beobachter

Die Auflösung der Persongrenzen macht wohl in der Tat den wesentlichen Standpunkt, den eigentlichen Geist des Utilitarismus aus. Nur in dieser Perspektive kann das Prinzip der Gesamtnutzen-Maximierung einleuchten, das er zum moralischen Maßstab erhebt und in seinen ethischen Begründungen ansteuert. Nur wenn man mehrere Menschen wie einen einzelnen Menschen auffasst, wird die Summe bzw. der Durchschnitt an Glück oder Präferenz zur verständlichen Orientierungsgröße. Nun wird jene Verschmelzung zu einer Gesamtperson durchaus nicht immer ohne jegliche Begründung angenommen, womit die moralische Dimension von Beginn an übersehen würde, und auch nicht lediglich mit einem moralischen Gestus postuliert, dessen Berechtigung bei genauerem Hinsehen ambivalent bliebe. Vielmehr kann sie sich aus einer ethischen Argumentationslinie ergeben, die bislang nicht thematisiert wurde. Diese beruht auf dem Modell eines idealen Beobachters.

(1) Jener ideale Beobachter bildet eine fiktive Instanz, an der sich das moralische Urteil ausrichten soll. Insbesondere macht er den Gedanken der Unparteilichkeit vorstellig, allerdings in sehr spezieller Weise: Seine Unparteilichkeits-Auffassung erschöpft sich nicht darin, dass die Interessen aller Betroffenen gleichermaßen zu berücksichtigen sind; wie gezeigt wurde, würde dies für eine ethische Rechtfertigung des Utilitarismus nicht ausreichen, sondern ebenso wohl Gleichheit oder Mindestversorgung als Maßstäbe zulassen. Vielmehr läuft sein Unparteilichkeits-Verständnis darauf hinaus, dass es zu einer Verschmelzung der Personengrenzen kommt; hieraus ergibt sich dann die Gesamtnutzen-Maximierung als moralisches Prinzip.

Genauer ist der ideale Beobachter durch zwei Komponenten gekennzeichnet. In ihrem Zusammenspiel sind sie in der Lage, das Prinzip des Utilitarismus zu begründen.

Erstens ist der ideale Beobachter durch *Wohlwollen* geprägt: Er ist zum einen einfühlend, zugewandt, d.h. er erkennt die Glücks- oder Präferenzwerte der Betroffenen. Er ist zum anderen freundlich, gutmütig, d.h. er wünscht ihnen grundsätzlich ein größtmögliches Maß an empfundenem Glück bzw. befriedigter Präferenz. Dieses Wohlwollen liefert weitgehend das gleiche Resultat wie Mills erster Beweisschritt: Wohlwollen besteht im Wesentlichen darin, das Glück der Menschen als primäres Ziel moralischen Handelns anzusehen. Entsprechend läuft es auf den Grundsatz hinaus, dass Glück gut bzw. befördernswert ist.

Zweitens zeichnet sich der ideale Beobachter durch *Abstand* aus: Er tritt in Distanz zu den Betroffenen, um auf diese Weise unparteilich zwischen ihren Interessen zu entscheiden. Dies gilt insbesondere für Fälle, in denen ihre Glücks- und Präferenzbestrebungen in unterschiedliche Richtungen weisen. Jener Abstand führt das angestrebte Ergebnis von Mills zweitem Beweisschritt herbei: Denn mit zunehmendem Abstand verschwimmen die Grenzen zwischen den Einzelpersonen, bis man nur noch die Summe ihres Nutzens wahrnimmt. Da man jenen Nutzen aber aufgrund des vorausgesetzten Wohlwollens befördern will, ergibt sich in diesem Moment das Maximum jener Summe als moralisches Ziel.

Der Gedankengang lässt sich anhand einer stärkeren Metaphorik fasslicher machen: Man stelle sich vor, jemand habe Freude an Helligkeit (entsprechend dem vorausgesetzten Wohlwollen). Er weiß aber nicht, wie er mehrere Lichtquellen einstellen soll, die nicht alle gleichzeitig maximal leuchten können. Daher tritt er von jenen Lichtquellen zurück, und zwar so weit, bis er sie nicht mehr unterscheiden kann, ihren Schein also allein noch wie das Strahlen einer einzigen Lichtquelle wahrnimmt (bei maximalem Abstand). Dann wird sein Bestreben offenbar darauf ausgerichtet sein, die Gesamtmenge an Licht möglichst groß werden zu lassen.

Zusammen genommen liefert der ideale Beobachter die Maximierung der Nutzensumme als moralisches Prinzip: Zunächst ist man freundlich gesonnen, von Wohlwollen geleitet, so dass man jedem Menschen möglichst viel Nutzen zukommen lassen will. Damit weiß man indessen noch nicht, wie man mit Situationen umgehen soll, in denen man nicht allen Menschen ihren maximalen Nutzen verschaffen kann. Um dies unparteilich zu klären, nimmt man Abstand von den Menschen, bis man zuletzt jene verschiedenen Menschen nur noch wie einen einzigen Menschen wahrnimmt. Dessen Nutzen besteht in der Summe des Nutzens aller Einzelnen, und da man Nutzen befördern will, ist diese Summe offenbar zu maximieren.

(2) Die Figur des idealen Beobachters (*ideal observer*), manchmal auch unparteiischer Zuschauer (*impartial spectator*) oder unbeteiligter Betrachter (*indifferent bystander*) genannt, wird von vielen klassischen und modernen utilitaristischen Autoren erwähnt [vgl. Mill, *Utilitarianism*, Kap. II, 30; Singer 1979/93, 28]. Auch Gegner des Utilitarismus identifizieren ihn zuweilen als utilitaristisches Kernkonzept und kontrastieren ihn mit ihren eigenen argumentativen Ansatzpunkten [Rawls 1971/99, 45, 211–220].

Beides deutet an, wie zentral die Perspektive des idealen Beobachters ist, um zum utilitaristischen Prinzip der Gesamtnutzen-Maximierung zu finden. Nur wenige Philosophen stellen ihn allerdings ausführlicher in seinen charakteristischen Komponenten dar und entfalten die skizzierte Argumentation genauer.

Gewisse Anklänge finden sich in David Humes *A Treatise of Human Nature* (1739/40). Eine berühmte Passage aus diesem Buch wurde in Kapitel 3 zur Metaethik vorgestellt: Hume formuliert darin den Gedanken eines Sein-Sollen-Fehlschlusses, also die epistemologische These, dass sich aus rein faktischen Aussagen keine normativen Aussagen folgern lassen (Abschnitt 3.1). Vor diesem Hintergrund vertritt Hume eine sensualistische Auffassung, der zufolge Moral Sache eines moralischen Sinnes statt einer praktischen Vernunft sei. Womöglich nimmt er sogar eine emotivistische Position ein, der gemäß Moral allein Gegenstand subjektiver Gefühle statt objektiver Erkenntnis wäre. All dies hindert Hume indessen nicht, inhaltliche Eckpunkte dahingehend zu benennen, wodurch sich sittliche Urteile auszeichnen, seien diese nun lediglich Wahrnehmungen eines moralischen Sinnes oder gar allein Äußerungen subjektiver Gefühle. In diesen Eckpunkten gibt er sich als Vorläufer des Utilitarismus zu erkennen. Insbesondere skizziert er die beiden Komponenten des idealen Beobachters und ordnet moralisches Handeln auf ein optimiertes Gesamtwohl hin.

Zunächst gründen sittliche Urteile nach Hume in der Fähigkeit des »*Mitgefühls*« (*sympathy*), aufgrund dessen ein Betrachter auf Gefühlsregungen anderer Menschen mit korrespondierenden eigenen Gemütsbewegungen antwortet. Diese affektive Disposition versetzt ihn insbesondere in die Lage, fremdes Wohl oder Unglück ähnlich wie eigenen Vorteil oder Schaden zu empfinden und so derartigen Widerfahrnissen mit entsprechendem Wohlwollen zu begegnen [Hume, *THN*, III.3.1, Bd. 2, 328–332, III.3.2, Bd. 2, 346f., III.3.6, Bd. 2, 372].

Zudem aber bedürfen sittliche Urteile nach Hume einer »Betrachtung und Überlegung aus der Ferne« (*some distant view or reflection*), um eine unparteiliche Abwägung der involvierten Interessen zu ermöglichen. Diese vernünftige Distanzierung versetzt insbesondere in den Stand, die ursprünglich stärkeren Sympathien für nahestehende Personen zu korrigieren und so den wirklich moralischen Standpunkt in einem geeigneten Abstand zu finden [Hume, *THN*, III.3.1, Bd. 2, 335–337, III.3.3, Bd. 2, 357].

Ähnliche Überlegungen sind enthalten in Adam Smiths *The Theory of Moral Sentiments* (1759). Dieses Werk war in Kapitel 2 zur deskriptiven Ethik Thema: Smith liefert darin ein philosophisches Beispiel einer deskriptiven Ethik, die als solche das faktische moralische Empfinden von Menschen beschreiben will (Abschnitt 2.1). Indessen schreitet Smith von dort aus weiter, indem er Aussagen über richtige moralische Urteile anschließt und somit den Übergang zu einer normativen Ethik vollzieht. Interessanterweise entsprechen diese beiden Ebenen, deskriptive und normative, recht genau den beiden Komponenten des idealen Beobachters. Auf der primär deskriptiven Ebene wird das Wohlwollen verortet. Auf der anschließenden normativen Ebene kommt der Abstand hinzu. Damit ergibt sich schließlich eine utilitaristische Moraltheorie, die einen maximalen Gesamtnutzen fordert.

Nach Smith entspricht das faktische moralische Empfinden der meisten realen Menschen der Haltung eines »aufmerksamen Zuschauers« (*attentive spectator*). Dieser zeichnet sich vor allem durch »Sympathie« (*sympathy*) für die Betroffenen aus, verfügt also über eine Fähigkeit des Sich-Hineinversetzens und Mit-Empfindens. Er übernimmt, in einer Art von Rollentausch, die Persönlichkeit und die Lage der Betroffenen, und er reagiert auf deren jeweiligen Gefühle mit korrespondierendem Mitgefühl, empfindet positiv angesichts von deren Freude, negativ angesichts von deren Leid. Erkennbar realisiert er hiermit die Komponente des Wohlwollens [Smith, *TMS*, I.1.1, 1–5, VII.3.1, 528f.]. Dieser ›aufmerksame Zuschauer‹ ist zwar primär Gegenstand der deskriptiven Ethik, insofern nach Smith Menschen üblicherweise über jenes Mitgefühl verfügen, eben als faktisches Empfinden. Auch repräsentiert er eine noch recht unreflektierte Haltung, indem er keine Handhabe liefert, wie im Falle der Konkurrenz zwischen verschiedenen Betroffenen zu entscheiden wäre. Dennoch ist jener ›aufmerksame Zuschauer‹ bereits mit einer ersten normativen Wertung verbunden. Sich möglichst vollständig in die Lage des anderen hineinzuversetzen, seine Gefühle möglichst getreu in sich nachzubilden, ist ein Gebot der Feinfühligkeit und der Humanität, ein etwaiger Mangel hieran wäre ein objektives Defizit [Smith, *TMS*, I.1.4, 23, I.1.5, 27, 29].

Nach Smith genügt dieses Wohlwollen jedoch nicht, um richtige moralische Urteile zu fällen, sondern muss um die Haltung eines idealen Beobachters, eines »unparteiischen Zuschauers« (*impartial spectator*) ergänzt werden. Dieser zeichnet sich vor allem durch »Abstand« (*distance*) zu den Betroffenen aus, um namentlich im Konfliktfall fair zwischen ihren Glücksbestrebungen abzuwägen. Er behält also das generelle Wohlwollen realer Beobachter für fremdes Glück bei. Zudem tritt er aber vom Träger jenes Glücks zurück, realisiert folglich die Komponente des Abstands [Smith, *TMS*, III.1, 167, III.3, 203]. Erst dieser ›unparteiische Zuschauer‹ erschließt nach Smith die vollgültige Perspektive der normativen Ethik. Die reflektierte Position, die er als idealer Beobachter einnimmt, ist weit höher einzuschätzen als die unreflektierte Haltung, die ein realer Beobachter vertritt, namentlich mit Blick auf Situationen, in denen es Konkurrenz zwischen den Betroffenen gibt. Nicht zuletzt entspricht der ›unparteiische Zuschauer‹ einer normativen Position der Selbstbeherrschung und Selbstüberwindung. Denn insbesondere muss man bereit sein, auch zu den eigenen Glücksbestrebungen jene unparteiliche Distanz einzunehmen, sich hierdurch als bloßer Teil im unermesslichen Gefüge der gesamten Natur anzuerkennen und somit die eigenen Interessen für die maximale Nutzensumme aller empfindenden Wesen zu opfern [Smith, *TMS*, I.1.5, 27, 29, III.3, 208, IV.2, 326–328, VI.2.3, 397–401].

(3) Gewiss muss man die skizzierte Logik des idealen Beobachters nicht teilen: Man mag sie bereits in ihrem Ansatz als wenig überzeugend ansehen. Man mag sie zumindest wegen ihres Ergebnisses, der Auflösung der Persongrenzen, zurückweisen. Aber immerhin ist der Gedankengang nachvollziehbar: Seine Ausgangspunkte, Wohlwollen und Abstand, sind bedeutsame Konzepte, deren moralischer Sinn sich unmittelbar mitteilt, als Darstellungen von Freundlichkeit bzw. von Unparteilichkeit. Zudem ist die Begründung ethisch nachvollziehbar, jedenfalls besser als die Argumente, die Bentham, Mill oder Sidgwick, aber auch Singer und Hare anbieten.

Bei all diesen anderen Argumentationen bleibt jeweils letztlich unklar, weshalb man den Gesamtnutzen maximieren sollte. Dies leuchtet nur ein, wenn eine Verschmelzung zu einer Gesamtperson stattfindet. Dies wiederum wird nur in der besonderen Perspektive des idealen Beobachters verständlich. Lässt man sich zunächst auf sein Wohlwollen ein, so muss man eingestehen, dass es in der Tat um den Nutzen der Menschen geht. Legt man weiter den Abstand zugrunde, so kommt es darauf an, in Distanz zu den Betroffenen zu treten. Wenn dieser Abstand maximal gewählt ist, erscheinen die verschiedenen Betroffenen zuletzt wie eine einzige Person, und das Wohlwollen wird darauf hinauslaufen, die Summe des Nutzens zu maximieren.

Bilanz

Der ideale Beobachter dürfte in der Tat die maßgebliche Perspektive sein, die hinter dem Prinzip des Utilitarismus steht: Ein Maximierung des Gesamtnutzens überzeugt nur dann, wenn man mehrere Menschen wie einen einzigen Menschen betrachtet. Diese Auflösung der Persongrenzen wiederum wird nur dann verständlich, wenn man den spezifischen Standpunkt eines idealen Beobachters einnimmt. Freilich muss man diesen Standpunkt nicht für überzeugend halten: Das Endresultat einer Verschmelzung von Individuen zu einer Gesamtperson mag man, in seiner Missachtung der Einzelpersonen, für moralisch irregeleitet halten. Und bereits das Ausgangskonzept einer Verbindung von Wohlwollen und Abstand, wie attraktiv diese Komponenten als Ansatzpunkte zunächst auch erscheinen, mag man als ethisch inadäquat einschätzen.

(1) So lässt sich fragen, ob Wohlwollen und Abstand überhaupt miteinander verträglich sind: Das Erstere bedeutet Hinwendung, das Letztere Fortwendung. Das Erstere meint Sympathie, Zuneigung, Hilfsbereitschaft, das Letztere Indifferenz, Neutralität, Desinteresse. Dies ist eine durchaus spannungsreiche Mischung. Beide Haltungen verneinen sich letztlich gegenseitig.

Dieser spannungsreichen Anlage des Utilitarismus korrespondiert ein zwiespältiger Eindruck seines Moralprinzips: Zunächst scheint er, mit seiner Konzentration auf Glücksempfindungen oder Präferenzbefriedigungen, eine ausgesprochen liebenswürdige Grundhaltung zu realisieren. Sein Ansatz wirkt weit freundlicher als etwa tugendethische oder deontologische Entwürfe, indem er vornehmlich nicht Vorgaben und Gebote an die Beteiligten richtet, sondern ausdrücklich ihre Befindlichkeiten und Wünsche ins Zentrum rückt. Dann aber verspielt er, mit seiner Forderung nach Maximierung von Nutzensumme bzw. Durchschnittsnutzen, diesen angenehmen Eindruck wieder. Seine Aufrechnung individueller Bilanzen für das kollektive Optimum befremdet, geradezu grausam kann der Einzelne geopfert werden, wenn das Gesamtwohl es erfordert.

Diese Janusköpfigkeit des Utilitarismus lässt sich präzise auf die Gegensätzlichkeit der beiden Komponenten des idealen Beobachters zurückführen: Einerseits ist dieser ideale Beobachter durch Wohlwollen geprägt. Dadurch macht er zunächst eine reine Philanthropie vorstellig, er orientiert sich daran, dass der Nutzen der Betroffenen zu befördern ist. Andererseits nimmt dieser ideale Beobachter Abstand ein. Hierdurch richtet er sich zuletzt an einer bloßen Totalität aus, er achtet allein noch auf die Summe des Nutzens, für die jeder Einzelne geopfert werden kann.

Wie spannungsreich diese beiden Komponenten, Wohlwollen und Abstand, indessen auch sein mögen, sie sind doch aufeinander verwiesen und lassen sich nicht voneinander trennen: Mit Wohlwollen allein kann man keine ethische Theorie aufbauen, weil man dann keine Handhabe für etwaige Konkurrenzsituationen hat. Hier muss der ideale Beobachter zusätzlich auf Abstand gehen, um zwischen den Nutzenwerten der einzelnen Betroffenen unparteilich zu entscheiden. Umgekehrt kann sich das moralische Urteil auch nicht allein auf Abstand stützen. Denn wenn der ideale Beobachter sich nicht zusätzlich durch Wohlwollen auszeichnet, kann seine Distanz höchst bedenkliche Ergebnisse erzeugen.

(2) Man könnte anmerken, ob sich der fragliche Abstand des idealen Beobachters nicht weniger groß wählen ließe: Womöglich müsse man zu den Betroffenen keinen maximalen Abstand einnehmen, in dem die Grenzen zwischen den Einzelpersonen verschwimmen und allein die Nutzensumme als Kriterium verbleibt. Womöglich genüge es, einen gleichen Abstand zu allen Beteiligten zu halten, um unparteilich zwischen deren individuellen Interessen abzuwägen, während ihre separaten Nutzenwerte sichtbar blieben. Dies ist sicherlich ein interessanter Gedanke. Gelegentlich sprechen Utilitaristen auch, wenn sie das Konzept des idealen Beobachters explizieren, lediglich von einer Position der Äquidistanz, die dieser Beobachter zu den Beteiligten einnehmen solle [vgl. Birnbacher 1988, 53f.].

Allerdings ist dieser Gedanke wiederum nicht ohne Probleme: Erstens ist nicht eindeutig, welche genaue Verteilung des Nutzens ein idealer Beobachter in dieser Perspektive vornehmen würde. Möglicherweise würde er, wenn sein Wohlwollen gegenüber den Teilnehmern mit einem gleichen Abstand von allen Betroffenen einhergeht, Aspekte wie Gleichheit oder Mindestversorgung berücksichtigen, aber es ist nicht unmittelbar klar, in welcher Form und in welchem Maße dies geschehen würde. Zweitens wohnt dem gesamten Ansatz möglicherweise eine gewisse Dynamik inne, die notwendig zu einer Position des maximalen Abstands drängt. Da Abstand, in der gewählten Sichtweise eines idealen Beobachters, Unparteilichkeit gewährleistet, ist er vielleicht nur dann konsequent umgesetzt, wenn er maximal gewählt wird [vgl. Hübner 2009, 203–278].

In jedem Fall verbleibt auch bei einem geringeren Abstand die innere Spannung zum vorausgesetzten Wohlwollen: Auch wenn man nicht in den Maximalabstand tritt, sondern nur in die Äquidistanz, operiert man mit widerstreitenden Kräften, die gleichviel in einem wechselseitigen Verweisverhältnis zueinander stehen.

Dies mag letztlich dazu bewegen, einen ganz anderen ethischen Ansatz zu wählen: Dann mag man von der Kombination aus Wohlwollen und Abstand gänzlich Abschied nehmen, Gleichheit oder Mindestversorgung aus anderen Gedanken ableiten oder sich womöglich sogar von der Teleologie insgesamt abwenden, um stattdessen tugendethische oder deontologische Zugänge zu wählen.

(3) Man könnte auch fragen, ob sich nicht vielleicht die Skala des Utilitarismus beibehalten, dafür jedoch das Kriterium der Gesamtnutzen-Maximierung ersetzen

ließe: Vielleicht möchte man an der ansprechenden Grundidee festhalten, Glück oder Präferenz der Betroffenen zu befördern. Vielleicht möchte man jedoch auf den brisanten Folgevorschlag verzichten, deren Summe bzw. Durchschnitt zu maximieren. Stattdessen würde man einfach jene Maßstäbe verwenden, die sich stets als Alternativen angeboten haben. Man würde also eine Gleichheit oder eine Mindestversorgung an Nutzen anstreben.

Auch dieser Ansatz lässt sich indessen nicht unmittelbar als Lösung präsentieren: Denn noch wäre keine ethische Begründung für jene alternativen Maßstäbe benannt. Diese argumentative Leistung ist indessen von einer normativen Ethik zu erwarten. Sie soll nicht nur Vorschläge machen, sondern Herleitungen anbieten. Sie soll nicht nur einleuchtende Standards formulieren, sondern diese mit kritischen Gedankengängen rechtfertigen.

Der Utilitarismus hat eine solche Herleitung zu bieten: Er folgt dem Konzept eines idealen Beobachters. Er baut seine Überlegungen auf Wohlwollen und Abstand auf. Dies führt zu den geschilderten Problemen. Aber es ist eine konsistente Position.

Andere Theorien haben ihre je eigenen Begründungen: Speziell in der politischen Ethik werden etwa Gleichheit oder Mindestversorgung aus fundamentaleren Überlegungen gewonnen. Indessen wird dabei in der Regel auch nicht mehr mit Nutzenwerten operiert, sondern mit Güterwerten. Damit ergibt sich auf einen Schlag eine ganz andere Theorie, in der nicht allein das Kriterium, sondern auch die Skala ausgetauscht worden ist. Hintergründe wie Resultate jener Ansätze sind damit weit von den Konzeptionen und Prinzipien des Utilitarismus entfernt.

Auch Tugendethiken und Deontologien haben ihre jeweiligen Argumentationen. Und auch sie verabschieden sich nicht erst vom Kriterium, sondern bereits von der Skala des Utilitarismus: Sie teilen nicht einmal mehr den Gedanken, dass irgendein Zustand in der Welt zu erreichen sei, sondern wählen ganz andere Zugänge, um ihre Tugenden und Pflichten zu formulieren.

Welcher Ansatz dabei vorzuziehen ist, soll hier offen bleiben. In jedem Fall scheinen, nach erfolgtem Durchgang durch die drei großen Ethiktypen, dies die wesentlichen Aspekte zu sein, von denen her sich moralische Maßstäbe entwickeln lassen: Die vollkommene Seele, das richtige Handeln und die erstrebenswerte Welt bilden die maßgeblichen Horizonte ethischen Denkens, von denen her wir Antworten suchen auf die Frage, was wir tun sollen.

Fragen und Aufgaben

1. Diskutieren Sie, wie die moralische Beurteilung von Lügen zum eigenen Vorteil sowie von unterlassener Hilfe gegenüber einem Unfallopfer jeweils in akt- bzw. in regel-utilitaristischer Perspektive ausfallen könnte. Erörtern Sie dabei auch, wie sich die regel-utilitaristische Argumentation von einer kantischen Argumentation gemäß dem kategorischen Imperativ unterscheidet.

2. Entwerfen Sie ein konkretes Zahlenbeispiel, in dem Glücks- und Präferenzwerte zwar miteinander korrelieren und dennoch ein Glücks-Utilitarismus zu anderen Empfehlungen kommt als ein Präferenz-Utilitarismus. Konstruieren Sie ein weiteres Zahlenbeispiel, in dem Glücks- und Präferenzwerte antikorreliert sind und wiederum Glücks-Utilitarismus und Präferenz-Utilitarismus zu unterschiedlichen Forderungen finden. Wie viele Betroffene müssen Sie jeweils mindestens annehmen, um diese Beispiele zu formulieren? Woran liegt das?
3. Sie stehen vor der Wahl zwischen einem Weltzustand, in dem eine bestimmte Menge überaus glücklicher Menschen lebt, und einem anderen Weltzustand, in dem zusätzlich eine weitere Menge von immer noch sehr, aber etwas weniger glücklichen Menschen existiert. Welchen Zustand würde der Nutzensummen-Utilitarismus befürworten, welchen der Durchschnittsnutzen-Utilitarismus, und was erscheint Ihnen plausibler? Sie stehen vor der Wahl zwischen einem Weltzustand, in dem eine Menge recht glücklicher Menschen lebt, und einem anderen Weltzustand, in dem die Menschen sehr viel weniger glücklich sind, aber ihre Anzahl überproportional größer ist. Wie entscheiden hier Nutzensummen-Utilitarismus und Durchschnittsnutzen-Utilitarismus, und was erscheint Ihnen nun angemessener?
4. Zwei Personen X und Y haben die identische Nutzenfunktion, die sich zudem durch einen ›abnehmenden Grenznutzen‹ auszeichnet. Zeigen Sie an einem einfachen Zahlenbeispiel, dass unter diesen Bedingungen eine Maximierung des Gesamtnutzens durch eine Gleichheit der Güteranteile erreicht wird. Gehen Sie jetzt davon aus, dass die beiden Personen verschiedene Nutzenfunktionen haben, die aber nach wie vor jeweils durch einen ›abnehmenden Grenznutzen‹ geprägt sind. Erläutern Sie an einem konkreten Zahlenbeispiel, dass in dieser Konstellation ein Utilitarismus auf der Nutzenskala und ein Egalitarismus auf der Güterskala nicht mehr konform gehen müssen, also ein maximaler Gesamtnutzen auch durch ungleiche Güteranteile entstehen kann.
5. Der übliche Utilitarismus will die Gesamtmenge an Nutzen, also etwa die Differenz von Freude und Leid, über alle Betroffenen hinweg maximieren. Gelegentlich wird stattdessen ein negativer Utilitarismus vorgeschlagen, der keine Beförderung von Freude zum Ziel hat, sondern lediglich die Gesamtmenge an Leid unter allen Beteiligten minimieren will. Was könnte der Grund für eine solche reduzierte Perspektive sein? Welchen Problemen sieht sich dieser negative Utilitarismus gegenüber?

Literatur

ARISTOTELES: *Nikomachische Ethik [NE]*, hg. von Günther Bien, Hamburg: Felix Meiner 1985 (Seitenangaben nach der Bekker-Zählung).

– *Über die Seele [De anima]*, hg. von Horst Seidl, Hamburg: Felix Meiner 1995 (Seitenangaben nach der Bekker-Zählung).

AYER, ALFRED JULES (1936): *Sprache, Wahrheit und Logik [Language, Truth and Logic]*, Stuttgart: Reclam 1970 (Übersetzung punktuell korrigiert).

BENTHAM, JEREMY (1789/1823): *An Introduction to the Principles of Morals and Legislation [PML]*, Amherst: Prometheus Books 1988.

BIRNBACHER, DIETER (1988): *Verantwortung für zukünftige Generationen*, Stuttgart: Reclam.

BRANDT, RICHARD BOOKER (1967): *Some Merits of One Form of Rule-Utilitarianism*, in: University of Colorado Studies, Series in Philosophy 3, 39–65.

DANCY, JONATHAN (2004): *Ethics without Principles*, Oxford: Clarendon Press.

GAUTHIER, DAVID PETER (1963): *Practical Reasoning. The Structure and Foundations of Prudential and Moral Arguments and their Exemplification in Discourse*, Oxford: Clarendon Press.

HABERMAS, JÜRGEN (1991): *Erläuterungen zur Diskursethik*, Frankfurt a.M.: Suhrkamp.

HARE, RICHARD MERVYN (1952): *Die Sprache der Moral [The Language of Morals]*, Frankfurt a.M.: Suhrkamp 1983.

– (1981): *Moralisches Denken: seine Ebenen, seine Methode, sein Witz [Moral Thinking: Its Levels, Method and Point]*, Frankfurt a.M.: Suhrkamp 1992.

– (1989): *Essays in Ethical Theory*, Oxford: Clarendon Press 1993.

HARSANYI, JOHN CHARLES (1982): *Morality and the Theory of Rational Behaviour*, in: Amartya Kumar Sen, Bernard Arthur Owen Williams (eds.): Utilitarianism and Beyond, Cambridge: Cambridge University Press, 39–62.

HARTMANN, NICOLAI (1935): *Ethik*, 2. Aufl., Berlin/Leipzig: Walter de Gruyter.

HÜBNER, DIETMAR (2009): *Die Bilder der Gerechtigkeit. Zur Metaphorik des Verteilens*, Paderborn: mentis.

HUME, DAVID (1739/40): *Ein Traktat über die menschliche Natur [A Treatise of Human Nature, THN]*, hg. von Reinhard Brandt, 2 Bde., Hamburg: Felix Meiner 1978.

HUTCHESON, FRANCIS (1725): *An Inquiry into the Original of Our Ideas of Beauty and Virtue [IBV]*, ed. by Wolfgang Leidhold, Indianapolis: Liberty Fund 2008.

JONAS, HANS (1979/92): *Das Prinzip Verantwortung. Versuch einer Ethik für die technologische Zivilisation*, 2. Aufl., Frankfurt a.M.: Suhrkamp 1992.

KANT, IMMANUEL (1781/87): *Kritik der reinen Vernunft [KrV]*, hg. von Raymund Schmidt, Hamburg: Felix Meiner 1990 (Seitenangaben nach der Originalausgabe).

– (1785): *Grundlegung zur Metaphysik der Sitten [GMS]*, hg. von Karl Vorländer, Hamburg: Felix Meiner 1965 (Seitenangaben nach Bd. IV der Akademie-Ausgabe).

– (1788): *Kritik der praktischen Vernunft [KpV]*, hg. von Karl Vorländer, Hamburg: Felix Meiner 1990 (Seitenangaben nach der Originalausgabe).
– (1797): *Die Metaphysik der Sitten [MS]*, 2 Bde., hg. von Bernd Ludwig, Hamburg: Felix Meiner 2008/09 (Seitenangaben nach Bd. VI der Akademie-Ausgabe).
– (1797): *Über ein vermeintes Recht aus Menschenliebe zu lügen [VRML]*, in: Werke in zehn Bänden, hg. von Wilhelm Weischedel, Bd. 7, Darmstadt: Wissenschaftliche Buchgesellschaft 1983 (Seitenangaben nach der Originalausgabe).
Kohlberg, Lawrence (1968–1984): *Die Psychologie der Moralentwicklung*, hg. von Wolfgang Althof, Gil Noam, Fritz Oser, Frankfurt a.M.: Suhrkamp 1996.
Luhmann, Niklas (1978): *Soziologie der Moral*, in: Niklas Luhmann, Stephan Hubertus Pfürtner (Hg.): Theorietechnik und Moral, Frankfurt a.M.: Suhrkamp 1978, 8–116.
– (1987): *Soziale Systeme. Grundriß einer allgemeinen Theorie*, Frankfurt a.M.: Suhrkamp.
– (1998): *Die Gesellschaft der Gesellschaft*, 2 Bde., Frankfurt a.M.: Suhrkamp.
– (2002): *Die Politik der Gesellschaft*, Frankfurt a.M.: Suhrkamp.
MacIntyre, Alasdair Chalmers (1981): *Der Verlust der Tugend. Zur moralischen Krise der Gegenwart [After Virtue. A Study in Moral Theory]*, Frankfurt a.M.: Suhrkamp 1995.
Mackie, John Leslie (1977): *Ethik. Die Erfindung des moralisch Richtigen und Falschen [Ethics. Inventing Right and Wrong]*, Stuttgart: Reclam 1983.
McDowell, John (1998): *Wert und Wirklichkeit [Mind, Value and Reality]*, Frankfurt a.M.: Suhrkamp 2009.
McNaughton, David (1988): *Moralisches Sehen. Eine Einführung in die Ethik [Moral Vision. An Introduction to Ethics]*, Frankfurt a.M./München: Dr. Hänsel-Hohenhausen 2003.
Mill, John Stuart (1861/71): *Der Utilitarismus [Utilitarianism]*, hg. von Dieter Birnbacher, Stuttgart: Reclam 2000.
Moore, George Edward (1903/22): *Principia Ethica [PE]*, hg. von Burkhard Wisser, Stuttgart: Reclam 1996.
Nussbaum, Martha Craven (1993): *Nicht-relative Tugenden: Ein aristotelischer Ansatz [Non-Relative Virtues: An Aristotelian Approach]*, in: Gerechtigkeit oder Das gute Leben, Frankfurt a.M.: Suhrkamp 1999, 227–264.
Platon: *Euthyphron*, in: Werke, hg. von Gunther Eigler, Bd. 1, Darmstadt: Wissenschaftliche Buchgesellschaft 1990 (Seitenangaben nach der Stephanus-Zählung).
– *Politeia*, in: Werke, hg. von Gunther Eigler, Bd. 4, Darmstadt: Wissenschaftliche Buchgesellschaft 1990 (Seitenangaben nach der Stephanus-Zählung).
– *Politikos*, in: Werke, hg. von Gunther Eigler, Bd. 6, Darmstadt: Wissenschaftliche Buchgesellschaft 1990 (Seitenangaben nach der Stephanus-Zählung).
Rawls, John (1971/99): *Eine Theorie der Gerechtigkeit [A Theory of Justice]*, Frankfurt a.M.: Suhrkamp 1994.
Ross, William David (1930): *The Right and the Good [RG]*, Oxford: Clarendon Press 2002.
Scheler, Max (1921): *Der Formalismus in der Ethik und die materiale Wertethik. Neuer Versuch der Grundlegung eines ethischen Personalismus*, 2. Aufl., Halle: Max Niemeyer.
Searle, John (1964): *How to Derive ›Ought‹ from ›Is‹*, in: Philosophical Review 73 (1), 43–58.
Shaftesbury, Anthony Ashley Cooper, 3rd Earl of (1711): *An Inquiry Concerning Virtue or Merit [IVM]*, ed. by Julius Ruschka, Heidelberg: Carl Winter's Universitätsbuchhandlung 1904.
Sidgwick, Henry (1874/1907): *The Methods of Ethics [ME]*, Indianapolis/Cambridge: Hackett Publishing 1981.

Singer, Peter (1979/93): *Praktische Ethik [Practical Ethics]*, Stuttgart: Reclam 2002.

Smith, Adam (1759): *Theorie der ethischen Gefühle [The Theory of Moral Sentiments, TMS]*, hg. von Walther Eckstein, Hamburg: Felix Meiner 2004.

Thomas von Aquin (ca. 1265/66–1273): *Summa Theologica [ST]*, hg. von der Albertus-Magnus-Akademie Walberberg bei Köln, Bd. 6 (I, Quaestiones 75–89), Bd. 10 (I–II, Quaestiones 22–48), Bd. 11 (I–II, Quaestiones 49–70), Bd. 15 (II–II, Quaestiones 1–16), Bd. 17a (II–II, Quaestiones 23–33), Bd. 17b (II–II, Quaestiones 34–56), Bd. 18 (II–II, Quaestiones 57–79), Bd. 20 (II–II, Quaestiones 101–122), Bd. 21 (II–II, Quaestiones 123–150), Salzburg/Leipzig/Heidelberg/München/Graz/Wien/Köln: Anton Pustet/F.H. Kerle/Styria 1933ff.

Toulmin, Stephen (1981): *The Tyranny of Principles*, in: The Hastings Center Report 11 (6), 31–39.

Personenregister

Achilles 123
Adeimantos 107
Anscombe, Gertrude Elizabeth Margaret 146
Apel, Karl-Otto 20
Aristoteles 12, 18, 22, 54, 59, 67, 77, 85, 90, 97, 99, 105, 110, **111–138**, 138–144, 146–147, 150, 163, 214, 226, 237, 239–240
Ayer, Alfred Jules 59–60
Beccaria, Cesare 215
Bentham, Jeremy 22, 75, 84, 91, 97, 211–215, 222–223, 236, **237–241**, 241–242, 246, 252, 259, 266, 269
Birnbacher, Dieter 271
Brandt, Richard Booker 223, 259
Carnap, Rudolf 59
Cicero 105
Dancy, Jonathan 78, 87
Durkheim, Émile 30
Einstein, Albert 18
Foot, Philippa 146
Gauthier, David Peter 264
Gewirth, Alan 205
Glaukon 107
Habermas, Jürgen 20–21, 75, 84, 91, 97, 205, **206–207**, 259
Hare, Richard Mervyn 60–62, 75, 84, 91, 97, 222–223, 259, **261–263**, 263–265, 269
Harsanyi, John Charles 222–223, 259
Hartmann, Nicolai 38, 49, 86–87, 97
Helvétius, Claude-Adrien 215
Hübner, Dietmar 271
Hume, David 40, **40–44**, 45–47, 49–50, 59, 82, 243–244, 267–268
Hursthouse, Rosalind 146
Hutcheson, Francis 86, 97, 215
Jonas, Hans 49
Kant, Immanuel 16, 18, 22, 54, 59–60, 75, 84, 91, 97, 151, 159, **159–205**, 205–210, 214, 217, 219, 226, 237, 239–240, 259, 272
Kephalos 103–106
Kohlberg, Lawrence **26–30**, 35–36
Korsgaard, Christine Marion 205
Luhmann, Niklas **30–35**, 35–36
MacIntyre, Alasdair Chalmers 78, 85, 90, 97, 146, **147–148**
Mackie, John Leslie 62–64
McDowell, John 78, 87
McNaughton, David 78, 87–88
Mill, John Stuart 18, 22, 47, 54, 59, 75, 84, 91, 97, 212–215, 221–223, 236, **241–252**, 252–253, 259, 264–267, 269
Moore, George Edward 40, **44–48**, 49, 55, 76, 84, 97, 243–246, 250–251
Newton, Isaac 18
Nikomachos 111
Nussbaum, Martha Craven 78, 85, 90, 97, 146, **148–149**
Odysseus 123
O'Neill, Onora 205
Parfit, Derek 259
Perikles 125
Piaget, Jean 26
Platon 22, 37, 67, 77, 85, 90, 97, 99, **101–111**, 117–118, 120, 122, 125–126, 138–144, 147, 149, 239
Polemarchos 105
Priestley, Joseph 215
Rawls, John 75, 84, 91, 97, 205, **208–209**, 259, 263, 267
Ross, William David 76, 84, 97
Russell, Bertrand Arthur William 59
Scanlon, Thomas Michael 205
Scheler, Max 38, 49, 82–83, 86–87, 97
Searle, John 50–51, 97

Shaftesbury, Anthony Ashley Cooper, 3rd Earl of 85–86, 97
Sidgwick, Henry 22, 75, 84, 91, 97, 212–213, 215, 222–223, 236, 247–251, **252–258**, 259, 263–264, 269
Simonides 105–106, 110
Singer, Peter 75, 84, 91, 97, 213–214, 222–223, 259, **260–261**, 262, 267, 269
Smart, John Jamieson Carswell 259
Smith, Adam **24–26**, 30, 35–36, 95, 215, 268–269
Sokrates 67, 101–107, 221
Stevenson, Charles Leslie 59
Thales 125
Thomas von Aquin 12, 22, 37–38, 77–78, 85, 90, 97, 99, **138–145**, 147, 150, 239
Thrasymachos 104–106, 109
Toulmin, Stephen 78, 87
Williams, Bernard Arthur Owen 146

Sachregister

abnehmender Grenznutzen 229–231, 273
Abwehrrechte 228–235
agere: s. Handeln
Akt-Utilitarismus **215–219**, 272
Altruismus, altruistisch 208, 225–226, 254, 265
andreia: s. Tapferkeit
Anspruchsrechte 228
apatheia: s. Leidenschaftslosigkeit
aretaische Ethik 90
aretē: s. Tugend
Argument aus der Absonderlichkeit (*argument from queerness*) 63–64
Argument aus der Relativität (*argument from relativity*) 64
Argument der offenen Frage (*open question argument*) 47–48
argument from queerness: s. Argument aus der Absonderlichkeit
argument from relativity: s. Argument aus der Relativität
ariston: s. höchstes Gut
Aristotelismus, aristotelisch 78, 85, 99, 116, **146–149**, 152, 205
ars: s. Kunst
Asketizismus 237–241, 266
Asozialität (Tragedy of the Commons) 155–156, 202, 217–218
ataraxia: s. Unerschütterlichkeit
attentive spectator: s. aufmerksamer Zuschauer
aufmerksamer Zuschauer (*attentive spectator*) 24–26, 35–36, 268–269
autarkeia: s. Selbstgenügsamkeit
Besonnenheit (*sōphrosynē/temperantia*) 101, 109–111, 118, 123–124, 126, 143, 145, 150
caritas: s. Liebe
Code 31–33
Common Law 240
Common Sense 253
Deduktivismus, deduktivistisch **71–74**, 80
Deontologie, deontologisch 18, 22, 30, 39–40, 75–76, 78, 84, **88–98**, 99–101, 104, 106, 110–111, 115–116, 130–131, 135, 139, 146–148, **151–210**, 214, 216–217, 228, 237, 240, 250, 253, 259, 270–272
deskriptive Ethik 11, **22–23**, 23, **24–36**, 37, 63, 268–269
dikaiosynē: s. Gerechtigkeit
Ding an sich selbst (*noumenon*) 167
Ding in der Erscheinung (*phaenomenon*) 167
Diskursethik / Diskurstheorie 20–21, 53, 206–207
Diskursprinzip ›D‹ 75, 84, 206–207
Durchschnittsnutzen 75, 222–230, 232–233, 237, 250–251, 258–260, 266, 270, 272
Durchschnittsnutzen-Utilitarismus **222–223**, 273
Egalitarismus 227–228, 233, 237, 241, 261, 273
Egoismus, egoistisch 83, 97, 155–156, 191–192, 218, 225–226, 254–255, 258, 264
Einsicht (*nous/intellectus*) 120, 124, 143, 145
Einzelfallurteil 22, 39, 68–81, 84–85, 87–88, 135–137, 204, 250
Emotivismus, emotivistisch **56–57**, 58–62, 81–83, 268
Empfindungsethik 79
empirische Ethik 22
Entscheidungstheorie 208–209
epistēmē: s. Wissenschaft
Epistemologie, epistemologisch 37–41, 45, 48–50, 52–56, 60–64, 68, 71–72, 74, 78–82, 87, 137, 148, 224, 253, 268
Erfolgsethik 91
Ergon-Argument 115
Essenzialismus 149

ethics, ethical 20
Ethik, ethisch 11–13, 17, **17–21**, 21–23
ethische Überzeugungen 20–21, 207
Ethos 20–21
ethos 12, 20, 122
ēthos, ēthikos 11-12, 20
eudaimonia: s. Glückseligkeit
Euthyphron-Dilemma 37–38, 42
Expressivismus 57
facere: s. Herstellen
fides: s. Glaube
fortitudo: s. Tapferkeit
Funktionssystem 31–35
Gebotsethik 91
Gefühlsethik 79
gelungenes Leben: s. Glückseligkeit
Generalismus, generalistisch 39, **68–78**, 79–80, 84, 86, 97, 135–137, 139, 195, 250
monistischer Generalismus 75
pluralistischer Generalismus 75-76, 84
Gerechtigkeit (*dikaiosynē/iustitia*) 103–107, 109–111, 122, 124–129, 138, 142–145, 150
allgemeine Gerechtigkeit (*iustitia generalis/universalis/legalis*) 126, 129, 143
ausgleichende Gerechtigkeit (*iustitia commutativa/communicativa/correctiva/retributiva*) 126–129, 143–144, 150
austeilende Gerechtigkeit (*iustitia distributiva*) 126, 128–129, 143–144, 150
partikulare Gerechtigkeit (*iustitia particularis/specialis*) 126, 129, 138, 143
Gesetzesformel (des kategorischen Imperativs) 172–197, 199–202, 204, 210
Gesinnungsethik 90
Glaube (*fides*) 144–145, 150
Glück (*happiness*) 26, 55, 86, 91, 93, 131, 157–158, 161, 173–174, 193-194, 212–215, 219–227, 232–235, 237–259, 263–267, 269–270, 272–273
Glückseligkeit (gelungenes Leben, gutes Leben) (*eudaimonia*) 100, 111–116, 119, 149, 151, 161, 205, 214
Glücks-Utilitarismus **219–222**, 273
Goldene Regel 158–159
greatest happiness for the greatest numbers / greatest happiness of the greatest number 28, 86, 213–214, 237
greatest happiness principle 213, 237
gutes Leben: s. Glückseligkeit
habitus: s. Habitus
Habitus (*hexis/habitus*) 121–122, 126, 132–135, 137, 141, 143, 164
Handeln (*praxis/agere*) 113–116, 118–122, 124–125, 130–133, 137–139, 143–144
Handlungstheorie 95
happiness: s. Glück
Heinz-Dilemma 27, 29
Herstellen (*poiēsis/facere*) 113–116, 119, 121, 124, 130–132, 143
hexis: s. Habitus
höchstes Gut (*ariston*) 111–116, 122, 214
Hoffnung (*spes*) 145, 150
Humanismus, humanistisch 13
Humes Gesetz 40–41, 44, 46
ideal observer: s. idealer Beobachter
idealer Beobachter (*ideal observer*) 26, 212, 266–272
Idiopragie-Formel 110
impartial spectator: s. unparteiischer Zuschauer
Imperativ 41, 60–62, 161, 173–174
hypothetischer Imperativ 16–17, 173, 197–198, 204
kategorischer Imperativ 16–17, 60, 75, 84, 159, 161, 172–206, 208, 210, 219, 226, 239, 259, 272
Imperativethik / Imperativtheorie 58, 61
Induktivismus, induktivistisch **71–74**, 80
Instrumentalisierung 196–197, 199–204
intellectualism 79
intellectus: s. Einsicht
Intuitionismus, intuitionistisch 55, 79–80, 82, 84, 86, 253–255
Irrtumstheorie 62
iustitia: s. Gerechtigkeit
Kantianismus, kantianisch 30, 35, 55, 78, 146, 149, 152, **205–209**
Kardinaltugenden 85, 109–110, 120, 122, 141, 143–145, 149–150
Kasuistik 69, 139
Klugheit (*phronēsis/prudentia*) 85, 121–126, 130–139, 143–145, 150
Kognitivismus, kognitivistisch 39, **51–68**, 81, 97

Kommunitarismus 147
Konsequentialismus 91
Konstruktivismus, konstruktivistisch **53**, 54–55
Kontraktualismus 53, 208–209
Kultur, kulturell 22, 27, 35, 53, 64, 66–68, 70, 147–149
Kunst (*technē/ars*) 121, 124, 130, 132, 143, 145
Leidenschaftslosigkeit (*apatheia*) 146
Liberalismus 13, 206, 241
Liebe (*caritas*) 145, 150
Mäeutik 101
Marxismus 13
Maxime 75, 159, 164–165, 169–186, 188–197, 199–204, 206–208, 210, 214, 217, 219, 238, 256, 259
Maximinprinzip 227–228
medium: s. rechte Mitte
Meritokratie 128, 150
mesotēs: s. rechte Mitte
Metaethik, metaethisch 11, **22–23**, 23–24, **37–98**, 148, 152, 195, 250, 253, 259, 267–268
Mills Beweis 241–253, 264, 266–267
Minimalversorgung 227–228, 233, 237, 241, 261
Moral, moralisch 11–13, **13–17**, 17–23
moralische Normen 20–21, 38, 63–64, 207
moralische Werte 38, 49, 63–64, 86–87
moralischer Sinn 39, 43–44, 50, 64, 78–88, 239, 268
morality, moral 20
Moralphilosophie 17, 35
Moralpsychologie 17, 26–30, 35
Moral-Sense-Theorien 85–86
Moralsoziologie 17, 30–35
Moraltheologie 17
mos, moralis 12
Natur, natürlich 15, 49–50, 122, 144, 147–149, 152, 159–161, 164, 167–168, 177–182, 190–193, 198, 200, 203–204, 213, 239, 251, 269
Naturalismus 50, 55
naturalistischer Fehlschluss 36, 39, **40–51**, 51–52, 55, 130, 243–247, 250–251
negativer Utilitarismus 273
Neigung 163–168, 170, 172, 174, 197, 203, 208, 238
Niveau 27–29
  konventionelles Niveau 28–29
  postkonventionelles Niveau 28–29
  präkonventionelles Niveau 27–29
Nonkognitivismus, nonkognitivistisch 39, 44, 50–51, **51–68**, 81, 87–88, 97, 148
normative Ethik 11, **22–23**, 24–26, 29–30, 34–37, 39, 42–44, 52–55, 61, 63–64, 67–68, 72–73, 75, 84, 88–89, 94–96, 99, 211, 214, 226, 239, 258–259, 268–269, 272
noumenon: s. Ding an sich selbst
nous: s. Einsicht
Nutzen (*utility*) 91, 93, 161, 205, 211–237, 241, 248, 251, 256, 258–273
Nutzensumme 75, 222–230, 232–233, 237, 239–242, 247–264, 266–267, 269–272
Nutzensummen-Utilitarismus 213–215, **222–223**, 273
Objektivismus, objektivistisch **52–53**, 54–55, 83
ökologische Ethik 49–50
Ontologie, ontologisch 37–40, 49–50, 63, 68–69, 71–72, 74, 80, 86, 95–96, 137, 175, 264
open question argument: s. Argument der offenen Frage
operative Schließung 32
Parteilichkeit 70–71
Partikularismus, partikularistisch 39, **68–78**, 79–81, 84–87, 97, 130, 135–140
Person 198–201, 263–270
Pflanzen 115–118, 141, 203–204
Pflicht 100, 151, 160–161, 163–170, 172, 174–175, 177–178, 186, 188–189, 193–194, 205, 225, 240, 257, 272
  engere Pflichten (vollkommene, unnachlassliche Pflichten) 177–179, 182, 188, 193–195, 201, 210
  negative Pflichten 194–195, 200–201, 206, 210
  notwendige Pflichten (schuldige Pflichten) 201
  positive Pflichten 194–195, 200–201, 206, 210

weitere Pflichten (unvollkommene, verdienstliche Pflichten) 177–178, 183, 188–189, 193–195, 201, 210
zufällige Pflichten (verdienstliche Pflichten) 201
Pflichten gegen andere 15, 178, 180–182, 186, 190–191, 194, 199–201, 210
Pflichten gegen sich selbst 15, 178, 180–182, 186, 190–191, 194, 199–201, 210
Pflichtethik 90–91
phaenomenon: s. Ding in der Erscheinung
phronēsis: s. Klugheit
poiēsis: s. Herstellen
Positivismus, positivistisch 70, 147
Präferenz (*preference*) 55, 148, 219–227, 232–235, 237, 243, 247, 251, 259, 262, 264–267, 270, 272–273
Präferenz-Utilitarismus **219–222**, 273
Präskriptivismus, präskriptivistisch **57–58**, 58–62
praktische Vernunft 39, 43–44, 51, 64, 78–88, 121, 149, 159–160, 168, 197, 203–204, 268
praxis: s. Handeln
preference: s. Präferenz
prima-facie-Pflichten 76
principle of utility 212
Prinzip 22, 39, 45–48, 68–81, 84–88, 130–131, 135–139, 169–179, 181, 184–185, 191, 195–198, 202, 204–205, 207–208, 211–215, 219, 223, 225–227, 229, 231, 235–241, 245–246, 250–256, 259–261, 263, 265–267, 270, 272
Prinzipienethik 69
Prinziplismus 69
Programm 31–33
prudentia: s. Klugheit
Puritanismus 240
Rassismus, rassistisch 50, 101, 176
Rationalismus, rationalistisch 39, **78–88**, 97, 130, 137–140
Realismus, realistisch **52–53**, 54–55, 87–88
rechte Mitte (*mesotēs/medium*) 111, 121–124, 126–129, 132, 138, 141, 143–144
Rechtspflicht 160, 206
Rechtspositivismus, rechtspositivistisch 41–42, 47
Regel-Utilitarismus **215–219**, 272
Relativismus, relativistisch **53**, 54–55, 64–68, 70, 147
sapientia: s. Weisheit
Schleier des Nichtwissens 208
Schwarzfahren (Trittbrettfahren) 154–156, 202, 217–218
scientia: s. Wissenschaft
Sein-Sollen-Fehlschluss 36, 39, **40–51**, 51–52, 243–244, 268
Selbstgenügsamkeit (*autarkeia*) 146
Sensualismus, sensualistisch 39, 43, 50–51, **78–88**, 97, 137–138, 140, 268
sentimentalism 79
Sexismus, sexistisch 50, 176
Situationsethik 69
Skeptizismus, skeptizistisch 35, **53**, 54–55, 62–68, 70, 104, 147
Sokratische Methode 101
sophia: s. Weisheit
Sophisten 67, 101, 104–105
sōphrosynē: s. Besonnenheit
Sozialdarwinismus, sozialdarwinistisch 50
Sozialethik 17
Sozialismus 241
spes: s. Hoffnung
Sprachanalyse, sprachanalytisch 37–40, 45, 48–50, 52, 55–62, 81–82, 97, 148
Sprechakt 56–57, 59
Sprechakttheorie 95
Stoa, stoisch 13, 146
strukturelle Kopplung 32
Stufen der Moralentwicklung 26–30, 36
Subjektivismus, subjektivistisch **53**, 54–55, 65–68, 70
Syllogismus
poietischer Syllogismus 130–131
praktischer Syllogismus 129–138, 150
Sympathie (*sympathy*) 25–26, 238–241, 268, 270
sympathy: s. Sympathie
Systemtheorie 30–36
Tapferkeit (*andreia/fortitudo*) 101, 109–111, 118, 123–124, 126, 132–137, 143, 145, 150, 157–158, 226
technē: s. Kunst
Teleologie, teleologisch 18, 22, 30, 39–40, 75–76, 78, 84, 86, **88–98**, 99–101, 104–

106, 110–116, 131, 139, 146–148, 152, 155–156, 158, 160–162, 169, 172, 183, 189–191, 193–194, 202, 205, 207, 209, **211–273**

telos teleiotaton: s. vollkommenstes Ziel

temperantia: s. Besonnenheit

Tiere 15, 114–118, 141, 203–204, 213, 221–222

Tragedy of the Commons: s. Asozialität

Trittbrettfahren: s. Schwarzfahren

Tugend (*aretē/virtus*) 90, 99–150, 158, 161, 173–174, 193, 205, 214, 226, 239–240, 245, 253, 272

dianoetische Tugenden (*aretai dianoētikai/ virtutes intellectuales*) (verstandhafte Tugenden, Verstandestugenden) 117–118, 120–122, 124–125, 131, 137, 142–145, 163

ethische Tugenden (*aretai ēthikai/virtutes morales*) (sittliche Tugenden, Charaktertugenden) 12, 117–126, 129–145, 163

theologische Tugenden (*virtutes theologicae*) 141, 144–145, 150

Tugendethik, tugendethisch 18, 22, 39–40, 76–78, 84–85, 87, **88–98**, **99–150**, 152, 155–156, 158, 160–163, 169, 172, 183, 189–191, 193–194, 205, 207, 209, 214, 228, 237, 240, 250, 253, 270–272

Tugendpflicht 160

Unerschütterlichkeit (*ataraxia*) 146

Universalisierbarkeit (Verallgemeinerbarkeit) 152–159, 169, 171–172, 174–197, 199–202, 204, 207, 209–210, 214, 217–219, 259–262

Universalisierungsgrundsatz ›U‹ 207

Universalismus, universalistisch 70–71, 149, 152–153, 195, 209, 251, 259–260

unparteiischer Zuschauer (*impartial spectator*) 24–26, 35–36, 260, 267, 269

Unparteilichkeit, unparteilich 26, 70–71, 259–263, 266–269, 271

Urzustandsmodell 75, 84, 208–209

Utilitarismus, utilitaristisch 25–26, 30, 35, 47, 55, 75, 78, 84, 86, 91, 146, 149, 152, 202, 205, **211–273**

utility: s. Nutzen

Verallgemeinerbarkeit: s. Universalisierbarkeit

Verantwortungsethik 91

Vernunftethik 79

Verstandesethik 79

virtus: s. Tugend

vollkommenstes Ziel (*telos teleiotaton*) 111–116

Vorrang des Gerechten vor dem Guten / Vorrang des Rechten vor dem Guten 205, 207, 209, 216–217

Weisheit (*sophia/sapientia*) 85, 108–109, 111, 117, 120, 124–126, 138–139, 143–145, 150

Wertethik 38, 63, 86

Wille 141–143, 145, 159–177, 184, 189, 191–194, 197, 199–200, 203, 208–209, 214

Willensfreiheit 142, 159–160, 168, 203

Willkür 237–241

Wissenschaft (*epistēmē/scientia*) 120, 124, 143, 145

Würde 28, 198

Zweck an sich selbst 197–200, 202–203

Zweckformel (des kategorischen Imperativs) 172, 196–205, 210

Dietmar Hübner
Zehn Gebote für das philosophische Schreiben
2. Auflage
Vandenhoeck & Ruprecht
UTB